国家社科基金一般项目"粤方言与桂南平话小称的语音语义语法对比研究"(20BYY044)阶段性成果

广西民族大学中国语言文学一流学科建设经费资助出版

广西平南粤方言研究

刘春梅 著

中国社会科学出版社

图书在版编目(CIP)数据

广西平南粤方言研究/刘春梅著. —北京：中国社会科学出版社，2023.8
ISBN 978-7-5227-2042-5

Ⅰ.①广⋯ Ⅱ.①刘⋯ Ⅲ.①粤语—语音—方言研究—平南县 Ⅳ.①H178

中国国家版本馆 CIP 数据核字(2023)第 106649 号

出 版 人	赵剑英
责任编辑	王小溪
责任校对	师敏革
责任印制	戴　宽

出　　版	中国社会科学出版社
社　　址	北京鼓楼西大街甲 158 号
邮　　编	100720
网　　址	http://www.csspw.cn
发 行 部	010-84083685
门 市 部	010-84029450
经　　销	新华书店及其他书店
印　　刷	北京君升印刷有限公司
装　　订	廊坊市广阳区广增装订厂
版　　次	2023 年 8 月第 1 版
印　　次	2023 年 8 月第 1 次印刷
开　　本	710×1000　1/16
印　　张	25.25
插　　页	2
字　　数	402 千字
定　　价	139.00 元

凡购买中国社会科学出版社图书，如有质量问题请与本社营销中心联系调换
电话：010-84083683
版权所有　侵权必究

目 录

绪 论 …………………………………………………………………… (1)

第一章 语音系统 ……………………………………………………… (8)
  第一节 音系 ………………………………………………………… (8)
    一 声母 ………………………………………………………… (8)
    二 韵母 ………………………………………………………… (9)
    三 声调 ………………………………………………………… (13)
  第二节 连读变调 …………………………………………………… (16)
    一 连读变调的特点 …………………………………………… (16)
    二 连读变调的规律 …………………………………………… (16)
    三 变调原因分析 ……………………………………………… (21)
  第三节 声韵调的配合 ……………………………………………… (24)
    一 声韵调配合关系 …………………………………………… (24)
    二 声韵调配合表 ……………………………………………… (25)

第二章 与广州话的共时比较 ………………………………………… (42)
  第一节 声母的比较 ………………………………………………… (42)
    一 平南粤方言与广州话声母的对照 ………………………… (42)
    二 平南粤方言与广州话声母的异同 ………………………… (44)
  第二节 韵母的比较 ………………………………………………… (46)
    一 平南粤方言与广州话韵母的对照 ………………………… (46)

二　平南粤方言与广州话韵母的异同 …………………… (50)
　第三节　声调的比较 ……………………………………………… (54)
　　一　平南粤方言与广州话声调的对照 …………………… (54)
　　二　平南粤方言与广州话声调的异同 …………………… (54)

第三章　与中古音的历时比较 ……………………………………… (56)
　第一节　古今声母的比较 ………………………………………… (56)
　　一　古今声母的对照 ……………………………………… (56)
　　二　声母的特点 …………………………………………… (58)
　第二节　古今韵母的比较 ………………………………………… (62)
　　一　古今韵母的对照 ……………………………………… (62)
　　二　韵母的特点 …………………………………………… (66)
　第三节　古今声调的比较 ………………………………………… (69)
　　一　古今声调的对照 ……………………………………… (69)
　　二　声调的特点 …………………………………………… (70)

第四章　精组字的声母和韵母 ……………………………………… (72)
　第一节　精组字的声母 …………………………………………… (72)
　　一　精组字声母今读 ……………………………………… (72)
　　二　精组字声母ɬ的来源 ………………………………… (74)
　　三　精组字声母ɬ的扩散 ………………………………… (78)
　第二节　精组字的韵母 …………………………………………… (85)
　　一　精组止摄开口三等字的韵母 ………………………… (85)
　　二　精组止摄开口三等字韵母的地域特征 ……………… (86)
　　三　地域特征的形成原因 ………………………………… (88)

第五章　送气分调 …………………………………………………… (92)
　第一节　入声分化与浊音清化送气 ……………………………… (93)
　　一　入声分化 ……………………………………………… (93)
　　二　浊音清化送气 ………………………………………… (95)
　第二节　古浊入的送气及分调 …………………………………… (97)

一　古浊入送气的方言点 ……………………………………（97）
　　二　古浊入分化的方言点 ……………………………………（98）
　第三节　古浊入送气分调的来源 …………………………………（101）
　　一　语言接触 …………………………………………………（102）
　　二　自然音变 …………………………………………………（106）

第六章　"儿"缀小称 …………………………………………（115）
　第一节　"儿"缀小称的形式 ………………………………………（115）
　　一　平南粤方言的"儿"缀小称形式 …………………………（115）
　　二　粤方言的"儿"缀小称形式 ………………………………（117）
　第二节　"儿"缀小称的音变规律 …………………………………（118）
　　一　"儿"前一音节韵母为单元音的音变规律 ………………（118）
　　二　"儿"前一音节韵母为复合元音的音变规律 ……………（120）
　　三　"儿"前一音节韵母为鼻尾韵母的音变规律 ……………（122）
　　四　"儿"前一音节韵母为塞音尾韵母的音变规律 …………（124）
　　五　关于音变规律的讨论 ……………………………………（125）
　第三节　"儿"缀小称的类型 ………………………………………（131）
　　一　名词＋儿 …………………………………………………（132）
　　二　代词＋儿 …………………………………………………（134）
　　三　动词＋儿 …………………………………………………（134）
　　四　形容词＋儿 ………………………………………………（135）
　　五　副词＋儿 …………………………………………………（136）
　　六　数词＋儿 …………………………………………………（136）
　　七　量词＋儿 …………………………………………………（137）

第七章　AB 式状态形容词 ……………………………………（139）
　第一节　AB 式状态形容词的类型 ………………………………（139）
　　一　B 为成词语素 ……………………………………………（139）
　　二　B 为同音语素 ……………………………………………（140）
　　三　B 为不成词语素 …………………………………………（141）
　第二节　AB 式状态形容词的特点 ………………………………（141）

一　结构特点 …………………………………………（141）
　　二　语义特点 …………………………………………（142）
　　三　扩展特点 …………………………………………（143）
　　四　句法功能特点 ……………………………………（144）
　第三节　AB 式状态形容词的来源 ……………………（145）
　　一　结构的来源 ………………………………………（146）
　　二　语素的来源 ………………………………………（147）
　第四节　AB 式状态形容词的类型学意义 ……………（149）

结　语 ……………………………………………………（151）

参考文献 …………………………………………………（154）

附录一　同音字汇 ………………………………………（162）

附录二　分类词表 ………………………………………（191）

后　记 ……………………………………………………（399）

绪　　论

一　方言点介绍

（一）平南县

1. 地理位置、历史沿革及居民人口

（1）地理位置

平南县位于广西壮族自治区的东南部，贵港市东部，西江上游，东邻藤县，西接桂平，南毗容县，北连金秀、昭平和蒙山，居于北纬23°02′19″—24°02′19″，东经110°03′54″—110°39′42″，北回归线横贯县境中部，总面积2983.97平方千米，隶属广西壮族自治区贵港市。

（2）历史沿革

据《平南县志》（1993）记载，平南县古称龚州，置县已有1600多年历史。始皇帝三十三年（前214）今平南境地属桂林郡。西汉至三国时，先为南越国地，后平南部分属猛陵县地，隶属苍梧郡（郡治所广信，今苍梧），部分地属布山县。三国时，仍隶苍梧郡、猛陵县和郁林郡布山县地。东晋升平五年（361），析苍梧郡置永平郡（郡治所安沂，今藤县境）；析猛陵县地置武城县，县治所今武林镇，隶属永平郡。这是平南境内最早设置的县。隋仍属永平郡。隋开皇十九年（599），永平郡增设隋建县（县治所今平南大中）。

唐初废永平郡改设滕州，武林、隋建二县隶属滕州。贞观三年（629）置燕州（治所今武林），下辖武林、隋建，并设秦川县（《大元一统志》作泰川县）而辖之。贞观七年（633），徙燕州治所至宁风（今藤县地），改名泰州，划武林、秦川隶浔州。同年在原燕州治所武林置龚州都督府，督理龚、浔、蒙、宾、澄、燕、滕七州。又分武林县地置南平县，后改平南，治所今平南镇。平南之得名，旧志载三说：一为晋代陶侃平定交南，封平南侯，故称；二为县内诸山，自蛇黄岭迤逦而来，开广平敞，面南设治，因而得名；三是取南平和西平之名，称平南县。《今县释名》（卷五）则载：因县治在永平郡之南，故称平南。唐天宝元年（742），龚州改称临江郡（阳建改阳川，仍隶龚州）。乾元元年（758）复称龚州，领平南、武林、隋建、大同、阳川五县，隶属岭南道。

五代，平南先属楚，后属南汉。宋开宝五年（972），省武林、隋建、大同、阳川入平南。宋嘉祐二年（1057）又将武郎县（今县北的马练、国安、思和一带）并入平南县，仍隶属龚州。绍兴六年（1136），废龚州，平南县隶属浔州管辖。

元朝平南属浔州路。明朝，平南隶属浔州府。清代，平南县仍属浔州府。清乾隆九年（1744）浔州府改隶右江道。清咸丰六年（1856）八月，大成军踞平南改称武城县，属大成国辖地（建都秀京即今桂平）。清咸丰十一年（1861）十月，大成国灭，平南重归清统治，武城县复称平南县。民国二年（1913）推行省、道、县三级区域制，平南县隶属郁江道（道治今苍梧）。民国三年改苍梧道，民国十五年（1926）废道设区，平南隶属梧州区（区治今梧州）。

1949年12月3日，平南县解放。1950年1月，平南县隶属梧州专区。1951年7月，梧州专区与郁林专区合并称容县专区，平南县隶属容县专区。1952年5月，平南县将原所属的罗运、罗香、平竹、那平四个乡划归大瑶山瑶族自治区（县级），同时又将原同和乡的黎田拨给藤县。1958年7月，撤销平乐、容县两专区，分别设立梧州、玉林两专区，平南县属玉林专区。1971年，玉林专区更名玉林地区，平南县属玉林地区。1995年10月27日国务院批复贵港市升格为地级市，平南县改属贵港市至今。

（3）居民人口

据郑湘涛纂修的《平南县鉴》（1974：54）记载：本县"汉族于宋元，来自闽粤，卜居于此，日渐繁殖……"另据《平南县志》记载，平南县内的汉人大抵是历代迁入的。远可追溯到秦始皇发兵50万南平百越时，"于岭南地段设置桂林郡地；到汉武帝定南越，分设9郡，

'徙中原罪人杂居期间'；魏晋南北朝，北方多战乱，部分士族南迁，先后到广西一带落户；清康熙，乾隆期间，曾行奖励垦耕的办法，招募闽粤汉人入桂务农；道光以后，广东南海、番禺、顺德、肇庆等地汉人，不断到县内各圩镇经商；抗日战争期间，大批粤籍汉人流入平南，后来部分落籍于此"①。

据《广西通志·汉语方言志》（1998），平南上渡说闽方言的住民，他们的始祖来自福建省漳州府漳浦县，先至广东后迁来平南定居，至今已繁衍了十五代。另据李玉（2009a）和平南镇操客家方言人的族谱，操客家方言者，祖上多是明末清初从广东的梅县迁来的，至今已繁衍了十几代。

平南县内少数民族主要有壮族和瑶族。壮族中既有土著，也有移民。据《平南县志》（1993）记载，明成化年间，调归德（今平果）、思恩（今田阳）、东兰、武缘（今武鸣）、巴马一带的壮兵把守大同、鹏化隘口，事后将壮兵安插在今思旺镇、安怀乡一带，有事出征，无事务农，年代久了，成为农民。而大鹏、国安、马练等地的壮人则是晚些时候才迁来的。县内瑶族，明以前即有在县内定居。但今基本只分散在靠近金秀大瑶山的大鹏、国安、马练等乡镇。

据2020年第七次全国人口普查的数据，平南县内总户籍人口是154.8万，常住人口110.4万。

2. 平南县的语言

平南县的语言，历来就比较复杂。民国二十九年广西省《平南县鉴》记录："本县语言，颇为复杂，有白话，惠州，翁源，福建，及壮话，瑶话，但以白话为最普遍。"②此处说的"白话"指的就是平南的粤方言（今平南全县通行粤方言）。

平南县的粤方言内部差异明显，据《广西的汉语方言（稿）》的划分，可分别划归粤方言的广府、邕浔和勾漏三个次方言。其中，丹竹、大安两镇的粤方言属于广府片，平南县城的粤方言属于邕浔片，而其他农村地区的粤方言则属于勾漏片。

---

① 平南县志编纂委员会编：《平南县志》，广西人民出版社1993年版，第822页。
② 平南县地方志编纂委员会编：《平南县志（1988~2005）》，广西人民出版社2013年版，第824页。

平南县内除了粤方言外，还有客家方言和闽方言的分布。闽方言主要分布在上渡乡、官成镇、安怀乡。平南上渡闽方言与福建厦门话有相似之处，日常用语可通话。客家方言分布在大鹏乡、思旺镇、安怀乡及官成镇的一些村落。据李玉（2009a）及平南一些操客家话的人说，他们操的客家方言和广东梅县的客家方言基本特点相似。

现在操壮语的只有马练瑶族乡的北胜坝头村的韦、黎两姓和大鹏乡的覃、罗两姓。

平南瑶族居住分散，语言差异较大，分属"勉语""拉伽"和"布奴"三种，语言使用情况"瑶话不特外人不晓，即彼瑶与瑶交通，亦有不知者，故瑶人对外族交际，亦用白话"（郑湘涛，1974：55）。

（二）官成镇

官成镇是平南县的一个行政镇，位于平南县北部，距离县城 15 千米，是个农业大镇。东与平南县的安怀镇，南与平南镇，西与思旺镇，北与同和镇、马练乡接壤，总面积 203 平方千米。

据记载，官成明末清初称为官村，1984 年设立镇。官成镇现辖官成社区居委会和新平、育梧、朝新、东成、八宝、岭西、章逻、新新、苏茆、官东、新建、官南、横岭、畅岩、旺石、双马等 16 个村委会，88 个自然村。据 2020 年第七次全国人口普查数据，常住人口 64800 人。其中大部分人是汉族，小部分人是壮、瑶等少数民族（世居民族）。官南村（含大彭、儒贺、古城三个自然村）6170 人。

官成镇的通用语言为粤方言，但官成镇的 16 个村（委会）中，官东、岭西、横岭、新新等村同时操客家方言，双马、畅岩、回龙等村同时操闽方言。这些村民在家族内部和村里习惯讲他们自己的方言，但与不操本方言的人交谈则一律用粤方言。嫁入的妇女在耳濡目染下也能很快学会夫家的语言，这就使得其后代继续以父辈的语言作为第一语言来习得，从而使他们的母语即使在粤方言的包围中也能得到很好的传承。

（三）大彭村

大彭村是官南村所辖的三个自然村（儒贺、大彭、古城）之一，距离平南县城约15千米。有刘、廖、李、文、张五姓。据第七次全国人口普查数据，大彭村总人口2100余人。其中刘姓人口1100余人。居民中除了小部分住民随母方民族成分划归少数民族外，其余均为汉族。大彭村人现仅操粤方言。

据刘姓族谱记载，最先到达大彭村居住的是刘姓的源秀公。刘源秀祖籍广东省罗定州东安县南乡所下麦韦村（现为广东云浮县南乡镇下麦韦村）。1714年，刘源秀客游广西，先在平南县丹竹镇的鸡头全村落业。后又客游官成，落业大彭，并带兄源清到大彭落业。据传，刘源秀落业大彭时，周边人烟稀少，只有少数的瑶族土著居住。后随着汉人的逐渐增多，瑶族土著逐渐迁往北部的大瑶山区。

刘源秀的后代子孙一直操粤方言。现另一支刘姓是后来从广东梅县迁来，迁来时操客家方言。

稍后迁来的是廖姓家族。据他们的族谱记载，其祖先最初从甘肃武威先迁至福建，在福建操闽方言，后迁至广西的武宣，在武宣操壮语，最后才迁到此地，改操粤方言。

其后迁来的是张姓家族。据其族谱记载，其祖先从广东珠玑巷迁到平南环城的九榨塘，后迁至官成大彭，家族内部一直操粤方言。

李姓家族相传也是从广东的珠玑巷迁来大彭的，至今已有十九代人，家族内部一直操粤方言。

文姓家族也记载其祖先从广东的珠玑巷先迁至广西的玉林，随后才迁到平南，最后才落业大彭村，至今也有十三四代人了，家族内部一直操粤方言。

二 材料来源和编写体例

（一）材料来源

1. 田野调查

平南粤方言和双马闽方言、平南同和粤方言和藤县粤方言共四个方言点的语料来自笔者的田野调查。调查得到了发音合作人的积极配合和支持，在此谨表感谢。发音合作人基本情况如下。

方言点	发音人姓名	性别	年龄（岁）	受教育程度	职业
平南粤方言	刘胜海	男	68	大学	退休教师
	吴玄姬	女	60	小学	农民
	刘雪梅	女	36	大专	会计
	刘 钊	男	35	大专	干部
双马闽方言	吕庆发	男	70	中师	教师
	吕德源	男	32	大学	教师
平南同和粤方言	曹 萍	女	41	大学	会计
	张锦满	男	41	中专	干部
藤县粤方言	赖庆发	男	64	初中	退休工人
	黄孔金	男	58	高中	农民

2. 其他来源

北京话、广州话、梅县话和厦门话的资料来自《汉语方音字汇》（北京大学中国语言文学系语言学教研室，2003），广西区内汉语方言的资料来自《广西通志·汉语方言志》（广西壮族自治区地方志编纂委员会，1998）、《广西汉语方言研究》（谢建猷，2007a）和《粤语平话土话方音字汇》（第一编，陈海伦、林亦主编，2009；第二编，陈海伦、刘村汉主编，2009），平南县城话资料来自《平南话同音字汇（上、下）》（李玉，2008、2009a），平南石门客家话来自《石门客家话同音字汇》（李玉，2009b），壮语武鸣话的语料来自《壮语简志》（韦庆稳、覃国生，1980）。其他材料来源将随文注明。

（二）编写体例

（1）用国际音标注音。一般用五度制声调符号记单字本调。其中若引用的是少数民族语言语料，声调标注的是调类，非实际调值。

（2）义项。一个条目有几个义项的，用圆圈号码"①②③"分别列出。

（3）例句。例句按各节顺序，例句的注释用小字。对不易理解或与普通话不同的例词，用小字号随文标出普通话的解释。

（4）表序。每章的表格以"章序–表序"的形式编号。

（5）引文。本书引文，笔者从原文文献引用的，在文中用"作者名，出版时间：页码"的形式注明。

（6）各种符号。

□　表示有音义但无合适的字形，一般加注国际音标。

~　在注释和例子中替代本条目，无论本条目有几个字，都只有一个替代号。

［］行文时音标前后加方括号。但大多数情况下为了行文方便，条目注释和列表一般不加方括号，如 a。

｜　表示同一描述下例字间的分隔。

／　表示"或"。

（7）有特殊例外的，在出现的章节中列出说明。

第一章

语音系统

第一节 音系

本书中平南粤方言采点为平南县官成镇大彭村，因此，本书中的平南粤方言特指官成镇的粤方言，当地称官成白话或者官成话。官成白话属粤方言勾漏片次方言，口音与平南县其他广大农村地区的粤方言口音相似但不完全相同。官成白话系笔者母语，本书统一称平南粤方言。

一 声母

声母和声母例字如表1-1和表1-2所示。

表1-1　　　　　　　　　声母表

p	p^h	m	f	v		
t	t^h	n			l	ɬ
ts	ts^h	ȵ	s	j		
k	k^h	ŋ	h			
∅						

表1-2　　　　　　　　　声母例字

p 八兵帮	p^h 爬铺盆	m 磨马母	f 科花苦	v 华王镬		
t 多当赌	t^h 跳菜厅	n 你糯南			l 罗拉路	ɬ 左姐嘴
ts 正煮中	ts^h 茶锄柴	ȵ 儿惹鱼	s 沙叔衫	j 慧一有		

续表

k 哥瓜讲	kʰ 勤桥倚	ŋ 饿牙硬	h 虾稀红			
∅ 吆拗衣						

声母说明：

（1）声母 20 个，包括零声母 ∅；

（2）ts、tsʰ 和 s 在和洪音相拼时实际音值为 tʃ、tʃʰ、ʃ，在和 i 或有介音 i 的韵母相拼时，音值接近 tɕ、tɕʰ、ɕ；

（3）j 和 v 的摩擦都较轻；

（4）h 的发音较靠前，尤在拼细音时，音值接近 x；

（5）零声母 ∅ 音节开头带喉塞音 ʔ，因此 j、v 开头的音节和零声母开头的音节有明显的不同。

二　韵母

韵母和韵母例字如表 1-3 和表 1-4 所示。

表 1-3　　　　　　　　韵母表

	i	u
a		
ɛ		
ɔ		
ai		
iɐ		
ɔi		
		ui
au		
ɐu		
ɛu		
	iu	
am		
ɐm		
ɛm		

续表

ɔm		
	im	
an		
ɐn		
ɛn		
ɔn		
	in	un
aŋ		
ɐŋ		uɐŋ
ɛŋ		
eŋ		
ɔŋ		
oŋ		
ap		
ɐp		
ɛp		
ɔp		
	ip	
at		
ɐt		
ɛt		
ɔt		
	it	ut
ak		
ɐk		
ɛk		
ek		
ɔk		
ok		
m̩		
ŋ̍		

表 1-4　　　　　　　　韵母例字

		i	碑皮地齿书倚	u	铺苦步度路姑
a	把茶牙沙家虾				
ɛ	姐遮车蛇射夜				
ɔ	簸火摸多左哥				
ai	摆大太柴晒鞋				
ɐi	米弟低西鸡系				
ɔi	袋菜来腮盖外				
				ui	杯脆嘴岁吹会
au	饱爪抄稍考教				
ɐu	煲帽刀早嫂高				
ɛu	猫撩皱搅觉翘				
		iu	表条笑叫桥腰		
am	担胆三衫咸监				
ɐm	林心针沉深金				
ɐm	甘感钳坎含暗				
ɔm	啩				
		im	甜尖占嫌盐厌		
an	慢饭蛋盏山关				
ɐn	问分吞信准春				
ɛn	扁匾铲				
ɔn	干赶寒旱汗安				
		in	边面年千先见	un	半短转穿算官
aŋ	彭橙争生耕行				
ɐŋ	灯凳藤层更肯			uaŋ	硬kuɐŋ³³: 硬邦邦的
ɛŋ	娘奖强张昌姜				
eŋ	平听领精京颈				
ɔŋ	帮当汤装床缸				
oŋ	风冬桶松钟公				
ap	搭杂闸插甲鸭				
ɐp	立习执十入急				
ɐp	鸽蛤合盒夹				

续表

ɔp	佮				
		ip	叠聂接摄页叶		
at	袜发达捺辣扎				
ɐt	笔七出侄实骨				
ɜt	八瘪				
ɔt	割葛喝渴褐				
		it	鳖铁烈节折热	ut	钵阔脱雪说月
ak	百白拍隔额黑				
ɐk	北墨得卜贼侧				
ɜk	趯雀着弱勺脚				
ek	壁踢脊息席石				
ɔk	膊托捉角国壳				
ok	木读竹叔熟谷				
m̩	唔				
ŋ̍	吴梧吾五悟误				

韵母说明：

（1）韵母共50个，包括自成音节的鼻辅音韵母 m̩、ŋ̍；

（2）a 分长短，长的记 a，短的记 ɐ，ɐ 不单独作韵母，只作韵母中的主要元音；

（3）韵母［uɐŋ］只与 k、kʰ 相拼，存在于个别的口语词中，把圆唇音处理为介音而不处理为声母 kʷ、kʷʰ 的特征，是因为这个特征领字太少，处理为 uɐŋ 可以和 ɔŋ 对应，使结构更整齐；

（4）ɜ 单独作韵母时发音较闭，实际音值介于 e 和 ɛ 之间；

（5）ɛm、ɛn、ɛp、ɛt 韵母在前有辅音时带轻微的介音，实际音值接近 iɐm、iɐn、iɐp、iɐt，这几个韵母都主要出现在口语词中；

（6）ɔ、ɔi、ɔn、ɔt 中的 ɔ 实际发音舌位介于 o 和 ɔ 之间，但 oŋ、ok 的 o 实际发音介于 o 和 u 之间；

（7）ɔm 只出现于少量的口语词中；

（8）能与声母 ŋ 相拼的韵母，由于 ŋ 的发音特点，都会使韵母带上轻微的介音 i；

(9) 没有撮口韵，没有 y 系列和 œ 系列的音；

(10) 入声有-p、-t、-k 三套韵尾，分别与-m、-n、-ŋ 三种阳声韵相配，如：金 kɐm^{553}—急 kɐp^4；年 nin^{32}—捏 nit^3；猛 maŋ^{23}—脉 mak^{31}。

三 声调

声调和声调例字如表 1-5、表 1-6 所示。

表 1-5　　　　　　　　　　声调

阴平 553	阳平 32
阴上 33	阳上 23
阴去 35	阳去 31
上阴入 4	下阴入 24
上阳入 3	下阳入 31

表 1-6　　　　　　　　　　声调例字

阴平 553	东灯风高通开天春	阳平 32	门龙牛油同皮糖红
阴上 33	饱古桶九草苦椅口	阳上 23	买老五有近厚淡暖
阴去 35	四半痛快寸去对意	阳去 31	卖路硬乱地饭望帽
上阴入 4	谷节急切接北色尺	下阴入 24	托壳百搭拍国割捉
上阳入 3	六叶月毒局读服俗	下阳入 31	麦白盒袜药杂合学

声调说明：

(1) 平上去入各分阴阳，阴入阳入都可再分上下，共 10 个声调；

(2) 依古声母的清浊分阴阳，古清声母字读阴声调，古浊声母字读阳声调，清阴浊阳对应规整；

(3) 部分古浊上字归阳去调；

(4) 入声调保存完好，极少例外；

(5) 阳上和阳入都有送气分调的特点；

(6) 上阳入字音节时长不短，为了与阴上调相区别，特记为 3。

从听感上辨别，下阳入与阳去、上阴入与阴平、下阴入与阴去在调型、调值上都极为相似，阴上在调值上比上阳入高一度。为了验证听感的准确度,笔者特设计了声调实验。

1. 实验设计

本实验分10个调类,舒声调6个,入声调4个。为了把元音辅音的发音对声调的影响降到最低,每个声调的音节尽量找元音辅音都相同的字。若遇到音节无实际意义的,则音节的元音保持不变,声母改用鼻辅音,因为鼻音为响音,响音的发音对音节声调的影响较少,且在语图上容易切分出来。阴平、阴上、阴去、阳去采用的音节是pa,阳平、阳上采用的音节是ma。为防止发音人视觉上和听觉上的疲劳,每个单字调找同音不同形的字,每一遍顺序都不同,每字重复出现3—4次。切分时前两字和后两字不取,每个发音人每个单字调保证有8个音节。

一共四位发音人作为被试,两男两女,都是平南县官成镇大彭村人。由于男女声基频范围不同,男性被试和女性被试的数据分别进行平均后再进行归一化处理,这样每个单字调类在男女被试中就各有32个样本。

四位发音人的语音材料是2011年6—8月在广西平南县官成镇大彭村一安静的房间内录制的,录音软件为Cooledit 2.0。采用单声道录制,采样频率为22050Hz。所有目标音节用Praat语音分析软件切分出来存为独立的Wav文件,用Praat软件进行分析。自动导出基频数据程序对基频进行了时长归一化处理,处理时可以根据需要提取相应的归一化时长点数。本文对单字调均取30个点。得到基频数值后,分别对男女两组样本进行平均,并换算成五度,最后把数值输入Excel表画图,得到结果如图1-1、图1-2所示。

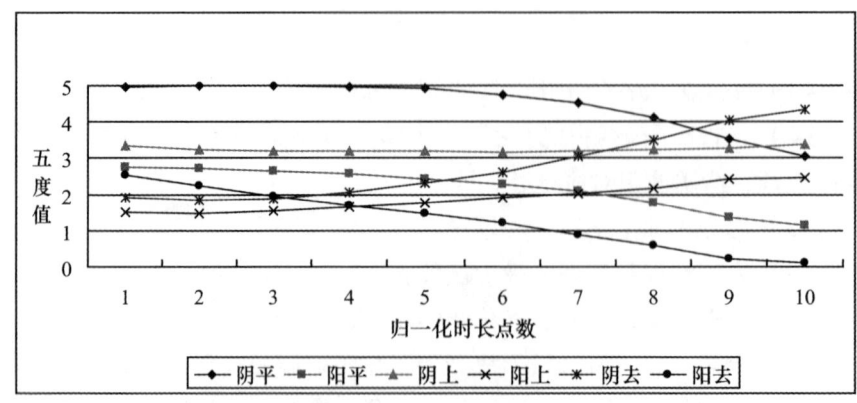

图1-1 舒声调

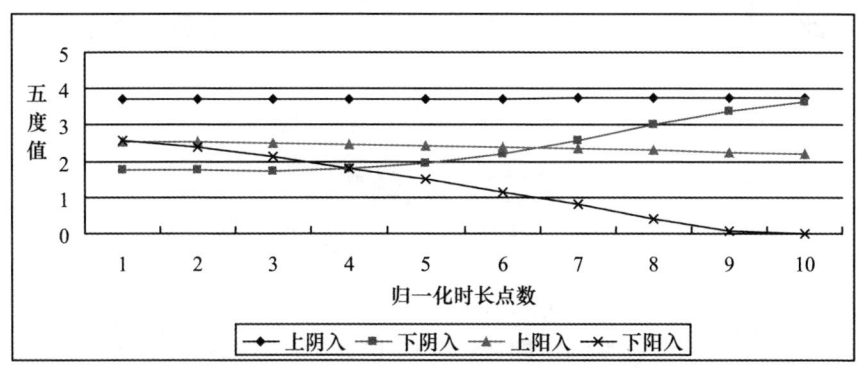

图 1-2　入声调

2. 实验结果分析

声调总的规则是阴高阳低。先来看六个舒声调（图 1-1）。舒声调中有三个降调、一个平调、两个升调。三个降调中，阴平调的前半部是高平，后半部呈高降态势，记为 553；阳平调和阳去调的起点一致，调型均为中降，但阳去调降得更低，记为 31，阳平记为 32。阴上调整体调型是中平偏高，记为 33。阴去调和阳上调同为升调，但阴去的起点比阳上的高，调尾比阳上的高得多，斜率更大，上升的调域更高，记为 35，阳上记为 23。

再看四个入声调（图 1-2），两个平调，一个升调，一个降调。上阴入和上阳入都是平调，上阴入比上阳入整体都高 1 度，上阴入记为 4，上阳入记为 3。下阴入和阴去从听感上差异不大，但从调型来看，两者的起点基本一致，但阴去调尾升得更高，下阴入记为 24。下阳入和上阳入的起点一致，而整个调型和调域与阳去调一致，也记为 31。

这样，在十个声调中，有三个平调，三个升调，四个降调。三个平调中，阴上与上阴入和上阳入都只相差半度，但从听感上分辨，似乎都相差一度。阳去和下阳入均记低降 31 调，再下去就听不到了，且在有些发音人的口音里这两个调都容易发成嘎裂音，但总体是给人以低降的感觉；上阴入与阴平调的前半部相当，均为高平；下阴入与阴去调相当，均为高升。所以，可以预测，将来若入声消失，声调合并，首先会是下阳入并入阳去，其次是下阴入并入阴去，上阴入并入阴平。

实验数据只是作为参考，在归纳具体音位时，还应考虑语言自身的系统性和母语人的听感知觉，所以实际所记的声调调值和实验结果有细微的差别。

第二节　连读变调

本节所讨论的连读变调是指由语音环境制约而引起的变调，不是由构词语法决定的连读变调，即连读变调不发生语法意义的变化。也就是王福堂（1999）所说的"和字音本身有关的连读变调"，以及李小凡（2004）所说的第一种"语音变调"。平南粤方言也有引起语法功能改变的变调，但不在此讨论。下面所说的特点和规律主要是针对双音节和三音节结构形式的连读变调。

一　连读变调的特点

平南粤方言的连读变调有如下特点。

一是前变后不变。双音节结构中，处于前字位置的字基本都要变调，而后字一律不变调。不管后字是什么声调，前字只要是某个调类就会变成另一个调类，属于强制性变调。

二是阴阳两调类不互相变调，即阴调类变阴调类，阳调类变为新的调类。

二　连读变调的规律

（一）双音节词连读变调的规律

阴平、阳平、阳上、阴去、上阴入、下阴入、上阳入字处于前字位置时，通常要变调。规律如下：前字为阴平、阴去的调值均变为33，与阴上同；前字为上阴入和下阴入的变成与阴上调值相当的短调3；前字为阳平、阳上的变为新的次低平调22，但前字为阳上的变调的情况不多；前字为上阳入的变为与阳平变调后调值相当的短调2；前字为阴上、阳去和下阳入的不变调。总的来说，阴调类变成中平调，阳调类变成次低平调。变调后的调值都比原调值低。详细描述如下（参见表 1 - 7 至表 1 - 13）。

表 1 - 7　　　　　　阴平（553） + 各调→33 + 各调

阴平 + 阴平	鸡公 kɐi$^{553-33}$ koŋ^{553}	新鲜 ɬɐn$^{553-33}$ ɬin^{553}	初三 tsʰɔ$^{553-33}$ ɬam^{553}
阴平 + 阳平	鸡毛 kɐi$^{553-33}$ mɐu^{32}	梳头 sɔ$^{553-33}$ tʰɐu^{32}	今年 kɐm$^{553-33}$ nin^{32}
阴平 + 阴上	鸡嫲 kɐi$^{553-33}$ na^{33}	辛苦 ɬɐn$^{553-33}$ fu^{33}	伸手 tsʰɐn$^{553-33}$ sɐu^{33}
阴平 + 阳上	鸡尾 kɐi$^{553-33}$ mi^{23}	兄弟 heŋ$^{553-33}$ tʰɐi^{23}	初五 tsʰɔ$^{553-33}$ ŋ̍^{23}
阴平 + 阴去	青菜 tʰeŋ$^{553-33}$ tʰɔi^{35}	霜降 sɔŋ$^{553-33}$ kɔŋ^{35}	中意 tsoŋ$^{553-33}$ i^{35}
阴平 + 阳去	鸡蛋 kɐi$^{553-33}$ tan^{31}	开会 hɔi$^{553-33}$ vui^{31}	初二 tsʰɔ$^{553-33}$ ŋi^{31}
阴平 + 上阴入	鸡血 kɐi$^{553-33}$ hut^{4}	搬屋 pun$^{553-33}$ ok^{4}	初七 tsʰɔ$^{553-33}$ tʰɐt^{4}
阴平 + 下阴入	鸡脚 kɐi$^{553-33}$ kɛk^{24}	三八 ɬam$^{553-33}$ pɐt^{24}	初八 tsʰɔ$^{553-33}$ pɐt^{24}
阴平 + 上阳入	鸡翼 kɐi$^{553-33}$ jek^{3}	烟叶 ɲin$^{553-33}$ jip^{3}	初十 tsʰɔ$^{553-33}$ sɐp^{3}
阴平 + 下阳入	烟盒 ɲin$^{553-33}$ hɐp^{31}	煲药 pɐu$^{553-33}$ jɛk^{31}	春药 tsoŋ$^{553-33}$ jɛk^{31}

表 1 - 8　　　　　　阳平（32） + 各调→22 + 各调

阳平 + 阴平	农村 noŋ$^{32-22}$ tʰun^{553}	棉衫 min$^{32-22}$ sam^{553}	时间 si$^{32-22}$ kan^{553}
阳平 + 阳平	农民 noŋ$^{32-22}$ mɐn^{32}	年龄 nin$^{32-22}$ leŋ^{32}	轮流 lɐn$^{32-22}$ lɐu^{32}
阳平 + 阴上	门口 mun$^{32-22}$ hɐu^{33}	年底 nin$^{32-22}$ tɐi^{33}	牙齿 ŋa$^{32-22}$ tsʰi^{33}
阳平 + 阳上	男女 nam$^{32-22}$ nui^{23}	渔网 ɲi$^{32-22}$ mɔŋ^{23}	营养 veŋ$^{32-22}$ ɛŋ^{23}
阳平 + 阴去	咸菜 ham$^{32-22}$ tʰɔi^{35}	皮带 pʰi$^{32-22}$ tai^{35}	文化 mɐn$^{32-22}$ fa^{35}
阳平 + 阳去	成就 seŋ$^{32-22}$ ɬɐu^{31}	黄豆 vɔŋ$^{32-22}$ tɐu^{31}	名字 meŋ$^{32-22}$ ɬu^{31}
阳平 + 上阴入	墙壁 ɬɛŋ$^{32-22}$ pek^{4}	毛笔 mɐu$^{32-22}$ pɐt^{4}	颜色 ŋan$^{32-22}$ sek^{4}
阳平 + 下阴入	牙刷 ŋa$^{32-22}$ tʰat^{24}	麻雀 ma$^{32-22}$ ɬɛk^{24}	回答 vui$^{32-22}$ tap^{24}
阳平 + 上阳入	农业 noŋ$^{32-22}$ ɲip^{3}	人物 ɲɐn$^{32-22}$ mɐt^{3}	连续 lin$^{32-22}$ ɬok^{3}
阳平 + 下阳入	农药 noŋ$^{32-22}$ jɛk^{31}	同学 tʰoŋ$^{32-22}$ hɔk^{31}	明白 meŋ$^{32-22}$ pak^{31}

表 1 - 9　　　　　　阳上（23） + 各调→22 + 各调

阳上 + 阴平	渠坑 kʰi$^{23-22}$ haŋ^{53}	妗娘 kʰɐm$^{23-22}$ nɛŋ^{53}	老公 lɐu$^{23-22}$ koŋ^{53}
阳上 + 阳平	肚脐 tʰu$^{23-22}$ ɬɐi^{32}	蚂蟥 ma$^{23-22}$ vɔŋ^{32}	
阳上 + 阴上	老表 lɐu$^{23-22}$ piu^{33}		

续表

阳上 + 阳上	老弟 leu²³⁻²² tʰɐi²³	企理 kʰi²³⁻²² li²³	
阳上 + 阴去	在尔 ɬɔi²³⁻²² nɐi³⁵	在细 ɬɔi²³⁻²² ɬɐi³⁵	
阳上 + 阳去	老妹 leu²³⁻²² mui³¹		
阳上 + 下阴入	坐月 ɬɛ²³⁻²² ŋut³		

表1-10　　　　　阴去（35）+各调→33+各调

阴去 + 阴平	做工 ɬu³⁵⁻³³ koŋ⁵⁵³	菜根 tʰɔi³⁵⁻³³ kɐn⁵⁵³	唱歌 tsʰɛŋ³⁵⁻³³ kɔ⁵⁵³
阴去 + 阳平	探年 tʰam³⁵⁻³³ nin³²	化肥 fa³⁵⁻³³ fi³²	课文 fɔ³⁵⁻³³ mɐn³²
阴去 + 阴上	放手 foŋ³⁵⁻³³ seu³³	菜种 tʰɔi³⁵⁻³³ tsoŋ³³	政府 tseŋ³⁵⁻³³ fu³³
阴去 + 阳上	盖瓦 kɔi³⁵⁻³³ ŋa²³	秤尾 tsʰeŋ³⁵⁻³³ mi²³	送礼 ɬoŋ³⁵⁻³³ lɐi²³
阴去 + 阴去	世界 sɐi³⁵⁻³³ kai³⁵	教训 kau³⁵⁻³³ fɐn³⁵	算数 ɬun³⁵⁻³³ su³⁵
阴去 + 阳去	干部 kɔn³⁵⁻³³ pu³¹	告状 kɐu³⁵⁻³³ tsɔŋ³¹	态度 tʰai³⁵⁻³³ tu³¹
阴去 + 上阴入	教室 kau³⁵⁻³³ sɐt⁴	庆祝 heŋ³⁵⁻³³ tsok⁴	季节 kɐi³⁵⁻³³ ɬit⁴
阴去 + 下阴入	间隔 kan³⁵⁻³³ kak²⁴	爱国 ɔi³⁵⁻³³ kɔk²⁴	顾客 ku³⁵⁻³³ hak²⁴
阴去 + 上阳入	菜叶 tʰɔi³⁵⁻³³ jip³	算术 ɬun³⁵⁻³³ sɐt³	记录 ki³⁵⁻³³ lok³
阴去 + 下阳入	化学 fa³⁵⁻³³ hɔk³¹	种药 tsoŋ³⁵⁻³³ jɛk³¹	

表1-11　　　　　上阴入（4）+各调→3+各调

上阴入 + 阴平	出声 tsʰɐt⁴⁻³ seŋ⁵⁵³	竹蒿 tsok⁴⁻³ kɐu⁵⁵³	铁钉 tʰit⁴⁻³ teŋ⁵⁵³
上阴入 + 阳平	出门 tsʰɐt⁴⁻³ mun³²	识人 sek⁴⁻³ ŋɐn³²	劈柴 pʰek⁴⁻³ tsʰai³²
上阴入 + 阴上	谷种 kok⁴⁻³ tsoŋ³³	屋顶 ok⁴⁻³ teŋ³³	出口 tsʰɐt⁴⁻³ heu³³
上阴入 + 阳上	谷雨 kok⁴⁻³ ji²³	竹马 tsok⁴⁻³ ma²³	粥被 tsok⁴⁻³ pʰi²³
上阴入 + 阴去	出去 tsʰɐt⁴⁻³ hui³⁵	节气 ɬit⁴⁻³ hi³⁵	切菜 tsʰit⁴⁻³ tsʰɔi³⁵
上阴入 + 阳去	识字 sek⁴⁻³ ɬu³¹	吃饭 hek⁴⁻³ fan³¹	脱帽 tʰut⁴⁻³ mɐu³¹
上阴入 + 上阴入	出血 tsʰɐt⁴⁻³ hut⁴	吃粥 hek⁴⁻³ tsok⁴	得吃 tɐk⁴⁻³ hek⁴
上阴入 + 下阴入	出国 tsʰɐt⁴⁻³ kɔk²⁴	屋角 ok⁴⁻³ kɔk²⁴	竹壳 tsok⁴⁻³ hɔk²⁴
上阴入 + 上阳入	竹席 tsok⁴⁻³ ɬek³	竹叶 tsok⁴⁻³ jip³	摄石 sip⁴⁻³ sek³
上阴入 + 下阳入	粥勺 tsok⁴⁻³ sɛk³¹	脱袜 tʰut⁴⁻³ mat³¹	吃药 hek⁴⁻³ jɛk³¹

表 1–12　　　　　下阴入（24）＋各调→3＋各调

下阴入 + 阴平	脚跟 kɛk$^{24-3}$ kɐn^{553}	鸭公 ap$^{24-3}$ koŋ^{553}	伯爷 pak$^{24-3}$ jɛ^{553}
下阴入 + 阳平	插田 tsʰap$^{24-3}$ tʰin^{32}	刷牙 tʰat$^{24-3}$ ŋa^{32}	伯婆 pak$^{24-3}$ pʰɔ^{32}
下阴入 + 阴上	脚底 kɛk$^{24-3}$ tɐi^{33}	鸭𤆵 ap$^{24-3}$ na^{33}	挖井 vɐt$^{24-3}$ ɬeŋ^{33}
下阴入 + 阳上	发冷 fat$^{24-3}$ laŋ^{23}	脚眼 kɛk$^{24-3}$ ŋan^{23}	鸭尾 ap$^{24-3}$ mi^{23}
下阴入 + 阴去	百货 pak$^{24-3}$ fɔ^{35}	发票 fat$^{24-3}$ pʰiu^{35}	客气 hak$^{24-3}$ hi^{35}
下阴入 + 阳去	脚步 kɛk$^{24-3}$ pu^{31}	革命 kak$^{24-3}$ meŋ^{31}	错误 tʰɔk$^{24-3}$ ŋ̍^{31}
下阴入 + 上阴入	角色 kɔk$^{24-3}$ sek^{4}	鸭骨 ap$^{24-3}$ kɐt^{4}	鸭血 ap$^{24-3}$ hut^{4}
下阴入 + 下阴入	搭客 tap$^{24-3}$ hak^{24}	鸭脚 ap$^{24-3}$ kɛk^{24}	八角 pɛt$^{24-3}$ kɔk^{24}
下阴入 + 上阳入	发热 fat$^{24-3}$ ȵit^{3}	发育 fat$^{24-3}$ jok^{3}	法律 fat$^{24-3}$ lɐt^{3}
下阴入 + 下阳入	发夹 fat$^{24-3}$ kɛp^{31}	脚踏 kɛk$^{24-3}$ tap^{31}	角落 kɔk$^{24-3}$ lɔk^{31}

表 1–13　　　　　上阳入（3）＋各调→2＋各调

上阳入 + 阴平	木瓜 mok$^{3-2}$ ka^{553}	石灰 sek$^{3-2}$ fui^{553}	立春 lɐp$^{3-2}$ tsʰɐn^{553}
上阳入 + 阳平	木头 mok$^{3-2}$ tʰɐu^{32}	熟人 sok$^{3-2}$ ȵɐn^{32}	值钱 tsʰek$^{3-2}$ ɬin^{32}
上阳入 + 阴上	热水 ȵit$^{3-2}$ sui^{33}	墨水 mɐk$^{3-2}$ sui^{33}	月饼 ȵut$^{3-2}$ peŋ^{33}
上阳入 + 阳上	木耳 mok$^{3-2}$ ȵi^{23}	活动 vut$^{3-2}$ tʰoŋ^{23}	实在 sɐt$^{3-2}$ ɬɔi^{23}
上阳入 + 阴去	热气 ȵit$^{3-2}$ hi^{35}	习惯 ɬɐp$^{3-2}$ kan^{35}	实际 sɐt$^{3-2}$ ɬei^{35}
上阳入 + 阳去	绿豆 lok$^{3-2}$ tɐu^{31}	人味 ȵɐp$^{3-2}$ mi^{31}	立夏 lɐp$^{3-2}$ ha^{31}
上阳入 + 上阴入	墨汁 mɐk$^{3-2}$ tsɐp^{4}	熟悉 sok$^{3-2}$ ɬɐt^{4}	直接 tsʰek$^{3-2}$ ɬip^{4}
上阳入 + 下阴入	及格 kʰɐp$^{3-2}$ kak^{24}	寂寞 ɬek$^{3-2}$ mɔk^{24}	勒索 lɐk$^{3-2}$ ɬɔk^{24}
上阳入 + 上阳入	特别 tɐk$^{3-2}$ pʰit^{3}	木叶 mok$^{3-2}$ jip^{3}	酷热 kʰok$^{3-2}$ ȵit^{3}
上阳入 + 下阳入	入学 ȵɐp$^{3-2}$ hɔk^{31}	直达 tsʰek$^{3-2}$ tat^{31}	毒辣 tʰok$^{3-2}$ lat^{31}

上述的变调规律可归纳如表 1–14。

表 1–14　　　　　两字组连读变调规律

前字＼后字	阴平 553	阳平 32	阴上 33	阳上 23	阴去 35	阳去 31	上阴入 4	下阴入 24	上阳入 3	下阳入 31
阴平 553	33	33	33	33	33	33	33	33	33	33
阳平 32	22	22	22	22	22	22	22	22	22	22

续表

前字＼后字	阴平 553	阳平 32	阴上 33	阳上 23	阴去 35	阳去 31	上阴入 4	下阴入 24	上阳入 3	下阳入 31
阳上 23	22	22	22	22	22	22	/	22	/	/
阴去 35	33	33	33	33	33	33	33	33	33	33
上阴入 4	3	3	3	3	3	3	3	3	3	3
下阴入 24	33	33	33	33	33	33	33	33	33	33
上阳入 3	2	2	2	2	2	2	2	2	2	2

从表 1-14 可以很清楚地看到，平南粤方言发生变调的七个调类，本调调值都不同。但变调后声调趋于合流，调类简化。阴平、阴去、下阴入的调值均变为中平调，调值为 33；上阴入也变为中平，音时较短为 3；阳平、阳上变为次低平调 22；上阳入调值变为 2。笔者注意到，变调后的 22 和 2 是原声调系统中没有的调类。笔者也注意到，许多阳入不分化的方言点，如广州话、南宁话、梧州话等，阳入本身就读 2 调。这可能意味着，平南粤方言的连读变调，是为下一步的调类合并做准备的。

若用 H、M、L 三级音高表示法来表示，平南粤方言双音节词的连读变调规律可以概括为以下两条规则：HM、H、MH→M；ML、LM→L。

从平南粤方言连读变调的前后音节的关系来看，前音节的变调跟后音节的调值没有关系，属于王洪君（2008）所说的自身交替式变调。

（二）多音节词连读变调规律

平南粤方言的三音节或四音节的词语中也存在连读变调，但变调同样是以两个音节为一个单位进行的。

（1）三音节词中，以语义关系结合较紧密的两个音节作为变调的单位，另外一个不变。有两种情况。

a. 双单格：（A+B）+C

这种结构中往往是前两个音节作为一个修饰成分，修饰后一个中心词。如：

（沙娄）牛（sa$^{553-33}$ lɐu^{553}）ŋɐu^{32}

（生蛋）鸡（saŋ$^{553-33}$ tan^{31}）kɐi^{553}

（新出）菜（ɬɐn⁵⁵³⁻³³ tsʰɐt⁴） tʰɔi³⁵
（放冚①）猪（fɔŋ³⁵⁻³³ tɔŋ³¹） tsi⁵⁵³

注：①放养的。

b. 单双格：A ＋（B ＋ C）

这种结构的前一个音节往往是一个能单用的修饰成分，修饰后面的中心词。如：

大（木根）tai³¹（mok³⁻² kɐn⁵⁵³）
细（侬儿）nɐi³⁵（noŋ³²⁻²² ŋ⁵⁵³）
三（伯爷）ɬam⁵⁵³（pak²⁴⁻³³ jɛ⁵⁵³）
生（石榴）saŋ⁵⁵³（sek³⁻² lɐu³²）

（2）四音节词则以前两个音节和后两个音节分别组合成两个变调的单位，如：

（生蛋）（鸡𤆬）（saŋ⁵⁵³⁻³³ tan³¹）（kɐi⁵⁵³⁻³³ na³³）
（新出）（菜儿）（ɬɐn⁵⁵³⁻³³ tsʰɐt⁴）（tʰɔi³⁵⁻³³ ŋ⁵⁵³）

一些书面语或外来词不发生连读变调，如：

干燥 kɔn⁵⁵³ tʰɐu³⁵   沙发 sa⁵⁵³ fat²⁴

三音节和四音节词语中结合较紧密的两音节的连读变调规律和双音节词的连读变调规律相同。

三　变调原因分析

连读变调是一种语流音变现象。由于人们对发音动作简省的要求，语流中相邻音节的声调在调型调值方面发生相互协调的变化，因此产生了变调。王福堂（1999）把连读变调分为以下三种。

第一，和字音间相互影响有关的连读变调。这种连读变调，变化结果可以用单纯的音理来解释。

第二，和字音本身有关的连读变调。有时一个音节是不是发生连读变调以及变成什么调，和前后音节的声调没有关系，而只取决于该音节自身的声调。

第三，和构词情况有关的连读变调。构词的不同会影响语流中音段成分的划分，在心理上或实际上使音段分界除各音节的语音关系和音段内部各音节的语音关系发生差别，从而产生不同的连读变调。

李小凡（2004）也认为，连读变调分为两种：语音变调和音义变调。他认为：语音变调发生在语音层内部，是单层音变，其作用是调节发音。音义变调涉及音和义两个层面，是跨层音变，其作用主要不在于调节发音，而在于构词或标记句法功能。语音变调一般只需用语音规则描写，音义变调则不能简单地用同一套语音规则来描写。

学界一般认为汉语诸多方言里，以吴方言、闽方言的连读变调现象最为复杂，所以，以描写和讨论吴方言、闽方言连读变调现象的论著居多。一般认为粤方言没有连读变调，其实这指的主要是广府片粤方言。在勾漏片粤方言里，连读变调的现象是很普遍的。不少学者在介绍单点（或小片）的论文或专著中都有过描写。比如：李谱英（1982）和周烈婷（2002）对玉林方言连读变调的讨论，陈小燕（2007）对贺州本地话连读变调的介绍，邓玉荣（2009）对藤县方言两字组和三字组的连读变调的描写，李芒（2007）对广西北流白话的变调情况的介绍，杨璧菀（2007）对广东怀集上坊和下坊方言的连读变调情况的描写，侯兴泉（2011、2012）对广东封开开建方言的两字连读变调的实验分析，这些都为证明粤方言中也存在连读变调提供了有力的证据。

下面对平南粤方言的连读变调原因进行讨论。

（一）变调模式：前变后不变

上述是平南粤方言里语音层面上的、不引起语义变化的连读变调。为何是前字变而后字不变？

普通话里的"上上相连"的变调，一般也认为只是语音层面上的，不涉及语义的声调变化。但曹剑芬（1995）认为，普通话的"上上相连"所引起的声调变化，"表面上看是个语音现象，实际上还要受深层的语音和语法的制约，而这种制约通常是通过轻重音规则发挥作用的"。因此，"不能就声调论声调，而必须结合轻重音的变化来考察"。

汉语普通话的两音节词重音格式有两类：一类是不带轻声的，可以叫作重重型；一类是带轻声的，可以叫作重轻型。粤方言是缺乏轻声的，一般两音节词前后音节读得一样重。所以，粤方言的两字词可以看作重重型结构。当然，实际语流中，两音节不会一样地被重读，所以细分又可分为重中型或中重型。

林焘、王理嘉（1992）认为，北京话轻音的主要特征是音时大大缩短，调域、调型和音强都受音长缩短的影响，居于次要的位置。曹剑芬（1995）的研究也证明，重读的音节在语流中能保持正常的声调不变，而读轻声的音节不但失去原调，失去声调的对立，而且调域减缩。粤方言的广府片可能就是因为两音节词中前后两字都被重读，所以不容易发生连读变调。

勾漏片粤方言和南部吴方言，以及壮语中都广泛地存在着连读变调。而且，连读变调的模式很相似，都是前音节变后音节不变。为什么两音节连读时只前音节发生变调而后音节不变？是否和词本身的韵律节奏有关呢？

蒋平（2005）认为，连读变调由轻重音格式决定，且两字组的轻重音格式受词内句法结构的制约。侯兴泉（2011）也认为勾漏片粤方言双音节词一般前音节变调而后音节不变的变调模式，是受到语言本身的"前轻后重"的节奏模式的制约。陈忠敏（1993）的研究也表明，一些南部吴语发生"前变后不变"式的连读变调，也是由于受到语言本身的前轻后重式的节律特点的影响。

张元生（1983）和蔡培康（1987）认为，壮语的连读变调多与构词、语法有关，属于音义型连读变调，但黄平文（2000）发现，壮语的连读变调正"从有调类配合、语法约束走向不受调类搭配限制、无语法约束的'自由'变调"。这种变调的动力也是"前轻后重"的节奏韵律。

由此可见，"前轻后重"的节奏韵律可能是南方语言的一个共同特点。考虑到古壮侗语的分布，初步推测这个特点可能出于古壮侗语的影响。平南粤方言两字组中前字变后字不变的连读变调模式，应该也是受到方言本身的"前轻后重"式的韵律特点影响。

（二）变调结果：调值倾向于低调

从上述的连读变调规律表可以很清楚地看到，平南粤方言两字组变调后前字调值只有33、22、3和2，均为中、低调。开建话的两字组变调后前字只有32和21两个调（侯兴泉，2011）；玉林话的两字组变调后前字声调有 33、22、3 和 1 四个调（李谱英，1982）；藤县粤方言的两字组变调后前字只有 33、22、4 和 2 四个调（邓玉荣，2009）。可见，各地的方言连读变调后前字的调值都倾向于中、低调。

侯兴泉（2011）认为，变调后的调值倾向于低平或低降调的原因，仍然是受到轻重交替的节奏模式的影响。轻音在节律上是非凸显值，它通常倾向于低调，避免高调（De Lacy，2002）；从人对调型的感知来说，（以北京人感知普通话的调型为例）低调最容易被感知为轻声，平调次之，升调或降升调最不容易被感知为轻声（王韫佳，2004）。

由此，也可以解释为什么阴上（33）、阳去（31）和下阳入（31）不会变调了。因为这些声调本身的调值已经符合轻音的音高表现要求了，因此无须再做变化，只需缩短音长或弱化元音就可以达到轻音的要求了。

但笔者认为，平南粤方言"前轻后重"结构中的"轻"和普通话的轻声是不同的。不光是所处的位置前后不同，变调的方式也不同。平南粤方言两字组的连读变调是自身交替式的，不管后字是何调，只要前字的调值一样，变调后都会变到一个稳定的调值。而普通话的轻声调值取决于前字音节的调值。具体的差异，需要设计更严谨的实验来证明。

第三节　声韵调的配合

一　声韵调配合关系

平南粤方言声母和韵母的拼合关系详见表 1 - 15 至表 1 - 30。表中空格表示声母和韵母不相拼合。表中数码表示有音义但暂无合适的字形对应的音节，注释置于表格的下方。各组声母和韵母的拼合关系及特点说明如下。

（1）p、p^h、m、f 不与 ɔi、am、ɛm、im、ɔn、uɐn、ɔŋ、ap、ɛp、ɔp、ip、ɛk 相拼，与 ɐm、ɔm 拼合的也只是个别的拟声词，双唇音基本不拼以双唇音为韵尾的韵母。

（2）v 不拼 m 尾和 p 尾的韵母。

（3）t、t^h 不拼 au、ɔm、ɔn、aŋ、uɐŋ、ɔp、ɔt、ak 韵母。

（4）n、l 不拼 tɔ、tɜ、nɔ、mɔ、uɐŋ、ɔp、ak 韵母，拼 ɛm、ɜ、ɛt、ɔt 的只是个别的口语词。

（5）ɬ 不拼 ɛm、ɛn、ɔn、aŋ、ɐp 韵母，拼 mɔ、tɔ 的只是个别的口语词。

（6）ts、tsʰ、s 不拼 ɛu、mɔ、ɐp 韵母，拼 nɔ、aŋ、tɜ、tɔ 的只是口语词。

（7）n̩ 不拼 ɔ、u、ic、am、ɔm、ɔn、tɜ、ɔt、ak、ɛk、ɔk 韵母，拼 ɛm、an、ɛ、aŋ、ɐŋ、ap、ɐp、at、ek 的都是口语词。

（8）k、kʰ 基本可以拼所有的韵母，但拼 ɛn、ɐk 的是口语词。

（9）ŋ 不拼 ɛ、u、ui、ɛu、im、in、un、oŋ、ɐp、ip、ɔt、it、ut、ɛk 韵母，拼 i、ɔm、ɐŋ、ap、ɐp、at、tɜ、ɐk、ok 韵母的都是口语词。

（10）j 可拼 iui、ɯ、iu、ɛm、im、ɯ、in、un、ɛŋ、eŋ、oŋ、ap、ɐp、ɐt、ut、ek、ok 韵母，拼 ɐi、am、ɛm、ɛn、ɔŋ、ɐk、ɔk 的都是口语词。

从声韵调的配合关系来看，平南粤方言中存在着相当一部分的文白异读，很多字有多种读音（详见附录一"同音字汇"）。这些读音的区别从声母上看，主要表现在相同或相近发音部位声母的互换，如"翻书 fɛn⁵⁵³ si⁵⁵³/mɜn⁵⁵³ si⁵⁵³""点儿 tɛt⁴ n̩⁵⁵³/nɛt⁴ n̩⁵⁵³/tsʰɛt³¹ n̩⁵⁵³"；从韵母上看，主要表现为主元音的不同，如："翻 fan⁵⁵³/fɛn⁵⁵³｜"闲 han³²/hɛn³²"；从声调上看，表现为高低的变化，如"捞 lau⁵⁵³/lau²³"。这是平南粤方言多历史层次的具体表现，是长期受多语多方言影响的结果。

二 声韵调配合表

表1-15至表1-30是平南粤方言的声韵调配合表。表中的声调只列十个单字调，变调变音不列，表中的数码都在表下加注。同一行的字声母相同，同一列的字韵母相同，声调也相同，空格表示声韵母不相拼。

表 1-15

韵母	i						u						a					
声调	阴平 553	阳平 32	阴上 33	阳上 23	阴去 35	阳去 31	阴平 553	阳平 32	阴上 33	阳上 23	阴去 35	阳去 31	阴平 553	阳平 32	阴上 33	阳上 23	阴去 35	阳去 31
p	碑		比		秘	鼻			补		布	步	爸		把		坝	靶
pʰ	披	皮	彼	被		屁	铺动	脯	普		铺名		扒	爬			怕	
m	1	微	尾	美	泅	味	巫	无	舞	武		务	妈	麻	嬷	马		骂
f	飞	肥	匪		费	吠	夫	浮	苦	父	富	付	花			化		
v							乌	胡		户	恶	护	蛙	华				话
t	2		指		3	地	都		赌		妒	度	打名		打动			
tʰ	趋		取		趣		粗	图	土	肚	兔		他					
n	弥	尼	你		腻		奴		努			怒	粘	拿	㛔			哪
l	篱	离	4	里		利	6	卢	掳	鲁		路	啦		9			
ɬ	需	徐	死	序	四	字	苏	词	组	似	做	自	卅	10				
ts	猪		煮		志	住							渣		鲊		炸	乍
tsʰ	痴	迟	齿		特	处							叉	茶			岔	
ŋ	儿	宜	耳			二							抓				渣	甘
s	诗	时	屎	市	试	是			数		数		沙				耍	洒
k	机		举		句	具	姑		古		顾	7	家		假		架量	架动
kʰ	区	奇	企				箍		8				夸			11	跨	
ʊ					5								枒	牙	12		瓦	伢
h	希		喜		戏								虾				下量	下方位
j		姨	淤		以	易									呀			也
∅	衣		椅		意								鸦		啊		亚	

注：

1 mi⁵⁵³：严实　　　　　5 ŋi³⁵：锯　　　　　　9 la³³：抓

2 ti⁵⁵³：肉坠　　　　　6 lu⁵⁵³：头上肿起的包　10 ɬa³²麻黑：天完全黑

3 ti³⁵：虫子咬、蜇　　7 ku³¹：怒目而视　　11 kʰa²³：[今下] 现在

4 li³³：扯　　　　　　8 kʰu³²：母鸡罩着小鸡　12 ŋa³³：傻瓜

表 1-16

韵母	ε						ɔ						ai					
声调	阴平	阳平	阴上	阳上	阴去	阳去	阴平	阳平	阴上	阳上	阴去	阳去	阴平	阳平	阴上	阳上	阴去	阳去
	553	32	33	23	35	31	553	32	33	23	35	31	553	32	33	23	35	31
p	啤		蹩			1	波		跛		播	24			摆		拜	败
pʰ	棵			2	3		坡	婆	颇		破			26	排		派	
m		4		乜				摸		磨动		磨名		埋		买		卖
f	5						科				火	货					快	
v	6			7			窝	禾			祸	涹	歪	怀				坏
t	爹		嗲		剁白		多		躲		剁文	堕	歹				带	大
tʰ	8				笛		拖	驮			妥	错					太	
n	9	10	呢	11				挼	挪			糯	奶	27			乃	
l		12	13	14	15	16		笋	罗	裸			拉			28	癞	赖
ɬ	些		斜	写	坐借	谢	梭			锁	坐	座	29	30				
ts	遮		者		这				阻			助	斋				债	寨
tsʰ	车		扯		17		初		锄		楚		猜	柴	踩			
ȵ	18			惹									搓		踩		31	
s	赊	蛇	舍	社	赦	射	梳			所		傻				32	晒	
k	嘅		割				哥		果		过	25	街		解		怪	
kʰ	19		20		21												33	
ŋ	22			23				鹅		我		饿	挨~位	挨难~			34	
h	靴						呵	河	可			贺	35	鞋			蟹	
j	爷		耶	野		夜					哟							
ø								屙	哦						矮	隘		

注：

1 pε³¹ 流：水流声　　　13 lε³³：抱，拿　　　25 kɔ³¹：表肯定语气词

2 pʰε²³：拼命　　　　　14 lε²³：拿，要　　　26 pʰai⁵⁵³：打扮新潮

3 pʰε³⁵：翻找　　　　　15 lε³⁵：缝隙　　　　27 nai³²：全身松懈状

4 mε⁵⁵³：背着　　　　　16 lε³¹：表祈使语气词　28 lai²³：浇、淋

5 fε⁵⁵³：用力吹（鼻涕）17 tsʰε³⁵：脚踩滑了　29 ɬai⁵⁵³：浪费

6 vε⁵⁵³：划拉　　　　　18 ȵε⁵⁵³：胡搅蛮缠　　30 ɬai³²：贬损

7 vε²³：东西外翻耷拉着 19 kʰε⁵⁵³：这个家伙　　31 ȵai³⁵：嚼

8 tʰε⁵⁵³：吐　　　　　　20 kʰε³²：霸占　　　　32 sai²³：吃

9 nε⁵⁵³：这些　　　　　21 kʰε²³：不挑不拣什么都要　33 kʰai²³：昏

10 nε³²：表提醒语气词　22 ŋε⁵⁵³：近；挨近　　34 ŋai³⁵：喜好

11 nε³⁵：表责怪语气词　23 ŋε³⁵：①挨近；②赖着不走　35 hai⁵⁵³：全身松懈状

12 lε⁵⁵³：（绳）结　　　24 pɔ³¹ 流：汩汩地流

表 1-17

韵母	ɐi						ɔi						ui					
声调	阴平	阳平	阴上	阳上	阴去	阳去	阴平	阳平	阴上	阳上	阴去	阳去	阴平	阳平	阴上	阳上	阴去	阳去
	553	32	33	23	35	31	553	32	33	23	35	31	553	32	33	23	35	31
p	1				闭	币							杯				贝	焙
pʰ	批												坯	赔		倍	配	
m	米量	迷		米		名							妹~儿	梅		每		妹姐~
f													灰	悔				
v	威	韦	委		胃	喂 位							煨	回			会	汇
t	低		底		帝	第						代	堆				对	队
tʰ	梯	题	体	弟	替		胎	台	采		菜		推	颓	腿		退	
n		泥			细				9			耐				女		
l	犁	2	礼	3	例			来					11	雷		类		泪
ɬ	西	齐	洗		细	伃	腮	才	宰	在	赛		虽		嘴	罪	最	随
ts	4				制	滞					10		追				赘	坠
tsʰ			呲										吹	捶				
ȵ	5				6								锥				乳	
s	筛		使		世	誓							衰	谁	水		税	睡
k	鸡		鬼		贵	柜	该		改		盖							瘣
kʰ	亏	奎	启		契				铠	楷	钙			佢			溃	
ŋ	7	伪	蚁		艺		呆				外							
h	嘿				系		开	孩	海	亥		害					去	
j					呲	8											慧	
ø						翳	哀		凯		爱							

注：

1 pɐi⁵⁵³：断　　　5 ȵɐi⁵⁵³：用指甲掐　　　9 nɔi³²（长~）：（物体）长长状

2 lɐi³³：口音不正统、不道地　6 ȵɐi³⁵：肉　　　10 tsɔi³⁵：（贪吃的）女孩

3 lɐi³⁵：摘（豆）　　　7 ŋɐi⁵⁵³：乞求　　　11 lui⁵⁵³：帽子

4 tsɐi⁵⁵³：推，挤　　　8 jɐi³⁵：稀烂

表 1–18

韵母	au						ɐu						ɛu					
声调	阴平	阳平	阴上	阳上	阴去	阳去	阴平	阳平	阴上	阳上	阴去	阳去	阴平	阳平	阴上	阳上	阴去	阳去
	553	32	33	23	35	31	553	32	33	23	35	31	553	32	33	23	35	31
p	包		饱		豹	刨名	煲		宝		报	菢						鉋
pʰ	抛	刨动	跑		炮			袍	剖		抱	3	抛		漂			
m	猫	茅	卯		貌		4	毛	5		亩	帽	猫		11		12	
f								浮			否							
v																		
t							刀		倒		到	道	13					14
tʰ							偷	头	草		导	套	挑					
n				孬	闹			恼	6	扭	钮	7			15			
l	捞			捞白			搂	楼	佬	老	8	涝	撩		16			
ɬ		嘈	走			1		骚	曹	早	造	灶	就					17
ts			找		罩	棹	周				咒	骤						
tsʰ	抄	巢	炒		吵		抽	仇	丑		臭							
ȵ	笊		爪		2		9	牛			手		18				皱	
s	梢		稍		哨		收				手		瘦	受				
k	交		搞		较		高		狗		够	旧	跤		搅		觉	撬文
kʰ					靠		抠	求			舅	扣	翘又				撬白	
ŋ		淆	拗	咬			勾	擎	噢	藕	10	熬						
h	烤		姣	考	孝	效	媾	猴	好		厚	耗	后				翘又	
j							优	油	朽		有	幼	右					
ø			拗		坳		欧		呕		沤		吆					

注：

1 ɬau³¹：猪吃食
2 ȵau³⁵（ȵun³³）：极不情愿状
3 pʰɐu³⁵：膨松状
4 mɐu⁵⁵³：（芋头等）很面
5 mɐu³³：物品腐朽失去韧性
6 nɐu³²：汤汁浓
7 nɐu³⁵：阴茎
8 lɐu³⁵：唤狗声
9 ȵɐu⁵⁵³：（食物）有黏性
10 ŋɐu³⁵：植物的秆
11 mɐu³³：歪
12 mɐu³⁵：（猪用嘴）拱
13 tɛu⁵⁵³：人名后缀，表轻视
14 tɛu³¹：来回甩动
15 nɛu³²：细高状
16 lɛu³³：绕
17 ɬɛu³¹：大口吃食
18 ȵɛu⁵⁵³：用细软的鞭子抽打

表 1 – 19

韵母	iu						am						ɐm					
声调	阴平	阳平	阴上	阳上	阴去	阳去	阴平	阳平	阴上	阳上	阴去	阳去	阴平	阳平	阴上	阳上	阴去	阳去
	553	32	33	23	35	31	553	32	33	23	35	31	553	32	33	23	35	31
p	标		表										泵					嘭
pʰ	飘	嫖			票								7					
m		苗		秒	谬	庙												8
f																		
v																		
t	丢		鸟		吊	调	耽		胆		担	啖			9		10	
tʰ	挑文	条	挑白		跳		贪	谈	1		淡	探					膛	
n				鸟		尿		喃	男		腩	2	11		脸	恁		
l	溜	聊	了			廖		蓝	榄	滥	3	缆	12	林			13	
ɬ	消		小		笑		三		蚕		4		心	覃			浸	
ts	招		纠		照	兆			斩		湛	站	斟		枕		14	沉白
tsʰ	超	朝			赵			5			簪	杉	侵	沉文	寝			
ȵ					尧	要								吟	饮			任
s	烧		少多~		少~年	绍	衫				渗		深		婶		瞫	什
k	娇		缴		叫	轿	监		减		鉴		金		锦		禁	撳
kʰ		桥			窍								襟	琴	15		妗	
ŋ							啱	岩					16	岑				17
h	嚣		晓					咸			喊	函	堪		勘			18
j	腰	瑶		舀	要	耀					6		阴	淫				
∅													19	20				

注：

1 tʰam³³：有能耐

2 nam³⁵：①跨步；②丈量单位，一~为五指张开后拇指尖到食指或中指尖的距离

3 lam³⁵：跨

4 ɬam³³：撒

5 tsʰam³²：小刺刺进肌肉

6 jam³⁵：渗

7 pʰɐm⁵⁵³：（鱼~）鱼鳔

8 mɐm³⁵：米糊

9 tɐm³³：撞击

10 tɐm³⁵：动作笨拙

11 nɐm⁵⁵³：闭眼

12 lɐm⁵⁵³：皮肤痒痒

13 lɐm³⁵：陷落

14 tsɐm³⁵：盯着，守着

15 tsʰɐm³¹：唠唠叨叨

16 kʰɐm³³：盖（盖儿）

17 ŋɐm⁵⁵³：磕下巴

18 ŋɐm³¹：数落

19 hɐm³¹：（~日）成天

20 ɐm⁵⁵³：捂着

21 ɐm³³：哑

表 1-20

韵母	εm						ɔm						im					
声调	阴平	阳平	阴上	阳上	阴去	阳去	阴平	阳平	阴上	阳上	阴去	阳去	阴平	阳平	阴上	阳上	阴去	阳去
	553	32	33	23	35	31	553	32	33	23	35	31	553	32	33	23	35	31
p							泵						啹					
pʰ										9								
m												10						
f																		
v																		
t				1									掂		点		店	垫
tʰ													添	甜			舔	
n			2										粘					念
l	3		4		5									帘		脸	17	
ɬ											11	12	尖					渐
ts													沾				占	
tsʰ																		
ȵ			6											严		染	验	
s		闪白											蝉	闪文				
k	甘		感									啽	兼				剑	俭
kʰ	7	钳	槛						13					检				
ŋ									14									
h		含	坎						15			16	谦	嫌			险	欠
j			8										淹	盐	掩		厌	腌
ø			暗															

注：

1 tɕεm³⁵：偷偷地看
2 nεm²³：蘸
3 lεm⁵⁵³：燎烧
4 lεm³³：搂抱
5 lεm³⁵：(橘子) 瓣
6 ȵεm³³：(小心翼翼地) 走
7 kʰεm⁵⁵³：鸭子吃食
8 jεm³⁵：(一跛一跛地) 走
9 pʰɔm⁵⁵³：泡泡
10 mɔm³⁵：婴儿吃的米糊
11 ɬɔm²³ (甜~)：甜津津的
12 ɬɔm³⁵：穿 (衣)
13 kʰɔm³² (黄~)：黄澄澄的
14 ŋɔm³⁵：磕下巴
15 hɔm⁵⁵³ (热~)：热烘烘的
16 hɔm³¹ (~~声)：风风火火地
17 lim³⁵：(橘子) 瓣

表 1-21

韵母	an						ɐn						ɛn					
声调	阴平	阳平	阴上	阳上	阴去	阳去	阴平	阳平	阴上	阳上	阴去	阳去	阴平	阳平	阴上	阳上	阴去	阳去
	553	32	33	23	35	31	553	32	33	23	35	31	553	32	33	23	35	31
p	班		板		1	办	奔					笨			扁		21	
pʰ	攀			盼				贫	品		喷		22				片	片
m	2		晚			慢	炆	闻	敏	汶		问	23		24			勉
f	翻	凡	反	犯	泛	饭	分	坟	粉	愤	粪	份	翻	翻				
v	弯	还	挽	鲩		患	昏	晕	稳	允	8	混				25		
t	单				旦	蛋	吨		墩		9	顿						26
tʰ	摊	坛	坦		叹		吞				囤	10					27	
n		难				难		11		撚							捏	
l	栏	拦	3	懒		烂	论	鳞	抢	12	论	论						
ɬ		残	散		伞		新	询	笋	尽	信	13					28	
ts			盏			赚	真		准		镇	阵						
tsʰ		潺	产				春	唇	蠢	肾	趁				铲		29	
ȵ				4			14	人		忍	15	韧	30	31	32			
s	山				5		身	神	肾	瞬	顺						吮	
k	关		碱		惯		斤		紧		棍	郡						捐
kʰ							昆	群	捆	菌	困							
ŋ	6	颜		眼			16	银		17	18		啱					
h	7	闲		限				痕		很	19	恨	闲		显		显	
j							因	匀	隐	引	印	孕	掀					
∅				晏						20					33			

注：

1 pan³⁵：摔打　　　　　　　12 lɐn²³：满　　　　　　　　23 mɛn⁵⁵³：翻

2 man⁵⁵³：攀扶　　　　　　13 ɬɐn³¹（~跳）：惊吓而跳　24 mɛn³³：躲藏

3 lan³³：皮肤上的泥污　　　14 ȵɐn⁵⁵³（ɬɐn²¹~）：打冷战　25 vɛn²³：提

4 ȵan³⁵：烦躁　　　　　　　15 ȵɐn³⁵：稻草秆　　　　　　26 tɛn³¹：弹

5 san³⁵：故作呻吟　　　　　16 ŋɐn⁵⁵³：瘦长　　　　　　27 tʰɛn³⁵：挣扎

6 ŋan⁵⁵³：（一）间（房）　17 ŋɐn²³：粗壮　　　　　　　28 ɬɛn³¹：溅

7 han⁵⁵³：节俭　　　　　　18 ŋɐn³⁵：来回切割　　　　　29 tsʰɛn³⁵：挣扎

8 vɐn³⁵：关（押）　　　　　19 hɐn³⁵：眼困　　　　　　　30 ȵɛn⁵⁵³：顽皮

9 tɐn³⁵：颠簸　　　　　　　20 ɛn³⁵：估计　　　　　　　　31 ȵɛn³²：黏液

10 tʰɐn³⁵：挪动　　　　　　21 pɛn³⁵：甩　　　　　　　　　32 ȵɛn³³：啃

11 nɐn⁵⁵³：小孩（贬称）　　22 pʰɛn⁵⁵³：翻找　　　　　　33 ɛn³³：腆着

表 1-22

韵母	ɔn						in						un					
声调	阴平 553	阳平 32	阴上 33	阳上 23	阴去 35	阳去 31	阴平 553	阳平 32	阴上 33	阳上 23	阴去 35	阳去 31	阴平 553	阳平 32	阴上 33	阳上 23	阴去 35	阳去 31
p							边编	贬			变	便	般		本		半	
pʰ									辫		遍		潘	盆		伴	判	
m							面形	棉	免			面名	瞒	门	满			闷
f													欢		款			
v													碗	缓				换
t							颠		典			电	端		短		断	段
tʰ							天	田	浅				村	团		断	寸	
n							研	年	撵			研		膥	暖			嫩
l								连		1		练	4	联	卷	卵	恋	乱
ɬ							先	钱	剪	羨	线	贱	孙	存	选		算	旋
ts							毡		展		战	缠自	专				转	撰
tsʰ												缠文	穿	传	喘		串	
nʑ							烟	言	2				原	5	软			愿
s							3				善	扇膳	船				6	
k	肝		赶		干		坚				见	件	官		管		贯	倦
kʰ									虔				权					券
ŋ					岸													
h		寒	罕	旱	看	汗	牵		显			献	圈		犬		劝	
j							掀	贤			演	燕现	冤	袁		院	远怨	县
ø	安				按													

注：

1 lin³⁵：打滚   3 sin⁵⁵³：哪里   5 ŋun³³：（刀）钝
2 nʑin³³：（嘴）往上翘   4 lun⁵⁵³：钻   6 sun³⁵~水（芋头）：（芋头）不面不粉

表 1 - 23

韵母	aŋ						ɐŋ						uɐŋ					
声调	阴平	阳平	阴上	阳上	阴去	阳去	阴平	阳平	阴上	阳上	阴去	阳去	阴平	阳平	阴上	阳上	阴去	阳去
	553	32	33	23	35	31	553	32	33	23	35	31	553	32	33	23	35	31
p			1				崩		绷			凭						
pʰ	乓	彭		棒	2		烹	朋		砰								
m		盲	蜢	猛	3		8	盟			9							
f											10							
v		横	4															
t							灯		等		凳	邓						
tʰ								藤										
n								能			11							
l	5			冷			12	楞	13		14							
ɬ							增	层	15		16	赠						
ts	争				6													
tsʰ	撑	橙			撑		等											
ȵ					7						17							
s	生		省								18							
k	耕		梗				羹		耿		更		25		26			
kʰ							19		20		哽	21			27			
ŋ					硬		22											
h	坑	行					23	杏			肯							
j																		
∅	罂						莺		24									

注:

1 paŋ³³（~颈）: 倔强   10 fɐŋ³⁵: 甩   19 kʰɐŋ⁵⁵³: 欺负

2 pʰaŋ³⁵: 谷物不饱满   11 nɐŋ³⁵: 连接   20 kʰɐŋ³³: 有真本事

3 maŋ³⁵: 扳开   12 lɐŋ⁵⁵³: 使劲拽   21 kʰɐŋ³⁵: 绊

4 vaŋ³³: 绕   13 lɐŋ³³: 最后成熟的瓜果   22 ŋɐŋ⁵⁵³: 用力解大小便

5 laŋ⁵⁵³: 毛衣   14 lɐŋ³⁵: 丢失   23 hɐŋ³³: 敲打

6 tsaŋ³¹: 硬塞   15 ɬɐŋ³³: 吃（蔑称）   24 ɐŋ³³:（硬物）抵着

7 ȵaŋ³⁵: 用脚蹬踢   16 ɬɐŋ³⁵: 甩（鼻涕）   25 kuɐŋ⁵⁵³（湮~）: 冷冰冰

8 mɐŋ⁵⁵³: 拔   17 ȵɐŋ³⁵: 小孩顽皮   26 kuɐŋ³³（硬~）: 硬邦邦

9 mɐŋ³⁵（老~）: 老   18 sɐŋ³⁵: 骚   27 kʰuɐŋ³³（硬~）: 硬邦邦

表 1-24

韵母	εŋ						eŋ						ɔŋ					
声调	阴平	阳平	阴上	阳上	阴去	阳去	阴平	阳平	阴上	阳上	阴去	阳去	阴平	阳平	阴上	阳上	阴去	阳去
	553	32	33	23	35	31	553	32	33	23	35	31	553	32	33	23	35	31
p					1		兵	平	饼		柄	病	帮	绑				磅
pʰ					2		6	平			并	拼	16	旁	17		蚌	
m				3			7	名			皿	8 命	芒	忙	18		网	望
f							9					10	方	房			访	放
v								荣		永			汪	王		柱		旺
t						地	丁		顶		订	定	当		挡		当	荡
tʰ	枪		抢		呛		清	停	请		挺	听	汤	糖	趟		烫	
n	娘白	娘文			4		拧	拧	11			宁	囊	19	20		21	档
l		良		辆	两 靓	亮		零		领		另		郎	浪	朗	塱	浪
ɬ	箱	祥	想	像	酱	匠	星	情	醒		静 姓	净	桑	藏	搡		赃	脏
ts	张		掌		帐	丈	蒸		整		正	郑	装				壮	状
tsʰ	窗	常	锵		唱		称	程	12		秤		疮	床	闯			
ȵ	将	壤			让						13	认					22	
s	商	尝	赏	上		尚	升	绳			胜	剩	双		爽		23	
k	姜		5			强	京		颈		敬	劲	江		讲		降	24
kʰ	疆	强		强			14	琼	倾				框	狂	哐		逛	况
ŋ				仰				仍		15					25		昂	戆
h	香		响		向		轻				兴		康	行	26		项	烘 巷
j	央	羊	养		样		英	赢	影		应				27			
ø											应							

注：

1 pεŋ³¹：能力差　　11 neŋ³³：小竹篓　　21 nɔŋ³⁵：扯

2 pʰεŋ³¹（~~浮）：浮并转悠　　12 tsʰeŋ³³：颠簸着跑　　22 ȵɔŋ³⁵：韧

3 mεŋ³⁵：拥挤　　13 ȵeŋ³⁵：跺脚　　23 sɔŋ³⁵：干燥

4 nεŋ³⁵：（花、果）蒂　　14 kʰeŋ⁵⁵³：聊天　　24 kɔŋ³¹：架着

5 kεŋ³³：根须　　15 ŋeŋ²³：让人发晕的臭味　　25 ŋɔŋ³³：高高状

6 pʰeŋ⁵⁵³：竹篷盖　　16 pʰɔŋ⁵⁵³：锄头　　26 hɔŋ³³：（谷物的）霉味

7 meŋ⁵⁵³：蒙盖　　17 pʰɔŋ³³：发白　　27 jɔŋ²³：晃动东西驱赶鸡、鸭、鸟等

8 meŋ³⁵（烂~）：破烂　　18 mɔŋ³³（旁~）：（衣）宽松

9 feŋ⁵⁵³（老~）：连襟　　19 nɔŋ³³（吊~）：悠悠

10 feŋ³⁵：甩　　20 nɔŋ²³（nɐt³⁻²~）：背过气

表 1-25

韵母	oŋ						ap				ɐp			
声调	阴平	阳平	阴上	阳上	阴去	阳去	上阴入	下阴入	上阳入	下阳入	上阴入	下阴入	上阳入	下阳入
	553	32	33	23	35	31	4	24	3	31	4	24	3	31
p			捧		1	2								
pʰ	3	蓬	捧白	4	碰									
m	蒙	朦	懵	檬		梦					凹			
f	风	逢	讽			凤								
v														
t	东		懂		冻	洞	9	答		沓	15			
tʰ	通	同	桶	动	痛			塔			辑		磕	
n	炑	农	㶸				10		纳		粒		16	
l	窿	龙	垄	5	陇	弄	11		蜡		17		立	
ɬ	松	从	总		送	颂		圾		杂	撮		集	
ts	中		肿		众	仲		匝		闸	执			
tsʰ	冲	虫	宠		重			插			18		19	
ȵ	6	浓	拥形			嗅			12		20		入	
s		崇								煠	湿		十	
k	公		龚		贡	共		甲		夹	急			
kʰ		穷		7							级		及	
ŋ							13				21			
h	空	红	孔			哄	14				狭		22	
j	邕	容	拥文	勇	8	用					眨		泣	
∅		壅	拥动		瓮			鸭			23			

注：

1 poŋ³⁵：十分软烂状
2 poŋ³¹：堆、簇
3 pʰoŋ⁵⁵³：膨松
4 pʰoŋ²³：怂恿
5 loŋ²³：箱子
6 ȵoŋ⁵⁵³：蹲
7 kʰoŋ²³：熏
8 joŋ³⁵：挪动
9 tap⁴：吧嗒吧嗒地吃
10 nap²⁴：铆钉
11 lap²⁴：收集
12 ȵap²⁴：粗糙
13 ŋap²⁴：剪
14 hap²⁴（菜~）：菜叶
15 tɐp⁴：对接上
16 nɐp³：动作慢
17 lɐp⁴：套
18 tsʰɐp⁴：用力放置
19 tsʰɐp³：（忙碌）奔走
20 ȵɐp⁴：拈
21 ŋɐp⁴：剪
22 hɐp⁴：吓唬
23 ɐp⁴：焐

表1-26

韵母	εp				ɔp				ip				at			
声调	上阴入	下阴入	上阳入	下阳入	上阴入	下阴入	上阳入	下阳入	上阴入	下阴入	上阳入	下阳入	上阴入	下阴入	上阳入	下阳入
	4	24	3	31	4	24	3	31	4	24	3	31	4	24	3	31
p																拔
pʰ																
m																袜
f													发			罚
v													挖			滑
t	1	2	3										10			达
tʰ									贴		叠		遏		捺	
n		镊									聂					
l		4	5								猎					辣
ɬ		6							接				撒			11
ts									折				扎			
tsʰ													擦			
ȵ		摺									业				12	
s									摄				杀			
k		合	夹		佮				涩				括			
kʰ																13
ŋ															14	15
h		7	盒						协							
j			8								页					
ø			9								叶		压			

注：

1 tεp⁴：吃（蔑称）　　　7 hεp²⁴：喝　　　13 kʰat³¹（~ɬat²¹）：蟑螂

2 tεp²⁴：荚　　　8 jεp³¹：眨　　　14 ŋat²⁴：蹭

3 tεp³¹：呷嘴　　　9 εp³¹：投掷　　　15 ŋat³¹：磨蹭

4 lεp²⁴：抱拿　　　10 tat²⁴：块

5 lεp³¹：轻轻抒　　　11 ɬat³¹（kʰat³¹~）：蟑螂

6 ɬεp²⁴：垫塞　　　12 ȵat²⁴（~愚）：厚脸皮

表 1-27

韵母	ɐt				ɛt				ɔt				it			
声调	上阴入	下阴入	上阳入	下阳入	上阴入	下阴入	上阳入	下阳入	上阴入	下阴入	上阳入	下阳入	上阴入	下阴入	上阳入	下阳入
	4	24	3	31	4	24	3	31	4	24	3	31	4	24	3	31
p	不		弼		3		八	4				20	必			
pʰ	匹				5								撇		别	
m	乜		物				瘪						24		灭	
f	佛		拂		法			6								
v	屈		核		挖											
t	塞				7			8					跌			
tʰ	七		突										铁		秩	
n	1		2		9			10							捏	
l	甩		律					11				21	25		列	
ɬ	摔		疾					12					节		捷	
ts	塞		窒					13					浙			
tsʰ	出		侄		撤			14					撤			
ȵ			日					15							热	
s	失		实		歰			16				22			舌	
k	骨				刮			17	割				结			
kʰ	咳		掘										揭		杰	
ŋ	峇文				峇白			18								
h	乞		核						喝				歇			
j	一		逸										乙			
ø								19				23				

注：

1 nɐt⁴：摘   10 nɛt³¹：一上一下地颠   19 ɛt³¹：呕吐
2 nɐt³（~nɔŋ²³）：背不过气   11 lɛt³¹：刀刺口子   20 pɔt³¹：脱（衣）
3 pɛt⁴：吐出来   12 ɬɛt³¹：撒   21 lɔt³¹（~tɕɔt³¹）：邋遢
4 pɛt³¹（nɐm³²~）：软绵绵   13 tsɛt³¹：打气   22 sɔt³¹（淡~）：淡而无味
5 pʰɐt⁴：轻拍   14 tsʰɛt³¹：一点点   23 ɔt³¹：呕吐
6 fɛt³¹：摔东西   15 ȵɛt³¹：（艰难地）走   24 mit⁴：末尾
7 tɛt⁴：一点点   16 sɛt³¹：淡而无味   25 lit⁴（好~得）：好能干
8 tɛt³¹：一点点   17 kɛt³¹：提
9 nɐt⁴：一点点   18 ŋɐt²⁴：蹭

表1-28

韵母	ut				ak				ɐk				ɛk			
声调	上阴入	下阴入	上阳入	下阳入	上阴入	下阴入	上阳入	下阳入	上阴入	下阴入	上阳入	下阳入	上阴入	下阴入	上阳入	下阳入
	4	24	3	31	4	24	3	31	4	24	3	31	4	24	3	31
p	拨				3				百		白		北			
pʰ	泼		勃		拍						卜					
m	抹		没			4		麦	11		墨					
f	阔		1			5			12		13					
v			活					画	14		15					
t	2								得				啄			
tʰ	脱		夺								特					
n									16		17					
l	劣		捋						18		勒		24			掠
ɬ	雪		绝			6			塞		贼		雀			
ts	缀				窄			摘	侧				酌			着
tsʰ					拆				测				卓			
ȵ			月													弱
s	说					7										勺
k	决				隔				19				脚			
kʰ						8			20		21		却			
ŋ						9		额	呃		22					
h	血				黑		吓	10								
j	乙		越								23		约			药
ø									握							

注：

1 fut³：甩动鞭子声　　　　9 ŋak²⁴：动物的角　　　　17 nɐk³：停顿

2 tut⁴：估价　　　　　　　10 hak³¹：睾丸　　　　　　18 lɐk⁴：搜刮

3 pak⁴：拟声词　　　　　　11 mɐk⁴：竹筒（量器）　　19 kɐk⁴：挂

4 mak²⁴：张开　　　　　　 12 fɐk⁴：甩　　　　　　　 20 kʰɐk⁴：划拉（火柴）

5 fak²⁴：向上挑　　　　　 13 fɐk³：抽打　　　　　　 21 kʰɐk³：卡住

6 ɬak²⁴：乱撒东西　　　　 14 vɐk⁴：绕　　　　　　　 22 ŋɐk³：点头

7 sak²⁴：片（水果）　　　 15 vɐk³：摇　　　　　　　 23 jɐk³：摇手

8 kʰak²⁴：用棍子撩　　　　16 nɐk⁴：粘连　　　　　　 24 lɛk⁴：出色

表1-29

韵母	ek				ɔk				ok			
声调	上阴入 4	下阴入 24	上阳入 3	下阳入 31	上阴入 4	下阴入 24	上阳入 3	下阳入 31	上阴入 4	下阴入 24	上阳入 3	下阳入 31
p	逼				4	剥		薄	卜			
pʰ	劈					扑			仆~倒		仆~人	
m	觅					膜		莫	8			木
f	1							缚	福			服
v			域					获				
t	滴				斫			踱	督			
tʰ	踢		敌		托				促			读
n	匿				5			诺	9			
l	沥		力		烙			落	碌			录
ɬ	息		席		索			昨	宿			族
ts	职				捉			浊	竹			
tsʰ	尺		直		戳				筑			逐
ȵ		2							10			肉
s	识		石		塑				叔			熟
k	激				角				谷			
kʰ	3		极		郭				曲			局
ŋ			逆					岳			11	
h	吃				壳			学	哭			
j	益		翼			6		7	育			欲
ø					恶				屋			

注：

1 fek⁴：甩　　　　　5 nɔk⁴：敲打　　　　　9 nok⁴：搓洗（衣物）

2 ȵek²⁴：跳　　　　6 jɔk²⁴：（小孩）吐奶　　10 ȵok⁴：动

3 kʰek⁴：划拉（火柴）　7 jɔk³¹：唤鸡吃食　　　11 ŋok³：摇晃

4 pɔk⁴：棍打　　　8 mok⁴：掏、拿

表 1-30

韵母	m̩						ŋ̍					
声调	阴平	阳平	阴上	阳上	阴去	阳去	阴平	阳平	阴上	阳上	阴去	阳去
	553	32	33	23	35	31	553	32	33	23	35	31
p												
pʰ												
m												
f												
v												
t												
tʰ												
n												
l												
ɬ												
ts												
tsʰ												
ȵ												
s												
k												
kʰ												
ŋ												
h												
j												
ø						唔	梧		五		唔	

第 二 章

与广州话的共时比较

平南粤方言是粤方言的一种地方变体,广州话是现代粤方言的权威方言,两者在音系上有差异,但更多的是密切的关系。本章将从共时的层面对两者的音系加以比较,梳理之间的异同,归纳平南粤方言作为粤方言的一种地方变体的语音特征。广州话的音系参看《汉语方音字汇》(北京大学中国语言文学系语言学教研室,2003)和《汉语方言概要》(袁家骅等,2006)。

第一节 声母的比较

一 平南粤方言与广州话声母的对照

表2–1　　　　　　广州话与平南粤方言的声母对照

广州—	平南	例字
p—	p	巴波悲边榜表八追秘（帮母），鼻病备（並母去声）
	p^h	并别勃拌（並母）
p^h—	p^h	抛潘飘普颇怕（滂母），皮朋平贫（並母去声），抱被棒（並母上声），编遍（帮母少数字）
m—	m	妈摩眉谋模民门买妹末（明母），微文尾晚味务问望物袜（微母）
	p	剥（帮母少数字）

续表

广州—	平南	例字
f—	f	夫非翻分方风福法（非敷母），房父饭（奉母），科魁宽苦款库课（溪母合口部分字），花灰欢荒虎火呼（晓母合口一二等），训（晓母合口三四等）
	v	婚忽（晓母合口一二等），熏勋（晓母合口三四等）
	k^h	枯况（溪母合口部分字），霍（晓母合口一二等）
	p^h	浮（流母开三尤）
w—	v	蛙窝歪威弯温挽（影母合口一等），往王旺云匀允韵运晕永尹遗颖荣（喻母合口三等部分字），湖华回还黄惑坏（匣母合口）
	j	颖（喻母）
t—	t	刀丹低得打吊（端母），大杜道（定母去声）
	t^h	特（定母少数字）
t^h—	t^h	他拖胎摊梯秃讨（透母），谈田头（定母平声），淡弟（定母上声）
n—	n	拿奴年南能泥娘乃内闹（泥娘母）
l—	l	拉来流老鲁冷力例类落（来母）
k—	k	高该冈根哥姑官基金交斤骄居君（见母），共（群母去声）件（群母上声个别字），挂寡乖怪关刮鬼过瓜（见母合口一二等），季悸军均肩（见母合口三四等），郡（群母合口仄声），轰（晓母合口）
	k^h	近巨（群母上声）掘（群母入声）
k^h—	k^h	咳靠叩抗启（溪母），狂其求琴勤权琼穷（群母平声），舅臼柏（群母上声），概给（见母少数字），吸（晓母个别字），夸跨框筐亏困坤（溪母合口一二等），规菌（见母合口），群裙（群母合口）
ŋ—	ŋ	俄遨翱偶碍岸额腭牙崖颜银岩咬蚁眼雁倪危巍瓦我魏伪卧外岳乐（疑母）
	ȵ	牛（疑母）
h—	h	黑好海很汉（晓母开口），希虾轩兄凶（晓母，北京音齐撮），厚寒豪贺鹤（匣母开口），鞋系下（匣母，北京音齐齿），开康刻可考口孔肯看客（溪母开口），轻乞巧气去圈犬券劝（溪母，齐撮）
tʃ—	ts	知朱中珍庄周专（知照母），浊助（澄床母去声）
	ts^h	直值（澄母）
	ɬ	资灾租宗子早左作尖积蒋祭借接进爵（精母），罪贱绝（从母仄声） 寺嗣饲祀颂讼诵俗谢袖序象续夕席习袭（邪母仄声）

续表

广州—	平南	例字
tʃʰ—	tsʰ	猜（清母）,叉车抄春抽初昌穿（彻穿母）,陈柴（澄床平声）,诊疹柱重（章澄母）,始杉设（审母）
	ɬ	雌（清母）,残从才层樵墙全（从母平声）,践（从母上声）,似赐赛塞斜邪祥详翔徐巡循肖（邪母平声心母少数字）,柿（床母）
	tʰ	粗餐仓妻秋千取趣（清母）
	s	奢（审母）
	k	刷（印~）（审母）
ʃ—	s	诗书山沙时树绳食事（审禅母）,成乘晨蝉船唇崇（禅床母平声）
	ɬ	私腮三苏孙酸扫萨遂西消修先心惜写须宣雪（心邪母）
	tsʰ	愁常垂（床禅母平声）
	ʋ	岑涔（床母少数字）
j—	j	妖姻叶因幽有羊鸳渊元员园远院悦阅（影喻疑母开合口三四等）,恩翁（影母开合一等少数字）,休欣贤弦形现玄悬穴眩县（晓匣母开合口三等）,丘蚯坵钦泣（溪母开口三等）,
	ȵ	严月（影喻疑母开合口三四等）,儿耳二贰（日止母开三）,人忍柔日入让仍绕染热（日母）,虐（疑母开口三等）
	n	拟蘖（疑母）
	ŋ	逆（疑母）
ø—	ø	阿哀（影母开口一二等）

二 平南粤方言与广州话声母的异同

总体上看，广州话音系有 18 个声母，平南粤方言音系有 20 个声母。但现在通常的做法是把广州话音系里的圆唇成分处理为声母的特征，增加圆唇化声母 k^w、k^{wh}，这样就也有 20 个声母。不管是处理为圆唇化声母 k^w、k^{wh} 还是处理为介音 -u-，广州话里带圆唇特征的音节都比平南粤方言的多得多，在广州话里读圆唇的音在平南粤方言都读展唇音，如"瓜 ka⁵⁵³｜夸 kʰa⁵⁵³"。平南粤方言音系里有 ɬ 和 ȵ，广州话无这两个音。ɬ 主要来自精组的"精从心邪"四母和部分的清母字，对应着广州话读 tʃ、tʃʰ 和 ʃ 声母的字，如："早尖俗席才全私心写"。ȵ 主要来自日母和疑母，对应着广州话读 ŋ 和 j，如"牛严月人日"。具体区别如下：广州话声母读 pʰ、tʰ、n、l、kʰ、h、∅ 的字，在平南粤方言音系里声母音值一样，对应整齐。

广州话音系中不送气的塞音、塞擦音 p、t、k、tʃ 声母字，均有部分在平南粤方言中读同部位的送气塞音、塞擦音 pʰ、tʰ、kʰ、tsʰ。这部分字来自古全浊的並、定、群和澄母的上声和入声，如"并别勃特直值近巨掘"。古全浊声母字在广州话大体上是平上送气，去入不送（麦耘，1991），而在平南粤方言中基本是平上入送气，只有去声不送气。

部分帮母字，在平南粤方言保留读 p，但却在广州话读 m 声母。广州话的 f 声母字对应平南粤方言三个声母 f、v 和 kʰ。读 f 的是非敷奉母，溪母合口部分字，晓母合口一、二、三、四等的字，如"夫非法科花欢火训"；读 v 的是晓母合口字，一、二、三、四等都有，如"婚忽熏勋"；读 kʰ 的是溪母合口的部分字和晓母合口的一、二等字，如"枯况霍"。

广州话声母读 w 的字，在平南粤方言除了可读 v，还可以读 j。读 j 的是来自喻母的个别字，如"颖"。

广州话的声母 ŋ 和平南粤方言的声母 ŋ 都来自疑母字，但部分疑母字声母在广州话读 ŋ，但平南粤方言里读声母 ȵ，如"牛"。

广州话声母读不送气塞擦音 tʃ 的字，在平南粤方言分别可读 ts、tsʰ 和 ɬ 声母。平南粤方言读 ts 的是知照母字和古全浊澄床母的去声字。如"知朱中庄周浊助闸"；读 tsʰ 的是澄母的入声字，如"直值逐轴"；读 ɬ 的是精母字和从邪的仄声字，如"资组早罪象俗"。

广州话里声母读送气塞擦音声母 tʃʰ 的字，在平南粤方言的读音最复杂，tʃʰ—tsʰ/ɬ/tʰ/s/k。读 tsʰ 的主要来自清徹穿母和澄床的平上声以及部分的章审母字，如"猜车春陈柴柱杉"；读 ɬ 的来自部分的清母和从邪母的平上声和个别的床母字，如"雌从践赛邪柿"；读 tʰ 的来自部分的清母字，如"粗餐秋千妻取"；s 和 k 来自少数的审母字，如"奢刷印~"。

广州话里声母读擦音 ʃ 的字在平南粤方言可读 s、ɬ、tsʰ 和 ŋ 声母。平南粤方言读 ɬ 的是来自心母和邪母的字，如"私三心西写雪"；读 tsʰ

的是来自床禅的平声字，如"愁常垂"；读 ŋ 的是床母的少数字。

广州话的声母 j 可对应平南粤方言的声母 j、ȵ、n 和 ŋ。平南粤方言读 ȵ 的是来自影喻疑日母的字，如"严月儿人日让"；读 n、ŋ 的是来自疑母的少数字，如"拟孽逆"。

第二节 韵母的比较

一 平南粤方言与广州话韵母的对照

表 2-2　　　　　　　广州话与平南粤方言的韵母对照

广州—	平南	例字
i—	i	衣医椅意移以义宜疑（影喻疑止开三支脂之微），知至痴池诗始（知系止开三支脂之），儿而耳尔迩二贰（日母止开三支脂之）
	u	资子此思（精组止开三支脂之），滓厕士事史（庄组止开三之韵）
u—	u	乌姑苦呼夫富妇府父（模韵）
y—	i	朱主注书暑恕庶树竖（知系遇合三鱼虞），于於迂余徐鱼语雨裕遇（影遇疑遇合三鱼虞）
a—	a	巴怕马打拿拉渣茶沙洒（帮端知系假开二麻），丫家假价卡虾霞下夏（见系假开二麻），蛙卦（蟹合二佳）
	ak	画（蟹合二佳）
ua—	a	瓜寡夸跨（见系假合二麻）
ɛ—	ɛ	遮者车扯奢赊蛇舍社（照组假开三麻），爹些写卸邪斜嗟姐借谢（端精组假开三麻）
œ—	ɔ	朵（端母果合一戈少数字）
	ɛ	靴（晓母果合三戈），朵白
ɔ—	ɔ	波玻播坡婆颇破魔磨（帮组果合一戈），多惰躲驼妥挪懦罗左（端精组果开合一歌戈），果裹螺（见匣果合一戈），屙哥歌个科可课河贺（见系果开一哥果合一戈），助阻初锄楚梳蔬（照组遇合三鱼）
uɔ—	ɔ	过果裹（果合一戈）

续表

广州—	平南	例字
ai—	ai	拜派戴带太乃债柴晒（帮组端知系开口咍皆夬），皆偕街解介戒鞋谐蚧械（见匣蟹开二皆夬），块快筷（溪蟹合二皆夬），夬怀槐淮坏（见匣蟹合二皆夬）
uai—	ai	乖拐怪（蟹合二皆）
ɐi—	ɐi	米低批泥例鸡妻西系制世逝誓（蟹开三四祭齐），辉挥徽危魏威伟位（止合三脂）
	i	废肺费吠（非组蟹合三废及止合三微少数字）
	ɐi	沸（止合三微）
uɐi—	ɐi	亏归桂鬼葵愧（止合三脂）
ei—	i	悲卑被备披眉美媚非（帮组止开合三支脂微），比鼻皮糜地你离基希（止开三支脂之）
ɔi—	ɔi	哀代胎奈来该开海灾采（蟹开一咍及见系精组蟹开一泰），外内（泰韵少数字，灰韵个别字）
ui—	ui	杯辈陪配煤梅每灰恢回会（会计），刽（蟹合一）
au—	au	包饱抛矛闹考爪（效开二肴），交校咬效敲巧（见系效开二肴），骤（流开三尤），抓（肴个别字）
	ɛu	猫（效开二肴）
ɐu—	ɐu	欧狗口耦后斗头楼抽收（见知端系流开三尤），牛九久救究流刘酒秋修（精见组来母流开三尤），亩浮（流开一三侯尤少数字）
ou—	ɐu	报袍毛帽刀讨脑老高好（效开一豪）
	u	都模做（遇合一模韵个别字）
iu—	iu	骄乔轿妖焦悄宵表漂苗晓尿聊刁挑（精见系帮组效开三四宵萧），朝超潮兆烧饶（知系效开三宵），丢（幽韵个别字）
øy—	i	居拘吕许取徐须绪（见系端精组遇合三鱼虞），除厨橱（澄遇合三鱼虞）
	ui	女（遇合三鱼），雷垒累类泪（来母蟹合一灰、止合三支脂），衰帅（照组止合三支脂），堆对推退崔追吹水谁睡（端知系蟹合一灰、止合三支脂微）
	ɔ	骡（果合一戈个别字）
am—	am	胆担贪谈南蓝斩衫（咸开一二覃谈咸衔），监减鉴咸陷舰（见系咸开二咸衔）

续表

广州—	平南	例字
ɐm—	ɐm	针枕怎沉深森审任音今金禁勤禽侵林寻（深开三侵），堪庵鹌（见系咸开一覃谈）
	ɛm	暗含甘（见系咸开一覃谈）
	am	涵撼（见系咸开一覃谈）
im—	im	占詹蝉禅闪陕冉染掩点店添念廉谦欠（咸开三四盐添严）
an—	an	难兰餐山班攀反丹摊（山开一二寒山删），奸间艰柬闲眼（山开二山删），凡帆范犯泛（咸合三凡），湾还患幻（山合二山删），雁（山开二删）
uan—	an	关惯（山合二山删）
ɐn—	ɐn	恩根很恳奔分珍陈身人（臻开一痕、臻开三真），因斤谨勤银亲宾贫敏民（臻开三欣真）
uɐn—	ɐn	君军群裙（臻合三文），困坤昆（臻合一魂）
øn—	ɐn	津进尽秦信邻吝臻榛讯（臻开三真（臻）），敦论伦准春唇顺（臻合一魂、臻合三谆）
ɔn—	ɔn	安干赶刊看寒罕汉岸（山开一寒）
in—	in	言边篇棉典天年坚连先轩然燃扇善缠战展（山开三四仙元先）
un—	un	般搬半伴潘判盘瞒碗官观管宽欢换（山合一桓），本盆门们闷（臻合一魂）
yn—	un	端短团暖乱钻酸专窜（山合一桓、山合三仙），元园捐权宣犬劝（山合三四仙元先），尊遵村存寸孙损（臻合一魂）
aŋ—	aŋ	冷耕坑硬（梗开二庚耕），棒（江开二江个别字）
	ɐŋ	崩朋（曾开一登）
uaŋ—	aŋ	梗（梗开二庚）
	ɔŋ	逛（宕合三阳）
ɐŋ—	ɐŋ	杏幸莺（梗开二庚耕），登等灯腾藤能增肯（曾开一登），盟（梗开三庚）
	oŋ	宏鸿（梗合二耕）
uɐŋ—	ɐŋ	轰（梗合二耕）
ɛŋ—	eŋ	饼柄病钉厅顶听惊颈镜精井轻赢影灵领（梗开三四庚清青、曾开三蒸）
iŋ—	eŋ	英京卿平明丁精青经兴成程升澄蒸贞征（梗开三庚清、开合四青、曾开三蒸），认劲（臻开三真殷），兄琼（梗合三清），荣（通合三东）
uiŋ—	eŋ	炯迥（梗合四青）
œŋ—	ɔŋ	张章掌帐丈昌商上尚疆强香墙相娘良窗双霜（宕开三阳）

续表

广州—	平南	例字
ɔŋ—	ɔŋ	当汤郎冈康帮庞方房（宕合一唐、江开二江、宕开合三阳），荒晃筐况望庄床光广黄王皇（宕合一三唐阳、宕开三阳），江讲降绛巷项（江开二江）
uɔŋ—	ɔŋ	光广（宕合一唐）
ʊŋ—	oŋ	东董通同农龙公空红钟翁嗡捧碰风峰凤封穷凶雄胸用邕勇（通合一东、通合三东钟）
ap—	ap	答踏杂纳腊榻眨插狭峡夹甲鸭（咸开一二盍洽狎）
	ɐp	集（深开三缉个别字）
ɐp—	ɐp	辑缉及立粒急吸十拾执汁湿入给（深开三缉）
	ɛp	合盒鸽盍（咸开一合盍）
	ap	瞌（咸开一盍）
	ɔk	阁（咸开一合）
ip—	ip	叶接聂猎妾协贴蝶业涉摄（咸开三四叶业帖）
at—	at	札杀察达捺辣发压揠滑猾（山开二黠鎋、山合二黠鎋）
uat—	at	刮（山合二鎋）
ɐt—	ɐt	一笔匹吉七膝乞质实失日侄室虱弗佛物忽突瑟凸屈（臻开三质栉、臻合三术、臻合一没、臻合三物）
	at	拔（山开二黠），伐筏阀罚袜（山合三月）
	ok	郁（臻合三物）
uɐt—	ɐt	橘掘（臻合三术物），骨（臻合一没）
øt—	ɐt	术出述律恤戌（臻合三术）
	ɐk	栗傈（臻开三质部分字）
ɔt—	ɔt	割葛喝褐曷（山开一曷）
it—	it	结铁节切杰列别灭歇哲折舌热（山开三四薛月屑），必秩（臻开三栉）
ut—	ut	勃渤没拨泼末阔活（山合一末）
	at	括聒（山合二鎋）
yt—	ut	夺脱撮辍拙茁说决诀活劣乙血雪月穴（山合三薛月屑、臻开三质）
ak—	ak	伯魄白百柏麦摘窄宅拍拆格革客责策（梗开二陌麦），或惑（曾合一德），划（梗合二麦）
	ɔk	舶帛（梗开二陌）
	ek	迫（梗开二陌）
	ɐk	贼（曾开一德个别字）

续表

广州—	平南	例字
uak—	ɐk	掴（梗合二麦）
ɐk—	ɐk	德得特肋则刻克厄扼北黑墨默陌握（梗开二麦陌、曾开一德）
	ak	脉麦（梗开二陌麦）
ɛk—	ek	脊席锡劈笛踢壁吃只齿赤石（梗开三四陌昔锡、曾开三职）
ɪk—	ek	益积昔夕碧激滴壁息力释式适液域（梗开三四昔锡、曾开三职）
uɪk—	ek	隙（梗开三陌）
œk—	ɛk	啄卓酌着绰略掠却爵鹊约跃脚削药（江开二觉、宕开三药）
ɔk—	ɔk	博驳莫寞膜漠朴扑捉铎踱托诺落作索恶各鹤角壳（江开二觉、宕开一铎），郭获觉确学（宕合一铎、梗合二陌麦、曾合一德）
uɔk—	ɔk	国（曾合一德），郭扩廓（宕合一铎）
ʊk—	ok	屋谷哭独秃录福仆烛液（通合一屋沃、通合三烛），辱褥（通合三烛），菊鞠曲绿蓄续局育（见系泥精组通合三屋烛）
m̩—	m̩	唔（微母虞韵）
ŋ̍—	ŋ̍	五吴吴悟（遇合一模）

二　平南粤方言与广州话韵母的异同

从大的方面来看，广州话和平南粤方言的韵类对应整齐，阴声韵对阴声韵，阳声韵对阳声韵，入声韵对入声韵，基本不乱。也就是说，平南粤方言的辅音韵尾和广州话的辅音韵尾相同，变的只是元音部分。元音的变化又以或改变唇形的圆展，或改变舌位的前后为主，体现了历史音变的渐变性。但主元音是 i、u 的也对应得较好，基本整齐。最大的区别是平南粤方言没有前圆唇音 -y 系、-œ 系和 -ø 系的音，广州话的这三个系所领的字在平南粤方言多变成了 i 系、u 系和 ɐ 系的字。具体可分以下几类（对应时前为广州音，后为平南音）。

1. 古音韵地位相同，今读音值也相同的韵母

古音韵地位相同，今读音值也相同的韵母有 u、ai、ui、iu、am、an、ɐn、im、in、un、at、ip、it、m̩、ŋ̍，共 15 个。

2. 古音韵地位相同，今读音值不同的韵母

由于平南粤方言没有 ø、œ 和 y 系列的韵母，所以广州话音系里的

这三个前圆唇元音，在平南粤方言的音系里只能对应为其他元音。或保留发音部位的前、或保留唇形的圆，而舌位的高度基本不变。具体又可细分为以下几种情况。

（1）舒声韵

y（广州）—i（平南）（下同），保留舌位的前高，但圆唇变展唇。这部分字来自遇合三鱼虞韵，如"朱书鱼雨"。

œ—ɔ/ɛ，除舌位的高度相同外，舌位的前后和唇形都有所不同。ɔ是唇形的圆展相同但舌位的前后不同，来自端母果合一戈韵少数字，如"朵"。ɛ是舌位的前后相同但唇形的圆展不同，来自果合三戈韵，如"靴瘸"。

øy—i/ui/ɔ，平南粤方言以单元音或复合元音共三种不同方式来对应广州话的两个前圆唇元音组合在一起的一种方式，分别对应øy的不同特点。i主要是对应y，这和单元音的y一样，来源均为遇合三鱼虞韵的字，如"居吕须许"。ɔ主要对应ø，同为前圆唇元音，来源为果合一戈韵的个别字，如"骡"。ui则是总体上的对应，这部分字来源于蟹摄和止摄，如"雷帅对水"。

（2）阳声韵

øn—ɐn，鼻韵尾相同，但广州话的前半高元音ø对应平南粤方言的央半低元音ɐ。这部分字来源于臻开三的真臻韵、臻合三的谆韵和臻合一的魂韵，如"津进春准"。

yn—un，鼻韵尾、元音的舌位高低、唇的圆展都不变，变的只是元音舌位的前后。这部分字来源于山合三四仙元先韵、山合一桓韵和臻合一魂韵，如"元捐短孙"。

œŋ—ɛŋ，鼻韵尾相同，但平南粤方言的ɛŋ有较强的摩擦成分。半低的圆唇元音œ对应于平南粤方言展唇的前高元音i和央低元音a的组合。这部分字来源于宕开三阳韵，如"章上香窗"。

（3）入声韵

øt—ɐt/ɐk，其中ɐk疑为ɐt的变读，算是例外，来自臻开三质韵部分字，如"栗傈"。就øt—ɐt来讲，塞韵尾相同，但广州话的前半高元音ø对应平南粤方言的央半低元音ɐ。这和阳声韵的对应一样。这部分字来源于臻合三术韵，如"术出述律"。

yt—ut，也是塞韵尾、元音的舌位高低、唇的圆展都不变，变的只是元音舌位的前后。这部分字来源于山合三薛月屑韵和臻开三质韵，如"夺说决劣"。

œk—ɛk，塞韵尾相同，主元音的改变同阳声韵。这部分字来源于江开二觉韵和宕开三药韵，如"卓着却脚"。

3. 今读音值区别在有无介音 u 的韵母

uɔ—ɔ，来自果合一戈韵，如"过果"。

uai—ai，来自蟹合二皆韵，如"怪乖拐"。

uɐi—ɐi，来自止合三脂韵，如"亏归桂葵"。

uan—an，来自山合二山删韵，如"关惯"。

uɐn—ɐn，来自臻合三文和臻合一魂韵，如"军群困坤"。

uaŋ—aŋ/ɔŋ，来自梗开二庚和宕合三阳韵，如"梗逛"。（注：有介音 u 的中古为合口字，中古开口的"梗"在广州话读合口只是口语音，其读书音仍然为开口韵）。

uɐŋ—ɐŋ，来自梗合二耕韵，如"轰"。

uɔŋ—ɔŋ，来自宕合一唐韵，如"光广"。

uɪŋ—eŋ，来自梗合四青韵，如"炯迥"。

uat—at，来自山合二鎋韵，如"刮"。

uɐt—ɐt，来自臻合三术物和臻合一没韵，如"掘橘骨"。

uak—ɐk，来自梗合二麦韵，如"捆"。

uɔk—ɔk，来自宕合一铎韵和曾合一德韵，如"国郭扩廓"。

uɪk—ek，来自梗开三陌韵个别字，如"隙"。

广州话有介音 -u- 的韵母都能和 k、k^h 相拼，所以也有学者在归纳音系时增加声母 kw、k^{wh}，以此来减少韵母的数量。

4. 今读音部分相同、部分相异的韵母

这部分韵母最能体现音变的方向。通过比对，基本能看清楚粤方言自广东流入平南当地所起的变化，以及变化的趋势。下面只指出不同的部分。

i—i/u，平南粤方言读 u 的是来自精组止开三韵的字，如"资子此思"。

a—a/ak，读 ak 的是蟹合二佳韵的个别字，如"画"。

au—au/ɛu，读 ɛu 的是效开二肴韵的字，如"猫"。

ɐi—ɐi/i/ɐt，读 i/ɐt 的是蟹合三废韵和止合三微韵的字，如"废费肺沸"。

ɐm—ɐm/ɛm/am，读 ɛm/am 的是咸开一覃谈韵的字，如"暗含甘涵"。

aŋ—aŋ/ɐŋ，读 ɐŋ 的是曾开一登韵的字，如"朋崩"。

ɐŋ—ɐŋ/oŋ，读 oŋ 的是梗合二耕韵的字，如"宏鸿"。

ap—ap/ɐp，读 ɐp 的是深开三缉韵的个别字，如"集"。

ɐp—ɐp/ɛp/ap/ɔk，读 ɛp/ap/ɔk 的都是咸开一合盍韵的字，如"合盒瞌阁"。

ɐt—ɐt/at/ok，读 at/ok 的都是山摄和臻合三物韵的个别字，如"拔伐袜郁"。

ak—ak/ɔk/ek/ɐk，读 ɔk/ek 的是梗开二陌韵的部分字，如"舶帛迫";读 ɐk 的是曾开一德韵的个别字，如"贼"。

ɐk—ɐk/ak，读 ak 的是梗开二陌麦韵的部分字，如"脉麦"。

ut—ut/at，读 at 的是山合二鎋韵的字，如"括聒"。

5. 广州话的双元音韵母对应平南粤方言的单元音韵母

ei—i，广州话的韵母 ei 在平南粤方言中读 i，这部分字来自止开合三支脂之微韵，例如"悲眉非基"。①

ou—ɐu/u，ɐu 来自效开一豪韵的字，如"报毛老好";u 来自遇合一模韵的个别字，如"都模做"。

6. 广州话和平南粤方言中的鼻音韵母

m̩ 和 ŋ̍ 是两个单鼻音韵母，分别来自微母虞韵和遇合一模韵，在广州话和平南粤方言中一般只能独用，不与任何声母相拼。

---

① 朱晓农（2004）认为广州话的止摄字读双元音韵母 ei 是由于单元音韵母 i 在演化过程当中的高顶裂化出位所致。

第三节 声调的比较

一 平南粤方言与广州话声调的对照

表 2 – 3   广州话与平南粤方言的声调对照

广州	平南	例字
阴平 55/53	阴平 553	衣夫姑巴波拖赊非分（清平）
阳平 21	阳平 32	移扶余麻婆蛇柴肥焚（浊平）
阴上 35	阴上 33	椅府暑把舍摆匪粉（清上）
阳上 23	阳上 23	以母语马我野买忍妇蚌旱舅社践愤（浊上）
阴去 33	阴去 35	意富霸破舍肺粪（清去）
阳去 22	阳去 31	义遇骂射卖妹份（浊去）
上阴入 5	上阴入 4	一逼滴剔激湿吉职竹菊屋叔笔给骨质式不（清入）
下阴入 33	下阴入 24	八插杀鸭拨搏格国觉责塔（清入）
	上阴入 4	铁雪尺（清入）
阳入 2/22	上阳入 3	渤佛读十舌末密灭力日热（浊入）
	下阳入 31	白拔学莫麦
	上阴入 5	觅

二 平南粤方言与广州话声调的异同

从整体来看，无论是广州话还是平南粤方言，都是以古声母的清浊分阴阳，其四声八调和中古的四声八调对应的非常规整，很少例外。

从舒声调来看，平南粤方言与广州话的对应的非常整齐，但具体调值稍有差异。最大的分别是阴上和阴去：首先，广州话的阴上读 35，平南粤方言的阴上读 33；广州话的阴去读 33，平南粤方言却读 35，正好对换。其次是阳去，广州话是低平 22，平南粤方言是低降 31。阴平高平（降）、阳平低降和阳上低升的调型都非常相似。

从入声调来看，广州话有 3 个调，平南粤方言有 4 个调。广州话只有阴入分上下，而平南粤方言的阴入阳入都分上下。具体的调值也不同，只有上阴入较相似，广州话为高平 5，平南粤方言为半高平 4。下阴入广州话为中平 33 调，平南粤方言则为中升 24 调。且有部分三四等的字在广州话读下阴入的在平南粤方言却归入上阴入，如铁（透山开四屑）雪（心山合三薛）只尺赤（梗开三）。阳入在广州话中是半低平 22 或 2 两个调值，但在平南粤方言里，阳入又可分为上下两类：上阳入读中平 3 调，下阳入读低降 31 调，个别字归入上阴入算是例外。平南粤方言的上下阳入的分调问题，很难找到一条标准把两类完全划清，似乎跟古声母无关，跟韵母的摄、等、呼关系也不大，但跟今读韵母中主元音的舌位高低有关。不过，从语音系统内部来看，平南粤方言的下阴入和阴去，阳入和阳去的调值相当，这跟广州话的情况相似。

以上说明，不论是广州话还是平南粤方言，在声调的发展方面都很好地继承了中古汉语的分类特点，但发展轨迹不完全相同。

第三章

与中古音的历时比较

本章将从历时的角度,比较平南粤方言的音系与以《广韵》为代表的中古音系的异同,以探寻平南粤方言的历史演变规律。在这个过程中,先说明规律,再列出例外的字。

第一节 古今声母的比较

一 古今声母的对照

表3-1 古今声母比较

		清		全浊			
帮组	帮	包 pau⁵⁵³	滂 抛 pʰau⁵⁵³	并	平		皮 pʰi³²
					上	上	抱 pʰɐu²³
						去	部 pu³¹
					去		步 pu³¹
					入	上	别 pʰit³
						下	白 pak³¹
非组	非	飞 fi⁵⁵³	敷 翻 fan⁵⁵³	奉			肥 fi³²
端泥组	端	多 tɔ⁵⁵³	透 脱 tʰut⁴	定	平		题 tʰɐi³²
					上	上	弟 tʰɐi²³
						去	待 tɔi³¹
					去		地 ti³¹
					入	上	读 tʰok³
						下	沓 tap³¹

续表

		清		全浊		
精组	精	姐 tɛ³³	清 粗 tʰu⁵⁵³	从 钱 ɬin³²		
知组	知	张 tsɤŋ⁵⁵³	彻 超 tsʰiu⁵⁵³	澄	平	茶 tsʰa³²
					上 上	柱 tsʰi²³
					上 去	着 tsɛk³¹
					去	住 tsi³¹
					入 上	直 tsʰek³
					入 下	择 tsak³¹
庄组	庄	阻 tsɔ³³	初 炒 tsʰau³³	崇 乍 tsa³¹ 查 tsʰa³² 事 ɬu³¹ 崇 soŋ³²		
章组	章	遮 tsɛ⁵⁵³	昌 车 tsʰɛ⁵⁵³	船 神 sɐn³²		
日组						
见晓组	见	高 kɐu⁵⁵³ 均 kʰɐn⁵⁵³	溪 曲 kʰok⁴ 去 hui³ 撳 kɐm³¹	群	平	桥 kʰiu³²
					上 上	舅 kʰɐu²³
					上 去	件 kin³¹
					去	旧 kɐu³¹
					入 上	极 kʰek³
					入 下	剧 kek⁴
影组	影	开	音 jɐm⁵⁵³ 亚 a³³			
	合	弯 van⁵⁵³				

次浊	清	全浊	
明 毛 mɐu³²			帮组
微 尾 mi²³			非组
泥 男 nam³²	来 力 lek³		端泥组
	心 小 ɬiu³³	邪 袖 ɬɐu³¹	精组
			知组
	生 山 san⁵⁵³ 搜 ɬɐu³³ 率 ɬɐt⁴		庄组
	书 深 sɐm⁵⁵³	禅 善 sin²³ 常 tsʰɛŋ³²	章组
日 耳 ȵi²³			日组

续表

	次浊			清		全浊		
疑	洪 鱼 ŋi³²		晓	开 虾 ha⁵⁵³	匣	开 系 hɐi³¹		见晓组
	细 蚁 ȵɐi²³			合 火 fɔ³³		合 禾 vɔ³²		
云	圆 jun³²	以	夜 jɛ³¹					影组
			叶 ip³					
合	围 vɐi³²	合	尹 vɐn²³					

二 声母的特点

（1）除 m、n、l、v、ŋ 以外，没有其他浊音声母。古全浊声母字今读塞音、塞擦音的，基本规律是平上声送气，去声（含浊上归去）不送气，入声两分，归上阳入的送气，归下阳入的不送气。如表 3 – 2 所示。

表 3 – 2　　　　　　　　古全浊音在平南粤方言的今读

	阳　平	阳　上	阳　去	上阳入	下阳入
并	婆 pʰɔ³² 皮 pʰi³²	倍 pʰɐu²³ 抱 pʰɐu²³	步 pu³¹ 鼻 pi³¹	勃 pʰut³	白 pak³¹
定	题 tʰɐi³² 头 tʰɐu³²	弟 tʰɐi²³ 动 tʰoŋ²³	地 ti³¹ 袋 tɔi³¹	碟 tʰip³	沓 tap³¹
澄	茶 tsʰa³² 场 tsʰɛŋ³²	柱 tsʰi²³ 赵 tsʰiu²³	住 tsi³¹ 召 tsiu³¹	直 tsʰek³	浊 tsɔk³¹
群	桥 kʰiu³² 勤 kʰɐn³²	舅 kʰɐu²³ 近 kʰɐn²³	轿 kiu³¹ 旧 kɐu³¹	极 kʰek³	剧 kek⁴

（2）非、敷、奉母字基本上都读唇齿音 f。只个别字读双唇音，例如：捧 poŋ³³/pʰoŋ³³。

（3）古微母并入明母，都读 m。例如：微 mi³² ｜ 尾 mi²³ ｜ 晚 man²³ ｜ 万 man³¹ ｜ 文 mɐn³² ｜ 物 mat³ ｜ 网 moŋ²³ ｜ 望 mɔŋ³¹。个别字不读 [m]，如：挽 van³³。

（4）古泥 ｜ 来母今读不混。如：男 nam³² ≠ 蓝 lam³²，你 ni²³ ≠ 李 li²³。

（5）精从邪母并于心母读边擦音 ɬ，清母多并于透母读塞音 tʰ，如：精晶睛 ɬeŋ⁵⁵³ ｜ 左佐 ɬɔ³⁵ ｜ 姐 ɬɛ³³ ｜ 从 ɬoŋ³² ｜ 坐 ɬɔ²³ ｜ 才财 ɬɔi³² ｜ 心

ɬɐm⁵⁵³｜小 ɬiu³³｜三 ɬam⁵⁵³｜邪斜 ɬɛ³²｜徐 ɬi³²｜醉碎 ɬui³⁵｜进信 ɬɐn³⁵｜青鲭清 tʰeŋ⁵⁵³｜脆退 tʰui³⁵｜切铁 tʰit⁵｜千天 tʰin⁵⁵³｜取娶 tʰi³³｜操 tʰɐu⁵⁵³｜菜蔡 tʰɔi³⁵。古"清"母部分一、三等的仄声字也读 ɬ，如：且 ɬɛ³³｜翠 ɬui³¹｜次 ɬu³⁵。

（6）古知｜庄｜章组读塞擦音的合流读 ts 和 tsʰ。如：知 tsi⁵⁵³｜庄 tsɔŋ⁵⁵³｜章 tsɛŋ⁵⁵³｜抽 tsʰɐu⁵⁵³｜愁 tsʰɐu³²｜丑 tsʰɐu³³。

（7）ȵ 主要来自古"日"母字及疑母三等字，例如：日 ȵɐt³｜染冉 ȵim²³｜饵耳 ȵi²³｜柔揉 ȵɐu³²｜润闰 ȵɐn³¹｜元原源 ȵun³²｜鱼渔宜仪谊 ȵi³²。

（8）尖团音相分，古精组和见晓组在今细音前不混。例如：集 ɬɐp³ ≠ 及 kʰɐp³，济 ɬei³⁵ ≠ 计 kei³⁵，蕉 ɬiu⁵⁵³ ≠ 骄 kiu⁵⁵³，小 ɬiu³³ ≠ 晓 hiu³³，件 kin³¹ ≠ 践 ɬin²³，千 tʰin⁵⁵³ ≠ 牵 hin⁵⁵³。

（9）ŋ 主要来自古"疑"母一、二等字。如：颜谚顽 ŋan³²｜银 ŋɐn³²｜雁 ŋak³¹｜仰昂 ŋɔŋ²³｜岸 ŋɔn³¹。

（10）影母和喻母有别。止开三的支脂之三韵和遇合三的鱼虞二韵里能够清楚地区分影母和喻母，影母读零声母，而喻母字前有较为明显的摩擦，读 j，如椅（影）i｜移（喻）ji。这与桂南其他地区的粤方言不同。①

（11）零声母 ∅ 主要来自古"影"母。如：安鞍 ɔn⁵⁵³｜椅倚 i³³｜鸭押 ap²⁴。

各古声母在平南粤方言的今读情况汇总如下。

帮母字今基本读 p 声母。

滂母字绝大部分今读 pʰ 声母。读 p 的字有：泊 pɔk³¹。

并母字大部分今平声读 pʰ；去声读 p；上声字保留读阳上的读 pʰ，归入阳去的读 p；入声字归上阳入的读 pʰ，归下阳入的读 p。

明母字绝大部分今读 m 声母。读 pʰ 的字有：斧 pʰu³³。

非母字基本今读 f 声母。

敷母字绝大部分今读 f 声母。读 p/pʰ 的字有：捧 pɔŋ³³/pʰɔŋ³³。

奉母字基本今读 f 声母。

---

① 梁振仕（1984）认为，桂南粤方言的零声母字来自古影喻母，同大多数汉语方言一样，影喻两母在桂南各地大都合流为零声母。

微母字基本今读 m 声母。

端母字基本今读 t 声母。

透母字基本今读 t^h 声母。

定母字大部分今平声读 t^h；去声读 t；上声保留读阳上的读 t^h，归入阳去的读 t；入声字归上阳入的读 t^h，归下阳入的读 t。

泥母字大部分今读 n。读 ȵ 的字有：浓 ȵoŋ^{32}，读 ts 的字有：碾 tsin^{33}。

来母字大部分今读 l。读 n 的字有：粒 nɐp^4。

精母字基本今读 ɬ。

清母字大部分今读 t^h。读 ɬ 的字有：且 ɬɛ^{33} | 此 ɬu^{33} | 次 ɬu^{35} | 鹊 ɬɛk^{24} | 从 ɬoŋ^{32}，读 ts^h 的字有：猜 ts^hai^{553} | 擦 ts^hat^{24} | 侵 ts^hɐm^{553} | 寝 ts^hɐm^{33}。

从母字大部分今读 ɬ。读 t 的字有：蹲 tun^{553}；读 t^h 的字有：辑 t^hɐp^4。

心母字大部分今读 ɬ。读 s 的字有：塑 sɔk^{24} | 珊 san^{553}，读 t^h 的字有：速 t^hok^4。

邪母字大部分今读 ɬ。读 k^h 的字有：囚 k^hɐu^{32}，读 j 的字有：涎 jin^{23}。

知母字大部分今读 ts。读 ts^h 的字有：筑 ts^hok^4 | 拄 ts^hi^{23} | 卓 ts^hɛk^{24}，读 t 的字有：爹 tɛ^{553} | 啄琢 tɛk^{24}。

彻母字大部分今读 ts^h。读 ts 的字有：侦 tsɛŋ^{553}。

澄母字大部分今平声读 ts^h；去声读 ts；上声保留读阳上的读 ts^h，归入阳去的读 ts；入声字归上阳入的读 ts^h，归下阳入的读 ts。例外读 t^h 的字有：秩 t^hit^3，读 t 的字有：瞪 tɛŋ^{553}。

庄母字大部分今读 ts。读 ɬ 的字有：滓 ɬu^{33} | 辎 ɬu^{553} | 簪 ɬam^{553}，读 ȵ 的字有：爪 ȵau^{33} | 笊 ȵau^{553} | 抓 ȵa^{553} | 皱 ȵɛu^{35}，读 j 的字有：眨 jap^{31}。

初母字大部分今读 ts^h。读 s 的字有：栅 san^{553}，读 ɬ 的字有：厕 ɬu^{35} | 搀 ɬam^{32}。

崇母字大部分今平声读 ts^h，去入声读 ts，上声字和部分平声字读 ɬ。读 ŋ 的字有：岑 ŋɐm^{32}；读 s 的字有：崇 soŋ^{32}。

生母字大部分今读 s。读 ɬ 的字有：师 ɬu⁵⁵³｜史 ɬu³³｜摔率 ɬɐt⁴｜搜 ɬɐu³³｜漱 ɬu³⁵，读 tsʰ 的字有：杉 tsʰam³⁵｜产 tsʰan³³，读 k 的字有：涩 kip⁴。

章母字大部分今读 ts。读 tsʰ 的字有：诊 tsʰɐn³⁵｜疹 tsʰɐn³³。

昌母字基本今读 tsʰ。

船母字基本今读 s。

书母字大部分今读 s。读 tsʰ 的字有：设 tsʰit⁴｜翅 tsʰi³⁵｜始 tsʰi³³｜束 tsʰok⁴，读 ts 的字有：春 tsʰoŋ⁵⁵³。

禅母字大部分今读 s。读 tsʰ 的字有：殊 tsʰi³²｜竖恃 tsʰi²³｜酬售 tsʰɐu³²｜常裳 tsʰɛŋ³²｜植殖 tsʰek³。读 j 的字有：瑞 jui³¹，读 ɬ 的字有：侍 ɬu³¹。

日母字大部分今读 ȵ。读 j 的字有：蕊 jui³¹｜绒茸 joŋ³²｜辱 jok³，读 n 的字有：尔 ni²³，读 ŋ 的字有：仍 ŋɐŋ³²。

见母字大部分今读 k 和 kʰ。读 h 的字有：懈 hai²³｜虹 hoŋ³²｜酵 hau⁵⁵³，读 ŋ 的字有：勾钩 ŋɐu⁵⁵³，读 ȵ 的字有：浇 ȵiu²³。

溪母字大部分今读 h 和 kʰ。读 j 的字有：钦 jɐm⁵⁵³｜丘邱 jɐu⁵⁵³；读 v 的字有：屈 vɐt⁴，读 tʰ 的字有：岂 tʰi³³。

群母字大部分今平声读 kʰ；去声读 k；上声保留读阳上的读 kʰ，归入阳去的读 k；入声字归上阳入的读 kʰ，归下阳入的读 k。读 h 的字有：圈 hun⁵⁵³，读 tsʰ 的字有：仇 tsʰɐu³²。

疑母字大部分今洪音读 ŋ，细音读 ȵ。读零声母的字有：吴 ŋ³²｜五 ŋ²³｜误 ŋ³¹，读 j 的字有：狱 jok³，读 n 的字有：拟 ni²³｜孽 nit³。

晓母开口字大部分今读 h，合口字大部分读 f 和 v。读 kʰ 的字有：吸 kʰɐp⁴，况 kʰɔŋ³⁵，霍 kʰɔk²⁴；读 tsʰ 的字有：蓄畜 kʰok⁴；读 j 的字有：休 jɐu⁵⁵³，朽 jɐu³³，欣 jɐm⁵⁵³。

匣母开口字大部分今读 h，合口字大部分今读 v。读 k 的字有：降 kɔŋ³⁵｜茎 kɐŋ³¹｜汞 koŋ³⁵，读 f 的字有：晃 fɔŋ³³，读 ɬ 的字有：洽 ɬap²⁴，读 l 的字有：舰 lam³¹，读 ŋ 的字有：淆 ŋau³²。

影母开口字大部分今读零声母或 j，合口字今读 v。读 ȵ 的字有：要 ȵiu³⁵｜饮 ȵɐm³³｜烟 ȵin⁵⁵³，读 ŋ 的字有：挨埃 ŋai⁵⁵³｜熬 ŋɐu³¹，读 h 的字有：肮 hɔŋ⁵⁵³。

云母字大部分今读 j 和 v。读 v 的均为合口字，但读 j 的开合口都有。

小部分例外，读零声母的字有：于盂 i⁵⁵³，读 ȵ 的字有：炎 ȵin³²，读 h 的字有：雄 hoŋ³²。

以母字大部分今读 j、v 和零声母。读零声母的都是开口字，读 v 的都是合口字。小部分字读 ȵ，有：阉 ȵim³² | 焰 ȵim³¹。

第二节　古今韵母的比较

一　古今韵母的对照

表 3-3　　　　　　　　　古今韵母比较（一）

	一等			二等			
	帮系	端系	见系	帮系	泥组	知庄组	见系
果开		多 tɔ⁵⁵³ 他 tʰa⁵⁵³	我 ŋɔ²³				
果合	婆 pɔ³²	妥 tʰɔ²³	火 fɔ³³				
假开				马 ma²³	拿 na³²	茶 tsʰa³²	家 ka⁵⁵³
假合						傻 sɔ³¹	瓜 ka⁵⁵³
遇合	布 pu³⁵ 模 mɔ⁵⁵³	土 tʰu³³	古 ku³³				
蟹开	贝 pui³⁵	袋 tɔi³¹ 戴 tai³⁵	改 kɔi³³	买 mai²³	奶 nai²³	柴 tsʰai³²	街 kai⁵⁵³
蟹合	配 pʰui³⁵	腿 tʰui³³ 内 nɔi³¹	灰 fui⁵⁵³ 外 ŋɔi³¹				怀 vai³²
止开							
止合							
效开	毛 mɐu³²	早 tɐu³³	高 kɐu⁵⁵³	饱 pau³³	闹 nau³¹	炒 tsʰau³²	孝 hau³⁵

	三　四　等							
帮系	端组	泥组	精组	庄组	知章组	日母	见系	
						茄 kʰɛ³²	果开	
						靴 hɛ⁵⁵³	果合	
	爹 tɛ⁵⁵³		姐 tɕ³³		遮 tsɛ⁵⁵³	惹 ȵɛ²³	夜 jɛ³¹	假开

续表

	三 四 等							
帮系	端组	泥组	精组	庄组	知章组	日母	见系	
								假合
府 fu³³		女 nui²³	取 tʰi³³	锄 tsʰɔ³²	住 tsi³¹	如 ɲi³²	许 hi³³	遇合
米 mɐi²³	低 tɐi⁵⁵³	礼 lɐi²³	齐 ɬɐi³²		制 tsɐi³⁵		鸡 kɐi⁵⁵³	蟹开
肺 fi³⁵			岁 ɬui³⁵		税 sui³⁵	芮 ɲui³¹	桂 kɐi³⁵	蟹合
皮 pʰi³²	地 ti³¹	理 li²³	自 ɬu³¹	师 ɬu⁵⁵³	知 tsi⁵⁵³	儿 ɲi³²	奇 kʰi³²	止开
飞 fi⁵⁵³		类 lui²³	嘴 ɬui³³	衰 sui⁵⁵³	水 sui³³	蕊 jui³¹	贵 kɐi³⁵	止合
苗 miu³²	条 tʰiu³²	料 liu³¹	笑 ɬiu³⁵		照 tsiu³⁵	扰 ɲiu²³	叫 kiu³⁵	效开

表 3-4 古今韵母比较（二）

	一等			二等			
	帮系	端系	见系	帮系	泥组	知庄组	见系
流开		某 mɐu²³ 母 mu²³	头 tʰɐu³²	狗 kɐu³³			
咸舒开		三 ɬam⁵⁵³	甘 kɛm⁵⁵³ 函 ham³²			斩 tsam³³	咸 ham³²
咸舒合							
深舒开							
山舒开		单 tan⁵⁵³	安 ɔn⁵⁵³	班 pan⁵⁵³		山 san⁵⁵³	眼 ŋan²³
山舒合	半 pun³⁵	短 tun³³	官 kun³³			拴 san⁵⁵³	关 kan⁵⁵³
臻舒开		吞 tʰɐn⁵⁵³	恩 jɐn⁵⁵³				
臻舒合	本 pun³³	顿 tɐn³¹ 嫩 nun³¹	困 kʰɐn³⁵				
宕舒开	忙 mɔŋ³²	糖 tʰɔŋ³²	康 hɔŋ⁵⁵³				
宕舒合			黄 vɔŋ³²				
江舒开				棒 pʰaŋ²³		双 sɔŋ⁵⁵³ 窗 tsʰɛŋ⁵⁵³	讲 kɔŋ³³

	三 四 等							
	帮系	端组	泥组	精组	庄组	知章组	日母	见系
谋矛富		丢 tiu⁵⁵³	流 lɐu³²	秋 tʰɐu⁵⁵³	瘦 sɐu³⁵	手 sɐu³³	柔 ɲɐu³²	九 kɐu³³	流开

续表

	三　　四　　等							
帮系	端组	泥组	精组	庄组	知章组	日母	见系	
贬 pin³³	点 tim³³	念 nim³¹	尖 tɬim⁵⁵³		闪 sim³³	染 ȵɐm²³	盐 jim³²	咸舒开
犯 fan²³								咸舒合
品 pʰɐn³³		林 lɐm³²	心 tɬɐm⁵⁵³	森 sɐm⁵⁵³	针 tsɐm⁵⁵³	任 ȵɐm³¹	金 kɐm⁵⁵³	深舒开
变 pin³⁵	天 tʰin⁵⁵³	年 nin³²	浅 tɬʰin³³		善 sin²³	然 ȵin³²	件 kin³¹	山舒开
反 fan³³		恋 lun³⁵	全 tɬun³²		船 sun³²	软 ȵun²³	远 jun²³	山舒合
贫 pʰɐn³²		邻 lɐn³²	新 tɬɐn⁵⁵³	亲 tɬʰɐn⁵⁵³	真 tsɐn⁵⁵³	人 ȵɐn³²	斤 kɐn⁵⁵³	臻舒开
分 fɐn⁵⁵³		轮 lɐn³²	旬 tɬɐn³²		春 tsʰɐn⁵⁵³	润 ȵɐn³¹	军 kɐn⁵⁵³	臻舒合
		凉 lɛŋ³²	想 tɬɛŋ³³	霜 sɔŋ⁵⁵³	唱 tsʰɛŋ³⁵	让 ȵɛŋ³¹	香 hɛŋ⁵⁵³	宕舒开
方 fɔŋ⁵⁵³							狂 kʰɔŋ³²	宕舒合
								江舒开

表 3-5　　　　　　古今韵母比较（三）

	一等			二等			
	帮系	端系	见系	帮系	泥组	知庄组	见系
曾舒开	崩 pɐŋ⁵⁵³	等 tɐŋ³³	恒 hɐŋ³²				
曾舒合			弘 hoŋ³²				
梗舒开				猛 maŋ²³	冷 laŋ²³	争 tsaŋ⁵⁵³	羹 kɐŋ⁵⁵³ 硬 ŋaŋ³¹
梗舒合							横 vaŋ³² 矿 kʰɔŋ³⁵
通舒合	蒙 moŋ³²	冬 toŋ⁵⁵³	公 koŋ⁵⁵³				
咸入开		蜡 lap³¹	合 hɐp³¹			插 tsʰap²⁴	狭 hap³¹
咸入合							
深入开							
山入开		辣 lat³¹	割 kɔt²⁴	拔 pat³¹		杀 sat²⁴ 铡 tsap³	辖 hɐt³
山入合	末 mut³	脱 tʰut⁴	阔 fut⁴			刷 tʰat²⁴	滑 vat³¹

续表

	三　　　　　四　　　　等							
帮系	端组	泥组	精组	庄组	知章组	日母	见系	
冰 peŋ⁵⁵³		菱 leŋ³²			蒸 tseŋ⁵⁵³	仍 ŋeŋ³²	兴 heŋ⁵⁵³	曾舒开
								曾舒合
平 pʰeŋ³²	顶 teŋ³³	领 leŋ²³	井 ɬeŋ³³		成 seŋ³²		轻 heŋ⁵⁵³	梗舒开
							兄 heŋ⁵⁵³	梗舒合
风 foŋ⁵⁵³		龙 loŋ³²	松 ɬoŋ³²	崇 soŋ³²	钟 tsoŋ⁵⁵³	绒 joŋ³²	弓 koŋ⁵⁵³	通舒合
	碟 tʰip³	聂 nip³	接 ɬip⁴		摄 sip⁴		业 ȵip³	咸入开
法 fat²⁴								咸入合
	立 lɐp³		集 ɬɐp³	涩 kip⁴	蛰 tsʰek³ 十 sɐp³	入 ȵɐp³	急 kɐp⁴	深入开
灭 mit³	铁 tʰit³	列 lit³	节 ɬit⁴		舌 sit³	热 ȵit³	杰 kʰit³	山入开
袜 mat³¹		劣 lut⁴	绝 ɬut³		说 sut⁴		月 ȵut³	山入合

表3-6　　　　　　　　古今韵母比较（四）

	一等			二等			
	帮系	端系	见系	帮系	泥组	知庄组	见系
臻入开							
臻入合	没 mut³	突 tʰɐt³	忽 vɐt⁴				
宕入开	薄 pɔk³¹	托 tʰɔk²⁴	鹤 hɔk³¹				
宕入合			郭 kʰɔk²⁴				
江入开				剥 pɔk²⁴		浊 tsɔk³¹ 卓 tsʰɛk²⁴	学 hɔk³¹ 握 ɐk⁴
曾入开	北 pɐk⁴	得 tɐk⁴	黑 hak⁴				
曾入合			国 kɔk²⁴				
梗入开				百 pak²⁴ 迫 pek⁴		宅 tsak³¹	隔 kak²⁴ 核 hɐt³
梗入合							获 vok³¹ 划 vak³¹
通入合	木 mok³ 扑 pʰok²⁴	读 tʰok³	屋 ok⁴				

帮系	端组	泥组	精组	庄组	知章组	日母	见系	
			三 四 等					
笔 pet⁴		栗 let³	七 tʰɐt³	虱 sɐt⁴	实 sɐt³ 秩 tʰit³	日 ȵet³	吉 ket⁴	臻入开
物 mɐt³		律 lɐt³	戌 ɬɐt⁴	率 ɬɐt⁴	出 tsʰɐt⁴		橘 kɐt⁴	臻入合
		略 lɛk³¹	削 ɬɛk²⁴		勺 sɛk³¹	弱 ȵɛk³¹	脚 kɛk²⁴	宕入开
缚 fɔk³¹								宕入合
								江入开
逼 pek⁴		力 lek³	息 ɬek⁴	色 sek⁴ 测 tsʰek⁴	直 tsʰek³		极 kʰek³	曾入开
							域 vek³	曾入合
壁 pek⁴	踢 tʰek⁴	历 lek³	席 ɬek³		尺 tsʰek⁴		益 jek⁴	梗入开
							疫 vek³	梗入合
服 fok³		六 lok³	足 ɬok⁴	缩 sok⁴	熟 sok³	肉 ȵok³	曲 kʰok³	通入合

二 韵母的特点

（1）假开三与果摄三等韵字今合流读［ɛ］。例如：姐 ɬɛ³³｜遮 tsɛ⁵⁵³｜茄 kʰɛ³²｜靴 hɛ⁵⁵³。

（2）假摄二等字不论开合今均念［a］。例如：把 pa³³｜假 ka³³｜马 ma²³｜瓜 ka⁵⁵³｜花 fa⁵⁵³｜蛙 va⁵⁵³。

（3）遇合三鱼韵庄组与果摄一等韵字今合流读［ɔ］。例如：初 tsʰɔ⁵⁵³｜助 tsɔ³¹｜多 tɔ⁵⁵³｜个 kɔ³⁵。

（4）蟹开一大部分字今读［ɔi］。例如：待 tɔi³¹｜在 ɬɔi²³｜改 kɔi³³。蟹摄二等字不论开合口韵今大多读［ai］。例如：介 kai³⁵｜柴 tsʰai³²｜鞋 hai³²｜乖 kai⁵⁵³｜怀 vai³²。

（5）止开三精庄组、遇合三虞韵庄非组与遇合一等字今合流读［u］。例如：思 ɬu⁵⁵³｜事 ɬu³¹｜夫 fu⁵⁵³｜数 su³⁵｜普 pʰu³³｜租 ɬu⁵⁵³｜裤 fu³⁵。

（6）止合三见晓影组、蟹合三四等见组与蟹开三四等字今合流读［ɐi］。例如：溪规 kʰɐi⁵⁵³｜季贵鱖桂 kɐi³⁵｜米 mɐi²³｜妻 tʰɐi⁵⁵³。

（7）止合三大部分字与蟹合一三四等字今合流读［ui］。例如：追 tsui⁵⁵³｜水 sui³³｜杯 pui⁵⁵³｜累 lui²³｜岁 ɬui³⁵｜税 sui³⁵。

（8）效开一二等字对立，主要元音不同，一等字读 ɐu，二等字读 au。如：

宝 pɐu³³ ≠ 饱 pau³³　　毛 mɐu³² ≠ 茅 mau³²　　脑 nɐu²³ ≠ 闹 nau³¹

高 kɐu⁵⁵³ ≠ 交 kau⁵⁵³　　号 hɐu³¹ ≠ 效 hau³¹　　告 kɐu³⁵ ≠ 教 kau³⁵

效开三四等字今则读［iu］。例如：小 ɬiu³³｜骄 kiu⁵⁵³｜鸟 niu²³｜晓 hiu³³｜料 liu³¹｜跳 tʰiu³⁵。

（9）咸开一端泥精组与咸开二大部分字阳声韵今合流念［am］，入声韵今合流念［ap］。例如：贪参 tʰam⁵⁵³｜淡 tʰam²³｜暂 ɬam³¹｜站 tsam³¹｜咸 ham³²｜衫 sam⁵⁵³｜答 tap²⁴｜杂 ɬap²⁴｜塔 tʰap²⁴｜恰 ɬap²⁴｜甲 kap²⁴。

咸开一见晓影组阳声韵今读［ɛm］，入声韵今读［ɛp］。例如：感敢 kɛm³³｜含 hɛm³²｜合 hɛp³¹｜磕 hɛp²⁴。

（10）咸开三四等阳声韵今读［im］，入声韵今读［ip］。例如：尖 ɬim⁵⁵³｜厌 jim³⁵｜严 ȵim³²｜甜 tʰim³²｜接 ɬip⁴｜摄 sip⁴｜业 ȵip³｜协 hip⁴。

（11）咸合三、山开一等端泥精组、山合三等非组与山摄二等不论开合口字今阳声韵读［an］，入声韵今读［at］。例如：范 fan³⁵｜凡 fan³²｜间 kan⁵⁵³｜闲 han³²｜颜 ŋan³²｜谏 kan³³｜幻 van³³｜惯 kan³⁵｜丹 tan⁵⁵³｜懒 lan²³｜伞 ɬan³⁵｜法 fat²⁴｜辣 lat³¹｜察 tsʰat²⁴｜滑 vat³¹｜发 fat²⁴。

（12）深开三阳声韵今读［ɐm］，入声韵今读［ɐp］。例如：林 lɐm³²｜针 tsɐm⁵⁵³｜饮 ȵɐm³³｜浸 ɬɐm³⁵｜立 lɐp³｜汁 tsɐp⁴｜吸 kʰɐp⁴。

（13）山开一等见晓影组阳声韵今读［ɔn］，入声韵今读［ɔt］。例如：干 kɔn⁵⁵³｜旱 hɔn²³｜岸 ŋɔn³¹｜割 kɔt²⁴｜渴 hɔt²⁴。

（14）山开三四等阳声韵今读［in］，入声韵今读［it］。例如：鞭 pin⁵⁵³｜剪 ɬin³³｜然 ȵin³²｜扇 sin³⁵｜建 kin³⁵｜千 tʰin⁵⁵³｜别 pʰit³｜折 tsit⁴｜揭 kʰit⁴｜切 tʰit⁴。

（15）山合一三四等字阳声韵与臻合一魂没韵精组字合流今读［un］，入声韵今读［ut］，例如：搬 pun⁵⁵³｜官 kun⁵⁵³｜算 ɬun³⁵｜全 ɬun³²｜原 ȵun³²｜县 jun³¹｜阔 fut⁴｜末 mut³｜说 sut⁴｜悦 jut³｜月 ȵut³｜决 kʰut⁴。

（16）臻摄一三等字不论开合阳声韵大多今读［ɐn］，入声韵今读［ɐt］。例如：很 hɐn³³｜巾 kɐn⁵⁵³｜人 ȵɐn³²｜近 kʰɐn²³｜婚 vɐn⁵⁵³｜滚 kʰɐn³³｜旬 ɬɐn³²｜顺 sɐn³¹｜云 vɐn³²｜悉 ɬɐt⁴｜日 ȵɐt³｜乞 hɐt⁴｜骨 kɐt⁴｜律 lɐt³｜屈 vɐt⁴。

（17）宕摄一等不论开合及宕合三、宕开三庄组与江开二大部分字合流阳声韵今读［ɔŋ］，入声韵今读［ɔk］。例如：帮 pɔŋ⁵⁵³｜康 hɔŋ⁵⁵³｜光 kɔŋ⁵⁵³｜荒方 fɔŋ⁵⁵³｜网 mɔŋ²³｜庄 tsɔŋ⁵⁵³｜爽 sɔŋ³³｜壮 tsɔŋ³⁵｜庞 pʰɔŋ³²｜江 kɔŋ⁵⁵³｜腔 hɔŋ⁵⁵³｜博 pɔk²⁴｜作 ɬɔk²⁴｜郭 kʰɔk²⁴｜缚 fɔk³¹｜朴 pʰɔk²⁴｜学 hɔk³¹｜捉 tsɔk²⁴。

（18）宕开三大部分阳声韵今读［ɛŋ］，入声韵今读［ɛk］。例如：张 tsɛŋ⁵⁵³｜享 hɛŋ³³｜让 ȵɛŋ³¹｜略 lɛk³¹｜着 tsɛk³¹｜脚 kɛk²⁴。

（19）曾开一阳声韵今读［ɐŋ］，入声韵今读［ɐk］。例如：曾 ɬɐŋ⁵⁵³｜朋 pʰɐŋ³²｜肯 hɐŋ³³｜北 pɐk⁴｜得 tɐk⁴｜贼 ɬɐk³。

（20）曾摄三等与梗摄三四等字不论开合阳声韵合流今读［eŋ］，入声韵今读［ek］。例如：冰 pen⁵⁵³｜剩 sen³¹｜应 jen⁵⁵³｜京 ken⁵⁵³｜整 tsen³³｜青 tʰeŋ⁵⁵³｜兄 heŋ⁵⁵³｜壁逼 pek⁴｜色 sek⁴｜极屐 kʰek³｜吃 hek⁴｜役 vek³。

（21）梗开二等字阳声韵今读［aŋ］，入声韵今读［ak］。例如：彭 pʰaŋ³²｜省 saŋ³³｜耕 kaŋ⁵⁵³｜百 pak²⁴｜拆 tsak²⁴｜革 kak²⁴。

（22）通合一三等阳声韵今均读［oŋ］，入声韵今均读［ok］。例如：东 toŋ⁵⁵³｜动 tʰoŋ²³｜松 ɬoŋ⁵⁵³｜崇 soŋ³²｜从 ɬoŋ³²｜族 ɬok³｜促 tʰok⁴｜六 lok³｜肉 ȵok³。

（23）韵母比较表的例外字说明。

　　　　　　古　　　　　　今

果摄　他 tʰa⁵⁵³｜那 na³¹｜哪 na³¹。

假摄　籍 ɬek³ ~故｜席 ɬek³ ~子｜傻 sɔ³¹｜耍 sa³³。

遇摄　错 tʰɔ³⁵/tʰɔk²⁴｜措 tʰɔ³⁵｜庐驴 lu³²｜屡 lui²³，疑母字"吴蜈吾梧五伍午误悟"都读鼻声化韵 ŋ̍。

蟹摄　桅 ŋei³²｜话 va³¹｜画 vak³¹｜蛙 va⁵⁵³｜缀 tsut⁴。

止摄　荔 lei³¹｜徙 ɬei³³｜蚁 ŋei²³｜毅 ŋei³¹。

效摄　猫 mɛu⁵⁵³｜抓 ȵa⁵⁵³。

流摄　走 ɬau³³｜复 fok⁴ ~兴｜宿 ɬok⁴ 星~｜皱 ȵɐu³⁵｜纠 tsau³³。

深摄　簪 ɬam⁵⁵³。
山摄　八 pɛt²⁴ | 雁 ŋak³¹ | 碾 tsin³³。
曾摄　孕 jɐn³¹。
梗摄　萌 mɐŋ³² | 迸 pʰeŋ²³ | 蚌 pʰɔŋ²³。
通摄　瀑曝 pɐu³¹。

第三节　古今声调的比较

一　古今声调的对照

表3-7　　　　　　　　古今舒声调比较

古\今		阴平553	阳平32	阴上33	阳上23	阴去35	阳去31
平声	清	巴沙菲村					
	次浊		毛篮圆鹅				
	全浊		婆才徒厨				
上声	清			饱手小口			
	次浊				马尾女我		
	全浊				倍弟抱近		部道丈件
去声	清					布到菜借	
	次浊						妹嫩路右
	全浊						洞住大共

表3-8　　　　　　　　古今入声调比较

古\今		上阴入4	下阴入24	上阳入3	下阳入31
入声	清	笔尺七铁	百拍塔甲		
	次浊		膜捼骆	木力日月	麦辣额药
	全浊			勃碟直服	白沓着伐

二 声调的特点

（1）古平清声母字今读阴平 553 调，如：多 tɔ⁵⁵³｜沙 sa⁵⁵³｜飞 fi⁵⁵³｜村 tʰun⁵⁵³。古次浊声母字今读阳平 32 调，如：毛 mɐu³²｜篮 lam³²｜圆 jun³²｜鹅 ŋɔ³²。古全浊声母字今读阳平，如：婆 pʰɔ³²｜才 ɬɔi³²｜徒 tʰu³²｜厨 tsʰi³²。

（2）古上清声母字今读阴上 33 调。例如：饱 pau³³｜手 sɐu³³｜小 ɬiu³³｜好 hɐu³³。古上次浊声母字今读阳上 23 调，如：马 ma²³｜尾 mi²³｜女 nui²³｜我 ŋɔ²³。古全浊声母字今两分，读塞音、塞擦音送气的读阳上 23 调，如：抱 pʰɐu²³｜动 tʰoŋ²³｜近 kʰɐn²³｜弟 tʰɐi²³；不送气的变读为阳去 31 调，如：部 pu³¹｜道 tɐu³¹｜丈 tsɛŋ³¹｜件 kin³¹。

（3）古去清声母字今读阴去 35 调，如：半 pun³⁵｜到 tɐu³⁵｜菜 tʰɔi³⁵｜唱 tsʰɛŋ³⁵。古次浊声母字今读阳去 31 调，如：嫩 nun³¹｜烂 lan³¹｜路 lu³¹｜右 jɐu³¹。古全浊声母字今读阳去 31 调，如：洞 toŋ³¹｜住 tsi³¹｜大 tai³¹｜用 joŋ³¹。

（4）古入清声母字今读上阴入和下阴入。主元音是 i、ɛ、u、ɔ、ɐ 的读上阴入 4 调，如：笔 pɐt⁴｜尺 tsʰek⁴｜七 tʰɐt⁴｜铁 tʰit⁴，主元音是 a｜ɛ 的读下阴入 24 调，如：百 pak²⁴｜拍 pʰak²⁴｜塔 tʰap²⁴｜甲 kap²⁴｜博 pɔk²⁴｜挖 vɛt²⁴。

（5）古入次浊声母字今主要读阳入。主元音是 i、ɛ、u、ɔ、ɐ 的读上阳入 3 调，如：木 mok³｜力 lek³｜日 n̠ɐt³｜月 n̠ut³。主元音是 a 的读下阳入 31 调，如：麦 mak³¹｜辣 lat³¹｜额 ŋak³¹｜药 jɛk³¹。帮端组部分一二等字读下阴入 24 调，如：膜 mɔk²⁴｜捺 nat²⁴｜骆 lɔk²⁴。

（6）古入全浊声母字今读阳入。主元音是 i、ɛ、u、ɔ、ɐ 的读上阳入 3 调，如：碟 tʰip³｜勃 pʰut³｜直 tsʰek³｜服 fok³。主元音是 a、ɛ 的读下阳入 31 调，如：白 pak³¹｜沓 tap³¹｜着 tsɛk³¹｜伐 fat³¹｜盒 hɛp，但 ɔt 韵母也有部分口语词读下阳入。古全浊入声字今读塞音、塞擦音的还以送气来区分，读上阳入的送气，读下阳入的不送气。

上阳入的读音并不像上阴入那么短促，所以阳入调的分化是以主元音舌位的高低，而不以元音的长短来分。若从整个音系来看，读上入的韵母有 it、ip、ek、ɐp、ɐt、ɐk、ok、ut，读下入的韵母有 ap、at、ak、ɛk、ɛp、ɛt、ɔt、ɔk。同一个韵母内一般是上阴入与上阳入对立，下阴入与下阳入对立。

第四章

精组字的声母和韵母

第一节 精组字的声母

一 精组字声母今读

从今天汉语十大方言的情况来看，大体是中古精组心、邪二母是读擦音的，精、清、从母是读塞擦音的。从整个粤方言来看，古精组声母在粤方言中本是独立的（李新魁，1990），但现代广州话及大部分粤方言区精组跟知、庄、章组混同，一部分地区则把精组念同端组。麦耘（1997）认为大体情况如下（表 4-1）。

表 4-1　　　　　古精、知、端组在粤方言的今读

	精	清	从邪	心	知照组	端组
广府片	ts-	tsʰ-	ts-, tsʰ-	s-	ts-, tsʰ-, s-/tʃ-, tʃʰ-, ʃ-	t-, tʰ-
高阳片	ts-	tsʰ-	ts-, tsʰ-	θ-/ɬ-	ts-, tsʰ-, s-	t-, tʰ-
钦廉片	ts-	tsʰ-	tsʰ-	θ-/ɬ-	ts-, tsʰ-, s-	t-, tʰ-
邕浔片	ts-	tsʰ-	ts-, tsʰ-	θ-/ɬ-	tʃ-, tʃʰ-, ʃ-	t-, tʰ-
勾漏片	t-	tʰ-	t-/tʰ-	θ-/ɬ-	ts-, tsʰ-, s-	t-, tʰ-, d-
吴化片	t-	tʰ-	tʰ-	θ-/ɬ-	ts-, tsʰ-, s-	t-, tʰ-, d-
四邑片	t-	tʰ-	t-, tʰ-	θ-/ɬ-	ts-, tsʰ-, s-	∅-, h-

表 4-1 反映出，古精、清、从、邪母字在广府、高阳、钦廉、邕浔等片都与知照组字合流读塞擦音，与端组对立；而勾漏、吴化和四邑

片的精组字读塞音，与端组合流，而与知照组相别。同时也看到，粤方言的广府、高阳、钦廉、邕浔四片中的从母和邪母是读塞擦音的，而勾漏、吴化、四邑三片的从母和邪母是读塞音的。

从上述平南粤方言与中古音系的比较中可以看到，平南粤方言把端组字声母念 t、t^h；把古精组的精、从、心、邪母字以及小部分的古清母字的声母念成边擦音ɬ，大部分清母字读 t^h；知照组字声母念 ts、ts^h、s。形成精组（除清母外）既与知照组对立，也与端组相别的局面。具体如下（表 4–2）。

表 4–2　　　　　　　　　平南粤方言精组今读

精	左（果）	姐（假）	祖（遇）	嘴（止）	酒（流）	尖（咸）	节（山）	精（梗）
	ɬɔ³⁵	ɬɛ³³	ɬu³³	ɬui³³	ɬɐu³³	ɬim⁵⁵³	ɬit⁴	ɬɐŋ⁵⁵³
清	且（假）	菜（蟹）	次（止）	草（效）	秋（流）	餐（山）	亲（臻）	清（梗）
	ɬɛ³³	tʰɔi³⁵	tʰu³⁵	tʰɐu³³	tʰɐu⁵⁵³	tʰan⁵⁵³	tʰɐn⁵⁵³	tʰɐŋ⁵⁵³
从	坐（果）	财（蟹）	自（止）	曹（效）	就（流）	杂（咸）	钱（山）	从（通）
	ɬɛ²³/ɬɔ²³	ɬɔi³²	ɬu³¹	ɬɐu³²	ɬɐu³¹	ɬap³¹	ɬin³²	ɬoŋ³²
心	写（假）	西（蟹）	思（止）	小（效）	三（咸）	心（深）	线（山）	孙（臻）
	ɬɛ³³	ɬei⁵⁵³	ɬu⁵⁵³	ɬiu³³	ɬam⁵⁵³	ɬɐm⁵⁵³	ɬin³⁵	ɬun⁵⁵³
邪	词（止）	袖（流）	习（深）	旋（山）	旬（臻）	象（宕）	席（梗）	松（通）
	ɬu³²	ɬɐu³¹	ɬɐp³	ɬun³¹	ɬɐn³²	ɬɐŋ³¹	ɬek³	ɬoŋ³²

从表 4–1 和表 4–2 可以看出，平南粤方言的精组除清母字读 t^h 外，其余的精、从、心、邪母字都读边擦音ɬ，这种现象在粤方言中是非常少见的。初步推测这种现象不是方言自身固有的特点，是后起的。那么，这种特征来自哪里？又是如何形成的呢？

在现代粤方言的各次方言中，读边擦音ɬ的主要是古心母字。据王力（1985）、董同龢（2001），心母在上古和中古都读擦音性质的 *s。在现代的汉语方言中也都读擦音。所以，现代的某些粤次方言中古心母字读ɬ声母的情况，应该是擦音 s/ʃ 与ɬ之间的转化。

二 精组字声母ɬ的来源

现代的粤方言中，有边擦音ɬ的地区约占粤方言区的一半，主要来自古心母字，也有部分来自古邪母字，个别甚至来自古崇、书、生母字，如贵港南江、百色市内、钦州市内、北海市内的粤方言。边擦音ɬ也广泛存在于平话中，出现的条件和广西粤方言的相似，除了古心母字外，邪、书、生母字也有部分字读边擦音ɬ，如：南宁沙井平话、扶绥龙头平话、宾阳新桥平话等（陈海伦、林亦，2009）。总而言之，边擦音ɬ在粤方言中并不罕见，尤其是在广西的汉语方言。一些地方，ɬ也不仅仅出现在心母字中，还出现在其他带有擦音性质的声母字中，但综观整个粤方言区和平话区，古精、从、心、邪母字都读边擦音ɬ的情况是不多见的。

关于粤方言中边擦音ɬ的来源问题，学者们普遍认为与侗台语有密切的关系。李新魁（1990：158）指出，"ɬ是黎语的一个辅音（声母）……粤方言的这个声母，很可能是古代黎语的遗留"。袁家骅等（2006：179）发现，"壮语里的汉语借字语音系统和粤方言极为相似。……粤方言区的……方音中有一个舌边清擦音ɬ，壮语方言里也有这个音，所配各字很一致"。麦耘（1997：3）也认为，"作为并无齿间音的古代中原汉语的一个分支，早期粤语的音系中存在齿间音声母这一现象，体现了它在形成期受到古代岭南土著民族的语言（古壮侗语等）的重大影响"。同时他也注意到："壮侗语族诸语言中不少有θ/ɬ。如壮语中被写作s的音，在壮语标准语（武鸣话）中实际读音为θ，在龙州、剥隘壮语中读为ɬ，读作真正的舌尖前音s的反而少。"陈保亚（2005：45）认为，"现代汉语粤方言中和侗台语相似的语法、语音现象，很难用偶合来解释，和侗台语的母语干扰应该有很大关系"。

粤方言和侗台语的这种关系是如何产生的呢？据李新魁（1983）、麦耘（1997）的研究，先秦时，岭南土著所使用的语言主要是古壮侗语，也有古苗瑶语。秦卒初到时，带来的是中原汉语，与当地人言语不通。秦人作为文明程度较高的征服者，其语言为优势语言，所以当时主要应是当地人学习汉语。当地人是基于自己原有语言的语音系统来接受汉语的语音的，使得所说的汉语带有其母语的许多语音特点。随着时间的推移，当地人逐渐汉化，直至完全放弃原来的语言，只使用汉语，但这种汉语仍带有它们原来母语的一些语音特点。

陈保亚（2005）认为在这个过程中，是少数民族把自己民族语中的结构通过匹配带到民族汉语中，民族汉语在和汉语对话中干扰汉语，从而使汉语带上少数民族语言的特征，这种母语干扰发生在很多方面，使方言带上新的地域特征。具体来讲，侗台语的 ɬ 之所以能进入汉语方言，是"由于北部壮语没有塞擦音，有两个舌擦音 ɕ 和 s，s 音位有多个变体，大多数方言读边擦音 ɬ，部分读 θ，读 s 的方言不多。对译汉语，一般以 ɕ 匹配汉语的塞擦音声母，以 ɬ 或 θ 匹配汉语的舌擦音"（林亦、覃凤余，2008：76）。

对译后的情况是怎么样的呢？根据韦庆稳、覃国生（1980），梁敏、张钧如（1996），韦景云、覃晓航（2006），蓝庆元（2003）的研究发现，壮语中以擦音来对译粤方言塞擦音的情况出现在壮语的老汉借词中，具体而言也是对应于粤方言塞擦音的基本读 ɕ，对应于粤方言擦音 s/ʃ 的仍然读擦音 s。下面是一些处在壮语包围区的粤方言与壮语对应的例子，因为考虑到桂南平话与粤方言的关系，所以把处在壮语包围区的桂南平话放在一起考察。考虑到平南现有零星的说北部壮语的情况，壮语例子以北部壮语标准音武鸣壮语为例。

第一类：壮语以 ɕ 对应于汉语的塞擦音（见表 4-3 至表 4-6）。

表 4-3　　　　　　　　　　　　精母

	煎	椒	节	借	精	井
平南粤方言	ɬ-	ɬ-	ɬ-	ɬ-	ɬ-	ɬ-
广州白话	tʃ-	tʃ-	tʃ-	tʃ-	tʃ-	tʃ-
南宁白话	ts-	ts-	ts-	ts-	ts-	ts-
邕宁白话	tʃ-	tʃ-	tʃ-	tʃ-	tʃ-	tʃ-
百色白话	ts-	ts-	ts-	ts-	ts-	ts-
钦州白话	ts-	ts-	ts-	ts-	ts-	ts-
龙州白话	tɕ-	tɕ-	ts-	ts-	ts-	ts-

续表

	煎	椒	节	借	精	井
贵港白话	tʃ-	tʃ-	tʃ-	tʃ-	tʃ-	tʃ-
亭子平话	ts-	ts-	ts-	ts-	ts-	ts-
四塘平话	tɕ-	tɕ-	tɕ-	tɕ-	tɕ-	tɕ-
新桥平话	ts-	ts-	ts-	ts-	ts-	ts-
武鸣壮语	ɕ-	ɕ-	ɕ-	ɕ-	ɕ-	ɕ-

表4-4　　　　　　　　　　清母

	仓	七	葱	寸	千	请	秋
平南粤方言	tʰ-	tʰ-	tʰ-	tʰ-	tʰ-	tʰ-	tʰ-
广州白话	tʃʰ-	tʃʰ-	tsʰ-	tʃʰ-	tʃʰ-	tʃʰ-	tʃʰ-
南宁白话	tsʰ-	tsʰ-	tsʰ-	tsʰ-	tsʰ-	tsʰ-	tsʰ-
邕宁白话	tʃʰ-	tʃʰ-	tʃʰ-	tʃʰ-	tʃʰ-	tʃʰ-	tʃʰ-
百色白话	tsʰ-	tsʰ-	tsʰ-	tsʰ-	tsʰ-	tsʰ-	tsʰ-
钦州白话	tsʰ-	tsʰ-	tsʰ-	tsʰ-	tsʰ-	tsʰ-	tsʰ-
龙州白话	tsʰ-	tsʰ-	tsʰ-	tɕʰ-	tɕʰ-	tsʰ-	tsʰ-
贵港白话	tʃʰ-	tʃʰ-	tʃʰ-	tʃʰ-	tʃʰ-	tʃʰ-	tʃʰ-
亭子平话	tsʰ-	tsʰ-	tsʰ-	tsʰ-	tsʰ-	tsʰ-	tsʰ-
四塘平话	tɕʰ-	tɕʰ-	tɕʰ-	tɕʰ-	tɕʰ-	tɕʰ-	tɕʰ-
新桥平话	tsʰ-	tsʰ-	tsʰ-	tsʰ-	tsʰ-	tsʰ-	tsʰ-
武鸣壮语	ɕ-	ɕ-	ɕ-	ɕ-	ɕ-	ɕ-	ɕ-

表4-5　　　　　　　　　　从母

	匠	墙	就	齐	钱	杂	贼
平南粤方言	ɬ-	ɬ-	ɬ-	ɬ-	ɬ-	ɬ-	ɬ-
广州白话	tʃ-	tʃʰ-	tʃ-	tʃʰ-	tʃʰ-	tʃ-	tʃʰ-
南宁白话	ts-	tsʰ-	ts-	tsʰ-	tsʰ-	ts-	tsʰ-
邕宁白话	tʃ-	tʃʰ-	tʃ-	tʃʰ-	tʃʰ-	tʃ-	tʃʰ-
百色白话	ts-	tsʰ-	ts-	tsʰ-	tsʰ-	ts-	tsʰ-
钦州白话	ts-	tsʰ-	ts-	tsʰ-	tsʰ-	ts-	tsʰ-
龙州白话	ts-	tsʰ-	ts-	tsʰ-	tɕʰ-	ts-	tsʰ-

续表

	匠	墙	就	齐	钱	杂	贼
贵港白话	tʃ-	tʃʰ-	tʃ-	tʃʰ-	tʃ-	tʃ-	tʃʰ-
亭子平话	ts-	ts-	ts-	ts-	ts-	ts-	tsʰ-
四塘平话	tɕ-	tɕ-	tɕ-	tɕ-	tɕ-	tɕ-	tɕ-
新桥平话	ts-	ts-	tʃ-	ts-	ts-	ts-	ts-
武鸣壮语	ɕ-	ɕ-	ɕ-	ɕ-	ɕ-	ɕ-	ɕ-

表4-6　　　　　　　　　　邪母

	象	松（香）	祠		象	松（香）	祠
平南粤方言	ɬ-	ɬ-	ɬ-	龙州白话	ts-	tsʰ-	tsʰ-
广州白话	tʃ-	tʃʰ-	tʃʰ-	贵港白话	tʃʰ-	ɬ-	tʃʰ-
南宁白话	ts-	tsʰ-	tsʰ-	亭子平话	ts-	ts-	ts-
邕宁白话	tʃ-	ɬ-	tʃʰ-	四塘平话	tɕ-	tɕ-	tɕ-
百色白话	ts-	ɬ-/tsʰ-	ɬ-	新桥平话	ts-	ts-/ɬ-	ts-
钦州白话	ts-	tsʰ-	tsʰ-	武鸣壮语	ɕ-	ɕ-	ɕ-

第二类：壮语以s对应于汉语的擦音（见表4-7）。

表4-7　　　　　　　　　　心母

	心	丝	小	沙	书	神	薯
平南粤方言	ɬ-	ɬu	ɬ-	s-	s-	s-	s-
广州白话	ʃ-	ʃ-	ʃ-	ʃ-	ʃ-	ʃ-	ʃ-
南宁白话	ɬ-	s-	ɬ-	s-	s-	s-	s-
邕宁白话	ɬ-	ɬ-	ɬ-	ʃ-	ʃ-	ʃ-	ʃ-
百色白话	ɬ-	ɬ-	ɬ-	s-	s-	s-	s-
钦州白话	ɬ-	ɬ-	ɬ-	s-	s-	s-	s-
龙州白话	ɬ-	ɬ-	ɬ-	s-	ɕ-	s-	ɕ-
贵港白话	ɬ-	ɬ-	ʃ-	ʃ-	ʃ-	ʃ-	ʃ-
亭子平话	ɬ-	ɬ-	ɬ-	s-	s-	s-	s-
四塘平话	ɬ-	ɬ-	ɬ-	ɬ-	ɬ-	ɬ-	ɬ-

续表

	心	丝	小	沙	书	神	薯
新桥平话	ɬ-	ɬ-	ɬ-	s-	s-	s-	s-
武鸣壮语	s-	s-	s-	s-	s-	s-	s-

从上述表4-3到表4-7中，能非常清楚地看到，武鸣壮语中来自汉语精、清、从、邪母字的借词声母都读 ɕ，来自心母字的借词声母读 s，即以 ɕ 对译粤方言或平话的塞擦音，以 s 对译粤方言或平话的擦音 ʃ/s，这些对译是成系统的。正如麦耘（1997）所言，壮语中被写作 s 的音，在壮语标准语（武鸣话）中实际读音为 θ，在龙州、剥隘壮语中读为 ɬ，读作真正的舌尖前音 s 的反而少，所以，对译到某个具体的粤方言点时读 θ 或 ɬ 都是有可能的。

三 精组字声母 ɬ 的扩散

在上述表4-3到表4-7中，在壮语包围区的粤方言或者桂南平话的精、清、从、邪母字，还是读塞擦音，都没有大范围读擦音的现象出现。无独有偶，调查发现，在平南县城话（粤方言）（李玉，2008）、平南同和话（粤方言）、桂平木乐话（粤方言）（杨祯海，2006）、蒙山话（粤方言）（覃才亮，2009）、藤县话（粤方言）（邓玉荣，2009）和平南上渡话（闽方言）（广西壮族自治区地方志编纂委员会，1998）也发现了这种精组字大面积读擦音的现象。如表4-8至表4-12所示。

表4-8　　　　　　　　　　　精母

	左	姐	祖	嘴	酒	尖	节	精
平南粤方言	ɬ-	ɬ-	ɬ-	ɬ-	ɬ-	ɬ-	ɬ-	ɬ-
平南县城话	s-	s-	s-	s-	s-	s-	s-	s-
平南同和话	t-	t-	t-	t-	t-	t-	t-	t-
桂平木乐话	θ-	θ-	θ-	θ-	θ-	θ-	θ-	θ-
蒙山话	θ-	θ-	θ-	θ-	θ-	θ-	θ-	θ-
藤县话	t-	t-	t-	t-	t-	t-	t-	t-

续表

	左	姐	祖	嘴	酒	尖	节	精
平南上渡话	ɬ-	tç-	ɬ-	tʰ-	ts-	ts-	ɬ-	ts-

注：平南粤方言指平南官成话，下同。

表4-9　　　　　　　　　　清母

	且	菜	次	草	秋	餐	亲	清
平南粤方言	ɬ-	tʰ-	ɬ-	tʰ-	tʰ-	tʰ-	tʰ-	tʰ-
平南县城话	s-	tʰ-	s-	tʰ-	tʰ-	tʰ-	tʰ-	tʰ-
平南同和话	tʰ-	tʰ-	tʰ-	tʰ-	tʰ-	tʰ-	tʰ-	tʰ-
桂平木乐话	θ-	tʰ-	tʰ-	tʰ-	tʰ-	tʰ-	tʰ-	tʰ-
蒙山话	tʰ-	tʰ-	tʰ-	tʰ-	tʰ-	tʰ-	tʰ-	tʰ-
藤县话	tʰ-	tʰ-	tʰ-	tʰ-	tʰ-	tʰ-	tʰ-	tʰ-
平南上渡话	ɬ-	tʰ-	ɬ-	tʰ-	tsʰ-	tʰ-/t-	tsʰ-	tsʰ-

表4-10　　　　　　　　　　从母

	坐	财	自	曹	就	杂	钱	从
平南粤方言	ɬ-	ɬ-	ɬ-	ɬ-	ɬ-	ɬ-	ɬ-	ɬ-
平南县城话	s-	s-	s-	s-	s-	s-	s-	s-
平南同和话	ɬ-	ɬ-	ɬ-	ɬ-	ɬ-	ɬ-	ɬ-	ɬ-
桂平木乐话	θ-	θ-	θ-	θ-	θ-	θ-	θ-	θ-
蒙山话	θ-	θ-	θ-	θ-	θ-	θ-	θ-	θ-
藤县话	θ-	θ-	θ-	θ-	θ-	θ-	θ-	θ-
平南上渡话	ts-	ɬ-	ɬ-	ɬ-	ts-	ɬ-	ts-	ɬ-

表4-11　　　　　　　　　　心母

	写	西	思	小	三	心	线	孙
平南粤方言	ɬ-	ɬ-	ɬ-	ɬ-	ɬ-	ɬ-	ɬ-	ɬ-
平南县城话	s-	s-	s-	s-	s-	s-	s-	s-
平南同和话	ɬ-	ɬ-	ɬ-	ɬ-	ɬ-	ɬ-	ɬ-	ɬ-
桂平木乐话	θ-	θ-	θ-	θ-	θ-	θ-	θ-	θ-

续表

	写	西	思	小	三	心	线	孙
蒙山话	θ-	θ-	θ-	θ-	θ-	θ-	θ-	θ-
藤县话	θ-	θ-	θ-	θ-	θ-	θ-	θ-	θ-
平南上渡话	ɬ-	ɬ-	ɬ-	ɬ-	ɬ-	ɬ-	ɬ-	ɬ-

表 4–12　　　　　　　　　　　邪母

	词	袖	习	旋	旬	象	席	松
平南粤方言	ɬ-	ɬ-	ɬ-	ɬ-	ɬ-	ɬ-	ɬ-	ɬ-
平南县城话	s-	s-	s-	s-	s-	s-	s-	s-
平南同和话	ɬ-	ɬ-	ɬ-	ɬ-	ɬ-	ɬ-	ɬ-	ɬ-
桂平木乐话	θ-	θ-	θ-	θ-	θ-	θ-	θ-	θ-
蒙山话	θ-	θ-	θ-	θ-	θ-	θ-	θ-	θ-
藤县话	θ-	θ-	θ-	θ-	θ-	θ-	θ-	θ-
平南上渡话	ɬ-	ɬ-	ɬ-	ɬ-	ɬ-	tsʰ-/ɬ-	ɬ-	ɬ-

从表 4–8 到表 4–12 可以清楚地看到，在上述的七个方言点中，擦音都不仅限于古心母字，还出现在其他声母字。平南粤方言、平南县城话、桂平木乐话以及蒙山话的古精、从、心、邪母字都读擦音。平南同和话和藤县话的表现是精母并于端母，清母并于透母，古从、心、邪三母字也都读擦音，这是粤方言勾漏片的典型特征。平南上渡闽方言的表现虽不如粤方言那么整齐，但精、从、心、邪母字大体的表现是读擦音的。

据李玉（2005），古精、从、心、邪母字声母今在平南县城话除了读 s，还有一个变体 ɬ。蒙山话、桂平木乐话的音系里并没有齿间擦音 θ 和边擦音 ɬ 的对立，所以也可以把这两个方言点的 θ 看作 ɬ 的变体，所辖的字一致。由此可以推测，古精组字在这几个方言点的表现属于同一种音变类型，实际音值的不同只是同一音位的不同变体。平南县、桂平县、蒙山县和藤县在地缘上是相连的，因此可以说，古精、从、心、邪母字声母今读擦音也许仅仅是这一区域小片方言的地域特征。

李玉（2005：349）认为平南县城话古精组字的这种情况是受壮语

影响而后起的。他认为中古"精、从、心、邪"四母字的声母在平南粤方言中今不论平仄均读擦音 s/ɬ 的现象,是当年平南的壮人在学习粤方言的过程中,由于壮语无塞擦音声母,就像今天的壮人一样把精组字都念成了擦音。后来在汉化的过程中把这种习惯读法带进了古平南粤方言,并延续至今。刘村汉(1985)也认为蒙山话古精组字的这种情况"可能是受壮语的影响所致,因为壮语是没有塞擦音的"。林亦、覃凤余(2008)认为粤方言中"ɬ声母覆盖范围的进一步扩大,是壮语影响的结果"。

但是上述表4-3至表4-7的调查却发现,现在一些被壮语包围的粤方言,如百色、邕宁等地的粤方言和桂南平话,其精、清、从、邪字的声母仍保留着读塞擦音的现象,并没有受到壮语的影响而进一步擦化。这又如何解释呢?如何能证明古精、从、心、邪母字的声母都读擦音是壮人发音习惯的保留?为此,笔者提出另一个假设,这种地域特征的形成有没有可能是受其他汉语方言的影响所致的呢?

就目前这几个地方的粤方言所处的语言环境来讲,平南县现通行粤方言,同时在不少乡镇分布有闽方言、客家方言。县城北部山区的马练、大鹏两个乡镇有少数壮族,但也已转用粤方言。桂平木乐镇的居民基本上是汉族,所说的汉语方言有粤方言、客家方言和闽方言。蒙山县居民绝大部分也是汉族,县内语言有汉语粤方言、客家方言和壮语、瑶语,全县通用粤方言。藤县话则比较单纯,全县通行粤方言。

明清以前桂东南地区主要还是壮族和瑶族的居住地。当地的汉人多是明清时期陆续从广东沿江而上迁入的,粤方言也是那时候陆续进入广西的(覃小航,1998)。差不多同时迁入的,还有客家方言和闽方言。这三种汉语方言共存的时间长达数百年,互相渗透,互相影响。虽然现在的强势方言是粤方言,但据相关的地方志和族谱记载,客家方言和闽方言迁入平南时势力并不弱,对粤方言产生影响是可能的。下面来看一下平南石门客家话(李玉,2009b)和平南上渡闽方言(广西壮族自治区地方志编纂委员会,1998)现在精组的情况,并以梅县话、厦门话(北京大学中国语言文学系语言学教研室,2003)作参考(见表4-13至表4-17)。

表 4 – 13　　　　　　　　　　精组

	左	姐	祖	嘴	酒	尖	节	精
梅县客家话	ts-	ts-	ts-	tʃ-	ts-	ts-	ts-	ts-
石门客家话	ts-		ts-	ts-	ts-	ts-	ts-	ts-
厦门闽方言	ts-	ts-	ts-	ts-	ts-	ts-	ts-	ts-
上渡闽方言	ɬ-	tɕ-	ɬ-	tʰ-	ts-	ts-	ɬ-	ts-

表 4 – 14　　　　　　　　　　清母

	且	菜	次	草	秋	餐	亲	清
梅县客家话	tsʰ-	tsʰ-	tsʰ-	tsʰ-	tsʰ-	tsʰ-	tsʰ-	tsʰ-
石门客家话	tsʰ-	tsʰ-	tsʰ-	tsʰ-	tsʰ-	tsʰ-	tsʰ-	tsʰ-
厦门闽方言	tsʰ-	tsʰ-	tsʰ-	tsʰ-	tsʰ-	tsʰ-	tsʰ-	tsʰ-
上渡闽方言	ɬ-	tʰ-	ɬ-	tʰ-	tsʰ-	tʰ-/t-	tsʰ-	tsʰ-

表 4 – 15　　　　　　　　　　从母

	坐	财	自	曹	就	杂	钱	从
梅县客家话	tsʰ-	tsʰ-	tsʰ-	tsʰ-	tsʰ-	tsʰ-	tsʰ-	tsʰ-
石门客家话	tsʰ-	tsʰ-	tsʰ-	tsʰ-	tsʰ-	tsʰ-	tsʰ-	tsʰ-
厦门闽方言	ts-	ts-	ts-	ts-	ts-	ts-	ts-	ts-
上渡闽方言	ts-	ɬ-	ɬ-	ɬ-	ts-	ɬ-	ts-	ɬ-

表 4 – 16　　　　　　　　　　心母

	写	西	思	小	三	心	线	孙
梅县客家话	s-	s-	s-	s-	s-	s-	s-	s-
石门客家话	s-	s-	s-	s-	s-	s-	s-	s-
厦门闽方言	s-	s-	s-	s-	s-	s-	s-	s-
上渡闽方言	ɬ-	ɬ-	ɬ-	ɬ-	ɬ-	ɬ-	ɬ-	ɬ-

表 4–17　　　　　　　　　　　邪母

	词	袖	习	旋	旬	象	席	松
梅县客家话	tsʰ-	tsʰ-	s-	s-	s-	s-	s-/tsʰ-	s-
石门客家话	tsʰ-	tsʰ-	tsʰ-	s-		tsʰ-	s-	tsʰ-
厦门闽方言	s-	s-	s-	s-	s-	s-	s-/tsʰ-	s-/tsʰ-
上渡闽方言	ɬ-	ɬ-	ɬ-	ɬ-	ɬ-	tsʰ-/ɬ-	ɬ-	ɬ-

从上述的表 4–13 至表 4–17 可以清楚地看到，古心母字的声母今在梅县客家话、平南石门客家话、厦门闽方言、平南上渡闽方言四个不同的方言都读擦音；古精、清、从母字的声母今在梅县客家话、平南石门客家话和厦门闽方言中都读塞擦音，在平南上渡闽方言中除了读塞擦音，还读擦音和塞音；古邪母字在平南上渡闽方言和厦门闽方言中都可读擦音，梅县客家话和石门客家话中也有大部分读擦音。首先，从上述四个方言点的情况来看，精组字读擦音最多的是平南上渡闽方言，精、清、从、心、邪母字都有分布。其次是厦门闽方言，心母邪母字都可读擦音。再次是梅县客家话，心母字和大部分的邪母字读擦音。最后才是平南石门客家话，心母字和少部分的邪母字读擦音。根据现有的研究成果，邪母字读擦音是闽方言的特征，因此笔者推测平南粤方言精组读边擦音的情况有可能是受到汉语闽方言影响的结果。

那么这几个声母发生音变的顺序是怎么样的呢？大概也可以推断，音变是先从心母开始的。目前 ɬ 在粤方言中主要来自古心母字，且约有一半的现代粤次方言古心母字读 ɬ 就是最好的证明。音变的原因是汉语和侗台语言的接触引发的语言借用。音变的时间可能在很早以前，不一定是在迁入之后，有可能是迁入之前音变就已经发生。心母字音变之后就会是邪母字。理由是邪母自身特点带有擦音的性质，① 邪母字现在在官话和其他汉语方言中也多是读擦音的如 "袖寻习"。而且，从现有的语言事实来看，现在一些粤方言点，声母读 ɬ 的除了古心母字外，还有部分的古邪母字声母也读 ɬ/θ 也是很好的证明。

那么邪母字音变触发的原因是什么呢？据地方志和当地人的族谱记

---

① 王力（1985）、董同龢（2001）均把邪母的上古音构拟为 *z。

载，平南的汉人大多是明清时期才从福建、广东迁来的。这些汉人不仅带来了粤方言，也带来了闽方言。可以推测，粤方言在进入平南、桂平、蒙山、藤县等地时极有可能也是精、清、从、邪母字声母都读塞擦音，只有心母字读擦音 ɬ，生母字读 s/ʃ。此时差不多同时期迁入的闽方言却是心、邪母都读舌尖擦音 s。粤方言可能受到闽方言邪母与心母读同一个擦音发音习惯的影响，把原来读塞擦音的邪母字也读为跟心母一样的擦音 ɬ。

也有另一种可能，就是迁入的闽方言的精组念同知照组，心母与邪母字都读 s，与生母字合流。粤方言的音系里也有 s，出现在知照组据杨焕典等（1985）。平南、桂平、蒙山、藤县的广大农村地区是粤方言的勾漏片地区。勾漏片粤方言的语音特征之一是精组与端组合流，而与知照组相别。这时，如果操闽方言的人要学习粤方言，也会把精组念得别于知照组。就会把心母字读得有别于生母字的 s，音变为 ɬ。心母的音变，会影响到同样读舌尖擦音 s 的邪母字。即一方面受自己母语发音习惯的影响把邪母字的声母也念同擦音，一方面又要保持精组与知照组的对立，这种情况下只好用音系里另一个擦音 ɬ 来对译。这样邪母字就慢慢地由塞擦音变读擦音 ɬ/θ 了。从平南上渡闽方言的情况来看，除了心母字读 ɬ 外，邪母字读 ɬ 也是最彻底的。

不过，从现有的情况看，似乎前一种可能性更大一些。因为，平南粤方言的精、从、邪母字的擦化已经完成，而平南的闽方言、客家方言的精组字擦化尚在进行中。

至于平南粤方言从母字的擦化，可能跟从母与邪母的关系有关。现代多数汉语方言中，从母为塞擦音，邪母为擦音。只有少数邪母平声字读塞擦音。但在粤方言区，从母与邪母总的趋势是不分的。从表 4-1 也可以看出，从、邪母在现代的粤方言区有的是同读为塞擦音，有的是同读为塞音。所以，如果邪母字的声母从塞擦音变为擦音了，必然会影响到从母字。演变的过程可能是这样的：邪母字擦化完了，然后是从母字，最后是精母字。从表 4-13 至表 4-17 的平南上渡闽方言的读音里可以清楚地看到这种变化趋势：心母字声母读边擦音 ɬ 最彻底，邪母字个别还保留着两读的局面，从母字是小部分保留读塞擦音，精母则大部分保留读塞擦音。平南同和话的古心、邪、从母都读擦音 ɬ 了，唯独精母字的声母尚保留着读塞音 t，这也能说明这个问题。

综上所述，平南粤方言精组的精、从、心、邪母字声母今都读边擦音 ɬ 的特征的形成过程大致如下。音变最先发生在心母字，诱发的原因是汉语粤方言与侗台语的接触引起的对译或借用，使得 ɬ 能进入粤方言系统。这个特征的形成时间应该在很久之前，估计在迁入之前就已存在。之后是邪母字声母读 ɬ，诱发的原因可能是受到汉语闽方言的影响。再接着是从母字声母读 ɬ，这一步的音变可能是粤方言自身的特点导致的。最后是精母字。整个精组擦化的音变过程大概是：心→邪→从→精。

第二节　精组字的韵母

一　精组止摄开口三等字的韵母

止摄开口包括支、脂、之、微四韵，均为三等韵。由于在《方言调查字表》（1981）里的微韵精组无字，所以此处讨论的只是止摄开口三等的支脂之韵在精组的读音。从第二章与中古音的比较中可以看出，精组及庄组的止摄开口三等字的韵母在平南粤方言念 -u。下面是精组字的情况（表 4 – 18）。

表 4 – 18　　　　平南粤方言精组止开三韵母的今读

支	紫（精）	雌（清）	此（清）	刺（清）	疵（从）	斯（支）	赐（支）
	ɬu³³	ɬu³³	ɬu³³	ɬu³⁵	ɬu³³	ɬu⁵⁵³	ɬu³⁵
脂	姊（精）	次（清）	瓷（从）	自（从）	私（心）	死（心）	四（心）
	ɬu³³	ɬu³⁵	ɬu³²	ɬu³¹/ɬi³¹	ɬu⁵⁵³	ɬi³³	ɬi³⁵
之	子（精）	磁（从）	字（从）	牸（从）	司（心）	丝（心）	思（心）
	ɬu³³	ɬu³²	ɬu³¹/ɬi³¹	ɬu³¹/ɬi³¹	ɬu⁵⁵³	ɬu⁵⁵³	ɬu⁵⁵³

从表 4 – 18 可以看出，平南粤方言的支、脂、之韵的精组字韵母绝大部分可以读 -u，极少数字是例外，如"使 sɐi³³""筛 sɐi⁵⁵³"。

按汉语语音史的演变规律，古开口三、四等韵演变为今音的齐齿呼，但止摄开口一向是精组保持自己独特风采的领地。如在北京话中，精组三、四等腭化为舌面前音，唯有在止摄开口保持原来的读音。又如粤方言南宁话里，精、知、照组基本合流，而止摄开口的精组字仍然独立（梁振仕，1984）。

今北京话把止开三等韵读作-i、-ɿ 或-ʅ，精组字的韵母读-i。现代粤方言主流上把精组止开三等字韵母念-i 或-ɿ 的，例外的很少。据詹伯慧（1997）的研究，在珠江三角洲的方音中，止摄开口韵的字遇 tʃ-/ts-、tʃʰ-/tsʰ-、ʃ-/s-声母时多念-i，遇其他声母时多念 ei 韵。但止摄开口三等支、脂、之韵与精、庄两组声母相拼时，广州话都念-i 韵，南海（沙头）、佛山（市区）、顺德（大良）、三水（西南）以及鹤山雅瑶等地却念-y 韵，恩平话念-ɥ 韵。另据詹伯慧主编的《广东粤方言概要》（2002），止摄开口三等支、脂、之韵与精庄两组声母相拼时，广东的台山有念-u 的现象。广西方言的情况大部分也是念-i 或-ɿ 的。据谢建猷《广西汉语方言研究》（2007a）中所列的42个方言点和陈海伦、林亦主编的《粤语平话土话方音字汇》（2009）中61个方言点的情况来看，广西粤方言止开三精组字韵母基本都念-i，少数念-ɐi 或-əi；广西平话中有念-i 的，但念成复合元音的较多，有 əi、ɔi、uɔi、ɛi、ʊi。

那么，平南粤方言的止开三精组字韵母，为何不像别的粤方言点那样读齐齿呼或开口呼，而与遇摄合流读合口呼呢？

二　精组止摄开口三等字韵母的地域特征

从已有文献发现，精组止摄开口三等字不管是在官话中还是在其他的粤方言点中，韵母读-u 的现象都是少见的。精组止摄开口三等字的韵母在平南县不同的方言有不同的读法：在平南粤方言和平南上渡闽方言、平南双马闽方言中读 u，在平南同和粤方言读 i，在平南县城粤方言和平南石门客家话中读 ɿ。这几个韵母到底有什么关系呢？为了方便考察，同时把平南县内的粤、客、闽三种汉语方言的代表广州话、梅县话和厦门话的材料也一并列出（表4-19 至表4-22）。

表 4-19　　　　　　　　　　　　　　　　支韵

	紫（精）	雌（清）	此（清）	刺（清）	疵（从）	斯（支）	赐（支）
广州话	-i	-i	-i	-i/-ɪk		-i	-i
平南县城话	-ɿ	-ɿ	-ɿ	-ɿ	-ɿ	-ɿ	-ɿ
平南同和话	-i	-i	-i	-i	-i	-i	-i
梅县客家话	-ɿ	-i	-i	-ɿ/-iuk		-ɿ	-ɿ
石门客家话	-ɿ	-ɿ	-ɿ	-ɿ	-ɿ	-ɿ	-ɿ
厦门闽方言	-i	-u	-u	-i/-i?		-u	-u
双马闽方言	-u	-u	-u	-i	-u	-u	-u
上渡闽方言	-u		-u	-iek	-u	-u	-uɔ

表 4-20　　　　　　　　　　　　　　　　脂韵

	资（精）	姿（精）	姊（精）	次（清）	瓷（从）	自（从）	私（心）	死（心）	四（心）
广州话	-i	-i	-i	-i	-i	-i	-i	-i/-ɛi	-i/-ɛi
平南县城话	-ɿ	-ɿ	-ɿ	-ɿ	-ɿ	-ɿ	-ɿ	-i	-i
平南同和话	-i	-i	-i	-I	-i	-i	-i	-i	-i
梅县客家话	-ɿ	-ɿ	-ɿ	-ɿ	-i	-ɿ	-ɿ	-i	-i
石门客家话	-ɿ	-ɿ	-ɿ	-ɿ	-ɿ			-i	-i
厦门闽方言	-u	-u	-i	-u	-u	-u	-u/-i	-u/-i	-u/-i
双马闽方言	-u	-u	-u	-u	-u	-u	-u	-u	-i
上渡闽方言	-u	-u	-i	-u/-ŋ	-u	-u	-u	-u	-i

表 4-21　　　　　　　　　　　　　　　　之韵（一）

	滋（精）	子（精）	磁（从）	字（从）	牸（从）	司（心）	丝（心）	思（心）
广州话	-i	-i	-i	-i		-i	-i	-i
平南县城话	-ɿ	-ɿ	-ɿ	-ɿ		-ɿ	-ɿ	-ɿ
平南同和话	-i	-i	-i	-i	-i	-i	-i	-i
梅县客家话	-ɿ	-ɿ	-i	-ɿ		-ɿ	-ɿ	-ɿ
石门客家话	-ɿ	-ɿ	-i	-ɿ		-ɿ	-ɿ	-ɿ
厦门闽方言	-u	-u/-i	-u	-u/-i		-u/-i	-i	-u

续表

	滋（精）	子（精）	磁（从）	字（从）	牸（从）	司（心）	丝（心）	思（心）
双马闽方言	-u	-u	-u	-i	-u	-u	-u	-u/-i
上渡闽方言	-u	-u	-u	-i	-u	-u	-i	-u

表 4-22　　　　　　　　　　之韵（二）

	辞（邪）	词（邪）	祠（邪）	似（邪）	巳（邪）	寺（邪）	祀（邪）	饲（邪）
广州话	-i	-i	-i	-i		-i	-i	-i
平南县城话	-ʮ	-ʮ	-ʮ	-ʮ	-ʮ	-ʮ	-ʮ	-ʮ
平南同和话	-i	-i	-i	-i	-i	-i	-i	-i
梅县客家话	-ʅ	-ʅ	-ʅ	-ʅ	-ʅ	-ʅ	-ʅ	-ʅ
石门客家话	-ʮ	-ʮ	-ʮ	-ʮ	-ʮ	-ʮ	-ʮ	-ʮ
厦门闽方言	-u/-i	-u	-u	-u/-ai		-i	-u/-ai	-u/-i
双马闽方言	-u	-u	-u	-u	-u		-i	-u
上渡闽方言	-u	-u	-i	-u	-u	-u/-i	-u	-u

从表 4-19 至表 4-22 可以看到，平南县城话和石门客家话的精组止摄开口三等字韵母在这两个地方均记为舌尖展唇元音 ʅ（李玉，2008、2009a、2009b），但据杨焕典等（1985）的研究，在平南县城话的读音为舌尖圆唇元音 ʮ。据笔者的实地调研，认为平南县城话记作圆唇舌尖元音 ʮ 更准确。联系平南县城、官成粤方言、平南上渡闽方言、官成双马闽南话的情况，可以发现，精组止摄开口三等字韵母读圆唇音是这一带的地域特征。这种地域特征从何而来？

三　地域特征的形成原因

综合考虑其他方言和粤方言内部的情况，止开三精组字的韵母多被读为 i 或 ʅ。现在周边的勾漏片是读 i，邕浔片是读 ʅ，由此推测，平南人之前大抵也是读 i 或 ʅ 的。现在读 u 的原因有两种可能，一是自然音变，二是语言接触。下面分别从这两个方面来讨论。

(一) 自然音变

按照 William Labov (2007:116) 的观点,元音的音链变化有三个通则:

Principle Ⅰ: In chain shifts, long vowels rise. (长元音高化)

Principle Ⅱ: In chain shifts, short vowels fall. (短元音低化)

Principle Ⅲ: In chain shifts, back vowels move to the front. (后元音前化)

朱晓农(2004)的研究也认为,汉语方言中的舌面高元音 i、u、y 有一种很普遍的音变现象,那就是高化到顶后继续高化,导致了"元音高顶出位"后的裂化现象,如 i>ei,u>ou。止开三等字韵母今在一些粤方言和平话中读复合元音的现象就是高元音裂化的结果。

根据上述学者的观点,从自然音变的规则来说,前高元音后化的现象不容易看到。也就是说,舌面前展唇元音 i 或 ɿ 直接转变为舌面后圆唇元音 u 的可能性估计不大。从平南粤方言韵母的格局来看,i 与 u 都是独立的音位,都能单独作韵母,起着严格区分意义的作用,是不容易相混的。在实际的言语中,也没发现有平南人混淆这两个音的现象。也就是说,止开三精组字韵母从 i/ɿ 自然音变到 u 的可能性不大,所以还是考虑语言接触的因素。

(二) 语言接触

1. 方言接触

从表6—19至表6—22的材料中,止开三精组字韵母厦门话大部分读 u。据庄初升、严修鸿(1994)的研究,闽方言中漳州的九峰话也把止开三精组字的韵母读作 u。据《平南县志》(1993)及相关的族谱记载,平南县操闽方言的祖先多是从福建漳州迁来的,所以,平南上渡闽方言和双马闽方言把精组止摄开口三等字的韵母读作 u 可看作对闽方言发音特点的保存。

从平南粤方言一些基本词语如"四 ɬi³⁵""死 ɬi³³""巳 ɬi²³"的读音,以及平南同和话的情况,精组止摄开口三等字韵母在平南粤方言原来极有可能是读 i 的,之所以变为 u,可能是语言接触的结果。从平南粤方言和平南上渡闽方言以及厦门闽方言整齐的语音对应来看，初步推测平南粤方言读 u 的现象可能和周边的闽方言有关，可能是直接从闽南方言那里借用过来的。现平南粤方言里有的常用字是 i 和 u 两读，如"苧自字 ɬi^{31}/ɬu^{31}"，可以看作语言演变过程中的痕迹。

　　至于平南县城话，有可能原来是读 ɿ。平南县城话属于粤方言的邕浔片，邕浔片的特点是把止开三精组字韵母读作 ɿ。所以平南县城话的圆唇舌尖音 ʮ，可能是由展唇舌尖音 ɿ 变成的。现在有些人的口音里存在 ɿ/ʮ 两读的情况也能说明这一点。变化的动因，也可能是受闽方言圆唇音的影响。广东台山话由于受语料的限制，具体音变情况不详。

　　2. 民族语接触

　　平南县虽现为汉语方言区，但正如前文所言，平南此地古为壮侗语分布区，所以，涉及语音的演变不得不考虑壮侗语的底层。那么平南方言的这种语音现象有没有可能来源于壮侗语的底层？不妨作一探索。

　　从壮语的新老汉借词来看，汉语方言的止摄开口精组字由于是 ɿ 韵母，壮语无 ɿ 音，可能以近似高元音 ɯ 对译，同为展唇音。假如平南粤方言在与壮语接触前，止开三精组字韵母已从展唇元音 ɿ 变为圆唇元音 ʮ，即现在平南县城话的情况，那么在壮汉对译时，就有可能是以圆唇音对译圆唇音，即以 u 对译 ʮ。音变的过程大致是：ɿ > ʮ > u。

　　日后，虽然这些壮人逐渐被汉化，直至完全放弃了原来的语言而改用汉语，但是这种带有其母语发音特点的音还是被继承了下来。并且这种发音特点又反过来影响粤方言，使这一地区粤方言的发音也变成 u。至于平南县城话为何没有从前元音变为后元音，可能是因为其处于城镇，往来交通较为频繁，更容易受到来自南宁话或广州话的影响所致。

　　也有另一种解释，壮人学习汉语，但壮语音系里并无 ɿ 音，只得以近似的舌面后展唇高元音 ɯ 对译。后来，随着汉人入迁，汉人又反过来学习当地壮人的语言，但汉语音系里又无 ɯ 音，又只得以同部位的圆唇音 u 来对译，因此就形成了今天的 u 读局面。音变的过程大致就是这样的：ɿ > ɯ > u。但这些只是假设，需要更多的材料来论证。

　　综合平南、桂平、蒙山和藤县的情况来看，古精组精、从、心、邪母字都读擦音的语言现象是一种明显的地域特征。这种地域特征的形成主要是语言接触造成的。通过考察与壮语接触更紧密的一些方言点，发现这些方言点并没有这种精组字声母读擦音的特征，因此，本书认为，擦音在精组的扩散不是壮语影响的结果，和"壮人以擦音对译汉语的塞擦音的发音习惯"没有必然的关系。通过考察周边的汉语方言，笔者发现闽、客方言除了心母字，邪母字也读擦音。因此初步认为，这种地域特征是和闽方言、客方言接触的结果。ɬ的读音最先从古心母字开始出现，这是粤方言和古侗台语接触的结果。然后，延及邪母字，这是粤方言与闽方言接触的结果，接着是古从母字，最后是古精母字。演变的路线是：心→邪→从→精。直至最后，古心、邪、从、精母字的声母全部读擦音，就形成了今天平南、桂平、蒙山和藤县四县粤方言的局面。总而言之，ɬ在平南的粤方言中从心母延至邪母，是闽方言影响的结果；而从邪母再到从母、精母则可能是语言系统自身的特点所致，是特征泛化的结果。现在平南闽方言的古精、从、心、邪母字声母也全读ɬ，可能是向当地粤方言靠拢的结果，因为，粤方言现在是平南县的主流语言，粤方言对其他方言的影响和渗透是非常明显的。

关于止开三精组字韵母读 u 的现象，笔者通过考察其他粤方言点和检验自然音变的法则，认为这种现象不太可能是自然音变的结果。又通过考察周边的方言点的情况，认为这种现象是受当地闽方言影响所致，是向闽方言借用的结果。笔者最后考察壮汉接触的可能性，提出了音变的两种可能性。但也指出，需要更多的方言点材料来论证。

综上所述，平南粤方言把精组止摄开口三等字韵母读作 u 的现象虽有可能来源于壮侗语的底层，但笔者认为来源于周边的闽方言的可能性更大一些。

第五章

送气分调

　　汉语语音史上声调的分化，主流是以声母的清浊为条件的：清读阴，浊读阳。现代语音学的研究进一步证明，清阴浊阳的分化机制在于声母的清浊影响了调值的高低差异，从而引起调类的分化。学界由此认为，四声八调的格局最符合规律，现有的凌乱格局是声调分化或合流的结果。但是，汉语里影响声调分化的因素不只是声母的清浊，尤其在现代的汉语方言里，多数方言的古浊母已清化，声母的清浊对立已不再是声调分化的主要条件了。从已有的文献看，声母的送气与否、元音的长短、塞韵尾的有无等都是影响声调分化的重要因素。

　　送气分调，是指由声母的送气与否引起的声调分化现象。送气分调现象容易发生在阴声调，因为次清声母伴有送气特征，容易和不送气的全清声母形成调类的对立，因此，阴声调中的送气分调也往往表现为全次分调。吴语、赣语、湘语和粤语中都有送气分调的现象（熊正辉，1979；何大安，1990；辛世彪，2004；陈立中，2005；石峰，2008；杨焕典等，1985；赵元任，2011）。送气分调也有不表现为全次分调的，如粤方言广西钟山方言（梁振仕，1984）阴平内部的分调。如今，大多数粤方言点中全浊上字今送气的读阳上，不送气的归阳去，也可以说是送气分调的结果。

第一节 入声分化与浊音清化送气

一 入声分化

(一) 平南粤方言入声的分化

从第三章与中古音系的比较中发现,平南粤方言古全浊声母入声字清化后今读阳入,再分阴阳。读上阳入的有"咸深山臻宕梗通"摄的一、三、四等韵,开合口都有,读下阳入的有"咸山臻宕江梗"摄,均为开口字,所以韵类不是阳入分化的条件。从音节时长来看,上阳入的时长达 239ms,下阳入的时长达 261ms,两种音节在音长上没有太大的区分,都是促而不短的调,所以音节的长短(或者说韵母主元音的长短)也不是分调的条件。黄家教(1997)认为这种调正是汉语入声调发展的一种蜕化型。入声韵的音时一长,塞音韵尾就松弛,从而导致塞音韵尾变喉塞音。综合考虑其他清化后读擦音的奉、从、邪、船、禅母字的情况,可以看到,平南粤方言阳入分化的条件是韵母主元音的舌位高低的区别。主元音是 i、e、u、o、ɐ 的读上阳入 3 调,主元音是 a、ɛ、ɔ 的读下阳入 31 调(见表 5–1)。

表 5–1　　　　　古全浊入在平南粤方言的今读

	上 阳 入			下 阳 入		
并	别 pʰit³	勃 pʰut³	馞 pʰut³	白 pak³¹	拔 pat³¹	薄 pɔk³¹
定	特 tʰek³	夺 tʰut³	读 tʰok³	沓 tap³¹	达 tat³¹	踱 tɔk³¹
澄	直 tsʰek³	侄 tsʰɐt³	轴 tsʰok³	宅 tsak³¹	着 tsɛk³¹	浊 tsɔk³¹
崇				铡 tsap³¹	闸 tsap³¹	
群	极 kʰek³	局 kʰok³	杰 kʰit³			
奉	服 fok³	佛 fɐt³	伏 fok³	乏 fat³¹	罚 fat³¹	缚 fɔk³¹
从	集 ɬɐp³	绝 ɬut³	族 ɬok³	杂 ɬap³¹	昨 ɬɔk³¹	
邪	席 ɬek³	续 ɬok³	习 ɬɐp³			
船	舌 sit³	食 sek³	赎 sok³			
禅	十 sɐp³	石 sek³	熟 sok³	勺 sɛk³¹	芍 sɛk³¹	
匣	活 vut³	核 vɐt³	穴 jut³	滑 vat³¹	合 hɐp³¹	学 hɔk³¹

从表 5-1 可以看出，古全浊入在平南粤方言读塞音、塞擦音的除了以韵母主元音舌位的高低为分化的条件外，似乎还以送气不送气相区别。

（二）其他粤方言入声的分化

粤方言在汉语诸方言中以声调多而著称，一般有 9 个，多者至 14 个，如广西桂平麻垌的粤方言（梁晓兰、唐七元，2017）。平上去入分阴阳后，入声还能二次分化，但大多数的粤方言点只有阴入再分，阳入不分，总体九调的格局。整体来看，阳入能二次分化的方言点不多，但勾漏片普遍能分。

汉语方言声调分阴阳，是以声母的清浊为依据。然而，已有的研究表明，到了入声的再分化，似乎并不与声母有关，而多与韵母有关。黄家教（1997）、袁家骅等（2006）、李新魁等（1995）、许宝华（1997a）、何大安（1990）、麦耘（1991）、詹伯慧（2002）、詹伯慧和张日昇（1994，1998）、谢建猷（2007b）、林亦和覃凤余（2008）、刘镇发和张群显（2001）、伍巍（2007）、侯兴泉（2009）等学者在对广东和广西的多个粤方言点进行研究后，认为粤方言的入声问题是声调与韵母的关系问题。他们发现多数粤方言点阴入的分化是以韵母中主要元音的长短为条件的。杨蔚（2002）认为，粤方言的韵母由于介音 i 的丢失引起元音系统的变化，在音系内产生了具有对立性质的成对的相近音，从而导致入声调的分化。周烈婷（2000）把入声分化的归因从主要元音的区别扩展到整个韵母的区别，即主要元音的长短高低前后与塞音韵尾搭配上的区别。辛世彪（2004）则把声调分化的条件从单个韵母的差异进一步扩展到韵摄韵类的区别。他认为粤语中读长或短元音的摄是固定的，所以即使在没有长短元音对立的粤方言区，仍然能丝毫不乱地以韵摄来区分上下阴入：咸山宕江梗为一组，深臻曾通为另一组。以上关于粤方言入声分化的讨论多是针对阴入分化的情况，而对阳入分化条件的讨论则非常少。

粤方言中阳入分化的现象远不如阴入分化普遍，广西的勾漏片粤方言有一部分的方言点的阳入能再分化，甚至三分。声调格局在十调的方言基本上是阴入和阳入都能再分化造成的。大体是平上去入各分阴阳，阴入阳入都可再次分化的结果。桂平麻垌话的阴入甚至能四分,总调类达到 14 种（刘磊,2015；梁晓兰、唐七元,2017）。据袁家骅等（2006）的研究,广东的台山、开平、新会、江门等地的粤方言,阴阳入也都能再次分化。这几个点的声调格局都是九调,平上入分阴阳,去声不分,阴入阳入再二分。两个阳入调相当于广州话的阳入,但分化的条件不详。但据詹伯慧主编的《广东粤方言概要》（2002）,台山和开平都只有八个声调,平上入各分阴阳,去声不分,阴入有二次分化,阳入没有二次分化。以上相关研究表明,粤方言阳入声分化的情况不多。

（三）平话的入声分化

桂南平话也有阳入二次分化的现象。阳入能二次分化的方言点有南宁亭子平话、南宁石埠平话、南宁四塘平话、百色那毕平话、宾阳大桥平话、崇左新和平话田东蔗园平话等（陈海伦、林亦,2009）。

关于桂南平话阳入的分化条件,杨焕典等（1985）认为,是"按古声母的性质分成两个小类：次浊归上阳入,全浊归下阳入,比较划一"。与粤方言的阳入分化条件不同,"元音的长短不起作用。这是桂南平话的突出特点"。"'次浊归上阳入'完全是由桂南平话本身的系统所决定的与众不同的特点。用这个特点作标准跟其它方言划界,是毫无挂碍的。"但闭克朝（1985）和覃远雄（2004）的研究却发现,其实桂南平话阳入的分化仍然有以韵母特征为条件的。覃远雄认为,桂南平话中浊入的分化条件既有声母的因素也有韵母的因素,而且是以声母和韵母的组合搭配为条件起作用的,具体来说有三种情况。一是今逢甲类韵母归上阳入,逢乙类韵母归下阳入。二是以古声母次浊全浊为条件。次浊入今读上阳入,全浊入读下阳入。三是次浊入逢乙类韵母自成一类读上阳入；逢甲类韵母,有与清入同类读下阴入,也有与全浊入合并读下阳入。

二 浊音清化送气

（一）平南粤方言的浊音清化送气

从第三章与中古音系的比较中可以看到：平南粤方言中古全浊声母

字清化后今读塞音、塞擦音的送气情况大抵如下：阳平送气；阳去不送气；上声调两分，读阳上调的送气，归入阳去调的不送气；入声调也两分，归上阳入的送气，归下阳入的不送气（见表5-2）。

表5-2　　　　　　　　古全浊声母字在平南粤方言的今读

	阳平	阳上		阳去		阳入	
	送气	送气	不送气	不送气		送气	不送气
並	婆 $p^hɔ^{32}$；皮 p^hi^{32}	抱 $p^hɐu^{23}$	部 pu^{31}	步 pu^{31}；鼻 pi^{31}		勃 p^hut^3	白 pak^{31}
定	题 $t^hɐi^{32}$；头 $t^hɐu^{32}$	弟 $t^hɐi^{23}$	道 $tɐu^{31}$	地 ti^{31}；袋 $tɔi^{31}$		碟 t^hip^3	沓 tap^{31}
澄	茶 $tsʰa^{32}$；场 $tsʰɛŋ^{32}$	柱 $tsʰi^{23}$	丈 $tsɛŋ^{31}$	住 tsi^{31}；召 $tsiu^{31}$		直 $tsʰek^3$	浊 $tsɔk^{31}$
崇	锄 $tsʰɔ^{32}$；柴 $tsʰai^{32}$		士 $ɬu^{31}$	助 $tsɔ^{31}$；乍 tsa^{31}			闸 $tsap^{31}$
群	桥 k^hiu^{32}；勤 $k^hɐn^{32}$	近 $k^hɐn^{23}$	件 kin^{31}	轿 kiu^{31}；旧 $kɐu^{31}$		极 k^hek^3	

（二）其他粤方言的浊音清化送气

现代汉语方言的研究表明，中古全浊声母清化后读塞音、塞擦音的在北京话是平送仄不送，在客家方言是平仄均送，在闽方言是平仄均不送。很多学者认为在粤方言也是平送仄不送（许宝华，1997b）。但麦耘（1995）的研究认为，不仅在粤方言中，即使是北京话里，古全浊声母清化后今读塞音、塞擦音的都是平上送，去入不送。但具体而言，粤方言的内部也是有差别的。广东粤方言的情况：粤海片是平送仄不送；西江流域内部有分歧，要么是平送仄不送，要么是平仄均不送，要么是只有平声部分送（詹伯慧等，2002）。广西粤方言的情况如下：广府、邕浔两片是平上送，去入不送；勾漏片是不论平仄均不送；钦廉片的情况复杂，灵山话、崇左话是平上送，去入不送，但廉州话是平上去入均送（陈海伦、林亦，2009）。其中也有例外，如归属邕浔片的贵港城关话是平上入声送气，去声不送（黄格凡、黄勉兴，2009）。通过对谢建猷的《广西汉语方言研究》（2007a）中42个方言点和《粤语平话土话方音字汇》（第一编，陈海伦、林亦主编，2009；第二编，陈海伦、刘村汉主编，2009）中60个广西方言点的筛查，发现入声送气的是贵港城关话、廉州话和灵山横州话。总而言之，古全浊声母清化后今遇入声调读送气音的情况，在粤方言内部是不多见的。

第二节 古浊入的送气及分调

如前所言，古浊入送气和古浊入分调在粤方言或者平话里都是不多见的。为了弄清楚平南粤方言阳入调送气的来源及其分调的原因，笔者把上述提到的粤方言和平话方言点的材料放在一起加以比较。主要考查古全浊入声字清化后读塞音、塞擦音的是否送气以及声母送气是否构成分调的条件。

一 古浊入送气的方言点

通过对上述广东和广西方言研究的考察，发现古浊入能送气的方言点非常少，具体如表 5-3 至表 5-6 所示。

表 5-3　　　　　　　　　　　并母

	别	勃	白	拔	薄
平南粤方言	p^h-	p^h-	p-	p-	p-
贵港城关白话	p-	p-	p-	p-	p-
廉州白话	p-/p^h-	p^h-	p^h-	p^h-	p^h-
灵山横州白话	p-	p-	p-	p-	p-

表 5-4　　　　　　　　　　　定母

	特	夺	读	沓	达	踱
平南粤方言	t^h-	t^h-	t^h-	t-	t-	t-
贵港城关白话	t-	t-	t-	t-		t-
廉州白话	t^h-	t-	t^h-	t^h-	t^h-	t^h-
灵山横州白话	t^h-	t-	t^h-	t-/t^h-	t-	t-

表5-5　　　　　　　　　　澄母

	直	侄	轴	宅	着	浊
平南粤方言	tsʰ-	tsʰ-	tsʰ-	ts-	ts-	ts-
贵港城关白话	tʃʰ-	tʃʰ-	tʃʰ-	tʃ-	tʃ-	tʃ-
廉州白话	tʃʰ-	tʃʰ-	tʃʰ-	tʃʰ-	tʃ-	tʃʰ-
灵山横州白话	tɕʰ-	tsʰ-	ts-	ts-	tɕ-	ts-

表5-6　　　　　　　　　崇、群母

	崇母		群母			
	铡	闸	极	局	杰	及
平南粤方言	ts-	ts-	kʰ-	kʰ-	kʰ-	kʰ-
贵港城关白话	tʃ-	tʃ-	kʰ-	kʰ-	kʰ-	kʰ-
廉州白话	tʃʰ-	k-	kʰ-	kʰ-	kʰ-	kʰ-
灵山横州白话		ts-	kʰ-	kʰ-	k-	k-

表5-3至表5-6中，贵港城关白话的声调格局是七调，平、去、入各分阴阳，上声不分。廉州白话的声调格局也是七调，平分阴阳，上去声不分，入声分阴阳，阴入二次分化。也就是说除了灵山横州白话，贵港城关白话和廉州白话的阳入调都不再分化。

二　古浊入分化的方言点

通过对上述广东和广西粤方言研究的考察，发现古浊入能分化的方言点有以下一些（见表5-7至表5-10）。

表5-7　　　　　　　　　　并母

	别	勃	白	拔	薄
平南粤方言	pʰ-	pʰ-	p-	p-	p-
灵山横州白话	p-	p-	p-	p-	p-
玉林白话	p-/b-	p-	p-	p-	p-
台山白话	p-	p-	p-	p-	p-

续表

	别	勃	白	拔	薄
开平白话	v-	v-	v-	v-	v-
南宁亭子平话	p-	p-	p-	p-	p-
南宁石埠平话	p-	p-	p-	p-	p-
南宁四塘平话	p-	p-	p-	p-	p-
百色那毕平话	p-	p-	p-	p-	p-
宾阳大桥平话	p-	pʰ-	p-	p-	p-
田东蔗园平话	p-	p-	p-	p-	p-
崇左新和平话	p-		p-	p-	p-

表 5–8　　　　　　　　定母

	特	夺	读	沓	达	蹀
平南粤方言	tʰ-	tʰ-	tʰ-	t-	t-	t-
灵山横州白话	tʰ-	t-	tʰ-	t-/ tʰ-	t-	t-
玉林白话	t-	t-	t-	t-	t-	t-
台山白话	∅	∅	∅		∅	∅
开平白话	∅	∅	∅		∅	∅
南宁亭子平话	t-	t-	t-	t-	t-	t-
南宁石埠平话	t-	t-	t-	t-	t-	t-
南宁四塘平话	t-	t-	t-	t-	t-	t-
百色那毕平话	t-	t-	t-	t-	t-	t-
宾阳大桥平话				t-	t-	t-
田东蔗园平话	t-	t-	t-	t-	t-	t-
崇左新和平话	t-	t-	t-	t-	t-	t-

表 5–9　　　　　　　　澄母

	直	侄	轴	宅	着	浊
平南粤方言	tsʰ-	tsʰ-	tsʰ-	ts-	ts-	ts-
灵山横州白话	tɕʰ-	tsʰ-	ts-	ts-	tɕ-	ts-
玉林白话	tɕ-	tɕ-	tɕ-	tɕ-	tɕ-	tɕ-
台山白话	ts-	ts-	ts-	ts-	ts-	t-

续表

	直	侄	轴	宅	着	浊
开平白话	ts-	ts-	ts-	ts-	ts-	ts-
南宁亭子平话	ts-	ts-	ts-	ts-	ts-	ts-
南宁石埠平话	tʃ-	tʃ-	tʃ-	tʃ-	tʃ-	tʃ-
南宁四塘平话	tɕ-	tɕ-	tɕ-	tɕ-	tɕ-	tɕ-
百色那毕平话	ts-	ts-	ts-	ts-	ts-	ts-
宾阳大桥平话			ts-			
田东蔗园平话	tʃ-	tʃ-	tʃ-	tʃ-	tʃ-	tʃ-
崇左新和平话	ts-	ts-		ts-		ts-

表 5-10　　　　　　　　　崇、群母

	崇 母		群 母			
	铡	闸	极	局	杰	及
平南粤方言	ts-	ts-	kʰ-	kʰ-	kʰ-	kʰ-
灵山横州白话		ts-	kʰ-	kʰ-	k-	k-
玉林白话	tɕ-	tɕ-	k-	k-	k-	tɕ-
台山白话	ts-		k-	k-	k-	k-
开平白话	ts-		k-	k-	k-	k-
南宁亭子平话	ts-	ts-	k-	k-	k-	k-
南宁石埠平话	tʃ-	tʃ-	k-	k-	k-	k-
南宁四塘平话	tɕ-	tɕ-	k-	k-	k-	k-
百色那毕平话	ts-		k-	k-	k-	k-
宾阳大桥平话		ts-	k-	k-		
田东蔗园平话	tʃ-	tʃ-	k-	k-	k-	k-
崇左新和平话	ts-	ts-	k-	k-	k-	k-

表 5-7 至表 5-10 中古全浊入能二分的方言点中，粤方言的玉林白话、台山白话和开平白话中古全浊入字清化后读塞音、塞擦音的都没有送气的现象，且它们各自的两个阳入调所领的字和平南粤方言两个阳入调所领的字不一致，如"末杰别灭热"在平南粤方言读上阳入调，而在玉林话中却是读下阳入调。平话中阳入调能二次分化的南宁亭子平

话、南宁石埠平话、南宁四塘平话、百色那毕平话、宾阳大桥平话和田东庶园平话、崇左新和平话，其全浊入声字清化后都没有送气的现象。粤方言灵山横州话阳入字既有送气现象，又能二次分化，和平南粤方言的情况颇为相似。下面重点来比较这两个方言点的情况。

一致的是"夺别碟叠蝶牒杰"，在两个方言点都读上阳入，调值有区别。不一致的是"屦特勃掘及侄薄值直殖粂敌笛获仆读牍轴逐局"在平南粤方言归入上阳入，调值为3，而在灵山横州话中却归入下阳入，调值为2；"白浊沓闸达宅"在平南粤方言归入下阳入，调值为31，在灵山横州话中归入上阳入，调值为42。另外，"踱铎"在平南粤方言归下阳入，"犊"在平南粤方言归上阳入，但这三个字在灵山横州读归入阳去，调值为43。由此可见，这两个方言点的阳入的二次分化的条件是不一致的，而且，灵山横州话的入声有舒化的趋势。清化后读塞音、塞擦音的阳入在平南粤方言能以送气整齐分调，而在灵山横州话中，入声虽有送气的现象，但却是零散地分布在上下两个调，这和平南粤方言的情况是不一样的。

第三节　古浊入送气分调的来源

从上述与其他方言点的比较中笔者发现，阳入二次分化的现象在粤方言的勾漏片和桂南平话中都有分布，但勾漏片粤方言和桂南平话的一个显著特点是古全浊声母字清化后不论平仄均不送气。其他的粤方言点虽有阳入送气的现象，但阳入分调的现象又不常见。正所谓：分调的不送气，送气的不分调。即使是既有送气又有分调的也不以送气为分调的条件。那么，平南粤方言阳入送气分调的特征是如何形成的呢？

在这里要先弄清阳入送气的问题。李如龙（1999）认为，汉语方言语音的演变有两种类型：自变和他变。自变是语言自身的变化；他变是受到其他语言的影响引起的变化。平南粤方言阳入的送气分调来源也是这两种方式，即自然音变和语言接触。由于在中古的全浊音是否送气的问题上学界尚无定论，又考虑到入声送气并不是现代粤方言的普遍特点，所以，笔者先从语言接触开始考察。

一 语言接触

(一) 方言接触

下面来看看存在入声送气现象的这几个方言点周边的语言环境：平南，通行粤方言，但同时有部分人操客家方言和闽方言；贵港，"贵港人一般能用三种方言即贵县话、客家话和白话交流"（黄格凡、黄勉兴，2009：19）。廉州话和灵山横州话同属广西粤方言钦廉片，钦廉片地区"语言或方言种类繁多，有闽南话、客家话、平话、粤语、军话、壮话"（杨焕典等，1985：183）。

从这些方言点周边的语言情况来看，它们都有客家方言，而且只有客家方言有入声送气的现象。那么，这些方言点的阳入送气特征是否来自周边的客家方言？下面来看看上述古浊入字在相关的粤方言点和客家方言点的表现（注：平南、贵港城关、廉州、灵山横州点属粤方言，石门、陆川、梅县点属客家方言）。具体参见表5-11至表5-14。

表5-11 并母

	别	勃	白	拔	薄
平南粤方言	p^h-	p^h-	p-	p-	p-
贵港城关白话	p-	p-	p-	p	p
廉州白话	p-/p^h-	p^h-	p^h-	p^h-	p^h-
灵山横州白话	p-	p-	p-	p-	p-
石门客家话		p^h-	p^h-	p-	p^h-
陆川客家话	p^h-	p^h-	p^h-	p^h-	p^h-
梅县客家话	p^h-	p^h-	p^h-	p^h-	p^h-

表5-12 定母

	特	夺	读	沓	达	跋
平南粤方言	t^h-	t^h-	t^h-	t-	t-	t-
贵港城关白话	t^h-	t-	t^h-	t-	t-	t
廉州白话	t^h-	t-	t^h-	t^h-	t^h-	t^h-

续表

	特	夺	读	沓	达	踱
灵山横州白话	tʰ-	t-	tʰ-	t-/tʰ-	t-	t-
石门客家话	t-	tʰ-	tʰ-		tʰ-	tʰ-
陆川客家话	tʰ-	tʰ-	tʰ-	tʰ-		tʰ-
梅县客家话	tʰ-	tʰ-	tʰ-	tʰ-	tʰ-	tʰ-

表5-13　　　　　　　　　　澄母

	直	侄	轴	宅	着	浊
平南粤方言	tsʰ-	tsʰ-	tsʰ-	ts-	ts-	ts-
贵港城关白话	tʃʰ-	tʃʰ-	tʃʰ-	tʃ-	tʃ-	tʃ-
廉州白话	tʃʰ-	tʃʰ-	tʃʰ-	tʃʰ-	tʃ-	tʃʰ-
灵山横州白话	tɕʰ-	tsʰ-	ts-	ts-	tɕ-	ts-
石门客家话	tʃʰ-	tʃʰ-	tʃʰ-	tsʰ-	tʃʰ-	tsʰ-
陆川客家话	tɕʰ-	tɕʰ-	tɕ-	tsʰ-	tɕʰ-	tsʰ-
梅县客家话	tsʰ-	tsʰ-	tsʰ-	tsʰ-	tsʰ-	tsʰ-

表5-14　　　　　　　　　　崇、群母

	崇 母		群 母			
	铡	闸	极	局	杰	及
平南粤方言	ts-	ts-	kʰ-	kʰ-	kʰ-	kʰ-
贵港城关白话	tʃ-	tʃ-	kʰ-	kʰ-	kʰ-	kʰ-
廉州白话	tʃʰ-	k-	kʰ-	kʰ-	kʰ-	kʰ-
灵山横州白话		ts-	kʰ-	kʰ-	k-	k-
石门客家话	tsʰ-	tsʰ-	kʰ-	kʰ-	kʰ-	kʰ-
陆川客家话	tsʰ-	tsʰ-	kʰ-	kʰ-	kʰ-	kʰ-
梅县客家话	ts-	tsʰ-	kʰ-	kʰ-	kʰ-	kʰ-

从表5-11至表5-14可以看出，石门、陆川、梅县这几个客家方言点的情况都是古全浊入清化后全部送气。廉州话的情况和客家话的情况相似。但这几个客家方言点的阳入都只有一个高短平调，调值均为

5。平南粤方言、贵港城关白话、灵山横州白话和客家方言的情况不尽相同。下面再来比较一下在平南粤方言中读不送气的阳去字的情况（包括归去的浊上字），具体如表5－15所示。

表5－15　　　　　　　　　　阳去调

	步并	鼻并	袋定	地定	旧群	阵澄	豆定	具群	住澄
平南粤方言	p-	p-	t-	t-	k-	ts-	t-	k-	ts-
贵港城关白话	p-	p-	t-	t-	tʃ-	tʃ-	t-	k-	tʃ-
廉州白话	pʰ-	pʰ-	tʰ-	tʰ-	kʰ-	tʃʰ-	tʰ-	kʰ-	tʃʰ-
灵山横州白话	p-	pʰ-	t-	t-	ts-	ts-	t-	k-	ts-
石门客家话	pʰ-	pʰ-	tʰ-	tʰ-	kʰ-	tʃʰ-	tʰ-	kʰ-	tʃʰ-
陆川客家话	p-	pʰ-	tʰ-	tʰ-	kʰ-	tɕʰ-	tʰ-	kʰ-	tɕʰ-
梅县客家话	pʰ-	pʰ-	tʰ-	tʰ-	kʰ-	tsʰ-	tʰ-	kʰ-	tsʰ-

从表5－15中可以看出，古全浊去和浊上归去声字声母清化后在平南粤方言、贵港城关话和灵山横州话今基本都读不送气音，而在廉州话和石门、陆川、梅县这三个客家方言点基本都读送气音。由此可推测，古全浊母清化后逢去、入在廉州话读送气音可能是客家方言影响的结果，但平南粤方言、贵港城关白话、灵山横州白话古全浊入的送气成分的来源是否客家方言，还需要更多的证据。

换句话说，如果平南粤方言上阳入的送气成分真是受客家话影响的结果，那么，为什么只有上阳入字受影响，而下阳入字不受影响呢？另外，某些字在平南粤方言和客家方言里虽同读送气，但平南粤方言的两个阳入调分别是短中调和中降调：3和31，而客家话的阳入调值是个短高调5。平南粤方言的古全浊入也有例外读高调的，如：剧 kek^4｜倔 vet^4，却没有送气的特征。

退一步说，如果平南粤方言的上阳入字真是因为韵母的主元音舌位比下阳入高，调值也比下阳入高，更接近客家方言的入声调值，因而比下阳入更容易"染上"客家方言送气特征的话，那么再来看看平南粤方言古全浊上送气分调的情况（见表5－16）。

表 5-16　　　　　　　　　　古全浊上的今读

	送气（阳上）	不送气（阳去）
并	倍 pʰui²³；抱 pʰɐu²³；伴 pʰun²³	簿 pu³¹；辩 pin³¹；笨 pɐn³¹
定	弟 tʰei²³；动 tʰoŋ²³；断 tʰun²³	杜 tu³¹；道 tɐu³¹；荡 tɔŋ³¹
澄	柱 tsʰi²³；赵 tsʰiu²³；重 tsʰoŋ²³	丈 tsɛt³¹；兆 tsiu³¹；杖 tsɛŋ³¹
群	舅 kʰɐu²³；近 kʰɐn²³；菌 kʰɐn²³	跪 kei³¹；技 ki³¹；件 kin³¹

从表 5-16 中可以看出，送气声母搭配的韵母的主元音有高元音，也有低元音，也就是说，韵母主元音舌位的高低与声母的送气与否没有必然的联系。因此可以说，古全浊上送气分调的情况，以及阳去字不送气的情况，在平南粤方言、贵港城关白话中都与客家方言没有严格的对应关系。因此，笔者不认为平南粤方言古全浊入的送气特征来源于客家方言，因为阳去和下阳入字并没有客家方言的送气特征，可能有其他的原因。

（二）民族语接触

据史料记载，平南县自秦汉以来就有汉族与少数民族混居。在长期的交往中，汉人和土著互相学习对方的语言。在汉人学习民族语言或少数民族转用汉语的过程中难免会带上民族语的特点。那么平南粤方言古全浊入的送气是否当地民族语留在粤方言里的底层呢？

陈忠敏（1991：123）认为："汉语里影响声调分化的因素只有两个：声母的清浊和闭塞辅音韵尾。侗台语族里影响声调分化的因素除了声母的清浊、闭塞辅音韵尾外，声母的送气与否、先喉塞音的有无、元音的长短、元音的松紧都可以作为声调分化的因素。"因而他认为，汉语南方方言的声调种类及影响声调分化的因素是侗台语留下的痕迹。陈其光（1999）也认为："中古汉语全浊声母的演变趋势主要是清化……这种演变除其内因外……与汉语南部方言关系密切的侗台语的影响也起了作用。"

平南县现绝大部分是汉族人，只在北部山区有部分的壮、瑶族人。据地方志记载，平南县早期为壮、瑶族土著居地。但自明清以来，随着汉人的不断入迁，壮人已转用汉语方言，而瑶人则不断地迁往北部的大瑶山区。据《平南县志》（2013）的记载，今思旺、安怀的壮人是明成化年间，朝廷从归德（今平果）、思恩（今田阳）、东兰、武缘（今武鸣）调来把守大同、鹏化隘口的壮兵的后代，其祖先来自今天的北部壮语区。这些壮人的后代，在与汉人的长期混居中，已转操当地的粤方言，不会操民族语。据梁敏、张均如（1996），韦景云、覃晓航（2006）的研究，北部壮语是没有送气音的。所以可以推测，平南粤方言古全浊入的送气分调不是从先前的壮语得来的。而且，从县内民族语的发展变化及语言的使用情况来看，民族语对汉语方言的影响主要表现在底层。如果原来的壮侗语真能影响平南粤方言古全浊入的送气分调的发展的话，那么今天平南粤方言表现出来的也应该是与北部山区的粤方言相似的勾漏片的语音特点，即浊音清化后读塞音、塞擦音的不论平仄均不送气。因此，笔者也不认为平南粤方言古全浊入的送气分调是壮侗语影响的结果。

二　自然音变

如果平南粤方言古全浊入的送气分调不是语言接触的结果，那么，是否语言自身演变的结果呢？为了弄清这样的问题，得先弄清楚以下两个问题：古全浊音是否送气？分调是如何和送气联系在一起的？

（一）古全浊音的送气

古全浊声母字送气还是不送气，历来有争论。江永（1940）、高本汉（2007）认为是送气的，李荣（1982）、陆志韦（1999）认为是不送气的。王力（1985：19）认为这种争论是多余的："古浊母字，今北京话平声读成送气，仄声读成不送气（古入声字读阳平的也不送气）。广州话也是平声送气，仄声不送气。长沙话平仄声一概不送气，客家话平仄一概送气。在上海话里，浊母字读送气不送气均可：b 和 b^h 是互换音位，d 和 d^h 是互换音位，等等。"因此，王力（1985：19）认为："从音位观点看，浊音送气不送气在汉语里是互换音位。"所以相关的讨论意义不大。

李新魁（1991）则据古全浊声母字在现北京话平送仄不送的情况

推测：古全浊音产生送气成分的现象是后起的。全浊音声母在宋代分出送气浊音和不送气浊音。阳调字里的送气成分，很可能跟阳调的分化或后来全浊音的消失有关，即在阳调从阴调分化变动的过程中或全浊音消失的过程中，由于某种原因逐渐出现的。他解释说平声字产生送气是由于受到调值的影响，因为阳平是个升调，升调能使全浊音带上送气成分。平南粤方言古全浊上声字今读塞音、塞擦音送气的阳上23比归入阳去的不送气的31调值高，读阳入的也是送气的3调比不送气的31调值高，倒是很符合这条规则。但现代语音学的实验研究却表明（何大安，1990；石峰，2008；辛世彪，2004），由于发音器官喉部机制的作用，发送气音时喉头肌肉是松弛的，所以送气声母对于声调的影响有两方面，一是使声调的开头部分降低，二是使声调的平均调高降低。也就是说，送气音比不送气音调值低。

王福堂（2010）则根据目前吴、湘两方言浊声母存在由送气向不送气变化的情况来推测，古浊声母清化后的送气与否，取决于方言中浊声母清化过程中由送气向不送气变化所处的阶段，即为送气浊音时清化后送气，为不送气浊音时清化后不送气。平南粤方言的阳入调送气若是自然音变的结果，那么它的送气特征是在分化之前就有还是分化之后才有的呢？

王力（1988：253）有一段关于阴阳分调的话，也许可以间接地说明送气分调的成因。他说："声调分化为阴阳的原因，自然是由于未分化以前受声母影响而产生的声调上的细微差别。""细微的差别逐渐显著起来，最后形成了两个调类。""等到声调分化已经成为定局，虽然浊音消失，浊音所带来的声调差别并不至于跟着消失。"全浊声母清化后读塞音、塞擦音的阳入字在平南粤方言之所以两分，可能也是由于未分化以前受声母送气与否的影响而产生的细微的差别，这种细微的差别逐渐累积起来最后也形成了两个调类。

李如龙（2001）发现闽南话的部分白读的字送气，代表更古老的成分。试图说明上古音的较早阶段全浊声母曾是送气的。闽方言中读为送气清音的古全浊声母词是早期定型的方言词，它的送气音反映了《广韵》以前的上古音特点。黄家教等（1997）也指出：《广韵》的上声全浊声母字在广州话中一部分变为阳去，一部分仍读阳上。二者之间凡有文白异读的，以念阳去为文读，念阳上为白读。如：伴 pun^{22}/p^{h}un^{13}，断 tyn^{22}/t^{h}yn^{13}，重 tʃoŋ^{22}/tʃ^{h}oŋ^{13}，近 ken^{22}/k^{h}en^{13}。它们的分野还影响到声母，其塞音、塞擦音字念阳去者为不送气，念阳上者为送气。而这些字，在平南粤方言里恰恰只有广州话的白读音，即送气音。这是否可以说明平南粤方言里保存的是粤方言更古老的语音成分呢？

再来看看上述在平南粤方言里读送气的古全浊入字在《广韵》里的音韵地位（材料引自《古今字音对照字表》，丁声树，1981）。

并母："别"，皮列切；"勃馞仆拔"的反切上字均为"蒲"；"薄帛白"的反切上字均为"傍"。但"傍，蒲浪切"，"傍"和"蒲"可以系联，二字当时的声母地位相等。"傍"虽在现北京话读不送气音，但在现粤方言区多读送气音。

定母："蝶夺特笛独沓铎"的反切上字均为"徒"；"突"，他骨切；"达"，唐割切。"皮蒲徒他唐"在现北京话里声母均读送气音。

澄母："蛰侄逐轴着浊"的反切上字均为"直"；"直"，除力切，"除"，直鱼切，"直除"可以互切；"宅择"的反切上字均为"场"。"除场"在现北京话里声母均读送气音。

崇母："铡"，查辖切；"闸镯"的反切上字为"士"；"士"，鉏（同"锄"）里切。"士鉏"可以系联，声母地位一样。"查（调查）锄"在现代北京话里声母均读送气音。

群母："杰极局"的反切上字为"渠"；"屐剧"的反切上字为"奇"；"掘"，其月切；"倔"，衢物切。"渠奇其衢"在现代北京话里声母均读送气音。

从上述的反切系联可以看出，在平南粤方言里读送气的阳入本字，虽在今天的粤方言广府片、邕浔片及北京话里读不送气音，然其在《广韵》里的反切上字在今天的北京话里却可能或者说可以读送气音。《广韵》的反切规律之一就是"反切上字必与其所切之字同纽。非但发音部位相同，连清浊也是一样的"（王力，1983：108）。那么可否推测，这些浊入字在《广韵》是读送气音的呢？

然而，由于在中古全浊声母送气不送气的问题上，学界没有定论，所以笔者不能肯定地说平南粤方言古全浊入的送气成分就是古汉语特征的遗存。

（二）从发声态看分调与送气

平南粤方言的古全浊入既然可以分为送气和不送气两读，那么其在发声上就必定存在差异。什么样的音可以演变为送气音？什么样的音可以演变为不送气音？

麦耘（1998）曾认为，古全浊声母字在分化为送气和不送气两类之前是气声化音。气声化虽是元音即韵母的发音现象，但在音位上却被看成是声母的特征。"全浊声母"的阳去字因其调头高，阳入字因其喉塞音收尾而使气声化色彩减弱，等到气声化色彩进一步消失，这两类字就并入了全清字（即变为不送气）。而阳平、阳上因其调头或调值低而使气声化的特点得以保留。由于气声化音节在听觉上较接近于声母送气音节，所以成了次清音的变体，后来顺理成章地变成了次清音（送气音）。王福堂（2010）也曾提出相似的看法：中古全浊音类似于现代吴语的"浊送气音——气嗓音"。朱晓农（2010a）进一步证实了浊音清化后"低送高不送"的观点。不过他认为古全浊音是一种"听感浑浊"的弛化音节，气声化只是弛化的一种类型。浊音清化的过程其实就是消弛的过程。消弛后送不送气取决于弛声开始消失时声调的高低。发低调时声带更为松软、松弛，更容易漏气，在日后的变化中就更容易归入送气类；而发高调时声带紧不容易漏气，因而容易演变为不送气音。

那么什么样的音是弛化音（气声化音）呢？Bickley（1982）曾提出一个确定气声的声谱特征：即第一谐波（H1）的能量大于第二谐波（H2）。或者更准确地说，气化元音的 H1 与 H2 的能量差，显著大于普通元音的 H1 与 H2 的能量差。这个方法在很多场合适用。下面用这个方法来查看平南粤方言中读送气的上阳入字的情况。

1. 上阳入

（1）极 k^hek^3

从"极"的波形图和窄带图中可看出："极"字的调型虽有轻微下降的趋势，但总体看是一个平调，最下面的第一谐波颜色深，第二谐波颜色浅得多（颜色深浅代表能量高低），从元音开始后大概三分之一的时间里 H1 的能量显著大于 H2。从"极"的谐波图（取自元音开始后 30ms 处，下同）看得更清楚，第一谐波 H1 能量为 18.1dB，第二谐波

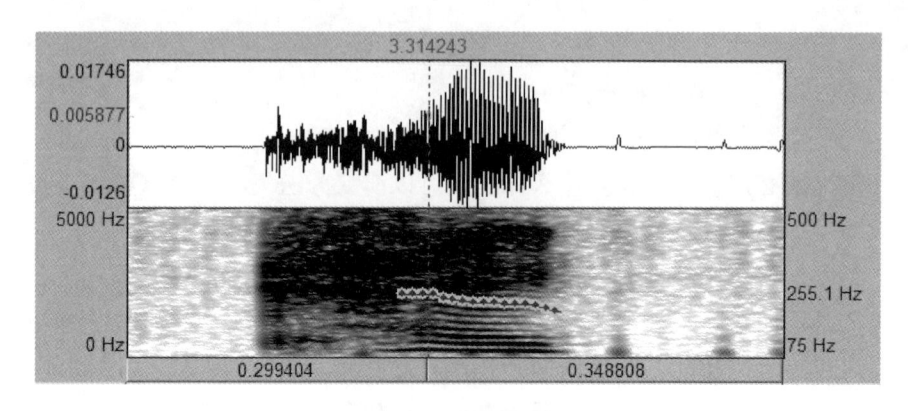

图 5-1 "极"的波形图和窄带图

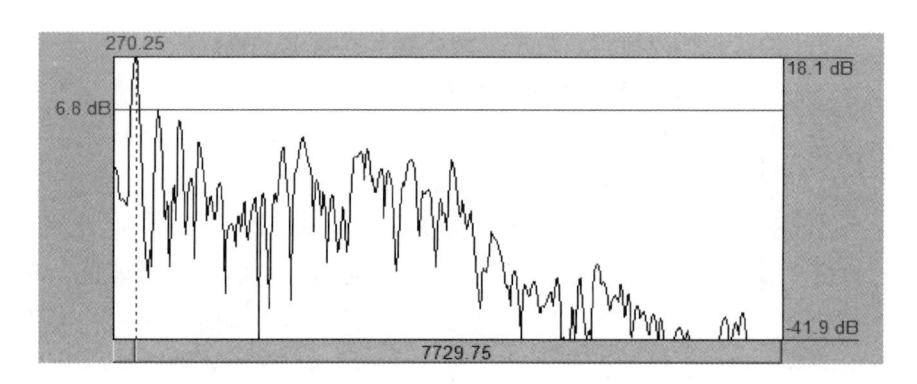

图 5-2 "极"的谐波图

H2 的能量是 6.8dB，H1 远比 H2 大。按 Bickley 的方法，表明这是气嗓音，即弛化音节（见图 5-1、图 5-2）。

（2）掘 $k^h\text{et}^3$

"掘"的波形图和窄带图及谐波图也表现出类似"极"的特征。从图 5-3 中可看出："掘"字的调型是一个平调，最下面的第一谐波颜色深，第二谐波颜色浅得多，H1 的能量也显著大于 H2。图 5-4（取自元音开始后 30ms 处）中，第一谐波 H1 能量为 16.1dB，第二谐波 H2 的能量是 8.1dB，H1 远比 H2 大。按 Bickley 的方法，表明"掘"也是气嗓音，即弛化音节。

据调查分析，平南粤方言读送气的上阳入字音节大多具有上述特征，属弛化音节，也许，可以用弛化的理论来解释平南粤方言上阳入的

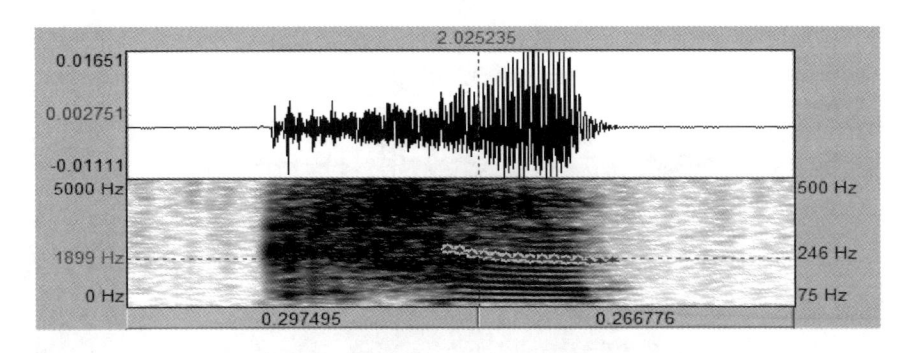

图 5–3 "掘"的波形图和窄带图

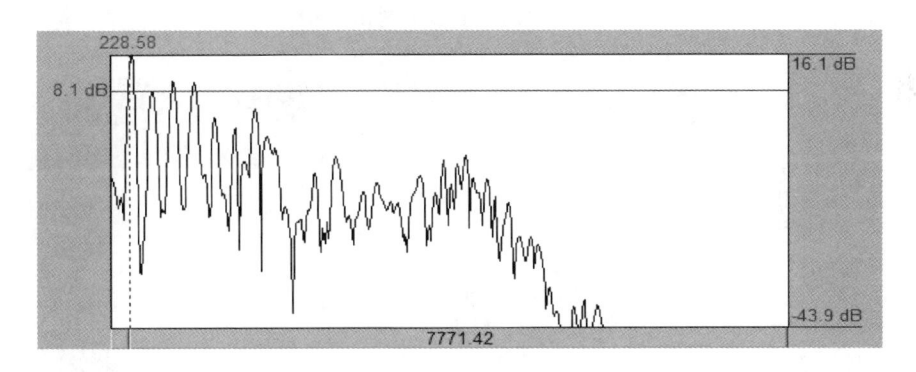

图 5–4 "掘"的谐波图

送气现象。麦耘 (1998) 和朱晓农 (2004、2010a) 都曾谈到浊音清化后"低送高不送"的原则。按照此原则,平南粤方言的阳入应该是调值更低的下阳入送气而不是上阳入送气。然而,事实却恰好相反。那么,平南粤方言的下阳入字调值比上阳入还低,为何却演变为不送气音呢?下面再来看不送气的下阳入字的语图。

2. 下阳入

(1) 浊 tsɔk[31]

从图 5–5 可以看出:"浊"是一个低降调,最下面的第一谐波的能量远没有第二谐波的深,图 5–6 清楚地显示,第一谐波的能量是 19.8dB,第二谐波的能量是 32.6dB,H1 比 H2 小得多。按 Bickley 的判定方法,表明这是正常的嗓音。

(2) 薄 pɔk[31]

"薄"字的波形图和窄带图及谐波图也表现出同样的特征。从

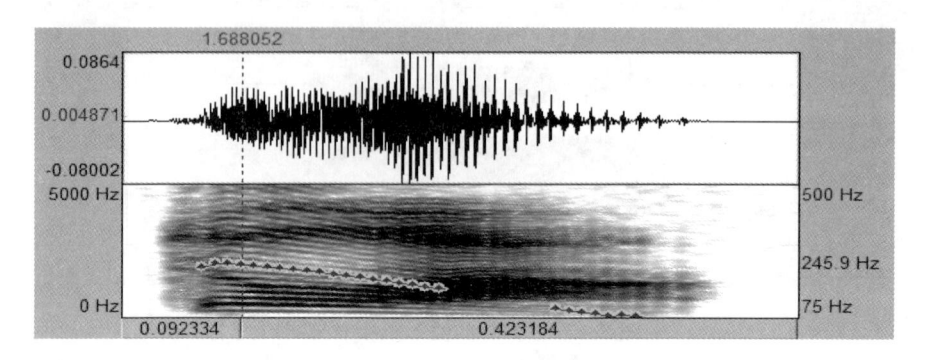

图5-5 "浊"的波形图和窄带图

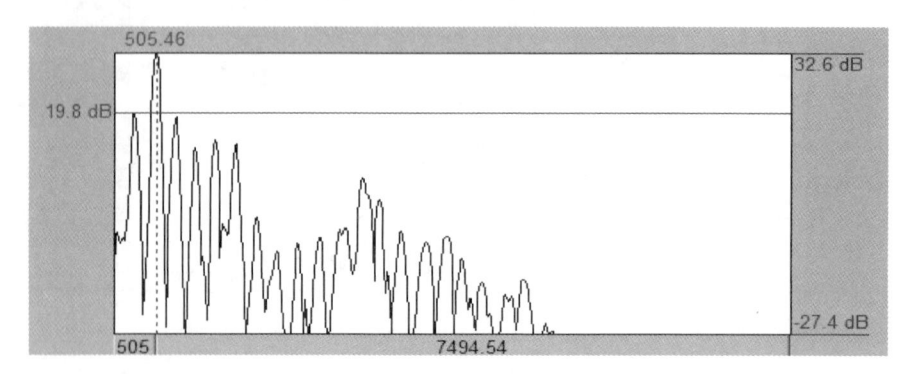

图5-6 "浊"的谐波图

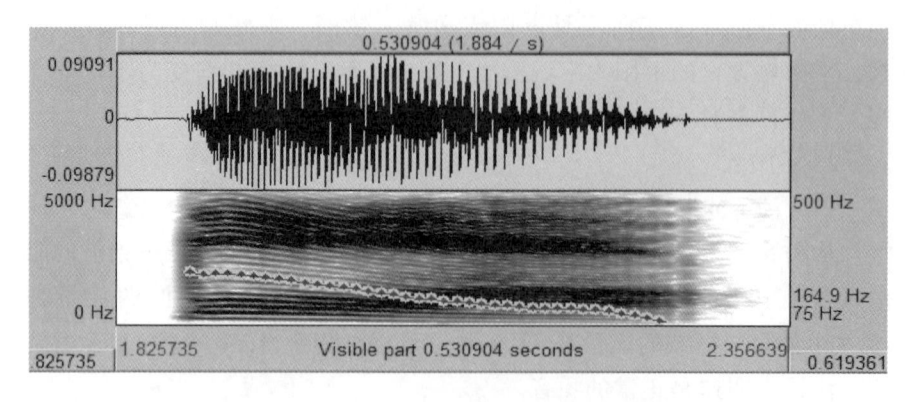

图5-7 "薄"的波形图和窄带图

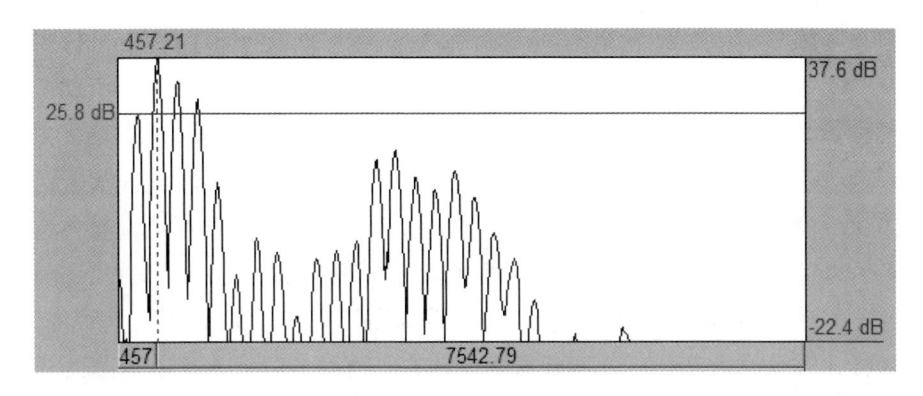

图 5−8 "薄"的谐波图

图 5−7 "薄"可以看出:"薄"是一个低降调,最下面的第一谐波的能量远没有第二谐波的大,图 5−8 清楚地显示,第一谐波的能量是 25.8dB,第二谐波的能量是 37.6dB,H1 比 H2 小得多。按 Bickley 的判定方法,表明这也是正常的嗓音。

据笔者调查发现,不送气的下阳入字音节的谐波 H1 也并不总比 H2 小,有时也会比 H2 大 1—3dB,但这跟送气的上阳入相比还是有显著的不同,基本可以看作正常嗓音的特征。

(三) 讨论

现在的问题是,如果中古的全浊音都是弛化音(或气声化音),平南粤方言的上阳入是因弛化特征而演变为送气音,那么下阳入何以先于上阳入消弛而变成了正常的嗓音呢?

这需要回到音节的内部结构及整个音系的结构上找原因。一些语音实验证明(远藤光晓,1994;朱晓农,2005a、2007),元音舌位高低对声调的影响表现为:高元音导致高调,低元音导致低调。从整个音系来看,平南粤方言的下阳入音节的主元音都是低或半低、开口度大的元音。这样的音节在同一调类里容易读得比主元音为高或半高的音节低,如粤方言中普遍存在的上阴入与下阴入的区别(王莉宁,2011)。现在上阳入已经是中平调,下阳入只得往低处降。又由于下阳入音节带不爆破的塞音韵尾,要想不"偷工减料"地完成这样的发音,声门就必须在发元音时就使劲地下压以腾出空间保证后面塞韵尾的完成,而在降的过程中容易发生紧喉。从图5-5"浊"的波形图和窄带图中也可以看到，在音节的后半部分出现了嘎裂。发嘎裂声时，声带强烈地向中间收缩，声带从后部到中前部大部分不振动，这样自然就不会有像上阳入那样的"漏气"现象发生了。麦耘（1998）在论入声从气声化音演变为不送气清音时正是注意到了入声韵尾的这个特点。只不过在平南粤方言的古全浊入的发声里，似乎只有通过声门的下降（表现为声调的下降）才能闸住"漏气"的发生，使得读低降调的下阳入表现为不送气特征。这样，古全浊入清化后读塞音塞擦音的在平南粤方言表面上看起来是送气导致的分调，实质上是分调带来的送气与不送气的区别。

实验语音学的结果证明，送气调的调值应比不送气的低。平南粤方言的送气调却比不送气调的调值高。石峰（2008）认为送气音读高调的成因有以下几点。一是在声调的历史演变中，送气分调一经完成，送气调就获得了独立的声调地位。它的发展和变化就要服从整个声调系统的整体发展和变化，而不仅仅是跟送气声母相联系。二是从具体的发音过程来看，送气声母在元音爆发和元音起始之间有较长的调节时间，因此，送气声母后面的送气音高可以有较大的活动范围，这又为送气音读高调提供了可能性。有可能根据具体语言的声调分布加上有关的发音机制而使送气音后面出现高调。三是用来跟送气声母相比较的不送气塞音声母可能并不是典型的清音。因此用这个观点也就可以解释，为什么平南粤方言的上阳入并不短，和下阳入音节在时长上没有太大的差别，其原因就是：送气音要比不送气音读高调，要有一个更长的调节时间。

第六章

"儿"缀小称

第一节 "儿"缀小称的形式

据《平南县志》(2013：648) 记载,"平南白话用'儿 ȵi⁵⁵'字比普通话用'子'字用得更普遍。外县人往往由此戏称平南人为'平南儿'"。关于这点,一些学者(邵慧君、甘于恩,2007;梁驰华,2007)在其著作中也提到过,但都没有提到其中的音变规律。本章主要讨论平南粤方言的"儿"缀小称。

一 平南粤方言的"儿"缀小称形式

"儿"在平南粤方言里有两个单字音:阳平的 ȵi³² 和阴平的 ȵi⁵⁵³。阳平为文读音,只在读书时用到,如女儿 nui²³ ȵi³² ｜ 儿子 ȵi³²⁻²² ɬu³³ ｜ 生儿育女 saŋ⁵⁵³ ȵi³² jok³⁻² nui²³ ｜ 儿孙 ȵi³²⁻²² ɬun⁵⁵³ 等。阴平为白读音或小称音,如生儿 saŋ⁵⁵³⁻³³ ȵi⁵⁵³ ｜ 侬儿 noŋ³²⁻²² ȵi⁵⁵³ ｜ 木儿 mok³⁻² ȵi⁵⁵³ 等。"儿"古为日母字,次浊音,按方言自身的演变规律应读阳平。由此可推 ȵi³² 是本来读音,ȵi⁵⁵³ 是词义泛化和虚化后带来的读音上的变化。所以,"儿"作词尾时读阴平调,调型中前部高平而尾部稍降。

但读阴平调"ȵi⁵⁵³"的并不都是虚化的词缀读阴平调的"ȵi⁵⁵³"在平南粤方言里是可以作实词单独充当句子成分的,主要指动物的幼崽或植物的幼苗,一般作宾语用。

一是指动物的幼崽(出生的和未出生的),如:

鸡嫲带鸡儿！（母鸡带小鸡！）

kɐi⁵⁵³⁻³³ na³³ tai³⁵ kɐi⁵⁵³⁻³³ n̩i⁵⁵³！

只猪嫲快生儿了！（这头母猪快下崽了！）

tsek⁴ tsi⁵⁵³⁻³³ na³³ fai³⁵ saŋ⁵⁵³⁻³³ n̩i⁵⁵³ liu²³！

二是指植物的幼苗，如：

条番薯出儿 lok³。（这个红薯长芽了。）

tʰiu³² fan⁵⁵³⁻³³ si³² tsʰɐt⁴⁻³ n̩i⁵⁵³ lok³。

也可以指植物的幼体，如菜儿（菜秧），芋头儿（小芋头）。但如果是植物砍掉后再长出的芽，不叫"儿"，得叫"孙"。如：

荔枝木标孙 lok³。（荔枝树冒芽了。）

lɐi³¹ tsi⁵⁵³ mok³ piu⁵⁵³⁻³³ ɬun⁵⁵³ lok³。

事实上，平南粤方言里即使"儿"是作词缀附加在词根后，其表"幼崽"，表"小"的语义仍然十分突出。

平南粤方言的词缀"儿"，类似北京话的"儿、子"，但二者间有诸多不同。现代北京话的儿化是由"儿ɚ"和前一音节合音而成，两个汉字两个音节合成一个音节。平南粤方言的"儿"在构词上是作为一个词缀附加于词根上的。不管是快读还是慢读，绝大多数时候是一个独立的音节。

作为词缀的"儿 n̩i⁵⁵³"在平南粤方言中有三种音节表现形式。

（1）有完整的发音"n̩i⁵⁵³"。

（2）根据词干韵尾的发音特点，变为相应的自成音节的鼻音 m̩、n̩ 或 ŋ̍。

（3）音节形式消失，引起词干的变调。

这几种形式实际上形成不同的风格。老年人一般用第一种形式，中年人认真说话时也用；少年儿童一般用第二种形式，中年人也用，但不如孩子的使用频率高。这充分说明"儿 n̩i⁵⁵³"从一个声韵母俱全的音节简化为单鼻音音节时更多的是说话者主观随意带来的变化，至少在平南粤方言中，语速不是音变的关键因素。第三种形式只在童语中出现。这种形式非常少。有意思的是这种音变只在词干音节本身是鼻音韵尾时才有可能出现，且原来单音节的词根要重叠，后一个字才变音。如：银银 ŋɐn³²⁻²² ŋɐn³⁵ ｜侬侬 noŋ³²⁻²² noŋ³⁵。

二 粤方言的"儿"缀小称形式

小称在汉语方言中十分常见。"x 儿"作为汉语小称的一种主要形式,始于汉魏,发展至今天,南北方言大异。其形式和功能被证明在北方方言中有广泛的一致性(王福堂,1999),在南方方言中也有相似的演变轨迹。从已发表的文献来看,粤方言的"儿"缀小称通常以几种形式来表示。

(1)独立的音节:一般是 ȵi(ŋi)或 ji,如桂平、封开、罗定、贺州、平南等地方言(邵慧君,2005;陈小燕,2006;刘春梅,2012),个别地方读 ŋ̍/ɻ̍,如化州老派话①(邵慧君,2005)。

(2)变韵和变调叠置:如信宜、容县方言等(叶国泉、唐志东,1982;罗康宁,1986;周祖瑶,1987;梁忠东,2002)。这几个方言之间也不尽相同。共同之处是声调都变为高升调,逢-p、-t、-k 韵尾都要变成相应部位的鼻音-m、-n、-ŋ,而原-m、-n、-ŋ 韵尾则不变。不同点是容县和玉林的单元音韵母音节小称变音时只变调,不变韵,而信宜话的单元音韵母音节小称变音时既变调,也变韵,一律增加韵尾-n。

(3)变调:如广州话、玉林话等(麦耘,1995;李谱英,1982;梁忠东,2002)。

据郑张尚芳先生(1980、1981)的研究,浙江吴语"儿"尾的发展经历了几个阶段:ȵi→ŋ̍→ŋ/-n→鼻化/变调、残存鼻尾。麦耘(1995:278)的研究也发现,粤方言小称的几个类型:"词干不变调 + ȵi""词干变调 + – N"和"词干变调",和郑张尚芳先生所举温州话的几个发展类型"有惊人的相似之处"。陈小燕(2006)也推测,粤方言小称的发展过程是:ȵi→自成音节的鼻音→变韵/变调→变调。吴、粤方言的"儿"尾小称发展是否同源共流?

虽然,赵元任(2011)早就指出粤方言中山话"儿"的单字音读 ɻ̍,但对"儿"置于词尾会如何音变没有作出说明。而在已发表的文献中又缺乏足够的粤方言小称词尾"儿"读单鼻音的报告,所以使得相

---

① 据邵慧君(2005),化州新派话"儿"尾又多读"ȵi",是受周边方言影响的结果。

关的推测一直只是推测。

第二节 "儿"缀小称的音变规律

"儿"在平南粤方言里作小称词缀时，可由 ȵi 变为自成音节的鼻音 m̩、n̩ 或 ŋ̍，声调保持阴平不变。具体会音变为哪个音节，与"儿"前面音节的韵母发音特点有关。有下列几种情况。

一 "儿"前一音节韵母为单元音的音变规律

平南粤方言音系的单元音有 5 个：i、u、ɛ、a、ɔ。若小称中"儿"前面的词根音节韵母为这 5 个单元音之一的，"儿"缀小称音节音变可以有两种情况。

（一）前一音节韵母为 i、ɛ、a

小称"儿"缀的前一音节的韵母为单元音 i、ɛ、a 的，小称"儿"缀音节一律可由 ȵi^{553} 变为 n̩^{553}（如表 6 – 1 所示）。

表 6 – 1　　　　　　前一音节韵母为-i/-ɛ/-a 的小称

猪儿 tsi$^{553-33}$ ȵi^{553} → tsi$^{553-33}$ n̩^{553}	鱼儿 ȵ̩$^{32-22}$ ȵi^{553} → ȵ̩$^{32-22}$ n̩^{553}
椅儿 i^{33} ȵi^{553} → i^{33} n̩^{553}	被儿 pʰi^{23} ȵi^{553} → pʰi^{23} n̩^{553}
番薯儿 fan$^{553-33}$ si^{32} ȵi^{553} → fan$^{553-33}$ si^{32} n̩^{553}	塞时儿 ɬɐk^{4} si^{32} ȵi^{553} → ɬɐk^{4} si^{32} n̩^{553}
车儿 tsʰɛ$^{553-33}$ ȵi^{553} → tsʰɛ$^{553-33}$ n̩^{553}	姐儿 ɬɛ^{33} ȵi^{553} → ɬɛ^{33} n̩^{553}
蔗儿 tsɛ$^{35-33}$ ȵi^{553} → tsɛ$^{35-33}$ n̩^{553}	蛇儿 sɛ$^{32-22}$ ȵi^{553} → sɛ$^{32-22}$ n̩^{553}
朵儿 tɛ^{33} ȵi^{553} → tɛ^{33} n̩^{553}	好乜儿 hɐu^{33} mɛ^{33} ȵi^{553} → hɐu^{33} mɛ^{33} n̩^{553}
芽儿 ŋa$^{32-22}$ ȵi^{553} → ŋa$^{32-22}$ n̩^{553}	虾儿 ha$^{553-33}$ ȵi^{553} → ha$^{553-33}$ n̩^{553}
瓜儿 ka$^{553-33}$ ȵi^{553} → ka$^{553-33}$ n̩^{553}	下儿 ha^{23} ȵi^{553} → ha^{23} n̩^{553}
扫把儿 ɬɐu$^{35-33}$ pa^{33} ȵi^{553} → ɬɐu$^{35-33}$ pa^{33} n̩^{553}	蛤蟆儿 kɛp$^{24-33}$ na^{33} ȵi^{553} → kɛp$^{24-33}$ na^{33} n̩^{553}

为了更清楚地了解平南粤方言"儿"缀小称的音变情况，特结合发

音语图进行分析。现代实验语音学证明，鼻音和元音一样，是响音，有其特殊的共振峰模式，但鼻音的能量较弱，一个元音后跟一个完整的鼻音尾时，在宽带语图上，元音和鼻音尾之间会出现断层（吴宗济、林茂灿，1989）。

图 6-1 是平南粤方言双音节词"被儿 $p^hi^{23}\eta^{553}$"的语图。

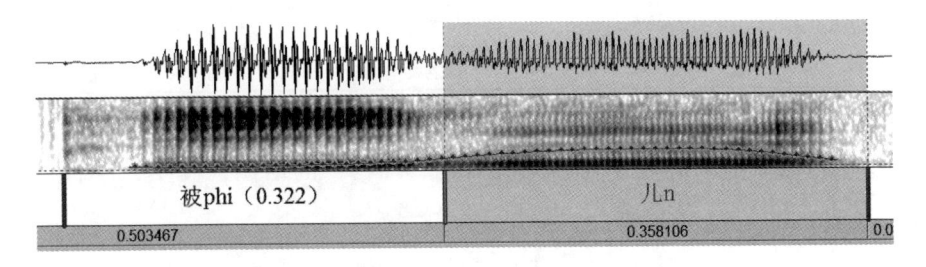

图 6-1 "被儿 $p^hi^{23}\eta^{553}$"（注：phi = p^hi）

从图 6-1 中可以明显地看出，首先，图中有两个波峰，其中一个为"ŋ"自己独有。一般而言，一个独立的音节只有一个波峰，两个波峰是两个音节的表现。其次，"η^{553}"有自己 358ms 的音节时长，比前一音节"被 p^hi^{23}" 322ms 的时长还长。再次，"被"单念时是低升的阳上 23 调，小称"儿"尾单念是高降的阴平 553 调。从基频的走势来看，只在"p^hi^{23}"音节快结束和"η^{553}"音节刚开始时才有较大幅度的提升，这是音节间的过渡而非音节内部的变化，而到了 ŋ 音节的后部则保持了阴平调末尾稍降的调型。最后，从共振峰来看，因鼻音 n 的能量较元音 i 弱，所以图形颜色较浅，虽与前面元音 i 有交叉的地方，但断层分界非常明显，若是一个音节内部，不可能出现这么大的分界。因此从图 6-1 可以明显地看出，"ŋ"绝不是依附于前字音节的韵尾鼻音，而是一个独立的音节。

（二）前一音节韵母为 ɔ 或 u

"儿"缀小称的前一音节的韵母为单元音 ɔ 或 u 的，"儿"缀音节既可以由 ηi^{553} 变为 η^{553}，也可以变为 η^{553}（如表 6-2 所示）。

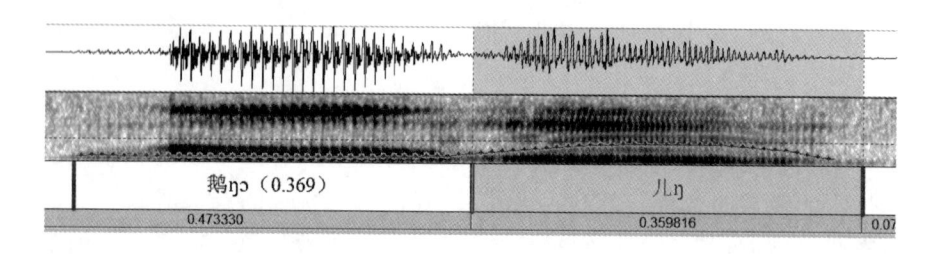

表 6-2　　　　　　　　前一音节韵母为-ɔ/-u 的小称

鹅儿 ŋɔ³²⁻²² n̩i⁵⁵³→ŋɔ³²⁻²² n̩⁵⁵³/ŋ̍⁵⁵³	哥儿 kɔ⁵⁵³ n̩i⁵⁵³→kɔ⁵⁵³ n̩⁵⁵³/ŋ̍⁵⁵³
梳儿 sɔ⁵⁵³⁻³³ n̩i⁵⁵³→sɔ⁵⁵³⁻³³ n̩⁵⁵³/ŋ̍⁵⁵³	笋儿 lɔ⁵⁵³⁻³³ n̩i⁵⁵³→lɔ⁵⁵³⁻³³ n̩⁵⁵³/ŋ̍⁵⁵³
锑锅儿 tʰei⁵⁵³ kɔ⁵⁵³ n̩i⁵⁵³ → tʰei⁵⁵³ kɔ⁵⁵³ n̩⁵⁵³/ŋ̍⁵⁵³	好浼儿 hɐu³³ vɔ³⁵ n̩i⁵⁵³→hɐu³³ vɔ³⁵ n̩⁵⁵³/ŋ̍⁵⁵³
字儿 ɬu³¹ n̩i⁵⁵³→ɬu³¹ n̩⁵⁵³/ŋ̍⁵⁵³	铺儿 pʰu³⁵⁻³³ n̩i⁵⁵³→pʰu³⁵⁻³³ n̩⁵⁵³/ŋ̍⁵⁵³
路儿 lu³¹ n̩i⁵⁵³→lu³¹ n̩⁵⁵³/ŋ̍⁵⁵³	簿儿 pu³¹ n̩i⁵⁵³→pu³¹ n̩⁵⁵³/ŋ̍⁵⁵³
大裤儿 tai³¹ fu³⁵ n̩i⁵⁵³→tai³¹ fu³⁵ n̩⁵⁵³/ŋ̍⁵⁵³	老师儿 lɐu²³ ɬi⁵⁵³ n̩i⁵⁵³→lɐu²³ ɬu⁵⁵³ n̩⁵⁵³/ŋ̍⁵⁵³

图 6-2 是平南粤方言"鹅儿 ŋɔ³²⁻²² ŋ̍⁵³³"的语图，其中，小称词缀"儿"可以依规律读 n̩，也可以读 ŋ̍。

图 6-2　"鹅儿 ŋɔ³²⁻²² ŋ̍⁵⁵³"

值得一提的是，有个别发音人甚至把所有单元音韵母后的小称词缀"儿"都读为 ŋ̍。

二 "儿"前一音节韵母为复合元音的音变规律

平南粤方言的音系里有两种复合元音韵母，一种是以-i 收尾，有 4 个，分别是 ai、ɐi、ɔi、ui；另一种是以-u 收尾，有 4 个，分别是 au、ɐu、ɛu、iu。一共是 8 个。"儿"缀的前一个词根音节的韵母为复合元音的，小称词缀"儿"一律可由 n̩i⁵⁵³ 变读为 ŋ̍⁵⁵³，具体如表 6-3 所示。

表 6-3	前一音节韵母为双元音的小称
鞋儿 hai³²⁻²² ȵi⁵⁵³ → hai³²⁻²² ŋ̍⁵⁵³	牌儿 pʰai³²⁻²² ȵi⁵⁵³ → pʰai³²⁻²² ŋ̍⁵⁵³
好快儿 heu³³ fai³⁵ ȵi⁵⁵³ → heu³³ fai³⁵ ŋ̍⁵⁵³	一块儿 a³³ fai³⁵ ȵi⁵⁵³ → a³³ fai³⁵ ŋ̍⁵⁵³
鸡儿 kɐi⁵⁵³⁻³³ ȵi⁵⁵³ → kɐi⁵⁵³⁻³³ ŋ̍⁵⁵³	弟儿 tʰei²³⁻²² ȵi⁵⁵³ → tʰei²³⁻²² ŋ̍⁵⁵³
蚁儿 ŋɐi²³ ȵi⁵⁵³ → ŋɐi²³ ŋ̍⁵⁵³	筛儿 sei⁵⁵³⁻³³ ȵi⁵⁵³ → sei⁵⁵³⁻³³ ŋ̍⁵⁵³
菜儿 tʰɔi³⁵⁻³³ ȵi⁵⁵³ → tʰɔi³⁵⁻³³ ŋ̍⁵⁵³	袋儿 tɔi³¹ ȵi⁵⁵³ → tɔi³¹ ŋ̍⁵⁵³
盖儿 kɔi³⁵⁻³³ ȵi⁵⁵³ → kɔi³⁵⁻³³ ŋ̍⁵⁵³	台儿 tʰɔi³²⁻²² ȵi⁵⁵³ → tʰɔi³²⁻²² ŋ̍⁵⁵³
杯儿 pui⁵⁵³⁻³³ ȵi⁵⁵³ → pui⁵⁵³⁻³³ ŋ̍⁵⁵³	妹儿 mui³¹ ȵi⁵⁵³ → mui³¹ ŋ̍⁵⁵³
嘴儿 ɬui³³ ȵi⁵⁵³ → ɬui³³ ŋ̍⁵⁵³	水儿 sui³³ ȵi⁵⁵³ → sui³³ ŋ̍⁵⁵³
包儿 pau⁵⁵³⁻³³ ȵi⁵⁵³ → pau⁵⁵³⁻³³ ŋ̍⁵⁵³	炮儿 pʰau³⁵⁻³³ ȵi⁵⁵³ → pʰau³⁵⁻³³ ŋ̍⁵⁵³
笊儿 ȵau⁵⁵³⁻³³ ȵi⁵⁵³ → ȵau⁵⁵³⁻³³ ŋ̍⁵⁵³	好饱儿 heu³³ pau³³ ȵi⁵⁵³ → heu³³ pau³³ ŋ̍⁵⁵³
牛儿 ȵeu³²⁻²² ȵi⁵⁵³ → ȵeu³²⁻²² ŋ̍⁵⁵³	豆儿 teu³¹ ȵi⁵⁵³ → teu³¹ ŋ̍⁵⁵³
狗儿 kɐu³³ ȵi⁵⁵³ → kɐu³³ ŋ̍⁵⁵³	手儿 sɐu³³ ȵi⁵⁵³ → sɐu³³ ŋ̍⁵⁵³
猫儿 mɛu⁵⁵³⁻³³ ȵi⁵⁵³ → mɛu⁵⁵³⁻³³ ŋ̍⁵⁵³	好皱儿 heu³³ ȵɛu³⁵ ȵi⁵⁵³ → heu³³ ȵɛu³⁵ ŋ̍⁵⁵³
好翘儿 挺翘的 heu³³ hɛu³³ ȵi⁵⁵³ → heu³³ hɛu³³ ŋ̍⁵⁵³	好搅儿① heu³³ kɛu³³ ȵi⁵⁵³ → heu³³ kɛu³³ ŋ̍⁵⁵³
桥儿 kʰiu³²⁻²² ȵi⁵⁵³ → kʰiu³²⁻²² ŋ̍⁵⁵³	辣椒儿 lat³¹ ɬiu⁷⁵³ ȵi⁵⁵³ → lat³¹ ɬiu⁷⁵³ ŋ̍⁵⁵³
条儿 tʰiu³² ȵi⁵⁵³ → tʰiu³² ŋ̍⁵⁵³	轿儿 kiu³¹ ȵi⁵⁵³ → kiu³¹ ŋ̍⁵⁵³

图 6-3 是平南粤方言"手儿 sɐu³³ ŋ̍⁵⁵³"的宽带语图。

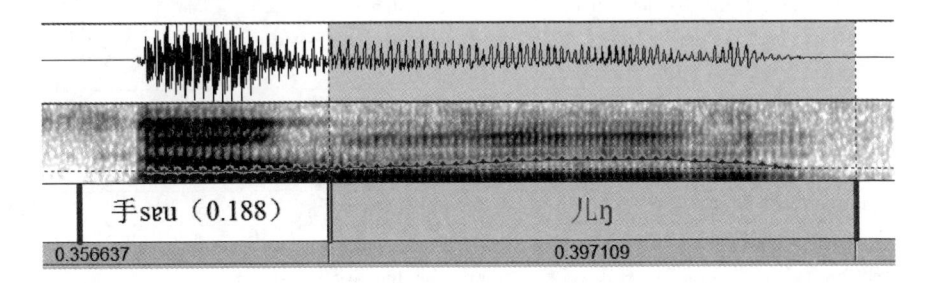

图 6-3 "手儿 sɐu³³ ŋ̍⁵⁵³"

从图上看,首先"ŋ"有自己 397ms 的发音时长;其次,从共振峰

---

① 挺调皮的。

看，鼻音"ŋ"的能量较元音韵母"ɐu"弱，与"ɐu"的共振峰断层分界较大；从基频线来看，"ŋ"保持了阴平调高降的调形，前部呈现升调的趋势是由于受"sɐu³³"中平调的影响。因此可以判断"手儿 sɐu³³ ŋ̍⁵⁵³"的"ŋ̍"是一个自成音节的鼻音。

三 "儿"前一音节韵母为鼻尾韵母的音变规律

平南粤方言的音系里有-m、-n、-ŋ 三种带鼻尾的韵母，若小称"儿"缀的前一个音节的韵母是鼻音，那么"儿"缀音节会由 n̻i⁵⁵³ 变为与前一音节韵尾相同的单鼻音音节 m̩、n̩、ŋ̍。具体如下：前一音节是以 -m 收尾的 am、ɐm、ɛm、ɔm、im，"儿"缀音节会由 n̻i⁵⁵³ 变为 m̩；前一音节是以 -n 收尾的 an、ɐn、ɛn、ɔn、in、un，"儿"缀音节会由 n̻i⁵⁵³ 变为 n̩；前一音节是以 -ŋ 收尾的有 aŋ、ɐŋ、uɐŋ、eŋ、ɛŋ、ɔŋ、oŋ，"儿"缀音节会由 n̻i⁵⁵³ 变为 ŋ̍。具体如表 6-4 所示。

表 6-4　　　　前一音节韵母以-m、-n、-ŋ 收尾的小称

担儿 tam³⁵⁻³³ n̻i⁵⁵³ → tam³⁵⁻³³ m̩⁵⁵³	衫儿 sam⁵⁵³⁻³³ n̻i⁵⁵³ → sam⁵⁵³⁻³³ m̩⁵⁵³
婶儿 sɐm³³ n̻i⁵⁵³ → sɐm³³ m̩⁵⁵³	妗儿 kʰɛm²³ n̻i⁵⁵³ → kʰɛm²³ m̩⁵⁵³
柑儿 kɐm⁵⁵³⁻³³ n̻i⁵⁵³ → kɐm⁵⁵³⁻³³ m̩⁵⁵³	钳儿 kʰɛm³²⁻²² n̻i⁵⁵³ → kʰɛm³²⁻²² m̩⁵⁵³
咁儿① kɔm³⁵ n̻i⁵⁵³ → kɔm³⁵ m̩⁵⁵³	
好尖儿 hɐu³³ ɬim⁵⁵³ n̻i⁵⁵³ → hɐu³³ ɬim⁵⁵³ m̩⁵⁵³	好甜儿 hɐu³³ tʰim³² n̻i⁵⁵³ → hɐu³³ tʰim³² m̩⁵⁵³
贩儿 fan³⁵⁻³³ n̻i⁵⁵³ → fan³⁵⁻³³ n̩⁵⁵³	眼儿 ŋan²³ n̻i⁵⁵³ → ŋan²³ n̩⁵⁵³
银儿 ŋɐn³²⁻²² n̻i⁵⁵³ → ŋɐn³²⁻²² n̩⁵⁵³	裙儿 kʰɐn³³ n̻i⁵⁵³ → kʰɐn³³ n̩⁵⁵³
铲儿 tsʰɛn³³ n̻i⁵⁵³ → tsʰɛn³³ n̩⁵⁵³	片儿 pʰɛn³⁵ n̻i⁵⁵³ → pʰɛn³⁵ n̩⁵⁵³
好干儿 hɐu³³ kɔn⁵⁵³ n̻i⁵⁵³ → hɐu³³ kɔn⁵⁵³ n̩⁵⁵³	好赶儿 hɐu³³ kɔn³³ n̻i⁵⁵³ → hɐu³³ kɔn³³ n̩⁵⁵³
面儿 min³¹ n̻i⁵⁵³ → min³¹ n̩⁵⁵³	卷儿 lun³³ n̻i⁵⁵³ → lun³³ n̩⁵⁵³
碗儿 vun³³ n̻i⁵⁵³ → vun³³ n̩⁵⁵³	盆儿 pʰun³²⁻²² n̻i⁵⁵³ → pʰun³²⁻²² n̩⁵⁵³
婴儿 aŋ⁵⁵³⁻³³ n̻i⁵⁵³ → aŋ⁵⁵³⁻³³ ŋ̍⁵⁵³	好硬儿 hɐu³³ ŋaŋ³¹ n̻i⁵⁵³ → hɐu³³ ŋaŋ³¹ ŋ̍⁵⁵³
凳儿 tɐŋ³⁵⁻³³ n̻i⁵⁵³ → tɐŋ³⁵⁻³³ ŋ̍⁵⁵³	层儿 ɬɐŋ³² n̻i⁵⁵³ → ɬɐŋ³² ŋ̍⁵⁵³
饼儿 peŋ³³ n̻i⁵⁵³ → peŋ³³ ŋ̍⁵⁵³	镜儿 keŋ³⁵⁻³³ n̻i⁵⁵³ → keŋ³⁵⁻³³ ŋ̍⁵⁵³
枪儿 tʰɛŋ⁵⁵³⁻³³ n̻i⁵⁵³ → tʰɛŋ⁵⁵³⁻³³ ŋ̍⁵⁵³	好香儿 hɐu³³ hɛŋ⁵⁵³ n̻i⁵⁵³ → hɐu³³ hɛŋ⁵⁵³ ŋ̍⁵⁵³
床儿 tsʰɔŋ³²⁻²² n̻i⁵⁵³ → tsʰɔŋ³²⁻²² ŋ̍⁵⁵³	缸儿 kɔŋ⁵⁵³ n̻i⁵⁵³ → kɔŋ⁵⁵³ ŋ̍⁵⁵³
桶儿 tʰoŋ³³ n̻i⁵⁵³ → tʰoŋ³³ ŋ̍⁵⁵³	瓮儿 oŋ³⁵⁻³³ n̻i⁵⁵³ → oŋ³⁵⁻³³ ŋ̍⁵⁵³

---

① 这样子。

图 6-4 是平南粤方言"衫儿 sam$^{553-33}$ m̩^{553}"的宽带语图。

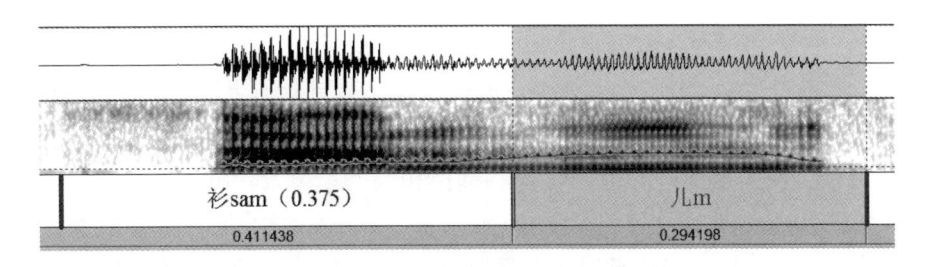

图 6-4 "衫儿 sam$^{553-33}$ m̩^{553}"

从图中可以看出，后一个"m"的时长有 294 ms，完全是正常语速下一个音节的长度。sam 音节也有一个韵尾鼻音-m，这个-m 有自己的时长，作为韵尾的这个-m 与作为独立音节的 m̩ 共振峰模式非常相似，但显然，后一个 m 并非前一个韵尾-m 的延长。因为它们并不完全粘连在一起，之间有非常明显的音节分界。从基频走势上看，"衫 sam"单念为高降 553 调，但在连读变调中调值变为中平 33 调，而词尾"儿"为阴平高降调，所以在音节的过渡处能看到基频的上升，但后一个"m"在收尾处仍保持了阴平调末尾下降的调形。因此，后一个"m"是一个自成音节的鼻音。

图 6-5 是平南粤方言"银儿 ŋen$^{32-22}$ n̩^{553}"的语图，从中也可以看到与"衫儿 sam$^{553-33}$ m̩^{553}"相似的特点。

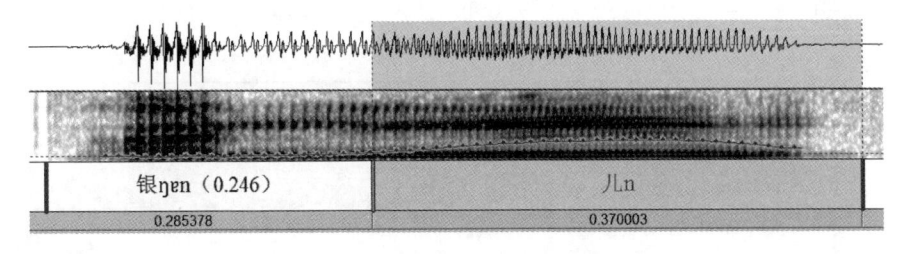

图 6-5 "银儿 ŋen$^{32-22}$ n̩^{553}"

四 "儿"前一音节韵母为塞音尾韵母的音变规律

平南粤方言的音系里有-p、-t、-k 三种塞音韵尾的韵母，若小称"儿"缀的前一个音节的韵母是带塞音韵尾的韵母，那么"儿"缀音节会由 ȵi⁵⁵³ 变为与前一音节韵尾发音部位相同的单鼻音音节 m̩、n̩、ŋ̍。具体如下：前一音节是以-p 收尾的 ap、ɐp、ɛp、ip，"儿"缀音节会由 ȵi⁵⁵³ 变为 m̩；前一音节是以-t 收尾的 at、ɐt、ɛt、ɔt、it、ut，"儿"缀音节会由 ȵi⁵⁵³ 变为 n̩；前一音节是以-k 收尾的有 ak、ɐk、ɛk、ek、ɔk、ok，"儿"缀音节会由 ȵi⁵⁵³ 变为 ŋ̍。具体如表 6-5 所示。

表 6-5　　　　前一音节韵母以-p、-t、-k 收尾的小称

鸭儿 ap²⁴⁻³³ ȵi⁵⁵³ → ap²⁴⁻³³ m̩⁵⁵³	粒儿 nɐp⁴ ȵi⁵⁵³ → nɐp⁴ m̩⁵⁵³
盒儿 hɛp³¹ ȵi⁵⁵³ → hɛp³¹ m̩⁵⁵³	碟儿 tʰip³⁻² ȵi⁵⁵³ → tʰip³⁻² m̩⁵⁵³
袜儿 mat³¹ ȵi⁵⁵³ → mat³¹ n̩⁵⁵³	乞儿 hɐt⁴⁻³ ȵi⁵⁵³ → hɐt⁴⁻³ n̩⁵⁵³
好热儿 hɐu³³ it³ ȵi⁵⁵³ → hɐu³³ it³ n̩⁵⁵³	坜儿小水沟 lut³⁻² ȵi⁵⁵³ → lut³⁻² n̩⁵⁵³
好黑儿 hɐu³³ hak⁴ ȵi⁵⁵³ → hɐu³³ hak⁴ ŋ̍⁵⁵³	小蚊子儿 mɐn³²⁻²² mɐk⁴ ȵi⁵⁵³ → mɐn³²⁻²² mɐk⁴ ŋ̍⁵⁵³
勺儿 sɛk³¹ ȵi⁵⁵³ → sɛk³¹ ŋ̍⁵⁵³	石儿 sek³⁻² ȵi⁵⁵³ → sek³⁻² ŋ̍⁵⁵³
角儿 kɔk²⁴⁻³³ ȵi⁵⁵³ → kɔk²⁴⁻³³ ŋ̍⁵⁵³	木儿 mok³⁻² ȵi⁵⁵³ → mok³⁻² ŋ̍⁵⁵³

图 6-6 是平南粤方言"鸭儿 ap²⁴⁻³³ m̩⁵⁵³"的宽带语图。

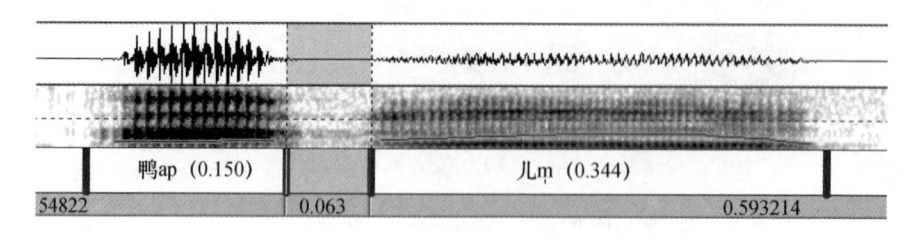

图 6-6　"鸭儿 ap²⁴⁻³³ m̩⁵⁵³"

从图 6-6 中可以看出，由于能量较弱，后面"儿 m̩"的语图也相

对颜色较浅。"鸭 ap^{24}"是入声字，塞音尾。中间 63ms 无基频处是塞音 p 的发音表现，前面 a 的时长是 150ms，加起来是 213ms，而"m"的发音时长就有 344ms，比前一个音节长得多。

图 6-7"木儿 mok$^{3-2}$ ŋ^{553}"的宽带语图也有相似的表现，中间 60ms 无基频处是塞音 k 的发音段。

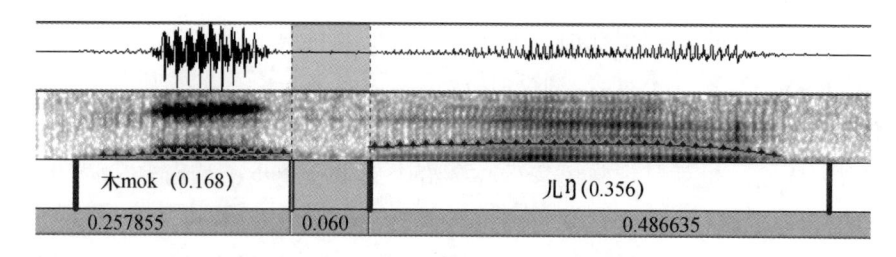

木 mok (0.168) 　 儿 ŋ (0.356)
0.257855　0.060　0.486635

图 6-7　"木儿 mok$^{3-2}$ ŋ^{553}"

五　关于音变规律的讨论

（一）音变的方向及音变的原因

1. "儿"缀小称音变的方向

平南粤方言的小称词缀"儿"有 ȵi^{553} 和单鼻音两种形式。这两种形式必有一个演变的先后问题。从语言发展的规律来看，元音增生的现象是不多见的，而元音脱落的现象是常见的，这符合发音的省力原则。也就是说，从 ȵi^{553} 到单鼻音的发展过程更符合语言发展的一般规律。从实际使用情况来看，60 岁以上的老年人"儿"缀多读 ȵi^{553}，中年人读"儿"缀为 ȵi^{553} 或单鼻音的概率参半，青年以下则基本把"儿"缀读为单鼻音音节。而某些词的小称，在中年人的口语里就只有单鼻音形式，如石儿 sek$^{3-2}$ ŋ^{553}、衫儿 sam$^{553-33}$ m̩^{553}、凳儿 tɐŋ$^{35-33}$ ŋ^{553} 等。从语言使用者的年龄来看，这种从 ȵi^{553}→单鼻音音节的演变趋势是非常明显的。因此，初步推测，平南粤方言的"儿"缀的发展方向是从 ȵi^{553}→单鼻音音节。

2. "儿"缀小称音变的原因

平南粤方言的小称词尾"儿"不管是读 ȵi^{553} 还是读单鼻音，语义上都不会有任何改变，这为音变的发生提供了条件和空间。从本质上说，语言是思想交流的工具，最主要的功能是表义。因此，在实际的言语交流中，语义重心通常是被强调的部分，因而往往也是语音重心的所在，往往是会被说话者强调的部分。

据侯兴泉（2011）的研究，勾漏片粤方言是轻重型语言，前轻后重，所以双音节词在语流中通常是前字容易变调而后字调值稳定。平南粤方言双音节词的连读变调规律也证明其语音重心通常在后字。儿缀词的情况较为特殊：词根在前，词缀在后，也就是说语义重心在前，语音重心在后，二者并不重合。此种情况下，语音——语言的物质外壳，在不影响语义表达的前提下，所有冗余的部分都会被减省，这是语言发展的省力原则。也就是说，语音重心会给语义重心让步，从而造成词缀音节的轻读弱化，久而久之就是词缀音节语音形式的减省。

但这种语言毕竟是轻重型节律的语言，末音节的语音特征不会轻易丢失。"儿"置于词尾，既是语音重心所在，又是高调。就汉语而言，语音重心最显著的表现在声调上。所以，词缀"儿"即使发展到后来声母韵母全脱落，也要保存声调的特点，让前一音节带上高调的特征，这或许就是粤方言的"儿"缀小称后来发展到高升变调的真正原因。

（二）音变的发声学分析

1. 韵母音变引发声母音变

$ȵi^{553}$ 在音变的过程中，当 i 脱落后，理论上是 $ȵi→ȵ$，但实际的读音并不表现为 ȵ。原因何在？首先，平南粤方言的音系里没有自成音节的鼻音 ȵ。其次，ȵ 并不是一个特别稳定的音。一个语言系统中，只有稳定的音素才可以保存自己独立的地位。所以当音节 ȵi 脱落元音 -i 后，在变为 ȵ 的瞬间又不得不接着往更稳定的音素转变。

下面从整个音节的发音来分析这种音变的发生。在 $ȵi^{553}$ 音节中，韵母 -i 为舌面前元音，声母 ȵ 为舌面前鼻音，二者的发音部位相同，因而整个 ȵi 音节的发音部位都在舌面前。汉语语音的特点之一是元音占优势，元音在音节中的发音是主要的。如果韵母 -i 丢失了，音节的"舌面前"的发音特征必然受影响，也就是说元音 -i 的脱落影响到声母 ȵ 的发音，ȵ 的发音就跟着变得不稳定了，必须要做出相应的改变。一个音要演变为另一个音，开始时总是在最大程度上保持与原音的相似度，这是语言发展中的相似性原则。既然声母"舌面前"的发音部位特征受影响，那么发音方法上就要尽量保存鼻音的特点。所以，ȵ不得不进一步蜕变为更稳定的鼻音。从语言类型学的角度看，"一个语言中……齿和龈部位的鼻音 n 最多，占三分之一。其次双唇鼻音 m，比重相当。然后是 ŋ，几达五分之一。腭前鼻音 ȵ 只占2%左右"（朱晓农，2010b：136）。从各地粤次方言来看，多存在单鼻音音节 m̩ 和 ŋ̍。因此，从 ȵ 变为更常态的鼻音 m、n、ŋ，不仅有理论的基础，也有现实的基础。展现出来的音变过程就是 ȵi→ȵ→m̩/n̩/ŋ̍。当然，这个过程可能是瞬间完成的，在实际语流中就表现为同一个位置的"儿"有 ȵi 和 m̩/n̩/ŋ̍ 两读的情况。

2. 声母 ȵ 的音变方向

ȵi 丢失韵母 -i 后要往何处去？这个过程中，前字音节尤其是前字音节韵母的发音特点就起到了关键作用。先来看几个常见鼻音的发音舌位图。n 为舌尖中齿龈鼻音，ȵ 为舌面前硬腭鼻音。如图6-8和图6-9。

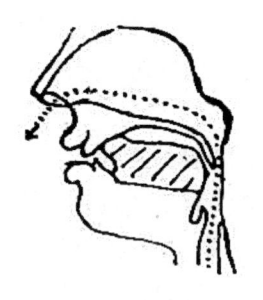

图6-8　n 的舌形
（引自罗安源、金雅声，1990：68）

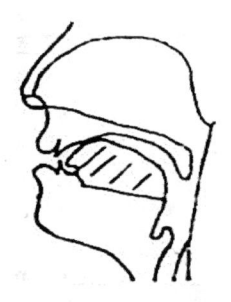

图6-9　ȵ 的舌形
（引自罗安源、金雅声，1990：83）

从图6-8和图6-9中可以看到，n 和 ȵ 的发音部位非常接近，发音舌位也相似。发 n 时，舌尖抵住上齿龈，发 ȵ 时，舌面前部抵住上齿龈或前硬腭，所以 ȵi 丢失韵母 -i 后声母 ȵ 最有可能变为 n。

在上述前字韵母为单元音的第一类小称音变中，词缀 ȵi 就一律变音为硬腭辅音音节 ɲ̍。但若前字韵母为 ɔ 或 u 的，后元音和响音音节间会出现软腭过渡音，所以 ȵi 也可以变为软腭辅音音节 ŋ̍。在第三类和第四类小称音变中，受前字音节韵母韵尾发音特点的影响，ȵi 丢失韵母 -i

后，声母 n̠ 相应地变为 m、n 或 ŋ，并自成音节。这是协同发音的结果。

比较复杂的是在第二类音变中，前字音节韵母均为复合元音。前字韵尾为软腭元音-u 的，n̠i 丢失韵母-i 后，声母 n̠ 也受软腭过渡音的影响而变音为软腭辅音 ŋ，并自成音节，这也可以解释为协同发音的结果。

当前字韵尾为硬腭元音-i 时，声母 n̠ 也变音为软腭辅音 ŋ，而不是硬腭辅音音节 n。这是为何呢？要解释这种现象，得先从元音的舌位和辅音 n 和 ŋ 的舌位说起（图6-10、图6-11）。

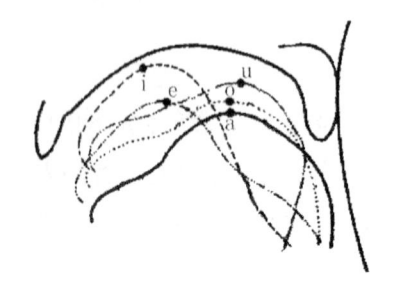

图6-10　普通话元音 a、o、u、i、e 的舌形
（引自吴宗济、林茂灿，1989：80）

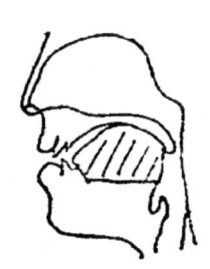

图6-11　ŋ 的舌形
（引自罗安源、金雅声，1990：89）

从图6-10 中可以看到，舌面元音以舌面隆起的不同形状造成不同的音色。也就是说，在发复合元音时，舌面会一直处于隆起的状态，直至发音结束。图6-11 是软腭辅音 ŋ 的舌形。软腭辅音全称是"舌面后-软腭辅音"，发音时舌面后抬起抵住软腭。因此，舌面元音和软腭辅音有一个共同的发音特点：舌面隆起，舌尖下收。而从图6-8 中，也看到龈辅音 n 由于是以舌尖或舌叶为主动调音部位，发音时舌前端上抬，而舌面较低平，与任何一个舌面元音的舌位都不相近。

平南粤方言带-i 尾的四个复合韵母 ai、ɐi、ɔi、ui 其实都是谢尔巴所谓的假性二合元音，即"两个元音成分结合成一个音节而不一样紧张，只有一个成分比较紧张清晰，是这个结合体的中心（换句话说，是'成音节'的），而另一个成分读时不太紧张，也不很清晰，是不成音节的"（罗常培、王钧，2002：119）。先来说 ai、ɐi 这两个渐降的复合元音。"渐降①的复合元音由于后面是个比较微弱的成分，所以舌头常常移到中途就算了。"（罗常培、王钧，2002：119）。朱晓农（2005b）、曹剑芬（2007）也认为，普通话复合元音的韵尾-i 只是代表舌位滑移的方向和最大目标值而不是真正的发音。就是说，ai、ɐi 的发音主要体现在 a、ɐ 的发音上。而复合元音 ɔi 和 ui 本身就含有软腭元音。对比图 6-10 和图 6-11，可以明显看到，元音 a、ɔ、u 发音时舌头的形状尤其接近软腭辅音 ŋ 发音时的形状。也就是说，从发音动作上看，a、ɔ、u 与 ŋ 比与 n 的更相似，从 ai、ɐi、oi、ui 过渡到软腭辅音 ŋ 会比过渡到龈辅音 n 要简便。退一步说，这些二合元音的发音最后能真正到达-i，后接软腭辅音 ŋ 也比接龈辅音 n 简便，因为有共同的舌面隆起的发音特点。发音时舌形不变，舌体后缩即能达到。而舌面元音到龈辅音 n 的衔接就要经历舌面先从隆起到平伏，然后舌尖再往上顶这一相对较大的变动，不太符合"省力原则"。而且，复合元音的发音动程较长，舌面会较长时间处于隆起的状态，要在瞬间作那样的舌位改变更是不省力。

在其他的汉语方言中，笔者也发现有舌面元音和软腭辅音更亲近的现象。麦耘（2013）从出现介音-i 的汉语赣方言、吴方言、晋方言和中原官话中发现，舌面元音和软腭辅音的亲和力要大于和龈辅音的亲和力。软腭辅音后接元音时中间会产生一个过渡音-i-，所以软腭辅音后比硬腭辅音后更容易出现-i-介音。如果把这种规律反过来看，也就是"元音+i"后更容易出现软腭辅音而不是龈辅音，因为这时可以把-i 看成是过渡音，起到了引领音变方向的作用。

所以，平南粤方言的小称前字韵尾为-i 的词缀"儿"会由 ȵi 变音为 ȡ，也是协同发音的结果。② 这也可以用来解释为什么在第一类音变中，即词干韵母为单元音的，ȵi 本来应变音为 ṇ 的，但个别发音人却一律将其变音为 ȡ，也是因为从元音过渡到 ŋ 比过渡到 n 更简便的缘故。

---

① 渐降是指紧张度的渐降而不是舌位的渐降。
② 邵慧君（2005）认为在儿化变音阶段，词干韵母为复合元音的不变韵，是因为"复合元音本身有个动程，再加鼻尾较费力"。笔者倒认为，词干韵母为复合元音的，在之前的小称音变中，应也存在过带鼻尾的阶段，只是在后来的音变中，鼻尾又脱落了。

(三) 粤方言"儿"缀的小称音变

现在把前文提到的各种粤方言小称形式连起来看，就能发现其中的关系。

第一类，词根（干）韵母为单元音的，小称词缀（尾）"儿"的音变过程是：ȵi→ŋ̍ 或 ʮ→词根变韵加-n 并变调→词根变调，如表 6-6 所示。

表 6-6

	贺州	平南	信宜	容县	玉林
猪	tʃy⁵²→tʃy³³ ȵi⁵³	tsi³²→tsi⁵⁵³⁻³³ ŋ̍⁵⁵³	tʃy⁵³→tʃyn↗	tʃy⁵⁵→tʃy³⁵	尾 mi³³→mi³⁵
鱼	ȵy²³¹/ȵy²¹ ȵi⁵²	ȵi³²→ȵi³²⁻²² ŋ̍⁵⁵³	ȵy¹¹→ȵyn↗	ȵy³¹→ȵy³⁵	ȵy³²→ȵy³⁵

第二类，词根（干）韵母为复合元音的，小称词缀（尾）"儿"的音变过程是：ȵi→ʮ→词干变调，如表 6-7 所示。

表 6-7

	贺州	平南	信宜	容县	玉林
菜	tʰɔ⁴⁵→tʰɔ³³ ȵi⁵²	tʰɔi³⁵→tʰɔi³⁵⁻³³ ʮ⁵⁵³	杯 pui⁵³→pui↗	tʰɔi²²→tʰɔi³⁵	袋 tɔi²¹→tɔi³⁵
手	ʃou⁵⁵/ʃou³³ ȵi⁵²	sɐu³³→sɐu³³ ʮ⁵⁵³	ʃeu³⁵→ʃeu↗	sɐu³³→sɐu³⁵	çau³³→çau³⁵

第三类，词根（干）韵母为-m、-n、-ŋ 韵尾的，小称词缀（尾）"儿"的音变过程是：ȵi→m̩/n̩/ŋ̍→词干变调，如表 6-8 所示。

表 6-8

	贺州	平南	信宜	容县	玉林
衫	ʃam⁵²/ʃam³³ ȵi⁵²	sam⁵⁵³→sam⁵⁵³⁻³³ m̩⁵⁵³	ʃam⁵³→ʃam↗	sam⁵⁵→sam³⁵	深 çam⁵⁴→çam⁵⁵
银	山 ʃan⁵³→ʃan³³ ȵi⁵²	ŋɐn³²→ŋɐn³²⁻²² n̩⁵⁵³	ŋɐn¹¹→ŋɐn↗	ŋɐn³¹→ŋɐn³⁵	粉 fan³³→fan³⁵
钟	tʃuŋ⁵²/tʃuŋ³³ ȵi⁵²	tsoŋ⁵⁵³→tsoŋ⁵⁵³⁻³³ ŋ̍⁵⁵³	tʃuŋ⁵³→tʃuŋ↗	tsuŋ⁵⁵→tsuŋ³⁵	瓶 pɐŋ³²→pɐŋ³⁵

注：此类音变中，由于词根韵尾和词缀音变后的形式一致，所以看不到变韵的环节，但此类音变中应也有变韵的过程。

第四类，词根（干）韵母为-p、-t、-k 韵尾的，小称词缀（尾）"儿"的音变过程是：ȵi→m̩/n̩/ŋ̍→词干变韵变调。如表 6-9 所示。

表 6-9

	贺州	平南	信宜	容县	玉林
鸭	ap³⁴/ap³ȵi⁵²	ap²⁴/ap³m̩⁵³	ap³³/am↗	ap³³/am³⁵	ɔp³/ɔm³⁵
袜	mat²¹⁴/matȵi⁵²	mat³¹/mat³¹n̩⁵³	佛 fɐt²²/fɐn↗	mat¹¹/man³⁵	mɔt²¹/mɔn³⁵
木	竹 tʃuk⁵/tʃuk³ȵi⁵²	mok³/muk³¹ŋ̍⁵³	muk²²/muŋ↗	muk¹¹/muŋ³⁵	mok²/moŋ³⁵

从上述内容可以清楚地看到，粤方言的小称发展也有这么一条音变链：ȵi→（ȵ̩）→m̩/n̩/ŋ̍→变韵/变调→变调。这条音变链和郑张尚芳（1980、1981）所举的浙江吴方言的几乎一致。这条音变链清楚地反映了粤方言小称词缀"儿"从声韵调完整的音节，到丢失韵母，与词根合韵、合调，最后只保留声调痕迹的演变过程。

综上所述，平南粤方言小称词缀"儿"由 ȵi 变为自成音节的鼻音 m̩、n̩ 或 ŋ̍，是由于元音-i 脱落后，音节受到前字音节韵母特点的影响所致。造成这种音变的原因，从主观上看是发音主体的省力意愿造成的发音减省，从客观上看则是由于音节间的协同发音以及语言本身前轻后重的节律特点所致。自成音节的鼻音形式是粤方言小称词缀从"儿 ȵi"发展演变到"变韵""变调"的过程中不可缺少的一个环节。嵌入这个环节，就可以在共时的平面上完整地重现粤方言小称发展的历时音变。从这条完整的音变链至少也可以看出，桂东南、粤西一带的粤方言小称词缀"儿"和浙江吴方言的小称词缀"儿"具有十分相似的演变轨迹。

第三节 "儿"缀小称的类型

"词根 + 词缀"是汉语构词法里具有特殊地位的一种构词方式，而"儿"缀就是其中构词能力极强的一种。"儿"缀在词汇、语法、修辞各方面都起到积极的作用。儿缀具有构成词形、区分词义、变换词性以造成新词的作用，同时具有表示爱憎、褒贬、语气等附加感情色彩的语用功能。

平南粤方言中词根带上"儿"缀所引起的变化主要有两个方面，一是词形的变化，一是词义的变化。这两方面都是可以构成新词的重要手段。首先是在词形上，能构造出大批的带"儿"缀的词，形成方言词汇中独具一格的语言现象。其次是一些能单说的词，附加"儿"后语义起了变化，并能表达丰富的感情色彩。

"儿"在平南粤方言里是一个使用极其广泛的词缀。不仅可以出现在名词上，还可以出现在量词、代词、形容词、动词和副词上，语义也逐步泛化虚化。以下是几种常见的带"儿"的小称形式。

一　名词+儿

带"儿"的词语以名词性的占绝大多数，其词根也以名词占多数。根据词根性质的不同，"儿"在此种结构中的功能大体上可以分为以下几类。

(一) 第一类：名词+ (实义的) 儿

指称生物体的后代，可以是人类的孩子、动物的幼崽，也可以是植物的幼芽。这种结构中，"儿"是实词。分别举例如下。

（1）"人名+儿"，指称这个人的孩子（不论男孩女孩）。若不知道孩子的名字，但知道其父母的名字，可以用其父母名后加"儿"来指称。如：胜海儿（注：胜海的孩子）、昆崇儿（注：昆崇的孩子）。

（2）"动物名词+儿"，指称动物的幼崽，如：牛儿、猪儿、狗儿、鸡儿、鸭儿、鹅儿。

（3）"植物名词+儿"，指称新长出的或未成熟的幼苗。如：菜儿：菜秧；芋头儿：小芋头，相对于"芋头嫲"；荔枝儿：刚长出来的小荔枝；金瓜儿：刚长出来的小南瓜。

但"木儿、竹儿"除了指称那些未长大的小树、竹子外，也指那些本身品种长不大的树木或竹子。

这类词语中，"儿"表后代，也表形体上的小。

（二）第二类：名词＋（虚化的）儿

此时的"儿"没有词汇意义，只有语法意义，作为名词小称的标记。与原词不形成对举的关系，去掉"儿"也不影响其基本含义。分别举例如下。

（1）"人名＋儿"，用来指称这个人。这种形式与上述第一类第一条的形式相同，但表达功能完全不同，此时"儿"没有实际意义，只有附加意义。这种用法一般在少年同伴间使用，表亲昵、随意。如：

我搂秋梅儿同徒去学校。我和秋梅作伴去学校。

蓝儿担菜去卖了。姓蓝的那个人挑菜去卖了。

（2）"称谓名词＋儿"，这种形式在指称长辈和晚辈时都可用，主要表亲昵、表随意。如：

婆太儿（太奶奶）、五婆儿、三叔儿、八婶儿、六姑儿、大哥儿、三弟儿、老妹儿等。

上述的"婆太、五婆、三叔、八婶"等可附加"儿"的用法，细究起来，可能最开始是因其排行与同辈老大相比为"小"而得名的，后来习惯成自然就都这么叫开了。而"大哥"后附加"儿"的用法，大概是大人在开始教孩子称呼孩子的大哥时先用，这个"大哥"显然比说话人辈分要低，所以加上"儿"。这种用法在大人称呼孩子时用得较多，孩子直接称呼自己的大哥时倒很少用。

但下列的用法则完全没有表"小"的意思了。"老豆儿、老母儿"主要用于背称，"公老儿、婆老儿"面称背称均可，相当于普通话的"老头子、老太婆"，大人用表亲昵，但小孩用含不敬之意。

（3）"职业身份名词＋儿"，主要表轻视。如：

渠啱系只干部儿。他只不过是个小干部。

做只老师儿有乜嘢架势？当个小老师有什么了不起的？

（4）"器具物品名词＋儿"，表小称意义。这种"小"可以是与同类相比为"小"，也可以是与原词相比为"小"。如：

屋儿、路儿、门儿、碗儿、勺儿、柜儿、凳儿、台儿等，均指在同类物品中尺寸较小的那种。

其中"鞋儿、袜儿、床儿等"此类词语专指婴幼儿用品。

值得一提的是，这类"名词+儿"结构，还可同时在前面附加"细"字，表体型更小的。如：细依儿、细牛儿、细碗儿、细勺儿、细桶儿。

（三）第三类：可单用的名词+儿

有些可以单用的名词，后附加"儿"表特指某物，从而使带"儿"的词与原词在概念上构成上位与下位的关系。如：蒜儿：青蒜；萝卜儿：①小萝卜②萝卜干；豆儿：黄豆；袋儿：衣服口袋；煲儿：瓦煲；豆腐儿：豆腐泡；银儿：硬币；刀儿：小刀。

（四）第四类：时间名词+儿

"时间名词+儿"可表时间的短暂或距说话时的时间短，语气较委婉。如：

头先儿吤你又冇去？刚才叫你怎么不去？

啱儿有人揾你。刚才有人找你。

二 代词+儿

此种用法表数量少、范围窄、分量轻，语气比较委婉。如：

我自己儿去。我自己一个人去。

你几时儿来？你什么时候来？

渠做得点样儿了？他干得怎么样了？

渠噉样儿讲话！他那样子说话！

三 动词+儿

"儿"一般不直接附加于动词后。带"儿"的词语的词根主要是以名词为主，有一部分动词附加"儿"后变换词性，能转化为名词。如：乞儿：乞丐；白拈儿：小偷；发瘟儿（骂詈语）：坏人。(年纪可大可小)。

多数动词不直接附加"儿"，须带上动量词"下"。

四　形容词 + 儿

平南粤方言中的"儿"可以附加在单音节或双音节形容词后，用途极为广泛。

（一）A + 儿
形容词后直接附加"儿"，此时的形容词不仅词形变了，连词性也变了。作名词用，指称具有这种性质的事物。如：

烂儿：小烂仔；臭儿：名声极臭的小孩；□□lɐk$^{3-2}$t^{h}ɐk^{3}儿：性情古怪的小孩；□□k^{h}ɐk$^{3-2}$ku^{33}儿：脾气暴躁的小孩。

（二）AA + 儿
单音节形容词重叠后附加"儿"，比不附加"儿"程度有所减轻，语气较委婉，但比用单个形容词的程度有所加强。如：

你慢慢儿吃！你慢点儿吃！
你好好儿讲！你好好地说！
你快快儿来！你快点来！

（三）程度副词 + A + 儿
"儿"实际上是对程度副词的再修饰。有两种情况：一是"好 + A + 儿"，表程度较深，意为"挺××的"；二为"（啳）噉 + A + 儿"，表程度较浅，意为"这么××"或"才这么点儿××"。如：

好高儿：挺高的、噉高儿：才这么点儿高；好长儿：挺长的、噉长儿：才这么点儿长；好少儿：挺少的、噉少儿：这么少；好瘦儿：挺瘦的、噉瘦儿：这么瘦；好厚儿：挺厚的、噉厚儿：才这么厚。

只妹儿好小条儿！这姑娘挺苗条的！
天好冷儿！天气挺冷的！

五　副词+儿

能附加"儿"的副词不多,常用的是表示程度轻微、时间短暂的几个副词。

(一) 时间副词+儿
"时间副词+儿"可表时间的短暂,语气较委婉。如:
渠<u>嚟时儿</u>来呢睇睇。他偶尔来这儿看看。

(二) 程度副词+儿
"程度副词+儿"可表程度轻微,"程度副词重叠+儿"表程度更加轻微。如:

<u>啱儿</u>够高。刚好够高。
<u>啱啱儿</u>够高。刚刚好(勉强)够高。
杯糖水<u>微微儿</u>甜。这杯糖水只稍微有点儿甜。
银纸□□<u>kɐn³¹kɐn³¹儿</u>够使。钱刚刚好够用。

六　数词+儿

(一) 单音节数词+儿
此结构中的数词不表数量,而是作为名词使用,通常用来指称人名。如:(阿)三儿:阿三;(阿)六儿:阿六;(阿)十儿:阿十。

此时的"三""六""十"都不作数词用,而代指那个排行第三、第六和第十的人,实际上是"阿三儿""阿六儿""阿十儿"的省略,相当于北京话的"小三子""小六子"之类的词语。

(二) 双音节数词+儿
"双音节数词+儿"的结构实际上是"双音节数词+量词+儿"结构的省略,不一定表示客观上的数量少,只表示了说话者主观上认为少或者特意缩小的意图。如:

今日又收入两百儿。今天又赚了两百块钱。(但不多!)

渠架车可能值四万儿。他那辆车可能值四万块钱。(不会太多!)

七　量词＋儿

事实上，平南粤方言中的"儿"不直接修饰量词，主要修饰前面的数词，表主观上认为数量少、分量轻。根据量词性质的不同，分为两类。

(一) 第一类：名量词＋儿

"名量词＋儿"，又根据数词的不同，可分以下几种形式。

(1) 数词为"一"时，"一"的读音由 jet^4 弱化为 a^{33}，而更多的情况下是干脆省略数词形式，以"量词＋儿"的形式出现。如：(一) 只儿：一只；(一) 条儿：一条；(一) 阵儿：一阵子；(一) 担儿：一担子；(一) 对儿鞋：一双鞋子；(一) 双儿袜：一双袜子；(一) 里儿路：一里路；(一) 亩儿田：一亩田；(一) 身儿衫：一套衣服；(一) 餐儿菜：够吃一顿的菜；(一) 碗儿饭：一碗饭；(一) 杯儿水：一(小)杯水。

值得一提的是，在"量词＋儿"的结构中，这两个成分不构成双音节词，因为量词是和前面的数词构成双音节或多音节词语，是词语的后字，因此不必遵守连读变调的规则。如"杯儿水"中作量词的"杯"和在"杯儿"中作名词时的调值是不一样的。"杯 pui$^{553-33}$ 儿 ɲi^{553}"是双音节词，"杯"作为双音节词的前字连读时声调要从 553 变为 33，而"杯儿水"中，"杯"前面有"一"，虽然不说，但说话人和听话人双方都明白，此处的"杯"是词语"一杯"的后字，不变调。所以，类似的结构母语人从声调上可以很容易就分出该语素在结构中是作名词还是作量词用。

(2) 数词为单音节词时 (指"半、二至十的数词、廿、卅、百、千、万"等)，数词和量词都不能省，数词和量词才能组成双音节的结构。如：五只儿，三文儿，十条儿，八个儿。两间儿屋：两间屋子；三斤儿米：三斤米；两脱儿衫：两套衣服；三堆儿谷：三堆谷子；半屋儿番薯：半屋子的红薯；两袋儿米：两袋米。

(3) 数词为双音节词时,量词可省,表现为"数词+儿"形式,如:两百(文)儿,四万儿。

(二) 第二类:动量词+儿

(1) 除了表示数量少,还表示动作轻微、持续的时间短。如:去一轮儿:去一次;行两van³³儿:走两圈;踢阿脚儿:踢一脚;吃啖儿:吃一口。

表短暂的动量词"动词+(一)下+儿"是最常用的结构,如:坐下儿:坐一会儿;睇下儿:看一会儿;宕下儿:玩一会儿。

你落来行下儿先。你先下来走一会儿。

(2) 动词甚至可以在前有形容词修饰的情况下后附加"儿",此时"儿"修饰的是整个词组。如:

条大裤好穿下儿嘓!这条裤子穿起来挺舒服的!

豆角叶都好吃下儿嘓!豆角叶也挺好吃的!

综上所述,小称词缀"儿"在平南粤方言里的基本意义是表"小"。从原来表有生命度的人或动物的"幼崽"先扩展到零生命度的名物,然后进一步扩展到表状态、表程度的形容词和副词上,并延伸出表"细小、轻微、短暂、委婉"等附加意义。"儿"所表示的"仔""崽"与母体相对为小。有意思的是,似乎平南人给无生命的客观事物也赋予了生命的特征。客观事物虽无生命,但小号的事物与普通型号的相比,其仍为小,仍可以看作普通事物儿辈的"仔""崽"。

第 七 章

AB 式状态形容词

第一节 AB 式状态形容词的类型

刘村汉、肖伟良（1988）撰文介绍过平南粤方言形容词的多种重叠式，引起学界的广泛关注。其实，平南粤方言形容词还有一种比较常用的 AB 式，刘、肖文中没有提及。这里所说的形容词 AB 式，是指由一个单音形容词 A 后附一个语素 B 的构式。B 可能是实语素，也可能是虚语素。AB 式形容词具有极强的描述性和生动性，同时表达了说话人浓烈的感情色彩，属于状态形容词。本章将对这种 AB 式形容词的类型、特点及语法功能进行描写和讨论。

平南粤方言形容词 AB 式由单音节形容词 A 附加单音节成分 B 组成。其中 A 是中心语素，有明确的意义。根据 B 成分的性质特点，这类形容词可大致分为三种类型。

一　B 为成词语素

B 成分可以单说单用，有比较明确的意义。具体又可以根据 B 成分的性质分 3 小类（不能用汉字表示的音节用□表示，下同）。具体如表 7-1 至表 7-3 所示。

这 3 种 AB 式结构中，A 都是中心语素，B 语素补充说明 A 所达到的程度或描绘 A 所呈现的性状。因此笔者认为 A 与 B 构成的是述补式结构的合成词。但不可否认，部分 B 语素在进入 AB 式结构中，与单说相比词义有不同程度的虚化。

表 7-1　　　　　　　　　　　B 为名词性语素

丑鬼 tsʰɐu³³kɐi³³：很丑，丑得像鬼一样	瘦蜢 sɐu³⁵maŋ³³：很瘦，瘦得跟蚱蜢一样
阔网 fut⁴mɔŋ²³/pʰɔŋ²³：很宽，宽得像网一样	深□sɐm⁵⁵³kʰɔm³²：非常深（kʰɔm³²：坑）

表 7-2　　　　　　　　　　　B 为动词性语素

曲拗 kʰok⁴ŋau³³：弯得像被拗过一样	浼撑 vɔ³⁵ɬɐŋ³⁵：脏兮兮的
皱绷 ȵɐu³⁵pɐŋ³³：皱巴巴的	短□tun³³tsʰɐŋ³⁵：短得像缩起来一样（tsʰɐŋ³⁵：从下往上收缩）
热□ȵit³fɐk³：热到汗流浃背（fɐk³：拂，甩打）	浼□vɔ³⁵ɬak²⁴：很脏，很乱（ɬak³⁵：弄脏）

表 7-3　　　　　　　　　　　B 为形容词性语素

咸苦 ham³²⁻²²fu³³：咸到苦	咸□ham³²kɐt³¹：很咸，咸到涩（kip⁴：涩）
隘瘪 ai³⁵mɛt²⁴：窄得像瘪了一样	扁瘪 pɛn³³pɐt³¹：扁得像瘪了一样
□□lɐn²³pʰɔŋ³²指"满到溢出来"	

二　B 为同音语素

B 成分单说有义，但与 A 成分联系不紧密，疑仅为 B 的同音语素。如表 7-4 所示。

表 7-4　　　　　　　　　　　B 作同音语素

稀□hi⁵⁵³pʰaŋ⁵⁵³：（粥）十分稀，看不到米粒（pʰaŋ⁵⁵³分出，匀出）	空□hoŋ⁵⁵³pʰaŋ⁵³：空空的没有东西（pʰaŋ⁵³分出，匀出）
臭□tsʰɐu³⁵pʰaŋ⁵⁵³：很臭（pʰaŋ⁵⁵³：分出，匀出）	腥□ɬɐŋ⁵⁵³pʰaŋ⁵⁵³：非常腥臭（pʰaŋ⁵⁵³：分出，匀出）
嘈□ɬɐu³²tsʰɐm³²：十分嘈杂（tsʰɐm³²：沉）	响□hiaŋ³³tsʰɐm³²：非常响亮（tsʰɐm³²：沉）
浊□tsɔk³¹ŋɐk⁴：（水）非常混浊（ŋɐk⁴：哄骗）	饱□pau³³ŋɐk⁴：非常饱（ŋɐk⁴：哄骗）

三 B 为不成词语素

B 成分不能单说或不表实义，仅作黏着语素，如表 7–5 所示。

表 7–5   B 作黏着语素

光堂 kɔŋ^{553} tʰɔŋ^{23}：十分明亮，亮堂堂的	乱糟 lun^{31} ɬɐu^{32}：乱糟糟状
香喷 hiaŋ^{553} pʰɐn^{35}：非常香	空寥 hoŋ^{553} liau^{53}：十分空，没填满
辣□ lat^{31} hɔm^{553}：非常辣，辣得直哈气	滚□ kɐn^{33} hɔm^{553}：滚烫滚烫的，热气腾腾
甜□ tʰim^{32} ɬɔm^{23}：非常甜，甜丝丝的	凉□ liaŋ^{32} ɬɔm^{23}：十分凉，凉丝丝的
重□ tsʰoŋ^{23} nɐk^{3}：十分重	淡□ tʰam^{23} sɔt^{31}：淡得一点儿味道都没有
花□ fa^{553} lɐŋ^{553}：花花绿绿状	红□ hoŋ^{32} lɐŋ^{553}：非常红
黑□ hɐk^{4} lui^{553}：黑黝黝的，像要流油	肥□ fi^{32} lui^{553}：肥得流油
暖□ nun^{23} nɐp^{4}：十分暖和	嫩□ nun^{31} nɔp^{4}：非常水嫩
高□ kɐu^{553} ŋɔŋ^{553}：高而耸着状	长□ tsʰiaŋ^{32} nɔi^{32}：十分长状
□□ nɐu^{32} nɔk^{24}：（汤水等）十分浓稠	□□ kʰɐt^{3} nɔk^{24}：稠到凝结成团
□□ ȵɐu^{553} ȵɐŋ^{35}：（糯米团等）十分黏	□□ ȵap^{35} ȵɐŋ^{553}：十分毛糙，不顺滑
□□ jɐi^{35} pat^{31}：水多使稀烂不成形	□□ jɐi^{35} mat^{24}：水分太多使东西变烂
□□ nɐm^{32} pɐt^{31}：软烂到不成形	□□ nɐm^{32} pɔŋ^{35}：非常松软
□□ ȵoŋ^{33} ȵau^{31}：十分拥挤	□□ ȵun^{33} ȵat^{31}：（刀刃）十分钝

这类 AB 式结构中，A 与 B 构成的是派生式合成词。

第二节 AB 式状态形容词的特点

平南粤方言的 AB 式双音状态形容词的特点体现在它的结构方式、语义关系、扩展方式和句法功能上，下面分别说明。

一 结构特点

平南粤方言的 AB 式双音状态形容词，大部分由单音形容词 A 后附一个单音节成分 B 组成。若 B 成分单说有义，A 与 B 构成述补式结构。中心成分在前，饰补成分在后，如："咸苦：很咸，咸到苦""肥 lui^{53}：肥得流油"。若 B 成分无实义，则与 A 构成派生式结构，如"光堂""乱糟"。从构词素性排列看，AB 结构可以是"形素 + 名素""形素 + 动素""形素 + 形素""形素 + 词缀"。从本书搜集的 114 个例词看，"形素 + 词缀"结构最多，约占 75%；"形素 + 名素"和"形素 + 动素"结构的分别约占 8% 和 13%；"形 + 形"结构最少，只占约 4%。这与（普通话）的情况很不一样。现代汉语（普通话）的双音节形容词 67% 是由"形 + 形"组合成的，"形 + 名"或"形 + 动"组成的形容词，数量较少，"形 + 缀"的例子更少（宛春法、黄昌宁，1998）。

从搭配关系看，A 和 B 大多是一对一的关系，小部分是一对多的关系，即相同的 A 可以后附不同的 B，不同的 A 也可以后附相同的 B，如表 7-6 所示。

表 7-6　　　　　　　　　　A 和 B 的搭配关系

湿□sɐp^{4}ŋak^{24}：湿漉漉状	湿□sɐp^{4}pat^{31}：很湿	湿□sɐp^{4}pɛt^{31}：很湿
甜□t^{h}im^{32}ɬɔm^{23}：很甜	凉□liaŋ^{32}ɬɔm^{23}：很凉	
稀□hi^{553}p^{h}aŋ^{553}：（粥）很稀	空□hoŋ^{553}p^{h}aŋ^{553}：空空的，没有东西	臭□ts^{h}ɐu^{35}p^{h}aŋ^{553}：很臭
腥□ɬeŋ^{553}p^{h}aŋ^{553}：很腥臭	noŋ^{553}p^{h}aŋ^{553}：焦得很厉害，有很浓的焦味	

二　语义特点

平南粤方言 AB 式双音状态形容词的结构中，A 是形容词性语素，单说有义。小部分 A 不能用汉字写出，但单说也是有义的，如表 7-7 所示。

表 7-7

ŋap^{35}ŋɐŋ^{553}：十分毛糙，不光滑；（食物）很粢	ŋap^{35}：粗糙	好 ŋap^{35}：很粗糙
nɐm^{32}pou^{35}：非常松软状	nɐm^{32}：软	好 nɐm^{32}：很软
jɐi^{35}pat^{31}：水分多使稀烂状	jɐi^{35}：烂	好 jɐi^{35}：很烂

从 A 与 B 的语义关系看，不管形容词 A 后附何种性质的 B 音节，A

都是中心成分，B 都是饰补成分。AB 表示的是"非常 A""很 A""A 得像 B 那般""像 B 那么 A"。B 补充说明 A 所达到的程度或描绘 A 所具有的性状，如表 7-8 所示。

表 7-8

| 黑墨：黑得像墨一样，像墨那样的黑 | 阔网：非常宽，宽得像网一样 |
| 花 lɐŋ⁵⁵³：花花绿绿状 | 软 tɛp³¹：非常软，软而无力状 |

这种后成分对前成分的修饰顺序与现代汉语的双音节状态形容词类（"雪白""火红"）正好相反。这种对汉语而言属逆向的修饰顺序并非汉语固有，而是侗泰语所固有（邢公畹，1982）。

在表达的程度上，AB 式比 ABB（很 A）和 AA（有点 A）的程度都要高。例如：

呢菜咸：这菜咸；

呢菜咸咸呢：这菜只有一点咸（偏淡）；

呢菜咸 kɛt³¹kɛt³¹：这菜很咸；

呢菜咸 kɛt³¹ 去：这菜非常咸，咸到涩。

这一点与现代汉语的 BA 式状态形容词相似。现代汉语的 BA 式状态形容词在量级上也是要高于 ABB 式的（姚占龙，2010）。

AB 式状态形容词除了具有极强的形象描绘性外，还附带着说话人强烈的感情色彩。因其本身含"太""过于""极"义，所以常用来表达负面的情绪，表正面情绪的较少。如：

件衫长 nɔi³² 去：这件衣服太长了（长长的往下垂吊状，不合体）；

只面青卑去：这张脸灰白灰白的（没有一点血色状，病态的，不招人喜欢）；

呢菜嫩 nɔp⁴ 去：这些菜水嫩水嫩的（招人喜欢）。

三 扩展特点

平南粤方言 AB 式双音状态形容词的扩展形式只是 B 成分的重叠，而不是整个词的重叠，即可以扩展成 ABB 式，但不能扩展成 ABAB 式，如表 7 - 9 所示。

表 7 - 9

A	AB	ABB	ABAB（×）
黑	黑墨	黑墨墨	黑墨黑墨
稀	稀 pʰaŋ⁵⁵³	稀 pʰaŋ⁵⁵³⁻³³ pʰaŋ⁵⁵³	稀 pʰaŋ⁵⁵³ 稀 pʰaŋ⁵⁵³
ȵɔŋ³⁵	ȵɔŋ³⁵ 绷	ȵɔŋ³⁵ 绷绷	ȵɔŋ³⁵ 绷 ȵɔŋ³⁵ 绷
ȵap³⁵	ȵap³⁵ ȵɐŋ⁵⁵³	ȵap³⁵ ȵɐŋ⁵³⁻³³ ȵɐŋ⁵³	ȵap³⁵ ȵɐŋ⁵⁵³ ȵap³⁵ ȵɐŋ⁵⁵³

这与现代汉语的"通红""冰凉"类双音节状态形容词不同，这类形容词是可以由 BA 式重叠扩展为 BABA 式的，如"通红——通红通红""冰凉——冰凉冰凉"（朱德熙，1982；吕叔湘，1999）。

反而言之，平南粤方言大部分形容词的 ABB 式可以减省为 AB 式来使用。也就是说大部分的 AB 式的 A 可以同时构成 ABB 式形容词。但从使用频率来看，AB 式比 ABB 式更常用。

四 句法功能特点

平南粤方言的 AB 式状态形容词不受程度副词"好""很""十分""非常"的修饰，这是状态形容词的一个重要的特点。张国宪（2007）认为，汉语状态形容词的基本句法功能是作谓语和状语，非基本句法功能是作定语和补语。平南粤方言 AB 式状态形容词主要的句法功能是作谓语和补语，作定语和状语的情况不多，但可以单独成句。

1. 作谓语

嗰眼屋<u>光堂</u>去 kɔ³³ ŋan³³ ok⁴ kɔŋ⁵⁵³ tʰɔŋ²³ ui³³：这间屋子亮堂堂的。

呢菜老 mɐŋ³⁵ 去 nɛ⁵⁵³ tʰɔi³⁵ lɐu²³ mɐŋ³⁵ ui³³：这些菜很老！

有时为了突出谓语表示的意义，也可以把谓语提前。如：

<u>生 kɐŋ³³</u> 去嗰呢石榴 saŋ⁵⁵³ kɐŋ³³ ui³³ kɔ³³ nɛ⁵⁵³ sek³⁻² lɐu³²：生生（硬硬）的这些石榴。

<u>滚 hɔm⁵³</u> 去嗰呢粥 kɐn³³ hɔm⁵⁵³ ui³³ kɔ³³ nɛ⁵⁵³ tsok⁴：滚烫滚烫的这些粥。

2. 作补语

做乜嘢整得只手<u>黑墨</u>去 ɬu³⁵ mɐt⁴ ȵɛ²³ tsɐŋ³³ tɐk⁴ tsek⁴⁻³ sɐu³³

hek⁴ mɐk³ ui³³：做什么弄得这只手黑乎乎的？

渠搞得呢嘢<u>乱 pʰaŋ³²</u>去　kʰui³² kau³³ tɐk⁴ nɛ⁵⁵³ ȵɛ²³ lun³¹ pʰaŋ³² ui³³：他搞得这些东西乱糟糟的。

3. 作定语

<u>咸 kɛt³¹</u>嘅菜点吃得落　ham³² kɛt³¹ kɔ³³ tʰɔi³⁵ tim⁵⁵³ hek⁴ tɐk⁴⁻³ lok³¹：咸到涩的菜怎么吃得下？

<u>肥 lui⁵³</u>嘅人都怕冷　fi³² lui⁵⁵³ kɔ³³ ȵɐn³² tu⁵⁵³ pʰa³⁵⁻³³ laŋ²³：肥得流油的人也怕冷！

4. 少数可作状语

<u>长 nɔi³²</u>去吊落来　tsʰɛŋ³² nɔi³² ui³³ tiu³⁵ lɔk³¹ lɔi³²：长长地吊下来。

5. 单独成句

AB 式状态形容词加上语气助词"去"表示"A 极了"。

今日出热头，<u>暖 nɐp⁴</u>去　kɐm⁵⁵³⁻³³ mɐt³ tsʰɐt⁴ ȵit³⁻² tʰɐu³², nun²³ nɐp⁴ ui³³：今天出太阳，暖和极了。

呢越眼够熟了，<u>甜 ɬɔm²³</u>去　nɛ⁵⁵³ jut³⁻² ŋan²³ kɐu³⁵⁻³³ sok³ liu²³，tʰim³² ɬɔm²³ ui³³：这些龙眼够熟了，甜极了。

第三节　AB 式状态形容词的来源

　　从汉语发展史来看，先秦汉语的 AB 式双音状态词似乎是由两个词素构成的。但这些词主要是联绵词，两个音节是不可分割的，如"参差""滂沱"等（杨建国，1979）。余忠（2010）认为，古汉语状态形容词的典型形态特征是重叠式和附加式，而附加式中的后附加则主要通过附加几个固定的词尾"然、如、尔、若"等构成。现代汉语双音节状态形容词绝大部分是偏正结构的 BA 式，带后缀的状态词则以 ABB 式（朱德熙，1956、1982；吕叔湘，1999；李晓希，2014）。早期粤方言形容词附加式以 ABB 式为主，也有少量的 BBA 式和 ABb 式。虚语素一般以重叠的形式出现，如"青卑卑""光撑撑""窄啮啮""疏 lak kwʰak"（郭必之，2012）。今天的粤方言，也鲜有关于 AB 式双音状态形容词的介绍。凡此种种，似乎表明状态形容词的 AB 构式并非方言自身固有的。那么，平南粤方言状态形容词的这种 AB

式是如何产生并得以发展的呢？

戴庆厦（1990）、袁家骅等（2006）曾认为，粤方言中出现了一些不同于其他汉语方言的特点，可能是受壮侗语影响所致。欧阳觉亚（1995）、陈忠敏（2007）也认为，粤方言中一些特殊的语言现象，与壮侗语底层有关。另外一些学者（李锦芳，1990a、1990b；谢建猷，1994；蓝庆元，2003；蒙元耀，2011）则用具体的语言现象阐述了壮侗语对广西汉语方言的影响。既然如此，就有必要联系状态形容词AB式在壮侗语的表现来讨论这个问题。

一 结构的来源

笔者观察到，这种AB式的双音状态形容词，在壮侗语中是很普遍的现象。壮语（覃国生，1981；梁敏，1982）、布依语（蔡吉燕，2016）、傣语（刀承华，1984；罗美珍，2008）、侗语（石林，1985）、水语（冯英，2007）、毛南语（魏琳，2015）等语言中都有这样的构式。表7-10是民族语中单音形容词后附一个或两个成分的例子（所标声调为调类）。

表7-10　　　　　　　民族语中单音形容词后附成分示例

	AB式	ABB式
壮语	dam¹ det⁷ 漆黑	dam¹ det⁷ det⁷ 黑漆漆的
	黑	黑
	hau¹ ŋaːu⁵ 很臭	hau¹ ŋaːu⁵ ŋaːu⁵ 臭极了
	臭	臭
布依语	lap⁷ liːn² 黑漆漆	ɗoŋ⁴ kaŋ⁴ kaŋ⁴ 硬邦邦的
	黑	硬
	ŋam⁴ ŋa⁵ 傻傻的	maːn⁶ zaːt⁸ zaːt⁸ 辣乎乎的
	傻	辣
傣语	lam⁶ lit⁷ 很黑	lɔn¹ pop⁷ pop⁷ 白生生的
	黑	白
	ləŋ¹ lə⁵ 黄黄的	dɛŋ¹ tən² tən² 红红的
	黄	红

续表

侗语	həm⁴ hut⁹ 很黑	həm⁴ hut⁹ hut⁹ 黑极了
	黑	黑
	həm³ tjat⁹ 很酸	həm³ tjat⁹ tjat⁹ 酸极了
	酸	酸
水语	daːŋ¹ tʰeːŋ³ 很亮	daːŋ¹ tʰeːŋ³ tʰeːŋ³ 亮堂堂的
	亮	亮
	ti³ tiu⁵ 很小	ti³ tiu⁵ tiu² 小小的
	小	小
毛南语	kwa³ swan¹ 很白	faːn¹ ʔnwaːm³ ʔnwaːm³ 特别甜
	白	甜
	tun⁵ tut⁷ 较浊	maːn⁵ saːŋ⁵ saːŋ⁵ 辣乎乎的
	浊	辣

由上可见，平南粤方言状态形容词 AB 式与壮侗语状态形容词 AB 式从形式到扩展方式都很相似。那么，平南粤方言这种特征的出现和民族语到底有没有关系呢？为了弄清问题的实质，下面再来看看构词的成分。

二 语素的来源

观察发现，平南粤方言 AB 式双音状态形容词中相当部分构词成分，尤其是那些在本方言不能单说的成分，与壮语的相关语素有比较整齐的对应。如表 7–11 至表 7–12 所示。

表 7–11　　　　　　　　与壮语实语素的对应

平南粤方言	ɲoŋ hoŋ：蓬松杂乱	武鸣壮语	ɟoŋ：蓬乱（草、头发等松散杂乱）
	kʰɐt nɔk：稠到凝结成团状		kɯt：稠
	ɲɔːŋ 绷：很韧		jaːŋ：韧

续表

平南粤方言		武鸣壮语	
	lɐn pʰoŋː满到溢出来		ranː满
	重 nɐkː很重		nakː重
	淡 sotː淡而无味		çitː淡（不咸）
	硬 kɐŋː硬邦邦的		kjeːŋː硬
	咸 kɛtː咸极了		keːtː烈（酒）
	湿 patː很湿		baiː湿
	滑 lut⁴ː很滑溜		ɣauː滑溜
	深 kʰɔmː很深		kumː坑
	实 tekː很结实		ʔdatː紧
	nɐm poŋː很松软		namː柔软；ʔboŋː松软
	ɲoŋ ɲatː熙熙攘攘，十分拥挤状		ʔdatː拥挤
	花 lɐŋː花花绿绿的	马山壮语	laːŋː（花）开放；开
	肥 luiː肥得流油		luiː流
	湿 ɲakː湿漉漉的		çak/jaːkː滴
	空 pʰaŋː空空的		haŋː空空的

注：武鸣壮语语料来自广西壮族自治区少数民族语言文字工作委员会编《广西民族语言方音词汇》，民族出版社 2008 年版；马山壮语语料由蒙元耀提供。

表 7–12　　　　　与壮语虚语素的对应

平南粤方言		马山壮语	
	暖 nɐp/nɐpː十分暖和		rau rup/rupː暖洋洋的
	嫩 nɐp/nɐpː非常水嫩		ʔoi noːp/noːpː水嫩嫩的
	幼 meŋ/meŋː非常细小		i neːŋ/neːŋː细细小小的
	甜 ɬum/mɔtː甜丝丝的		waːn θum/θumː甜丝丝的
	凉 ɬum/mɔtː凉丝丝的		liːŋ θum/θumː凉丝丝的
	远 nau/nauː远迢迢的		kjai niːu/niːuː路途遥远
	轻 meŋ/meŋː轻飘飘的		ʔbau ʔbeːŋ/ʔbeːŋː轻飘飘的
	浓 ɲat/ɲatː非常浓密状		ɲa ɲaːt/ɲaːtː林木浓密
			ɲaŋ ɲaːt/ɲaːtː杂草丛生

注：马山壮语语料由蒙元耀提供。

从构词方式和构词成分的比较来看，平南粤方言状态形容词的 AB

式与壮侗语状态形容词的 AB 式有许多相似的地方。因此，笔者初步推测，平南粤方言双音状态形容词的 AB 构式的出现和发展可能是受壮侗语底层影响所致。

第四节　AB 式状态形容词的类型学意义

郭必之（2012）认为，南宁粤方言因受壮侗语的影响，使原来的 ABB 式结构变得活跃而能产，尽管如此，但类型不会发生改变，AB 式结构不会因此而被引进。平南粤方言状态形容词 AB 式似乎恰好提供了一个反例。而且这种例证不止平南一处存在，其他方言点亦有出现（见表 7–13 至表 7–15）。

表 7–13　　　　　　　　广西廉州方言（粤方言钦廉片）

红 tɐm^{33}：红透	湿 put^{11}：湿透
黄 ʃæm^{33}：黄生生的	

资料来源：蔡权《廉州方言形容词的特殊形式及其用法》，《方言》1990 年第 4 期。

表 7–14　　　　　　　　灌阳观音阁土话（桂北平话）

咸苦□xan^{22} xe^{33} kuai^{22}：太咸了	辣巴去 la^{41} pa^{53} xe^{24}：辣极了
硬□□ŋia^{41} k^{h}ei^{53} kuai^{22}：太硬了	醉傻去 tsuei^{24} xa^{33} xe^{24}：烂醉
光□□kɔŋ^{53} liao^{24} kuai^{22}：太光亮了	白雪去 p^{h}a^{41} suei^{35} xe^{24}：白极了
黑黢□xai^{35} ts^{h}uei^{35} kuai^{22}：太黑了	红腥去 xaŋ^{22} sin^{53} xe^{24}：红极了

资料来源：白云《桂北平话与推广普通话研究——灌阳观音阁土话研究》，广西民族出版社 2005 年版。

表 7–15　　　　　　　　宾阳新桥平话（桂南平话）

肥 loŋ^{55}：形容很胖	腥 p^{h}aŋ^{35}：形容气味很腥
瘦 ke^{35}：形容很瘦	细 neu^{55}：形容人或物体很小

续表

长 lɐŋ²¹³：形容很长	利 ʃam⁵⁵：形容刀很锋利
团 təm²²：形容很圆	扁 pa⁵⁵：形容很扁

注：宾阳新桥平话语料由覃东生博士提供。

也就是说，南方少数民族语言和汉语方言中都存在状态形容词的 AB 构式。但从目前的语料来看，这种特征在汉语方言中属于零星分布，而在民族语中却是普遍分布。

结　　语

平南县在明清以前主要是壮人和瑶人的居住地，通行的语言主要是壮语和瑶语。明清以后，随着广东商人的入迁，粤方言也随之被带来，并逐渐发展成为全县通行的方言。平南粤方言在不断发展稳固的过程中，也吸收着来自其他语言的特征。这些特征可能是通过语言借用的方式进入的，也可能是被转用的语言留存的。不管是哪种方式，都是造成平南粤方言目前的方言特征模糊、方言界限不清的重要因素。

语音上，可以从一些常用词看出与古壮侗语的对应关系，如下表所示。

	点头	烦闷	热/烫
武鸣壮语	ŋap	iaːp	nat
平南粤方言	ŋek	ȵap	nat

词汇上，也可以看出平南粤方言与壮侗语千丝万缕的关系，如 AB 式的状态形容词，不管是构词方式还是构词语素都可以看出壮侗语留下的痕迹。

作为粤方言的一个地方变体，平南粤方言除了继续保存粤方言的基本特征，如入声保存完好，常用词保留单音节词的特点，如"行""徛"。此外，还由于周围语言环境的影响，发展出不同于广州话的地域特点。和广州话相比，平南粤方言有边擦音 ɬ 和舌面前鼻音 ȵ。虽然都有 ŋ，但来源不完全一致。在韵母上最大的不同是平南粤方言没有前圆唇元音 y 系、œ 系和 ø 系。广州话的这三个系所领的字在平南粤方言变成了 i 系、u 系和 ɐ 系的字。声调上的区别是平南粤方言的阳入可再分化，共十个声调，比广州话多一个。且平南粤方言读塞音、塞擦音的阳入能以送气与否作为区分声调的条件。

平南粤方言内部包含广府、邕浔和勾漏三个粤次方言。平南县城的粤方言会属于邕浔片，丹竹、大安两乡镇属于广府片，其余大部分乡镇及农村地区的粤方言属勾漏片。

平南县同时存在汉语粤、客、闽三大方言，粤方言是通用语言，语言的接触影响主流的发展方向是粤方言对客家方言、闽方言的强势渗透，但同时客家方言和闽方言对粤方言的影响也不能小觑。平南粤方言的一些语音特点在粤方言内部找不到来源，但却能在周边的方言里找到对应，如擦音在精组的扩散、止摄开口三等精组字的韵母读 u 等特征，都不是粤方言的普遍特点，但却能在闽方言里找到对应，说明平南粤方言的这些特点很有可能就来自闽方言的影响。由此也可以看出，虽然现在平南县的主流语言是粤方言，但早期，闽方言在当地也相当有势力。

平南粤方言两字组的连读变调有如下的特点：前字变调，后字不变；阴调类变阴调类，阳调类变新的调类；变调后的调值都比原调值低。具体规律如下：前字为阴平、阴去和下阴入的变为阴上 33，前字为上阴入的变成与阴上调值相当的短调 3；前字为阳平的变为新的次低平调 22，前字为上阳入的变为与阳平变调后调值相当的短调 2。前字为阴上、阳去和下阳入的不变调。前字为阳上的只有少数常用字变调，变调后的调值也是 22。总的来说，阴调类变成中平调，阳调类变成次低平调。

研究发现，这种"前变后不变"的变调模式是由于语言中前轻后重的语言节律特点造成的，这个特点会把所有置于两字组结构中前字位置的音节都变成轻读音节，所以遇上前字音节为高调或高升调时，要把调值降低，以符合轻音的要求。而处于这种结构中前字位置的中平、低降调之所以不变调，是因为这些声调本身的调值已经符合轻音的音高表现要求了，因此无须再做变化。

平南粤方言精组字声母读边擦音 ɬ 最初可能是古壮侗语的影响。ɬ 最开始存在于古心母字。后来，可能受到周边的闽、客方言里古心、邪母字都读擦音的特征的影响，邪母字也开始向心母字靠拢，进而也读 ɬ。又由于古从、邪母在粤方言系统中地位的相近性，使得边擦音 ɬ 继而向从母字发展，再向精母字发展，甚至有向古清母字发展的趋势。就形成了今天古精、从、心、邪母字以及部分古清母字的声母读边擦音ɬ的局面。归纳起来，边擦音ɬ在精组的扩散路线是：心→邪→从→精→清。

平南粤方言止摄开口精组字韵母读-u的现象，有两种可能：一是来自壮侗语底层的影响，二是来自闽方言的影响。

古全浊入的送气分调，不管是在粤方言中还是其他的汉语方言中，都是比较少见的。声学实验表明，平南粤方言的上阳入是一种弛化的音节，容易演变为送气音；而下阳入由于韵母元音及韵尾的特征使调型发生改变，容易演变为普通的嗓音。演变的过程可能先是主元音舌位高低的差异导致的声调的差别，这种差别累积起来最后导致调类的分化。下阳入音节在韵母主元音特征的影响下发展为低降调，低降加上不爆破的塞音韵尾的音节特征在发声时容易引起元音嘎裂，从而丢失了送气特征而演变为不送气音。所以，从表面上看是送气带来的分调，实际上可能是分调后才产生的送气与不送气的区别。

"儿"缀小称是平南粤方言最常用的一种小称形式，不仅结构类型丰富，语义功能丰富，音变形式也非常丰富。平南粤方言的小称词缀"儿"读单鼻音音节的现象正是粤方言小称发展从"儿"缀（尾）到变韵变调的中间环节，这个环节对证明粤方言的小称与吴方言的小称具有相同的发展道路是至关重要的，同时也为证明南方方言的"儿"缀小称的发展具有一致性提供了证据。"儿"从音节"ȵi"到m̩、n̩、ŋ̍的音变原因主要是音节中元、辅音协同发音的结果。在这些协同发音里，有的是发音方法的协同，如ȵi音节的元音脱落后，鼻音ȵ音变为鼻音m、n或ŋ的过程；有的则是发音部位的协同，如词干韵母为鼻韵尾或塞韵尾的，小称词缀"儿"的读音也相应地变为与前字韵尾同部位的鼻声化韵。

由于笔者水平及能力所限，很多问题仍然没有得到充分的研究，如平南粤方言与平南客家话、平南闽方言三种方言之间的关系如何？与壮侗语的关系如何？总之，涉及的很多问题都只是提出了一些粗浅的看法，尚需更进一步的研究。

参考文献

白云：《桂北平话与推广普通话研究——灌阳观音阁土话研究》，广西民族出版社2005年版。

北京大学中国语言文学系语言学教研室：《汉语方音字汇》，语文出版社2003年版。

闭克朝：《桂南平话的入声》，《方言》1985年第4期。

曹剑芬：《连读变调与轻重对立》，《中国语文》1995年第4期。

曹剑芬：《现代语音研究与探索》，商务印书馆2007年版。

蔡吉燕：《布依语词法研究》，博士学位论文，上海师范大学，2016年。

蔡权：《廉州方言形容词的特殊形式及其用法》，《方言》1990年第4期。

蔡培康：《武鸣壮话的连读变调》，《民族语文》1987年第1期。

陈保亚：《语言接触导致汉语方言分化的两种模式》，《北京大学学报》（哲学社会科学版）2005年第2期。

陈海伦、林亦主编：《粤语平话土话方音字汇》（第一编），上海教育出版社2009年版。

陈海伦、刘村汉主编：《粤语平话土话方音字汇》（第二编），上海教育出版社2009年版。

陈立中：《汉语方言声调送气分化现象初探》，《汉语学报》2005年第4期。

陈其光：民族语对中古汉语全浊声母演变的影响》，《民族语文》1999年第1期。

陈小燕：《广西贺州本地话的"－儿"尾》，《广西师范大学学报》（哲学社会科学版）2006年第1期。

陈小燕：《多族群语言的接触与交融——贺州本地话研究》，民族出版社2007年版。

陈忠敏：《语言底层残迹与百越民族文化》，载陈秋祥等主编《中国文化源》，百家出版社1991年版。

陈忠敏：《汉语方言连读变调研究综述（续）》，《语文研究》1993年第3期。

陈忠敏：《语言的底层理论与底层分析方法》，《语言科学》2007年第6期。

戴庆厦：《论语言关系》，《民族研究》1990年第2期。

刀承华：《傣语德宏方言中动词和形容词的双音节后附形式》，《民族语文》1984年第5期。

邓玉荣：《藤县方言两字组的连读变调》，第十四届国际粤方言研讨会暨第五届土话平话国际学术研讨会论文（桂林），2009年。

丁声树编录：《古今字音对照手册》，中华书局1981年版。

董同龢：《汉语音韵学》，中华书局2001年版。

冯英：《水语AB式形容词》，《南开语言学刊》2007年第1期。

［瑞典］高本汉著：《中国音韵学研究》，赵元任、罗常培、李方桂合译，清华大学出版社2007年版。

广西壮族自治区地方志编纂委员会：《广西通志·汉语方言志》，广西人民出版社1998年版。

广西壮族自治区少数民族语言文字工作委员会：《广西民族语言方音词汇》，民族出版社2008年版。

郭必之：《从南宁粤语的状貌词看汉语方言与民族语言的接触》，《民族语文》2012年第3期。

何大安：《送气分调及相关问题》，载詹伯慧主编《第二届国际粤方言研讨会论文集》，暨南大学出版社1990年版。

侯兴泉：《勾漏片粤语语音研究述评》，《桂林师范高等专科学校学报》2009年第3期。

侯兴泉：《勾漏片粤语的两字连读变调》，《方言》2011年第2期。

侯兴泉：《广东封开方言（开建话）声调实验研究》，载甘于恩主编

《南方语言学》(第四辑),暨南大学出版社 2012 年版。
黄格凡、黄勉兴:《贵港话同音字汇》,《桂林师范高等专科学校学报》2009 年第 3 期。
黄家教:《从"等"来看广州方言入声消失的迹象》,载黄家教等编《汉语方言论集》,北京语言文化大学出版社 1997 年版。
黄平文:《壮语连读变调探析》,《民族语文》2000 年第 5 期。
江永:《音学辨微》,商务印书馆 1940 年版。
蒋平:《荔浦方言的轻重音与连读变调》,《方言》2005 年第 3 期。
蓝庆元:《壮汉同源词借词研究》,中央民族大学出版社 2003 年版。
李锦芳 a:《论壮侗语对粤语的影响》,《贵州民族研究》1990 年第 4 期。
李锦芳 b:《粤语中的壮侗语族语言底层初析》,《中央民族学院学报》1990 年第 6 期。
李芒:《广西北流白话的变调》,《梧州学院学报》2007 年第 5 期。
李谱英:《玉林方言的声调及其变化》,《广西师范大学学报》(哲学社会科学版)1982 年第 3 期。
李荣:《音韵存稿》,商务印书馆 1982 年版。
李如龙:《论汉语方言语音的演变》,《语言研究》1999 年第 1 期。
李如龙:《汉语方言的比较研究》,商务印书馆 2001 年版。
李小凡:《汉语方言连读变调的层级和类型》,《方言》2004 年第 1 期。
李晓希:《BA 式状态形容词研究》,硕士学位论文,上海师范大学,2014 年。
李新魁:《论广州方言形成的历史过程》,《广州研究》1983 年第 1 期。
李新魁:《粤方言语音特点探论》,《广东社会科学》1990 年第 1 期。
李新魁:《近代汉语全浊音声母的演变》,《中国语言学报》1991 年第 4 期。
李新魁、黄家教等:《广州方言研究》,广东人民出版社 1995 年版。
李玉:《平南话中古精组诸母字的声母变异考》,载董琨、冯蒸主编《音史新论》,学苑出版社 2005 年版。
李玉:《平南话同音字汇》(上),《广西师范学院学报》(哲学社会科学版)2008 年第 4 期。

李玉 a：《平南话同音字汇》（下），《广西师范学院学报》（哲学社会科学版）2009 年第 1 期。

李玉 b：《石门客家话同音字汇》，《桂林师范高等专科学校学报》2009 年第 2 期。

梁驰华：《广西平南大新白话的儿尾》，载张洪年、张双庆、陈雄根主编《第十届国际粤方言研讨会论文集》，中国社会科学出版社 2007 年版。

梁敏：《壮语形容词、名词、动词后附音节的研究》，载《民族语文》编辑部编《民族语文研究文集》，青海人民出版社 1982 年版。

梁敏、张钧如：《侗台语族概论》，中国社会科学院出版社 1996 年版。

梁晓兰、唐七元：《桂平麻垌话单字调实验研究》，《宁夏大学学报》（人文社会科学版）2017 年第 5 期。

梁振仕：《桂南粤语说略》，《中国语文》1984 年第 3 期。

梁忠东：《玉林话的小称变音》，《广西师范大学学报》（哲学社会科学版）2002 年第 3 期。

林焘、王理嘉：《语音学教程》，北京大学出版社 1992 年版。

林亦、覃凤余：《广西南宁白话研究》，广西师范大学出版社 2008 年版。

刘春梅：《广西平南官成话古全浊入的送气分调》，《现代语文》（语言研究）2011 年第 6 期。

刘春梅：《平南话的"儿"尾小称》，《汉字文化》2012 年第 2 期。

刘春梅：《平南话词尾"儿"的音变》，《广西民族大学学报》（哲学社会科学版）2014 年第 2 期。

刘春梅：《平南白话的 AB 式状态形容词》，《民族语文》2017 年第 1 期。

刘村汉：《广西蒙山语言图说》，《方言》1985 年第 4 期。

刘村汉、肖伟良：《广西平南白话形容词的重叠式》，《方言》1988 年第 2 期。

刘磊：《广西勾漏片粤语语音研究》，硕士学位论文，暨南大学，2015 年。

刘镇发、张群显：《清初的粤语音系——〈分韵撮要〉的声韵系统》，载詹伯慧、伍巍、甘于恩主编《第八届国际粤方言研讨会论文集》，中国社会科学出版社 2003 年版。

陆志韦：《陆志韦语言学著作集》（二），中华书局 1999 年版。

罗安源、金雅声：《简明实用语音学》，中央民族学院出版社 1990 年版。

罗常培、王均：《普通语音学纲要》，商务印书馆 2002 年版。

罗康宁：《信宜话数词、代词、副词的变音》，《中国语文》1986 年第 3 期。

罗美珍：《傣语方言研究》（语法），民族出版社 2008 年版。

吕叔湘主编：《现代汉语八百词》（增订本），商务印书馆 1999 年版。

麦耘：《古全浊声母清化规则补议》，《中国语文》1991 年第 4 期。

麦耘：《音韵与方言研究》，广东人民出版社 1995 年版。

麦耘：《中古精组字在粤语诸次方言的不同读法及其历史涵义》，《中国语言学报》1997 年第 2 期。

麦耘：《"浊音清化"分化的语音条件试释》，《语言研究》1998 年增刊。

麦耘：《软腭辅音与硬腭过渡音的亲和性——一项语音演化研究》，《方言》2013 年第 3 期。

蒙元耀：《从判断词看壮汉语的关系》，《广西民族大学学报》（哲学社会科学版）2011 年第 2 期。

欧阳觉亚：《两广粤方言与壮语的种种关系》，《民族语文》1995 年第 6 期。

平南县志编纂委员会编：《平南县志》，广西人民出版社 1993 年版。

邵慧君：《广东茂名粤语小称综论》，《方言》2005 年第 4 期。

邵慧君、甘于恩：《粤语小称变音与"儿"尾综述》，载《广东方言与文化探论》，中山大学出版社 2007 年版。

石峰：《语音格局——语言学与音系学的交叉点》，商务印书馆 2008 年版。

石林：《论侗语形容词》，《贵州民族研究》1985 年第 4 期。

覃才亮：《蒙山话语音系统》，《桂林师范高等专科学校学报》2009 年第 2 期。

覃国生：《壮语柳江话动词、形容词的后附成分》，《民族语文》1981年第 4 期。

覃小航：《广西粤语的线性分布和历史成因》，《中南民族学院学报》（哲学社会科学版）1998 年第 1 期。

覃远雄：《桂南平话的声调及其演变》，《方言》2004 年第 3 期。

宛春法、黄昌宁：《基于语素数据库的汉语语素及构词研究》，《世界汉语教学》1998 年第 2 期。

王莉宁：《粤语中的元音分调现象》，《中国语文》2011 年第 1 期。

王福堂：《汉语方言语音演变的历史和层次》，语文出版社 1999 年版。

王福堂：《汉语方言论集》，商务印书馆 2010 年版。

王洪君：《汉语非线性音系学——汉语的音系格局与单字音》（增订版），北京大学出版社 2008 年版。

王力：《王力文集》（第四卷），山东教育出版社 1983 年版。

王力：《汉语语音史》，中国社会科学出版社 1985 年版。

王力：《王力文集》（第九卷），山东教育出版社 1988 年版。

王韫佳：《音高和时长在普通话轻声知觉中的作用》，《声学学报》2004 年第 5 期。

韦景云、覃晓航：《壮语通论》，中央民族大学出版社 2006 年版。

韦庆稳、覃国生：《壮语简志》，民族出版社 1980 年版。

魏琳：《环江毛南语词汇研究》，博士学位论文，中央民族大学，2015 年。

吴宗济、林茂灿主编：《实验语音学概要》，高等教育出版社 1989 年版。

伍魏：《粤语》，《方言》2007 年第 2 期。

熊正辉：《南昌方言的声调及其演变》，《方言》1979 年第 4 期。

谢建猷：《南宁白话同音字汇》，《方言》1994 年第 4 期。

谢建猷 a：《广西汉语方言研究》，广西人民出版社 2007 年版。

谢建猷 b：《广西粤语刍论》，载林亦、余谨主编《第 11 届国际粤方言研讨会论文集》，广西人民出版社 2007 年版。

辛世彪：《东南方言声调比较研究》，上海教育出版社 2004 年版。

邢公畹：《现代汉语形容词后附字探源》，《南开学报》1982 年第 1 期。

许宝华 a：《论入声》，载黄家教等主编《汉语方言论集》，北京语言文化大学出版社 1997 年版。

许宝华 b：《中古全浊声母在现代方言里的演变》，载黄家教等编《汉语方言论集》，北京语言文化大学出版社 1997 年版。

杨璧菀：《怀集白话语音研究》，硕士学位论文，陕西师范大学，2007 年。

杨焕典、梁振仕、李谱英、刘村汉：《广西的汉语方言（稿）》，《方言》1985 年第 3 期。

杨建国：《先秦汉语的状态形容词》，《中国语文》1979 年第 6 期。

杨蔚：《粤语古入声分化情况的当代考察》，《学术研究》2002 年第 6 期。

杨祯海：《桂平木乐话语音特点》，《桂林师范高等专科学校学报》2006 年第 6 期。

姚占龙：《现代汉语状态形容词量级差别考察》，《语言研究》2010 年第 4 期。

叶国泉、唐志东：《信宜方言的变音》，《方言》1982 年第 1 期。

余忠：《古汉语状态形容词的典型特征及其界定》，《湖北社会科学》2010 年第 2 期。

袁家骅等：《汉语方言概要》，语文出版社 2006 年版。

远藤光晓：《元音与声调》，《中国境内语言暨语言学》1994 年第 2 期。

詹伯慧：《珠江三角洲方音说略》，载黄家教等编《汉语方言论集》，北京语言文化大学出版社 1997 年版。

詹伯慧主编：《广东粤方言概要》，暨南大学出版社 2002 年版。

詹伯慧、张日昇：《粤北十县市白话的语音特点》，《方言》1994 年第 4 期。

詹伯慧、张日昇：《粤西十县市粤方言调查报告》，暨南大学出版社 1998 年版。

张国宪：《状态形容词的界定和语法特征描述》，《语言科学》2007 年第 1 期。

张元生：《壮语连读变调规律及其与语法的关系》，载中央民族学院少数民族语言文学研究所编《民族语文研究》，四川民族出版社 1983 年版。

郑湘涛：《平南县鉴》，（台北）成文出版社有限公司 1974 年版。

郑张尚芳：《温州方言儿尾词的语音变化（一）》，《方言》1980 年第 4 期。

郑张尚芳：《温州方言儿尾词的语音变化（二）》，《方言》1981 年第 1 期。

赵元任：《现代吴语的研究》，商务印书馆 2011 年版。

中国社会科学院语言研究所：《方言调查字表》，商务印书馆 1981 年版。

中国社会科学院、澳大利亚人文科学院：《中国语言地图集》，香港朗文出版（远东）有限公司 1987 年版。

周烈婷：《玉林话的语音系统及语音特点》，《方言》2000 年第 2 期。

周烈婷：《玉林话研究》，博士学位论文，新加坡国立大学，2002 年。

周祖瑶：《广西容县方言的小称变音》，《方言》1987 年第 1 期。

朱德熙：《现代汉语形容词研究》，《语言研究》1956 年第 1 期。

朱德熙：《语法讲义》，商务印书馆 1982 年版。

朱晓农：《汉语元音的高顶出位》，《中国语文》2004 年第 5 期。

朱晓农 a：《上海声调实验录》，上海教育出版社 2005 年版。

朱晓农 b：《元音大转移和元音高化链移》，《民族语文》2005 年第 1 期。

朱晓农：《证早期上声带假声》，《民族语文》2007 年第 2 期。

朱晓农 a：《全浊弛化论——兼论全浊清化（消弛）低送高不送》，《语言研究》2010 年第 3 期。

朱晓农 b：《语音学》，商务印书馆 2010 年版。

庄初升、严修鸿：《漳属四县闽南话与客家话的双方言区》，《福建师范大学学报》（哲学社会科学版）1994 年第 3 期。

Bickley, Corine. Acoustic Analysis and Perception of Breathy Vowels, MIT Speech Communication Working Papers, Vol. 1, 1982.

De Lacy, Paul, Tone and Prominence, Ms. ROA – 333 – 0799（available at http：//roa. rutgers. edu）.

De Lacy, The Interaetion of Tone Stress in Optimality Theory. Phonology, 1 – 32, 2002.

William Labov. *Principles of Linguistic Change*：*Internal Factors*.（《语言变化原理：内部因素》，北京大学出版社 2007 年版。）

附录一 同音字汇

本字汇按韵母次序排列，同一韵母内又按声母次序排列，一声母内又以阴平、阳平、阴上、阳上、阴去、阳去、上阴入、下阴入、上阳入、下阳入为序。写不出的字用"□"表示，少数语气词则用同音字替代。举例、注释用小字齐下。例中用"~"代表所释字；写不出的字不再用"□"表示，直接标写读音。释义中不同义项用"①②"等分列。多音字右下角注明"又"。凡有文白异读，用小字齐下。

	[i]
p	[553] 卑碑悲苯 [33] 比娝譬□腿 [35] 臂秘庇痹泌祕溰匕 [31] 被~动鼻避篦备
pʰ	[553] 披坯呸丕胚痞□磨破，变薄：大裤穿到~ [32] 皮疲脾琵枇 [33] 彼鄙 [23] 婢被棉~ [35] 屁
m	[553] 眯□严实。关~只门~摸：磨蹭，动作慢 [32] 微眉媚峜媚楣縻麋 [33] 尾身体后部 [23] 美尾~巴 [35] 沕潜水 [31] 未味寐
f	[553] 非飞菲妃蜚扉绯啡翡霏诽痱斐 [32] 肥 [33] 匪 [35] 废费肺 [31] 吠
t	[553] □肉坠 [33] 指又tsi³³ [35] □蜇，刺 [31] 地
tʰ	[553] 趋蛆 [33] 取娶岂 [35] 趣刺
n	[553] 弥阿~陀佛 [32] 尼妮弥~漫倪霓 [23] 你拟尔 [31] 腻
l	[553] 璃篱白厘一~两~撕白，又 [32] 喱厘~米离狸梨漓篱文俚 [33] 哩□扯 [23] 锂里吕铝旅履李理鲤 [31] 利痢莉俐脷虑滤吏
ɬ	[553] 需须□虱子类小虫子撕白，又 [32] 鷉徐□心~：心灰意冷 [33] 死 [23] 序聚叙絮绪巳 [35] 四肆嗦 [31] 字柠又ɬu³¹

附录一　同音字汇

续表

	[i]
ts	[553] 知猪朱诸珠株支枝芝脂之蜘蛛诛侏栀肢吱　[33] 主煮纸指又 tį³³ 趾址旨止只~要　[35] 志智致至置驻注著蛀铸挚痣帜　[31] 住箸治稚□pet³⁻²~：鼻子
tsʰ	[553] 痴嗤□粘　[32] 持池迟驰弛除厨殊橱　[33] 齿耻始侈　[23] 柱拄恃储贮竖又 kʰi²³　[35] 翅处
ȵ	[553] 儿小称　[32] 儿鱼而渔愚宜谊如娱怡贻疑仪茹贻虞腴庚诹　[23] 耳饵议语　[31] 二义贰遇
s	[553] 诗书尸输施舒　[32] 时薯匙　[33] 矢屎暑署黍　[23] 市　[35] 试恕戍　[31] 墅是视示氏豉□~但：随便，任意
k	[553] 基机几茶~肌讥姬矶箕叽车~马炮　[33] 举妓畸杞纪己几~个　[35] 寄据锯既暨记冀句　[31] 忌具惧技
kʰ	[553] 区驱躯岖　[32] 奇骑其期旗琪琦棋崎祈岐祺麒淇颀骐歧□kʰɐm²²~：蟾蜍　[23] 祁佢第三人称单数企巨拒渠竖又 tsʰi²³
ŋ	[35] □来回锯
h	[553] 希稀虚嘘墟欺嘻嬉煦熙兮牺圩吁　[33] 囍喜禧起许栩　[35] 戏气器汽弃
j	[553] 迂盂　[32] 移姨夷胰余咦矣俞彝豫犹~　[33] 淤瘀纡　[23] 与好雨予以已宇屿羽禹隅　[31] 愉喻榆渝易异预愈逾御誉寓瑜谕癒芋豫~剧
∅	[553] 医衣裔依伊于於　[33] 绮椅倚　[35] 意噫臆

	[u]
p	[33] 补　[35] 布怖　[31] 部步簿埠
pʰ	[553] 普~遍铺~开　[32] 蒲葡菩莆脯胸~匍濮浮白，又 feu³²　[33] 甫捕哺脯果~谱圃埔浦普~通□天~~光：天蒙蒙亮　[35] 铺店~
m	[553] 巫诬模~板　[32] 无芜　[33] 舞动　[23] 母拇姆牳鹉武舞毋　[31] 雾务戊妩墓慕募暮
f	[553] 夫肤蜉俘麸敷孵呼　[32] 浮文：~萍扶符护身　[33] 琥苦虎唬浒斧釜抚府政~　[23] 父妇傅师~　[35] 赋咐富副库裤付姓傅姓　[31] 腑负附驸赴俯辅芙阜腐讣府~第付~出符~合
v	[553] 乌污呜坞邬钨乎　[32] 胡湖糊壶狐弧斛葫蝴瑚　[23] 户沪　[35] 恶厌~　[31] 互护
t	[553] 都嘟　[33] 赌堵睹　[35] 妒蠹　[31] 度渡镀杜
tʰ	[553] 粗　[32] 图涂途徒屠荼　[33] 土　[23] 肚　[35] 吐兔
n	[32] 奴　[23] 努弩　[31] 怒

续表

	[u]			
l	[553] □头上肿起的包 [32] 鸬卢炉颅鲈泸驴 [33] 撸 [23] 鲁卤噜掳庐房芦橹 [31] 露路璐鹭潞			
ɬ	[553] 师狮苏酥租资撕文思斯丝司私嘶厮锶蛳兹姿滋咨孜缁恣辎淄锱 [32] 词辞柿寺磁慈瓷糍 [33] 子紫仔籽姊呲史驶组诅梓此疵雌呲咀~嚼 [23] 似 [35] 歙次做素诉愫夙漱 [31] 自字事士仕祀祠饲嗣悴又ɸi³¹			
s	[33] 数~钱 [35] 数算~			
k	[553] 估~计孤姑菇咕辜鸪 [33] 诂钴牯鼓沽股估猜 [35] 顾故雇固 [31] □鼓起眼珠子怒视			
kʰ	[553] 箍 [32] □鸡䴘~鸡儿：母鸡用身体罩着小鸡			
	[a]			
p	[553] 巴爸疤芭笆粑叭 [33] 把 [35] 霸坝 [31] 吧罢靶□~~流水：哗哗流水			
pʰ	[553] 扒趴葩 [32] 爬耙琶杷 [35] 怕			
m	[553] 妈仔□攀爬 [32] 嘛麻痳 [33] 孋嬷吗妈白 [23] 马码玛妈 [32] 骂			
f	[553] 花 [35] 化			
v	[553] 哇娃蛙洼 [32] 华桦骅哗嬅 [31] 话			
t	[553] 打一~：十二个 [33] 打~仗			
tʰ	[553] 他她它			
n	[553] 黐粘贴䏌伤疤 [32] 拿 [33] 䖘雌性生物 [31] 那哪娜			
l	[553] 啦 [33] □抓			
ɬ	[553] 卅 [32] □乱~~：乱糟糟			
ts	[553] 抓渣又na³⁵喳楂咋咤查姓 [33] 鲊 [35] 炸诈榨蚱 [31] 咋乍□①牙~：难缠 ②地：挤占地方□拟声词。~~响：形容声音嘈杂或东西下油锅声□用扫把扫			
tsʰ	[553] 叉杈诧扠釵钗搓差~别 [32] 茶搽查检~ [35] 岔			
ȵ	[553] 抓 [35] 渣又tsa⁵⁵³ [31] 廿			
s	[553] 沙纱砂莎鲨裟痧 [33] 耍 [35] 洒 [31] 傻又sɔ³¹			
k	[553] 家加嘉珈伽迦枷痂瓜葭袈笳傢呱嘎 [33] 寡剐假贾暇遐瑕□肯定语气词，系~：是的 [35] 嫁架名词价驾稼镓挂卦褂 [31] 架动词			
kʰ	[553] 夸垮挎胯绔 [23] □[ka⁵⁵³ha²³]合音，现在 [35] 跨			
ŋ	[553] 枒桠 [32] 牙芽讶蚜犽 [33] □傻~：傻乎乎 [23] 瓦雅衙 [35] 伢			
h	[553] 虾哈蛤□~人：欺负人 [23] 下量 [31] 下方位夏厦霞			

续表

	[a]
j	[32] 呀　[23] 也又 jɛ²³
ø	[553] 丫鸦　[32] 啊　[33] 阿桠亚哑娅
	[ɛ]
p	[553] 啤□喇叭　[33] 鳖跛~脚　[31] □~~: 流水声
pʰ	[553] 翕又 pʰɔ⁵⁵³　[23] □用棍、鞭抽打　[35] □翻找
m	[ㄇ] 孭　[33] 咩乜歪
f	[553] □~pɐt²tsi³¹: 用力吹鼻涕
v	[553] □划拉裂开　[23] □衣物失去弹性松懈状
t	[553] 爹　[33] 嗲朵又 tɔ³³　[35] 剁白
tʰ	[553] □吐　[35] 笡
n	[553] □嗰~: 这里，这些　[32] □表提醒。~,畀你: 喂，给你　[33] 呢　[35] □表提醒或责怪语气词
l	[553] □结节　[33] □(手) 环抱 (物)　[23] □掠夺　[35] □缝隙　[31] 唎
ɬ	[553] 些□打结　[32] 斜邪　[33] 姐写且趄泻白　[23] 坐又 tɔ²³　[35] 借泄卸泻文　[31] 榭谢座白
ts	[553] 遮　[33] 者　[35] 鹧这蔗
tsʰ	[553] 车□欺骗　[33] 扯□返~: 回去　[35] □①脚滑入水或泥浆中②用脚踩使东西脱皮
ȵ	[553] □只依儿好~: 这个小孩很调皮, 不听教　[23] 惹嘢
s	[553] 赊□菜~: 菜园子　[32] 佘蛇　[33] 奢舍~得　[23] 社□唆教　[35] 赦舍宿~　[31] 射麝
k	[32] 个助, 嘅　[33] 割又 kɔt²⁴
kʰ	[553] □嗰~nɛ²³: 这个东西（人）　[32] 茄□霸占　[23] □lɛ²²~: 不挑不拣什么都要
ŋ	[553] □~近: 挨近　[35] □①挨近②赖着不走
h	[553] 靴□~~喝喝: 大声斥骂
j	[553] 爷　[33] 耶又　[23] 也又 ja²³ 野冶　[31] 夜椰耶又
	[ɔ]
p	[553] 波菠玻坡白　[33] 跛　[35] 播簸　[31] □~~流: 汩汩流
pʰ	[553] 坡文棵翕一~树又 pʰɛ⁵⁵³　[32] 婆　[33] 颇　[35] 破
m	[553] 摸模~样魔摩麽么　[32] 磨~米　[31] 磨石~
f	[553] 科　[33] 火伙　[35] 货课
v	[553] 窝倭涡蜗挝莴　[32] 和禾　[23] 祸　[35] 涴

续表

	[ɔ]
t	[553] 多哆跢 [33] 朵又 tɛ³³ 躲垛 [35] 剁文 [31] 堕惰舵驮
tʰ	[553] 拖 [32] 陀驼驮坨沱砣鸵佗 [23] 妥椭 [35] 错又 tʰek²⁴ 措唾挫
n	[553] 挼《集韵》：戈韵，奴禾切，"两手相切摩也"，也作"捼"。 [32] 挪 [31] 糯懦
l	[553] 啰箩喽 [32] 萝罗锣螺骡逻镙椤 [33] 裸颗□①买②拿
ɬ	[553] 嗦梭唆娑襄□捆绑 [33] 锁琐 [23] 坐又 ɬɛ²³ 座文 [35] 左佐 [31] 座量, 文坐~向
ts	[33] 阻佐 [31] 助
tsʰ	[553] 初 [32] 锄 [33] 楚
s	[553] 疏梳蔬 [33] 所 [31] 傻又 sa³¹
k	[553] 歌哥锅戈 [33] 果裹啯 [35] 个过 [31] 嘅
ŋ	[32] 俄鹅莪娥峨蛾 [23] 我 [31] 饿卧
h	[553] 呵 [32] 何河荷 [33] 可 [31] 贺□~~紧: 火烧得很旺状
j	[32] 哟
∅	[553] 屙阿~斗 [32] 哦
	[ai]
p	[33] 摆 [35] 拜湃 [31] 败粺
pʰ	[553] 哌□打扮得很光鲜样 [32] 牌排徘俳 [33] 派 [23] □崴脚
m	[32] 埋□放近~: 放在一起 [23] 买 [31] 迈卖
f	[35] 快块筷
v	[553] 歪 [32] 怀槐淮踝 [31] 坏
t	[553] 歹□媒~: 媒婆 [35] 带戴 [31] 大
tʰ	[35] 太泰汰态钛贷
n	[553] 奶少~ [32] □~hai⁵⁵³: 全身松懈软塌塌状 [23] 乃氖奶牛~
l	[553] 拉□末尾 [23] □①浇、淋: ~酱油到菜上面②不小心让液体洒出来 [35] 癞 [31] 赖籁
ɬ	[553] □浪费 [32] □诋毁
ts	[553] 斋 [35] 债 [31] 塞
tsʰ	[553] 钗猜差出~搓又 ŋai⁵⁵³ [32] 柴 [33] 踩又 ŋai³³
ŋ	[553] 搓又 tsʰai⁵⁵³ [33] 踩又 tsʰai³³ [35] □嚼

续表

	[ai]
s	[23] □吃　[35] 晒
k	[553] 乖街阶皆　[33] 解拐　[35] 界届介戒怪芥尬
kʰ	[23] □①水瓢②用水瓢舀
ŋ	[553] 埃挨~近　[32] 崖涯捱挨~饿　[35] □喜好
h	[553] □nai³²~：全身松懈状　[32] 鞋孩又hɔi³²　[23] 邂械蟹谐懈□吃了没煮熟的芋头后喉咙产生的灼痒状
ø	[33] 矮　[35] 隘
	[ɐi]
p	[553] □断掉　[35] 闭敝蔽陛□巴~：①事情麻烦②人不耐烦　[31] 弊币毙
pʰ	[553] 批□刷：~灰 剉又mɐi⁵⁵³
m	[553] 米厘~劘剸又pʰɐi⁵⁵³　[32] 迷谜　[23] 米~饭
v	[553] 晖威薇辉挥徽麾□华丽　[32] 维围韦苇违为行~　[33] 委诿慰蔚萎偎毁尉逶　[23] 伟纬畏卫玮炜胃猬讳　[35] 喂煨猥　[31] 位帷潍唯惟谓遗渭为~什么
t	[553] 低　[33] 底抵邸　[35] 帝蒂谛　[31] 第递
tʰ	[553] 梯锑妻凄　[32] 提题蹄啼屉　[33] 体睇　[23] 弟　[35] 替剃涕砌沏
n	[32] 泥　[35] 细又ɬɐi³⁵
l	[32] 黎犁　[33] □推挤□说话口音不正　[23] 礼　[35] □摘　[31] 丽例厉励荔隶俪鹂逦
ɬ	[553] 西硒犀茜剂挤跻□叫嚷　[32] 齐脐　[33] 洗玺徙崽仔　[35] 细又nɐi³⁵ 济际祭婿　[31] 侪
ts	[553] □使劲推挤　[35] 制掣　[31] 滞
tsʰ	[23] 呲差劲, 又jpi²³
ȵ	[553] □用指甲掐　[35] □肉
s	[553] 筛　[33] 使　[35] 世势　[31] 誓逝
k	[553] 鸡归龟硅圭闺鲑　[33] 傀鬼轨诡尯　[35] 计~划贵桂季继髻　[31] 柜跪偈 计~水：计谋
kʰ	[553] 亏盔窥规溪稽蹊　[32] 奎魁葵夔睽逵　[33] 启　[35] 溃馈愧契
ŋ	[553] □乞求　[32] 危巍桅　[23] 蚁　[31] 艺毅魏伪
h	[553] 嘿眉女阴　[31] 系携

续表

	[ɐi]
j	[23] 曳又，tsʰɐi²³差劲　[35] □腐烂
∅	[35] 翳伤心，郁闷
	[ɔi]
t	[31] 待代袋黛怠岱
tʰ	[553] 胎台~州　[32] 抬邰跆苔台讲~　[33] 采彩睬　[35] 菜蔡
n	[32] □长~：长长的，有过长之意　[31] 内耐奈□久
l	[32] 来莱
ɬ	[553] 腮鳃灾栽哉　[32] 才财裁材　[33] 宰滓　[23] 在　[35] 再载赛
ts	[35] □(贪吃的)女孩
k	[553] 该垓　[33] 改　[35] 盖
kʰ	[33] 铠　[23] 恺楷揩　[35] 钙概丐溉慨忾
ŋ	[32] 呆　[31] 外碍艾
h	[553] 开　[32] 孩又hai³²　[33] 海　[23] 氦亥骇骸□从嗓子眼吐出东西　[31] 害
∅	[553] 哀　[33] 皑凯霭　[35] 爱
	[ui]
p	[553] 杯□哄骗　[35] 贝背~后辈钡　[31] 背~书焙痱
pʰ	[553] 坯　[32] 赔　[23] 倍陪裴培　[35] 配佩沛珮
m	[553] 昧妹霉发~　[32] 媒梅枚煤酶晦玫莓霉青~素　[23] 每侮　[31] 妹
f	[553] 灰恢诙　[33] 悔海贿□灰心
v	[553] 煨　[32] 回蛔　[23] 会学~　[31] 会开~汇绘卉烩荟
t	[553] 堆　[35] 对兑碓　[31] 队
tʰ	[553] 推催崔摧璀榷　[32] 颓　[33] 腿　[35] 退褪蜕脆
n	[23] 女
l	[553] □用力推□帽子　[32] 雷蕾镭擂　[23] 累类屡全偏　[31] 泪
ɬ	[553] 虽绥睢　[33] 嘴咀　[23] 淬罪　[35] 最醉粹悴瘁啐　[31] 翠萃随遂髓隧邃
ts	[553] 追锥又n̠ui⁵⁵³椎骓赘累~　[35] 赘重~　[31] 坠
tsʰ	[553] 吹炊　[32] 垂锤捶槌陲棰
n̠	[ ] 锥又tsui⁵⁵³　[23] 乳
s	[553] 衰　[32] 谁　[33] 水　[35] 税帅　[31] 睡
k	[31] 瘤

续表

	[ui]
k^h	[32] 佢渠第三人称单数　[35] 溃
h	[35] 去
j	[31] 锐睿蕊芮瑞蕤惠慧蕙□植物的浆汁
	[au]
p	[553] 包苞鲍孢胞雹　[33] 饱　[35] 豹趵爆~气球~了　[31] 刨又 p^hau^{32}
p^h	[553] 泡~沫抛又 $p^hɛu^{553}$　[32] 咆袍疱庖狍刨又 pau^{31}　[33] 跑　[35] 炮泡水~
m	[553] 猫又 $mɛu^{553}$　[32] 矛茅锚峁　[23] 铆卯　[31] 貌
n	[35] 孬　[31] 闹
l	[553] 捞从水里抓东西　[23] 捞随意抓
ɬ	[32] 嘈又 $ɬɛu^{32}$　[33] 走　[31] □猪吃食状
ts	[33] 肘纠~纷找　[35] 罩炸又　[31] 棹
ts^h	[553] 抄钞　[32] 巢　[33] 炒　[35] 吵
ȵ	[553] 笊　[33] 爪　[35] □~ȵun³³：①极不情愿状②极无奈状
s	[553] 艄梢焯　[33] 稍捎　[35] 哨潲
k	[553] 交胶郊跤又 $kɛu^{553}$　[33] 绞蛟姣饺狡铰搅又 $kɛu^{553}$　皎佼鲛茭搞　[35] 教较窖校~正
k^h	[35] 靠犒
ŋ	[32] 渚崤肴　[33] 拗又 au^{33}　[23] 咬
h	[553] 敲烤酵拷铐哮　[32] 姣　[33] 考巧　[35] 孝俫　[31] 效校学~
ø	[33] 拗又 $ŋau^{33}$　[35] 坳拗~不过
	[ɐu]
p	[553] 煲　[33] 保堡宝褒葆褓鸨　[35] 报　[31] 爆~炸暴曝瀑苞
p^h	[32] 袍　[33] 剖　[23] 抱　[35] □食物蓬松状
m	[553] □形容芋头等植物果实很面　[32] 谋眸牟毛　[33] □木头等腐烂状　[23] 冇某亩牡　[31] 冒帽茂贸
f	[32] 浮文：~肿 p^hu^{32}，又 p^hi^{32} 皂孚　[33] 否缶
t	[553] 刀叨兜　[33] 倒捣岛陡斗量　[35] 逗到斗动□做木工活　[31] 导领~盗道稻蹈祷悼豆窦痘
t^h	[553] 偷秋滔操韬　[32] 投头逃陶掏桃淘萄绹捆绑　[33] 讨草敨歇息　[23] 导~管　[35] 藻套燥澡噪糙躁透凑~依儿：照顾小孩

续表

	[ɐu]
n	[553] 獳讨厌恼~火 [32] □①汤水很浓稠②声音十分嘈杂 [33] 扭妞纽~约忸 [23] 纽衫~脑瑙钮恼烦~ [35] □阴茎
l	[553] 搂褛骝 [32] 留刘流硫琉浏榴瘤楼馏劳牢唠 [33] 佬 [23] 老柳娄篓镂偻髅蝼 [35] □唤狗声 [31] 涝漏陋
ɬ	[553] 修羞遭糟醋骚搔臊缲□~由: 慢慢地 [32] 曹槽漕嘈又ɸau³² 懵 [33] 早枣蚤嫂搜艘叟嗖馊擞酒 [23] 造制~ [35] 秀绣锈琇灶扫揍奏 [31] 就咎袖厩造晚~
ts	[553] 州周洲舟喌邹绉诹诌 [35] 咒皱文昼 [31] 胄纣骤宙
tsʰ	[553] 抽 [32] 愁稠酬绸仇筹揪畴惆踌售涛焘囚 [33] 丑 [35] 臭
ȵ	[553] □东西黏: 糯米好~ [32] 牛柔揉粿鞣蹂
s	[553] 收 [33] 手首守狩 [35] 瘦兽 [31] 受寿授绶
k	[553] 高膏篙糕篱羔睾沟鸠阄 [33] 狗苟枸佝媾稿缟槁久九疚韭玖赳 [35] 救究灸枢窖诰锆部够购构垢诟 [31] 旧噌量词, 团
kʰ	[553] 抠□搬动（凳子）□弯曲 [32] 求球裘虬 [23] 舅臼柏 [35] 扣寇叩蔻
ŋ	[553] 勾钩 [32] 摮摇使之晃动 [33] 嗷 [23] 偶藕耦 [35] □①植物的梗②用棍子敲打 [31] 熬傲敖遨
h	[553] 薅 [32] 豪毫嚎濠蚝壕蠔侯猴吼喉 [33] 好~坏郝 [23] 厚浩皓昊灏颢 [35] 耗好爱~□指望 [31] 后候逅号
j	[553] 优幽忧悠莜休 [32] 邮油由游尤犹铀疣鱿 [33] 朽莠 [23] 有友酉 [35] 幼诱 [31] 又鼬佑柚祐
ø	[553] 欧鸥殴瓯区姓讴 [33] 呕 [35] 沤怄奥澳袄
	[ɛu]
p	[31] 鲍
pʰ	[553] 抛白, 又 pʰau⁵⁵³ 飘白, 又 pʰiu⁵⁵³ [33] 漂白, 又 pʰiu⁵⁵³
m	[553] 猫又 mau⁵⁵³ [33] □①歪②小心眼 [35] □猪用嘴拱物
t	[553] □人名后表轻视的后缀 [31] □来回甩动
tʰ	[553] 挑又 tʰiu³³
n	[32] □细高状
l	[553] 撩又 liu³² □小房子。茅~: 茅草屋 □状态形容词。空~~: 空荡荡 [33] □缠绕
ɬ	[31] □大口吃食
ȵ	[553] □①用细软的鞭子抽打②米面等被揉得很软熟 [35] 皱白
k	[553] 跤又 kau⁵⁵³ [33] 搅又 kau⁵⁵ [35] 觉睡~ [31] 撬又

续表

	[ɛu]
kʰ	［553］翘又 hɛu⁵⁵³ ［35］撬又
h	［553］翘又 kʰɛu⁵⁵³
ø	［553］吆
	[iu]
p	［553］标彪飚飙鳔镖膘骠表手~ ［33］表~示裱婊
pʰ	［553］飘文，又 pʰɛu⁵⁵³ 瞟漂文：~亮，又 pʰɛu³³ ［32］嫖瓢 ［35］票漂~白
m	［32］苗 ［23］秒妙瞄描淼渺缈藐 ［35］缪谬 ［31］庙
t	［553］雕叼刁貂凋碉丢 ［33］鸟动 ［35］吊钓口~脚：偏僻 ［31］调~动掉
tʰ	［553］锹调~皮 ［32］窕条调~整 ［33］挑拣，又 tʰɛu⁵⁵³ ［35］跳眺粜
n	［23］鸟名袅 ［31］尿
l	［553］遛蹓溜 ［32］寥聊辽疗燎撩又 lɛu⁵⁵³ ［23］了 ［31］料廖瞭
ɬ	［553］削肖消销萧啸箫宵霄潇硝逍枭焦蕉礁椒俏瞧剿樵憔鞘悄峭 ［33］小筱 ［35］笑诮口阵，场。一~水：一阵雨。
ts	［553］朝~早招昭召~唤 ［33］纠~正 ［35］照 ［31］兆诏沼召号~
tsʰ	［553］超钊 ［32］朝~代潮嘲 ［23］赵
ȵ	［23］绕饶扰娆桡又 jiu²³ 尧杳 ［35］要冇~，又 jiu³⁵
s	［553］烧 ［33］少多~ ［35］少~年 ［31］邵绍韶
k	［553］娇骄 ［33］缴矫口刮，擦 ［35］叫 ［31］轿
kʰ	［32］桥乔侨荞峤 ［35］窍
h	［553］嚣口下流 ［33］晓侥骁
j	［553］腰邀妖幺吆要~求 ［32］摇姚遥瑶窑谣 ［23］舀又 ȵiu²³ ［35］要冇~，又 ȵiu³⁵ ［32］窈耀鹞
	[am]
t	［553］担~任耽眈 ［33］胆疸 ［35］担~子 ［31］啖
tʰ	［553］贪参掺 ［32］谈谭潭痰 ［33］惨口有本事 ［23］淡氮 ［35］探
n	［553］喃 ［32］男南楠 ［23］腩昂 ［35］拃蹨蹨迈步
l	［32］蓝篮婪褴 ［33］览槛揽 ［23］滥 ［35］口跨 ［31］缆
ɬ	［553］三叁簪 ［32］蚕 ［33］口撒口看一眼 ［31］惭暂
ts	［33］斩 ［35］蘸崭湛 ［31］站
tsʰ	［32］口动：小刺刺进肌肉 ［33］篸篆 ［35］杉

续表

	[am]
s	[553] 衫　[35] 渗又 jam³⁵
k	[553] 监　[33] 减　[35] 鉴
ŋ	[553] 啱①~~：刚刚②合适。又 ŋɐm⁵⁵³　[32] 岩癌
h	[32] 衔咸笕函　[35] 喊　[31] 憾涵陷馅谄
j	[35] 渗又 sam³⁵
	[ɐm]
p	[553] 泵又 pɔm⁵⁵³　[31] 嘭又 pɔm³¹
pʰ	[553] □水泡
m	[35] □小孩吃的糊状食物
t	[33] □①撞，~开只门②捶打　[35] □傻，动作笨拙状
tʰ	[35] 腤欺骗
n	[553] □~眼：闭眼□动作迟缓，反应慢　[32] 腍软烂　[33] 恁想
l	[553] □搔胳肢窝的痒痒　[32] 淋林临琳霖　[35] □陷落
ɬ	[553] 心芯　[32] 寻覃浔蕈鲟荨　[35] 浸沁
ts	[553] 针斟□~~睇住：目不转睛地盯着　[33] 枕怎　[35] □~住：盯着　[31] 沉淹 又 tsʰɐm³²
tsʰ	[553] 侵　[32] 沉又 tsɐm³¹　[33] 寝　[31] □~ŋɐm⁵⁵³：唠唠叨叨
ȵ	[32] 吟□~停：呆着不动　[33] 饮　[31] 任壬妊衽
s	[553] 琛深森参人~　[33] 审婶沈　[35] 瞫偷偷看。《集韵》：沁韵，式禁切："低目视"　[31] 甚什椹葚
k	[553] 今金矜　[33] 锦　[35] 禁　[31] 撳按
kʰ	[553] 襟衿衾鑫　[32] 禽擒噙琴芩岑又 ŋɐm³²　[33] 冚　[23] 妗
ŋ	[553] □①唠叨②磕着下巴　[32] 岑又 kʰɐm³²　[31] □埋怨
h	[553] 堪□拿　[33] 勘砍又 hɐm³³ 坎又 hɐm³³　[31] □~日：整日
j	[553] 阴荫钦欣音　[32] 淫
∅	[553] □捂着　[33] □哑
	[ɛm]
t	[35] □偷偷地瞧
n	[23] □蘸
l	[553] □燎烧　[33] □搂抱　[35] □（柚子橘子的）瓣
ŋ	[33] □~阿~：小心翼翼走路状

续表

	[ɛm]			
s	[33] 闪 又 sim³³			
k	[553] 甘柑泔疳　[33] 感敢橄			
kʰ	[553] □鸭子用扁嘴巴夹东西吃　[32] 钳黔嵌　[23] 槛			
h	[32] 含晗颔　[33] 坎 又 hem³³ 砍 又 hem³³			
j	[35] □走路一跛一跛状			
∅	[35] 暗黯			
	[ɔm]			
p	[553] 泵 又 pɛm⁵⁵³　[31] 嘭 又 pɛm³¹			
pʰ	[553] □水泡			
m	[35] □小孩吃的糊状食物			
ɬ	[23] □甜~：甜津津的　[35] □穿（衣服）			
k	[35] 啌			
kʰ	[32] □黄~：黄澄澄的			
ŋ	[553] □~着下巴：磕着下巴			
h	[553] □滚~：滚烫　[31] □~~声：风风火火状			
	[im]			
t	[553] 掂□~整：怎么做。　[33] 点　[35] 店　[31] 跕掂垫□直			
tʰ	[553] 添奀笺签迁忏　[32] 甜恬　[23] 舔			
n	[553] 粘黏拈蔫□~子：桃金娘的果实　[31] 念捻鲶鲇			
l	[32] 廉帘镰濂　[23] 脸敛潋　[35] □（柚子、橘子的）瓣			
ɬ	[553] 尖　[31] 渐潜			
ts	[553] 占~份沾詹瞻谵赡　[35] 占~领			
ȵ	[32] 严俨酽艳炎阎妍闫焱滟　[23] 染冉髯　[31] 验			
s	[32] 禅蝉婵　[33] 闪 又 sem³³ 陕			
k	[553] 兼　[35] 剑　[31] 俭睑			
kʰ	[33] 检捡			
h	[553] 谦　[32] 嫌　[33] 险　[35] 欠芡			
j	[553] 淹阉湮　[32] 盐檐沿　[33] 掩厣①伤口结的痂②田螺的盖　[35] 厌魇 [31] 腌 又 jip⁴			
	[an]			
p	[553] 班斑颁癍　[33] 板扳版坂阪　[35] 扻摔□用力摔打　[31] 办			

续表

	[an]								
pʰ	[553] 攀襻	[35] 盼							
m	[553] □攀,扶	[23] 晚	[31] 曼慢漫蔓幔谩鳗馒嫚缦万						
f	[553] 翻又fen⁵⁵³,fen³³番潘蕃幡燔返白 [23] 犯	[32] 烦凡繁帆樊梵钒矾	[35] 范泛贩畈	[31] 饭		[33] 反返文			
v	[553] 湾弯	[32] 还环桓	[33] 挽幻	[23] 鲩	[31] 患宦				
t	[553] 单丹殚箪	[35] 旦诞	[31] 掸惮但蛋弹子~						
tʰ	[553] 摊滩瘫坍	[32] 弹~簧檀昙坛	[33] 坦毯灿璨袒	[35] 叹碳炭□享受					
n	[32] 难困~	[31] 难灾~							
l	[553] 栏鸡~	[32] 栏~杆兰拦岚澜斓阑	[33] □身上的泥污	[23] 懒	[31] 烂				
ɬ	[32] 残	[33] 散松~	[35] 赞伞散~步						
ts	[33] 盏又ŋan³³	[31] 赚栈绽							
tsʰ	[32] 潺	[33] 产							
ȵ	[35] □烦躁								
s	[553] 山删珊栅姗汕疝讪珊舢栓闩拴 [35] □~大话:吹大牛								
k	[553] 关奸艰间房~	[33] 简拣碱涧茧谏柬	[35] 惯间~断						
ŋ	[553] □间:两~屋	[32] 颜彦谚顽□碾	[33] 盏又tsan³³	[23] 眼					
h	[553] □节俭	[32] 闲又hen³²娴	[23] 限						
ø	[35] 晏								
	[ɐn]								
p	[553] 奔斌彬宾滨髌殡槟濒摈膑嫔	[31] 笨							
pʰ	[32] 频贫颦苹	[33] 品	[35] 喷						
m	[553] 焖炆文两~纸:两元钱 □水~:水雾 [32] 文~章闻纹雯民泯珉岷蚊 [23] 敏吻紊刎悯 [35] 汶 [31] 问								
f	[553] 分~钟芬纷吩氛 [32] 焚坟 [33] 粉 [23] 忿愤酚汾 [35] 粪训 [31] 份分二~之一								
v	[553] 温瘟韫熏薰勋勚昏婚荤蕴愠氲 [32] 耘耺酝魂晕芸 [33] 稳揾 [23] 允 [35] □关押 [31] 运绲诨浑混韵								
t	[553] 吨敦	[33] 墩□囤积	[35] □颠簸	[31] 顿盾炖钝遁沌盹楯					
tʰ	[553] 饨吞亲	[23] 囤	[35] □挪移						
n	[553] □小孩□粘糊糊的液体,pet³tsi³¹~:鼻涕□摆弄	[33] 摁							

附录一 同音字汇

续表

	[ɐn]
l	[553] 论念叨□干硬。饭~：饭干硬□老~：老练□lek³⁻²~：脖子上的淋巴 [32] 磷邻麟鳞粼璘嶙轮仑纶囵 [33] 抡 [23] □满 [35] 论说起，提起 [31] 论文伦吝赁蔺
ɬ	[553] 辛新锌薪昕忻莘津靳臻 [32] 秦榛询循巡旬荀殉峋 [33] 笋隼榫 [23] 尽烬 [35] 信讯迅进晋汛俊骏峻浚竣隽 [31] □~跳：惊吓而跳
ts	[553] 真珍甄 [33] 准 [35] 镇震振 [31] 阵
tsʰ	[553] 春椿抻伸白 [32] 陈尘唇 [33] 蠢诊疹 [23] 肫 [35] 趁衬
ȵ	[553] □ɬen³¹~：打冷战 [32] 人仁 [23] 忍 [35] □稻草秆 [31] 刃韧
s	[553] 伸文身申绅砷呻文 [32] 神臣辰晨 [35] 肾 [35] 舜瞬呻白 [31] 醇淳鹑顺慎纯莼□汤水
k	[553] 斤跟根筋军君巾绢 [33] 紧谨滚白 [35] 棍①冰冷刺骨：水好~②冷却：~猪红讙哄骗 [31] 郡珺□~~儿够：刚刚好够
kʰ	[553] 均钧筠坤昆琨瑰锟堃 [32] 勤芹群裙 [33] 捆滚文 [23] 近菌 [35] 困
ŋ	[553] □瘦高：妹儿好~ [32] 银 [23] □（小孩）肥壮 [35] □用刀来回切割：~断条索
h	[32] 痕痒 [33] 很恳垦 [35] 困眼困 [31] 恨痕狠
j	[553] 因殷茵姻恩湮冰冷 [32] 匀寅 [33] 隐印名 [23] 引瘾蚓 [35] 印动 [31] 孕
ø	[35] □①估计，估量：~睇只鸡有几重②~定：限定
	[ɛn]
p	[33] 扁 [35] □甩打
pʰ	[553] □翻找 [33] 片动词 [35] 片名词，又 pʰin³⁵
m	[553] □翻找 [33] □躲藏 [35] 勉白，又 min²³
f	[553] 翻白，又 fan⁵⁵³ [33] 反白，又 fan³³
v	[23] □提（物）
t	[31] □轻弹
tʰ	[35] □挣扎
n	[33] 捻捏白，又 nit³
ɬ	[31] □溅
tsʰ	[33] 铲 [35] □挣扎
ȵ	[553] □孩子顽皮，屡教不改□吝啬 [32] □东西霉变出来的黏液 [33] □啃
s	[23] 吮

续表

	[ɛn]
k	[31] 掮提
ŋ	[553] 啱 又 ŋam⁵⁵³
h	[32] 闲 又 han³² [33] 显白，又 hɛn³⁵/hin³³ [35] 显白，又 hɛn³³/hin³³
j	[553] 掀白，又 hin⁵⁵³/jin⁵⁵³
Ø	[33] 躽腆着肚子
	[ɔn]
k	[553] 干~净肝 [33] 赶杆竿秆 [35] 赣干能~
ŋ	[31] 岸
h	[32] 寒韩邯 [33] 罕憨酣刊鼾 [23] 旱 [35] 汉看 [31] 汗焊翰悍捍瀚
Ø	[553] 安鞍氨胺庵铵 [35] 按案
	[in]
p	[553] 边辫 又 pʰin²³ 鞭砭 [33] 贬 [35] 变 [31] 辩辨贬便方~
pʰ	[553] 篇翩编偏乒 [23] 辫 又 pin⁵⁵³ [35] 遍骗片 又 pʰɛn³⁵
m	[553] 面形 [32] 棉眠绵 [23] 免缅勉 又 mɛn³⁵ 冕俛娩抿岷 [31] 面名
t	[553] 颠癫巅滇 [33] 典碘腆 [31] 电殿甸淀奠靛佃钿臀
tʰ	[553] 天千仟芊 [32] 田填 [33] 浅
n	[553] 研钻~ [32] 年 [33] 撵辇 [31] 研~磨
l	[32] 连莲怜涟鲢琏 [35] □打滚 [31] 楝裢炼练
ɬ	[553] 先仙鲜新~煎 [32] 钱前 [33] 剪酰癣鲜朝~ [23] 溅羡 [35] 垫线箭荐腺 [31] 贱饯
ts	[553] 毡 [33] 展辗碾 [35] 战 [31] 缠 又 tsʰin³²
tsʰ	[32] 缠 又 tsin³¹
ȵ	[553] 烟焉嫣咽 [32] 然燃言 [33] □嘴唇往上翻
s	[553] □哪里 [23] 善擅蟮鳝 [35] 扇煸搧骟 [31] 膳
k	[553] 坚肩娟绢涓鹃 [35] 建见 [31] 件健键腱犍踺
kʰ	[32] 乾虔
h	[553] 牵轩掀 又 jin⁵⁵³, jɛn⁵⁵³ [33] 显蚬小河蚌 [35] 宪献
j	[553] 掀 又 hin⁵⁵³, jɛn⁵⁵³ [32] 贤弦舷玄 [23] 演延蜒衍涎 [35] 燕宴筵建 [31] 眩炫现砚

续表

	[un]
p	[553] 搬般 [33] 本苯 [35] 半
pʰ	[553] 潘 [32] 叛磐盘盆 [23] 胖伴拌绊畔 [35] 判
m	[553] 瞒 [32] 门们 [23] 满螨 [31] 闷
f	[553] 欢宽髋 [33] 款
v	[33] 豌碗皖腕婉宛剜琬□黄~: 蚯蚓 [23] 绻玩浣缓 [31] 唤换焕奂涣
t	[553] 蹲端 [33] 短 [35] 断~判 [31] 段锻缎煅椴
tʰ	[553] 村 [32] 团豚屯 [23] 断~折~ [35] 寸
n	[33] □蚊虫叮咬后肿起的包 [23] 暖 [31] 嫩
l	[553] □钻 [32] 联 [33] 卷白 [23] 卵栾鸾峦銮孪 [35] 恋 [31] 乱
ɬ	[553] 孙酸尊遵逊喧宣萱渲 [32] 存泉全诠醛荃痊 [33] 选 [35] 算蒜钻 [31] 旋璇
ts	[553] 专砖 [35] 转动 [31] 撰篆转量传~记
tsʰ	[553] 穿川 [32] 传~开 [33] 喘 [35] 串篡蹿揣窜
ȵ	[32] 原源塬 [33] □刀钝, ȵau³⁵~: 无奈极不情愿状 [23] 软 [31] 愿
s	[32] 船 [35] □①~水芋头: 喻芋头不面②喻人傻
k	[553] 官观冠棺倌捐鳏 [33] 蜷卷文管馆莞 [35] 灌罐贯鹳 [31] 倦眷□垫着
kʰ	[32] 权拳颧 [35] 券
h	[553] 圈 [33] 犬 [35] 劝
j	[553] 鸳渊冤 [32] 沿铅员园圆缘袁猿沅辕元 [33] 院苑 [23] 远援媛 [35] 怨 [31] 县悬
	[aŋ]
p	[33] □~颈: 耿直着脖子, 喻脾气倔强
pʰ	[553] 乓□~开: 匀开□有盖的便携式饭盒 [32] 彭棚膨澎 [23] 棒 [35] □谷物不饱满: ~谷
m	[32] 蛮盲 [33] 蜢 [23] 猛孟锰 [35] □用力扳开: ~开只门
v	[32] 横 [33] □绕: ~远路
l	[553] □毛衣 [23] 冷
ts	[553] 争挣睁铮筝诤峥狰 [31] □硬塞进去
tsʰ	[553] 撑~起 [32] 橙䅭 [35] 撑①手或脚蹬地②争论

续表

		[aŋ]
ŋ̊	[35]	撑白，用脚蹬踢
s	[553]	甥生笙牲　[33] 省□①用硬东西擦：~净锑锅底②狠狠地责骂
k	[553]	更三~耕庚羹赓江又 kɔŋ⁵⁵³　[33] 梗
ŋ	[31]	硬
h	[553]	炕坑　[32] 行~路
ø	[553]	樽
		[ɐŋ]
p	[553]	蹦崩嘣绷　[33] 绷　[31] 凭又 pʰɐŋ³²
pʰ	[553]	烹　[32] 鹏朋嘭硼凭又 pɐŋ³¹　[33] 砰
m	[553]	掹　[32] 盟萌　[35] □老~：很老
f	[35]	□①甩落：~干水②花钱大手大脚：大~
t	[553]	蹬灯登瞪噔镫　[33] 等　[35] 凳　[31] 邓
tʰ	[32]	藤疼腾滕誊
n	[32]	能　[35] □连接，带着：架车~有拖卡
l	[553]	□使劲拽　[32] 愣楞　[33] □最后成熟的瓜果　[35] □丢失
ɬ	[553]	曾姓增憎　[32] 层曾蹭噌　[33] □吃（带蔑视）　[35] □~pɐt²tsi³¹：甩（鼻涕）
	[31]	赠
tsʰ	[23]	等白
ŋ̊	[35]	□喻小孩顽皮，屡教不改
s	[35]	□①尿骚味儿：尿~②人骚：~妹
k	[553]	更~改羹　[33] 耿　[35] 更~加框扔
kʰ	[553]	□欺负　[33] □有本事　[23] 哽　[35] □勾绊
ŋ	[553]	□①用力解大小便②用力叫喊
h	[553]	□敲打　[32] 杏衡恒幸　[33] 谷物饱满　[33] 肯啃
ø	[553]	莺鹰　[33] □硬物抵着：台角~住肚
		[uɐŋ]
k	[553]	□湮~：东西冷冰冰的　[33] □又 kʰuɐŋ³³，硬~：(东西)硬邦邦的
kʰ	[33]	□又 kuɐŋ³³，硬~：(东西)硬邦邦的□量词，嘅~：这个东西
		[ɛŋ]
p	[31]	□喻人能力差
pʰ	[31]	□~~浮：东西浮在液体上转悠状

续表

	[ɛŋ]
m	[35] □①拥挤②挤进去：~上车
t	[31] 地白
tʰ	[553] 枪　[33] 抢　[35] 呛
n	[553] 娘伯~　[32] 娘姑~　[35] □花、果的蒂
l	[32] 晾凉量丈~良梁粮粱　[33] 辆两一~　[23] 两~个　[35] 靓　[31] 亮谅量数~
ɬ	[553] 浆将~来厢相~信箱湘镶襄　[32] 祥翔详墙蔷　[33] 奖蒋桨想　[23] 像好~象 [35] 将大~相照~酱　[31] 象大~橡匠
ts	[553] 张章彰樟璋獐漳瘴　[33] 掌长~大　[35] 仗打~涨帐账胀障嶂　[31] 丈杖仗仰~
tsʰ	[553] 窗昌倡娼猖菖鲳　[32] 长~度常场肠偿嫦裳　[33] 锵　[35] 唱畅怅炝
ȵ	[553] 将将就　[32] 酿嚷壤瓤攘　[31] 让□①菜合子②硬塞进去
s	[553] 伤商殇墒鬺　[32] 尝　[33] 赏　[23] 上~山　[31] 尚上①~面②占得便宜
k	[553] 姜疆边~羌僵缰殭　[33] □植物的根　[31] 强倔~
kʰ	[553] 疆新~　[32] 襁强~大　[23] 强勉~
ŋ	[23] 仰又ŋɔŋ²³
h	[553] 乡香　[33] 响享饷飨晌　[35] 向
j	[553] 央秧殃泱鸯鞅怏　[32] 洋阳杨扬羊佯疡徉烊炀旸　[23] 痒养氧　[31] 样漾
	[eŋ]
p	[553] 冰兵　[33] 饼丙炳秉禀摒苪并合~　[35] 柄□搬动　[31] 病
pʰ	[553] □①竹篷盖②sak³~骨：肋骨　[32] 平评瓶屏萍坪枰　[23] 并~且　[35] 拼聘
m	[553] 蒙白，又 moŋ³²　[32] 明名鸣茗酩　[23] 铭冥暝溟皿闽　[35] □烂~：破烂（东西）　[31] 命
f	[553] □老~：连襟　[35] □用力甩掉
v	[32] 荣　[23] 永咏泳
t	[553] 丁盯钉叮酊　[33] 顶鼎　[35] 订□倒立：~双鞋　[31] 定锭腚
tʰ	[553] 厅清青蜻菁汀　[32] 停庭亭婷蜓廷　[33] 请　[23] 挺艇霆　[35] 听
n	[553] 拧拿　[32] 宁安~拧狞柠咛聍　[33] □小竹篓　[31] 宁~可□乳房，奶水

续表

	[eŋ]
l	[32] 灵凌零玲铃龄陵菱绫凌 [23] 领岭 [31] 另令伶拎□①闪电②生气闪到一边
ɬ	[553] 精晶星腥惺旌 [32] 情晴 [33] 井醒省反~□间：两~屋 [23] 静靖婧 [35] 姓性□铁锈 [31] 净
ts	[553] 征蒸正~月贞帧侦桢怔 [33] 整 [35] 政证正~门症 [31] 郑□还，~有：还有
tsʰ	[553] 逞称~呼 [32] 呈程惩成儿~ [33] □喻跑起来整个身子一抖一抖状 [35] 秤称~重
ȵ	[35] □踮起脚尖 [31] 认
s	[553] 升声昇 [32] 成绳城乘诚承盛~满 [35] 胜圣 [31] 剩晟丞拯盛~开
k	[553] 京经惊荆鲸痉 [33] 颈竟境警景璟憬 [35] 敬镜儆 [31] 劲竞茎径泾兢竟
kʰ	[553] □聊天 [32] 擎琼澄 [33] 倾顷
ŋ̍	[32] 仍凝 [23] □气味儿臭得让人头晕
h	[553] 轻馨兄卿氢兴~旺 [35] 兴高~庆 [31] □在火旁或热东西旁受热
j	[553] 应~该英罂鹰樱婴瑛缨膺 [32] 型形邢刑萤赢营盈莹蝇荧瀛赢楹滢 [33] 影映颖 [35] 应答~，又 eŋ³⁵ □声音很响亮
∅	[35] 应白，又 jeŋ³⁵
	[ɔŋ]
p	[553] 帮邦梆浜 [33] 绑棒榜膀 [31] 谤镑磅~称
pʰ	[553] □锄头 [32] 螃徬庞彷滂傍旁磅~礴 [33] □①发白：白~②眼~：眼老花 [23] 蚌□阔~：(衣物等) 太宽大
m	[553] 芒虻网白 [32] 忙茫亡忘邙 [33] □旁~：本指衣物失去弹性变宽，后喻人口无遮拦 [23] 网罔惘莽蟒妄 [31] 望
f	[553] 方芳慌荒文谎肪 [32] 房防妨 [33] 坊访仿纺舫晃恍幌 [35] 放
v	[553] 汪荒白 [32] 黄皇蝗璜煌簧凰惶磺徨篁潢王 [33] 枉 [23] 往 [31] 旺
t	[553] 当~时铛 [33] 党档傥挡 [35] 当上~ [31] 宕荡
tʰ	[553] 汤仓苍舱沧伧烫劏 [32] 唐糖塘堂棠膛搪溏螳 [33] 躺淌趟动词 [35] 趟量词□啲~人：这种人
n	[32] 囊镶嚷攘 [33] □吊~~：东西吊在半空悠悠状 [23] 笑到 net³：笑到背不过气来 [35] □用力拉扯 [31] 档

续表

	[ɔŋ]
l	[32] 狼郎廊榔啷锒螂　[33] □漱　[23] 朗琅　[35] 塱　[31] 浪
ɬ	[553] 桑嗓　[32] 藏臧　[33] 傺　[35] 葬賍脏肮~丧　[31] 脏内~
ts	[553] 桩庄妆装　[35] 壮　[31] 撞状
tsʰ	[553] 疮创~可贴　[32] 床　[33] 闯创~造厂倘
ȵ	[35] □①食物韧、柴：牛肉～②脾气倔强
s	[553] 双霜孀礵　[33] 爽　[35] □~水：干水
k	[553] 光咣胱珖刚岗缸纲冈杠~杆肛罡江又 kaŋ⁵⁵³　[33] 讲港广犷　[35] 钢降杠单~　[31] □架着
kʰ	[553] 框匡筐眶诓　[32] 狂诳　[33] 哐　[23] 逛□驱赶家禽　[35] 伉况矿旷邝亢抗
ŋ	[33] □高~：形容人或植物长得太高　[23] 昂盎仰又 ŋeŋ²³　[35] □傻
h	[553] 康糠慷腔　[32] 行银~　[33] □东西放置太久导致有霉味儿：臭~米　[23] 项　[35] □烘烤　[31] 巷行两~菜□鸡~：未孵过蛋的小母鸡
j	[23] □晃动东西驱赶鸡、鸭、鸟等
	[oŋ]
p	[33] 捧动　[35] □脸~：(东西)十分软烂　[31] □量词①簇：一~龙眼②一~墙：一堵墙③扎堆凑热闹
pʰ	[553] □①起泡泡蓬松状②盖上，~嘈张水衣：盖上件雨衣　[32] 蓬篷□满　[33] 捧量　[23] □怂恿　[35] 椪碰
m	[553] 蒙①盖上②眼~：眼老花。　[32] 蒙姓，又 meŋ⁵⁵³ 朦濛蠓　[33] 懵蕾　[23] 檬　[31] 梦
f	[553] 风封峰丰疯锋枫缝烽沣豐　[32] 缝冯逢　[33] 奉讽俸　[31] 凤
t	[553] 东冬咚~头顶着　[33] 懂董　[35] 冻　[31] 洞栋幢侗峒
tʰ	[553] 通聪葱囱囱驄　[32] 同铜筒桐童瞳彤酮佟潼　[33] 桶捅铳统　[23] 动　[35] 恸痛
n	[553] 炆焦　[32] 浓农脓秾哝　[23] 侬
l	[553] 窿　[32] 龙隆笼聋珑胧　[33] 拢垄垅　[23] □箱子　[35] 陇□松动：牙齿~了　[31] 弄
ɬ	[553] 松~动宗综棕踪鬃嵩琮淙　[32] 从丛苁枞松~木　[33] 总纵耸竦怂　[35] 送宋餸糭　[31] 颂诵讼
ts	[553] 中~间钟忠终衷盅锺舂□跌跌撞撞地走②心怦怦跳：心~□唔~：难道　[33] 肿种~子　[35] 众中打~种~瓜　[31] 仲

续表

	[oŋ]
tsʰ	［553］冲充憧　［32］虫重~复　［33］宠　［23］重~量
ȵ	［553］踭□头发乱蓬蓬样　［32］浓　［33］浓集市熙熙攘攘热闹状　［35］嗅
s	［32］崇熊好~：好能干
k	［553］工公供~给功宫攻弓恭蚣　［33］拱龚躬巩　［35］贡供~品　［31］共
kʰ	［32］穷　［35］□熏
h	［553］空胸凶匈汹轰　［32］宏洪红鸿虹弘泓　［33］孔控恐　［31］哄烘
j	［553］翁嗡蓊滃邕　［32］绒戎茸容融溶蓉熔榕镕　［33］拥文涌庸雍佣甬蛹壅痈俑慵踊镛墉　［23］勇冗恿　［35］□挪动　［31］用
ø	［553］壅　［33］拥白　［35］瓮蕹
	[ap]
t	［4］□吧嗒吧嗒地吃食状　［24］答搭褡　［31］踏沓迭
tʰ	［24］塔塌榻□坛子
n	［24］□铆　［31］纳呐钠衲
l	［24］□收集东西成堆　［31］蜡垃
ɬ	［24］洽恰圾砸唼臿　［31］杂
ts	［24］匝□~马步：蹲马步　［31］铡闸
tsʰ	［24］插
ȵ	［24］□东西表面粗糙□食物口感粗糙□心~：心烦□攀爬：~上张椅
s	［31］煠
k	［24］甲呷狎钾胛　［31］夹颊荚挟
ŋ	［24］□剪，动词
h	［24］□菜~：菜叶片　［31］匣侠峡狭夹又 kɐp¹¹
j	［31］眨
ø	［24］鸭押
	[ɐp]
m	［4］凹
t	［4］□对接上
tʰ	［4］楫缉辑□对接上，套上：~嘴笔帽　［3］□①~跤：跌跤 ②~衫：捶打搓洗衣服
n	［4］粒□嫩~：很嫩纳闭合，~嘴：闭嘴　［3］□动作慢
l	［4］□靓~：漂亮得很□套上　［3］立笠苙
ɬ	［4］撮　［3］习集袭

续表

	[ɐp]
ts	[4] 汁执
tsʰ	[4] □用力放置：~张凳出去　[3] □（忙碌）奔走
ȵ	[4] □拈　[3] 入
s	[4] 湿　[3] 十拾什
k	[4] 急鸰又 kɐp²⁴ 蛤合又 kɐp²⁴：~伙
kʰ	[4] 级给吸汲客①盖上盖子②帽：帽子　[3] 及
ŋ	[4] □用剪刀剪□念叨□磕着（下巴）□码头：台阶
h	[4] 谙吓唬
j	[4] 泣揖
∅	[4] □①~火：生一堆火②焐着署扔：~石头

	[ɛp]
t	[4] □吧嗒吧嗒地吃食　[24] □豆荚　[31] □~lɐp³¹：咂嘴巴状
n	[24] 镊
l	[24] □抱拿　[31] □捋
ɬ	[24] □①塞②垫：~高台脚
ȵ	[24] □卷起：~衫袖
k	[24] 合又 kɐp⁴　[31] 夹又 kap³¹
h	[24] □大口喝　[31] 盒合~适
j	[31] □~眼：眨眼
∅	[31] □投掷

	[ip]
tʰ	[4] 贴帖　[3] 碟叠蝶谍牒喋
n	[3] 聂孽蹑嗫
l	[3] 猎
ɬ	[4] 接
ts	[4] 摺褶折又 tsit⁴
ȵ	[3] 业
s	[4] 摄涉慑赦
k	[4] 涩劫□~钮：按扣
h	[4] 协怯胁歉
∅	[4] 页腌又 jim³¹　[3] 叶

	[at]
p	[31] 拔
m	[24] 抹又 mut⁴ [31] 袜
f	[24] 发法 [31] 罚伐阀乏筏
v	[24] 挖又 vɛt²⁴ [31] 滑猾
t	[24] □量，块：两~红印 [31] 达
tʰ	[24] 遏刷
n	[24] 捺□被炭火或热金属烙着：~着手
l	[31] 辣
ɬ	[24] 撒萨 [31] □kʰat³¹~：蟑螂
ts	[24] 扎轧札
tsʰ	[24] 察擦嚓
ȵ	[24] □~愚：喻人脸皮厚
s	[24] 杀
k	[24] 刮又 kɛt²⁴ 括刷 印~
kʰ	[31] □~ɬat³¹：蟑螂
ŋ	[24] □蹭□屎~：屎臭味儿 [31] □~时间：拖延时间□转动大件东西使之发出响声：~只门响
ø	[24] 压
	[ɐt]
p	[4] 不笔毕□用铲箕铲东西：~垃圾 [3] 弼□~鼻：不耐烦□~tsi³¹：鼻子
pʰ	[4] 匹拂又 fɐt⁵
m	[4] 乜□发~：发霉 [3] 密蜜物勿
f	[4] 佛仿~胐屎~：屁股□~跤：摔跤 [3] 拂又 pʰɐt⁵ 佛大~
v	[4] 窟倔屈忽□熏 [3] 核果~
t	[4] 塞又 ɬek⁴, tsɐt⁴
tʰ	[4] 七漆柒 [3] 突
n	[4] □摘，掐：~花□喜好：佢~吃菜花 [3] □~nuaŋ²³：喘不过气来
l	[4] 甩 [3] 律率概~
ɬ	[4] 率~领卒摔恤戌胥悉膝蟀□形容猪长得肥壮 [3] 疾嫉
ts	[4] 塞又 ɬek⁴, tɐt⁴ [3] 窒
tsʰ	[4] 出 [3] 侄
ȵ	[3] 日

续表

	[ɐt]
s	[4] 失室虱瑟 [3] 实术述怵
k	[4] 吉橘枯骨 □~针：打针
kʰ	[4] 咳 [3] 崛掘渴稠：~粥
ŋ	[4] 忔~啬：小气 吝又 ŋet⁴
h	[4] 乞 [3] 核~算
j	[4] 一壹邑 □腐烂 [3] 逸
	[ɛt]
p	[4] □拉或吐东西出来 [24] 八捌 [31] □脛~：东西软绵绵的
pʰ	[4] □轻拍
m	[24] 瘪
f	[4] 法~术 [31] □①用力摔扔：~开只袋②擤鼻涕□哭~~：边哭边抽泣状
v	[24] 挖又 vat²⁴
t	[4] □~儿：一点点 [31] □一点点
n	[4] □~儿：一点点 [31] □形容挑重担时扁担两头一上一下地颠
l	[31] □用刀拉开口子
ɬ	[31] □洒
ts	[4] □给轮胎打气
tsʰ	[4] 撤又 tsʰit⁴ □~儿：一点点 [31] □~儿：一点点
ȵ	[31] □小心且艰难地走路
s	[4] 啬 [31] □淡~：淡而无味
k	[24] 刮又 kat²⁴ [31] □提
ŋ	[4] 吝又 ŋet⁴ [24] □蹭
ø	[31] □呕吐
	[ɔt]
p	[31] □脱下（衣服）□lɔt³¹~：形容衣冠不整脏兮兮样
l	[31] □~pɔt³¹：形容衣冠不整脏兮兮样
ɬ	[31] 膗阴茎
s	[31] □淡~：食物淡而无味
k	[24] 割又 kɛ³³ 葛
h	[24] 喝渴
ø	[31] □呕吐

续表

		[it]
p	[4] 鳖憋必	
pʰ	[4] 撇　[3] 别□~pʰɐk³：形容动作麻利	
m	[4] □末尾　[3] 灭蔑篾	
t	[4] 跌	
tʰ	[4] 铁切妾窃　[3] 秩	
n	[3] 捏文又 hɐh³³ 涅镍孽	
l	[4] □好~得：很能干　[3] 列唎烈裂洌冽	
ɬ	[4] 节泄屑薛　[3] 捷截婕睫	
ts	[4] 折又 tsip⁴ 哲浙□搔胳肢窝痒痒	
tsʰ	[4] 撤又 tsʰɛt⁴ 彻澈辙设	
ȵ	[3] 热	
s	[3] 舌蚀~本	
k	[4] 结洁	
kʰ	[4] 揭　[3] 杰桀竭傑	
h	[4] 歇	
j	[4] 乙又 jut⁴	
		[ut]
p	[4] 拨文钵	
pʰ	[4] 泼　[3] 勃脖渤饽拨白	
m	[4] 抹又 mat²⁴　[3] 末沫没	
f	[4] 阔豁　[3] □~~声：形容走路脚下生风或做事麻利	
v	[3] 活	
t	[4] □估价买卖：五百文~只猪	
tʰ	[4] 脱□（一）套（衣服）　[3] 夺	
l	[4] 劣□用铲子铲：~菜□滑落：衫袖~落来　[3] 捋□沟渠	
ɬ	[4] 雪鳕　[3] 绝	
ts	[4] 缀掇拙	
ȵ	[3] 月	
s	[4] 说	
kʰ	[4] 缺厥橛决诀蕨抉	
h	[4] 血	

续表

	[ut]			
j	[4] 乙又 jit⁴ [3] 越粤曰悦阅穴			
	[ak]			
p	[4] □①拟声词②~纽：按扣 [24] 百佰柏伯陌粕珀 [31] 白			
pʰ	[24] 拍魄			
m	[24] □打开，张开 [31] 脉麦□扔，掷			
f	[24] □杠杆的一头猛地向上挑			
v	[31] 画划惑或			
ɬ	[24] □~屋：糟蹋屋子□~静：静悄悄的			
ts	[24] 责啧窄 [31] 摘泽择宅			
tsʰ	[24] 拆册策			
s	[24] □片：阿~西瓜□~食：开胃			
k	[24] 格隔革			
kʰ	[24] □用棍子或长条东西去撩：~蠄蟧网			
ŋ	[24] □动物的角：牛~ [31] 额			
h	[4] 黑克刻 [24] 客吓赫 [31] □~卵：睾丸			
	[ɐk]			
p	[4] 北			
pʰ	[3] 卜萝~			
m	[4] 擘~开：拔开□量米的竹筒 [3] 墨默			
f	[4] □用力甩 [3] □热：很热□用鞭子抽打			
v	[4] □绕 [3] □~手：摇 624B			
t	[4] 得德			
tʰ	[3] 特□用大锤捶打			
n	[4] □~手：(米、面糊) 粘手 [3] □停顿			
l	[4] □搜刮□kʰa²²~：腋窝 [3] 勒肋栗簕			
ɬ	[4] 塞鲫则□~ne⁵⁵³：某些息重孙 [3] 贼			
ts	[4] 侧白			
tsʰ	[4] 测厕恻侧文			
k	[4] □挂			
kʰ	[4] □划拉：~火柴□用指关节用力敲打头部 [3] □卡住			
ŋ	[4] 呃欺诈 [3] □~头：点头			

续表

		[ɐk]
j	[3]	□~手：招手
∅	[4]	握軛厄扼
		[ɛk]
t	[24]	啄涿琢趠快跑
l	[4]	□好~：很出色　[31] 略掠
ɬ	[24]	雀鹊削剥~嚼
ts	[24]	灼酌着穿~　[31] 着睡~
tsʰ	[24]	卓绰
ȵ	[31]	若弱偌虐疟
s	[31]	勺芍
k	[24]	脚
kʰ	[24]	却
j	[24]	约跃　[31] 药
		[ek]
p	[4]	逼壁碧璧迫
pʰ	[4]	劈辟癖僻噼
m	[4]	觅掰
f	[4]	□用力甩
v	[3]	域疫役
t	[4]	滴的嘀嫡
tʰ	[4]	踢剔惕戚　[3] 敌迪狄笛涤荻籴
n	[4]	溺匿搦拿
l	[4]	沥雳砾□垃：两~菜　[3] 力历□~len⁵⁵³：脖子上的淋巴
ɬ	[4]	息锡惜析昔熄媳晰淅即积迹绩脊羁稷蟋　[3] 席夕籍藉寂
ts	[4]	织炽职炙隻
tsʰ	[4]	尺赤斥哧　[3] 直值植殖蛰
ȵ	[4]	□跳~~：形容跃跃欲试状
s	[4]	色识式适释饰轼　[3] 硕食石蚀腐~
k	[4]	剧戟击激棘□用水泥砌。~檐阶：砌台阶。
kʰ	[4]	□划拉：~火柴　[3] 极屐
ŋ	[3]	逆

续表

	[ek]
h	[4] 吃
j	[4] 益亿溢抑忆邑　[3] 驿弈轶液易_交亦翼译奕
	[ɔk]
p	[4] □用棍子打 □_{水泡：脚起~}　[24] 博搏剥膊驳　[31] 薄泊铂舶帛箔
pʰ	[24] 扑朴
m	[24] 幕膜漠馍谟寞　[31] 莫
f	[31] 缚
v	[31] 镬获
t	[4] 斫剁　[31] 踱铎度_{~量}
tʰ	[24] 托拓错又 tʰɔ³⁵
n	[4] □①敲打头顶②头~：脑袋　[31] 诺喏
l	[24] 烙洛络骆酪　[31] 落乐_{快~}
ɬ	[24] 索作　[31] 昨凿
ts	[24] 桌捉　[31] 浊
tsʰ	[24] 戳
s	[24] 塑嗍朔
k	[24] 各阁搁铬胳骼国帼蝈角觉_{~悟}
kʰ	[24] 确郭霍廓藿扩
ŋ	[31] 鄂愕鳄腭颚岳乐_{音~}
h	[24] 壳　[31] 学
j	[24] □_{~奶：小孩吐奶}　[31] □_{~鸡：唤鸡来吃食}
ø	[24] 恶
	[ok]
p	[4] 卜 □_{量，嗰~地：这块地方}
pʰ	[4] 仆_{~倒}　[3] 仆_{~人} □_{躲藏} □_{团（东西）}
m	[4] □_{摸，掏}　[3] 木目牧穆沐睦
f	[4] 福复覆腹辐幅蝠馥　[3] 服伏
t	[4] 督笃琢_{戳，捅}
tʰ	[4] 促猝秃速 □_{着~：呛着}　[3] 读独毒犊渎牍
n	[4] □_{拿在手上搓} □_{（说话人指第三方）人家}
l	[4] 碌辘 □_{量，一段}　[3] 麓绿氯录鹿禄六陆 □_烫

续表

	[ok]
ɬ	[4] 宿肃粟夙足　[3] 簌俗族续
ts	[4] 祝竹粥烛仵嘱瞩贮竺
tsʰ	[4] 束筑蓄触畜　[3] 逐轴
ȵ	[4] 肉动　[3] 玉肉
s	[4] 叔缩菽　[3] 熟淑属孰赎塾
k	[4] 菊掬谷□~气：生闷气
kʰ	[4] 曲　[3] 局焗锔酷
ʋ	[3] □摇动
h	[4] 哭
j	[4] 旭沃郁育教~　[3] 欲育培~辱褥浴裕狱
∅	[4] 屋

	[m̩]
∅	[31] 唔

	[ʋ̩]
∅	[32] 吴吾　[23] 午忤五伍　[31] 梧误悟捂唔

附录二 分类词表

一 天文

(一) 日、月、星

太阳	热头	ȵit³⁻² tʰɐu³²	
阳光	热头	ȵit³⁻² tʰɐu³²	
太阳猛烈	热头大	ȵit³⁻² tʰɐu³² tai³¹	
	热头猛	ȵit³⁻² tʰɐu³² maŋ²³	
	热头兴	ȵit³⁻² tʰɐu³² heŋ³⁵	
太阳地儿（太阳照到的地方）	热头底	ȵit³⁻² tʰɐu³² tɐi³³	
向阳	开阳	hɔi⁵⁵³⁻³³ jɛŋ³²	
	向阳	hɛŋ³⁵⁻³³ jɛŋ³²	
背阴	背阴	pui³¹ jɐm⁵⁵³	
	阴地	jɐm⁵⁵³ tɐŋ³¹	
日食	天狗吃热头	tʰin⁵⁵³⁻³³ kɐu³³ hek⁴ ȵit³⁻² tʰɐu³²	
日晕	热头担枷	ȵit³⁻² tʰɐu³² tam⁵⁵³⁻³³ ka⁵⁵³	
月亮	月亮光	ȵit³⁻² lɛŋ³¹ kɔŋ⁵⁵³	
新月	蛾眉月	ŋɔ³²⁻²² mi³² ȵut³	
月亮地儿（月亮照到的地方）	月亮光底	ȵit³⁻² lɛŋ³¹ kɔŋ⁵⁵³ tɐi³³	
月食	天狗吃月亮	tʰin⁵⁵³⁻³³ kɐu³³ hek⁴ ȵit³⁻² lɛŋ³¹	
月晕	月亮担枷	nit³⁻² lɛŋ³¹ tam⁵⁵³⁻³³ ka⁵⁵³	
星星	天星	tʰin⁵⁵³⁻³³ ɬɛŋ⁵⁵³	
北斗星	北斗星	pɐk⁴ tɐu³³ ɬɛŋ⁵⁵³	
启明星	启明星	kʰɐi³³ mɛŋ³² ɬɛŋ⁵⁵³	
银河	谷行	kok⁴⁻³ hɔŋ³²	

续表

银河	米行	mɐi²³ hɔŋ³²	
流星（名词）	天星	tʰin⁵⁵³⁻³³ ɬeŋ⁵⁵³	
流星	天星过位	tʰin⁵⁵³⁻³³ ɬeŋ⁵⁵³ kɔ³⁵⁻³³ vɐi³¹	
彗星	扫把星	ɬɐu³⁵⁻³³ pa³³ ɬeŋ⁵⁵³	
（二）风、云、雷、雨			
风	风	foŋ⁵⁵³	
大风	大风	tai³¹ foŋ⁵⁵³	
狂风	大风	tai³¹ foŋ⁵⁵³	
台风	台风	tʰɔi³²⁻²² foŋ⁵⁵³	
小风	风儿	foŋ⁵⁵³⁻³³ ȵi⁵⁵³	
	尕风	nɐi³⁵ foŋ⁵⁵³	
	细风	ɬɐi³⁵ foŋ⁵⁵³	
	微微风	mi³²⁻²² mi³² foŋ⁵⁵³	
旋风	鬼儿风	kɐi³³ ȵi⁵⁵³ foŋ⁵⁵³	
	龙卷风	loŋ³²⁻²² kun³³ foŋ⁵⁵³	
顶风	撞风	tsɔŋ³¹ foŋ⁵⁵³	
	顶风	teŋ³³ foŋ⁵⁵³	
	逆风	ŋek³⁻² foŋ⁵⁵³	
顺风	顺风	sɐn³¹ foŋ⁵⁵³	
背风	背风	pui³¹ foŋ⁵⁵³	
刮风	吹风	tsʰui⁵⁵³⁻³³ foŋ⁵⁵³	
	翻风	fan⁵⁵³⁻³³ foŋ⁵⁵³	
	发风	fat²⁴⁻³³ foŋ⁵⁵³	
	起风	hi³³ foŋ⁵⁵³	
风停了	风停了	foŋ⁵⁵³ tʰeŋ³² liu²³	
云	云	vɐn³²	
黑云	黑云	hɐk⁴ vɐn³²	
白云	白云	pak³¹ vɐn³²	
红云	红云	hoŋ³²⁻²² vɐn³²	
鱼鳞云	鱼鳞斑	ȵi³²⁻²² lɐn³² pan⁵⁵³	
霞	彩云	tʰɔi³³ vɐn³²	
早霞	朝霞	tsiu⁵⁵³ ha³¹	
	红云	hoŋ³²⁻²² vɐn³²	

续表

晚霞	晚霞	man^{23} ha^{31}	
	红云	hoŋ$^{32-22}$ vɐn^{32}	
雷	雷	lui^{32}	
	雷公	lui$^{32-22}$ koŋ^{553}	
打雷	响雷	hɛŋ^{33} lui^{32}	
	雷公响	lui$^{32-22}$ koŋ^{553} hɛŋ^{33}	
雷劈了	雷劈了	lui^{32} p^{h}ek^4 liu^{23}	
闪电（名兼动）	眨令	jap^{31} leŋ^{31}	
	摄令	sip$^{4-3}$ leŋ^{31}	
雨	水	sui^{33}	
下雨	落水	lɔk^{31} sui^{33}	
掉点（了）	落水粒（了）	lɔk^{31} sui^{33} nɐp^4（liu^{23}）	
小雨	水儿	sui^{33} n̠i^{553}	
毛毛雨	水文儿	sui^{33} mɐn^{553} n̠i^{553}	
	水毛儿	sui^{33} mɐu^{553} n̠i^{553}	
下毛毛雨	落水微微	lɔk^{31} sui^{33} mi$^{32-22}$ mi^{553}	
	落文水儿	lɔk^{31} sui^{33} mɐn^{553} n̠i^{553}	
	文水儿	mɐn^{553} sui^{33} n̠i^{553}	
	洒水儿	sa^{35} sui^{33} n̠i^{553}	
飘雨	飘水	p^{h}iu$^{553-33}$ sui^{33}	
大雨	大水	tai^{31} sui^{33}	
暴雨	大水	tai^{31} sui^{33}	
连阴雨（接连多日阴雨）	沤水	ɐu$^{35-33}$ sui^{33}	
	落水□□	lɔk^{31} sui^{33} ɬi$^{553-33}$ ɬi^{553}	
雷阵雨	雷阵雨	lui$^{32-22}$ tsɐn^{31} i^{23}	
阵雨	过天水	kɔ$^{35-33}$ t^{h}in^{553} sui^{33}	
太阳雨	热头水	n̠it^3 t^{h}ɐu^{32} sui^{33}	
雨停了	水停了	sui^{33} t^{h}ɐŋ^{32} liu^{23}	
虹	龙吸水	loŋ^{32} k^{h}ɐp$^{4-3}$ sui^{33}	
	□虹	p^{h}ɐŋ$^{32-22}$ koŋ^{35}	
被雨淋：不到那~	着水淋	tsɛk^{31} sui^{33} lɐm^{32}	
淋雨	淋水	lɐm$^{32-22}$ sui^{33}	

续表

（三）冰、雪、霜、露

冰	冰	peŋ⁵⁵³	
冰锥（挂在屋檐下的）	冰柱	peŋ⁵⁵³ tsʰi²³	
结冰	结冰	kit⁴⁻³ peŋ⁵⁵³	
雹子	雹	pɔk³¹	
	冰雹	peŋ⁵⁵³ pɔk³¹	
下冰雹	落雹	lɔk³¹ pɔk³¹	
雪	雪	ɬut⁴	
下雪	落雪	lɔk³¹ ɬut⁴	
鹅毛雪	棉花雪	min³²⁻²² fa⁵⁵³ ɬut⁴	
	鹅毛雪	ŋɔ³²⁻³¹ mɐu³² ɬut⁴	
雪珠子（米粒状的雪）	雪米	ɬut⁴⁻³ mɐi²³	
	雪粒	ɬut⁴⁻³ nɐp⁴	
雨夹雪	雪水	ɬut⁴⁻³ sui³³	
雪化了	雪融□	ɬut⁴ joŋ³² lok³³	
露水	雾水	mu³¹ sui³³	
下露水	落雾水	lɔk³¹ mu³¹ sui³³	
凝露	澄雾水	kʰeŋ³² mu³¹ sui³³	
霜	霜	sɔŋ⁵⁵³	
下霜	落霜	lɔk³¹ sɔŋ⁵⁵³	
雾	雾	mu³¹	
下雾	起雾	hi³³ mu³¹	
	落雾	lɔk³¹ mu³¹	
	有雾	jɐu²³ mu³¹	

（四）气候

天气（最近~不太好）	天时	tʰin⁵⁵³ si³²	
	天气	tʰin⁵⁵³ hi³⁵	
晴天	好天	hɐu³³ tʰin⁵⁵³	
阴天	阴天	jɐm⁵⁵³ tʰin⁵⁵³	
雨天	落水天	lɔk³¹ sui³³ tʰin⁵⁵³	
（天气）热	热	n̠it³	

续表

（天气）热	兴⁼	heŋ³⁵	
闷热	焗	kʰok³	
	焗热	kʰok³⁻² ȵit³	
（天气）冷	冷	laŋ²³	
	湮	jɐn⁵⁵³	
	□	kɐn³⁵	
	湮□	jɐn⁵⁵³ kɐn³⁵ / kɐn⁵⁵³	
伏天	三伏天	ɬam⁵⁵³ fok³ tʰin⁵⁵³	
入伏	入伏	ȵɐp³⁻² fok³	
初伏	头伏	tʰɐu³²⁻²² fok³	
中伏	二伏	ȵi³¹ fok³	
	中伏	tsoŋ⁵⁵³ fok³	
末伏	三伏	ɬam⁵⁵³ fok³	
	尾伏	mi²³ fok³	
天旱	旱	hɔn²³	
	天旱	tʰin⁵⁵³ hɔn²³	
涝了	出涝	tsʰɐt⁴⁻³ lɐu³¹	
洪涝	涝	lɐu³¹	
	大涝	tai³¹ lɐu³¹	
	淹水（浸）	jim⁵⁵³⁻³³ sui³³（ɬɐm³⁵）	

二 地理

（一）地

平原	平原	pʰeŋ³²⁻²² ȵun³²	
	平地	pʰeŋ³²⁻²² ti³¹	
旱地	旱地	hɔn²³ ti³¹	
	畲地	sɛ⁵⁵³ ti³¹	
水田	水田	sui³³ tʰin³²	
	田	tʰin³²	
梯田	梯田	tʰɐi⁵⁵³ tʰin³²	
	田垌 _{大片水田}	tʰin³²⁻²² toŋ³¹	

续表

田埂	田基	$t^h in^{32-22} ki^{553}$	
田边	田边	$t^h in^{32-22} pin^{553}$	
	田头	$t^h in^{32-22} t^h ɐu^{32}$	
	田尾	$t^h in^{32-22} mi^{23}$	
淤泥	泥涊	$nɐi^{32-22} pam^{31}$	
菜地	菜地	$t^h ɔi^{35-33} ti^{31}$	
菜园	菜畲	$t^h ɔi^{35-33} sɛ^{553}$	
荒地	荒地	$fɔŋ^{553} ti^{31}$	
	生荒地	$saŋ^{553-33} fɔŋ^{553} ti^{31}$	
沙土地	沙地	$sa^{553} ti^{31}$	
坡地	坡地	$p^h ɔ^{553} ti^{31}$	
盐碱地	咸碱地	$ham^{32-22} kan^{33} ti^{31}$	
滩地	沙洲地	$sa^{553-33} tsɐu^{553} ti^{31}$	
	沙洲	$sa^{553-33} tsɐu^{553}$	
山上的农业用地	岭地	$leŋ^{23} ti^{31}$	
	黄泥地	$vɔŋ^{32-22} nɐi^{32} ti^{31}$	
(二) 山			
山	山	san^{553}	
	岭	$leŋ^{23}$	
山腰	山□	$san^{553-33} pɔŋ^{31}$	
	岭□	$leŋ^{23} pɔŋ^{31}$	
	半山	$pun^{35} san^{553}$	
山脚	岭脚	$leŋ^{23} kɛk^{24}$	
	山脚	$san^{553-33} kɛk^{24}$	
	岭底	$leŋ^{23} tɐi^{33}$	
山间的平地	山冲地	$san^{553-33} ts^h oŋ^{553} ti^{31}$	
山谷（两山之间低凹狭窄处）	山冲	$san^{553-33} ts^h oŋ^{553}$	
山洞	山窿	$san^{553-33} loŋ^{553}$	
	山窿山罅	$san^{553-33} loŋ^{553} san^{553-33} la^{35}$	
山涧	山冲水	$san^{553-33} ts^h oŋ^{553} sui^{33}$	
山坡	山岭	$san^{553-33} leŋ^{23}$	
山岭	岭	$leŋ^{23}$	

续表

山顶	岭顶	leŋ²³ teŋ³³	
	山顶	san⁵⁵³⁻³³ teŋ³³	
山崖	岭壁	leŋ²³ pek⁵	
(三) 江、河、湖、海、水			
河	江	kɔŋ⁵⁵³	
河里	江里底	kɔŋ⁵⁵³ li²³ tɐi³³	
河底	江底	kɔŋ⁵⁵³⁻³³ tɐi³³	
码头	码头	ma²³ tʰɐu³²	
渡口	渡口	tu³¹ hɐu³³	
水渠	水圳	sui³³ tsɐn³⁵	
	水埒	sui³³ lut³	
小水沟	埒儿	lut³⁻² ȵi⁵⁵³	
	水沟	sui³³ kɐu⁵⁵³	
湖	湖	u³²	
潭	潭	tʰam³²	
	氹	tʰɐm²³	
水塘	塘	tʰɔŋ³²	
	鱼塘	ȵi³²⁻²² tʰɔŋ³²	
鱼塘边	塘基	tʰɔŋ³²⁻²² ki⁵⁵³	
	塘边	tʰɔŋ³²⁻²² pin⁵⁵³	
水坑	水窝	sui³³ vɔ⁵⁵³	
	水氹	sui³³ tʰɐm²³	
牛踩出来的坑	牛氹	ŋɐu³²⁻²² tʰɐm²³	
水库	水库	sui³³ fu³⁵	
海	大海	tai³¹ hɔi³³	
海边	大海边	tai³¹ hɔi³³ pin⁵⁵³	
海水	海水	hɔi³³ sui³³	
河岸	江边	kɔŋ⁵⁵³⁻³³ pin⁵⁵³	
沿河或沿海防水的建筑物	河堤	hɔ³²⁻²² tʰɐi³²	
	石碑	sek³⁻² pi⁵⁵³	
河中拦水的建筑物	坝	pa³⁵	

续表

水中陆地	沙洲	sa$^{553-33}$tsɐu^{553}	
河滩	江边	kɔŋ$^{553-33}$pin^{553}	
	沙洲	sa$^{553-33}$tsɐu^{553}	
水	水	sui^{33}	
清水	清水	t^{h}ɐŋ$^{553-33}$sui^{33}	
浑水	浊水	tsɔk^{31}sui^{33}	
干净水	净水	ɬeŋ^{31}sui^{33}	
脏水	涴水	vɔ^{35}sui^{33}	
死水	臭水	ts^{h}ɐu^{35}sui^{33}	
雨水	水	sui^{33}	
	天水	t^{h}in$^{553-33}$sui^{33}	
洪水	大水	tai^{31}sui^{33}	
	淹水	jim$^{553-33}$sui^{33}	
发大水	发大水	fat^{24}tai^{31}sui^{33}	
	出大涝	ts^{h}ɐt^{4}tai^{31}lɐu^{31}	
洪峰	水头	sui^{33}t^{h}ɐu^{32}	
	洪峰	hoŋ$^{32-22}$foŋ^{553}	
泉	汶	mɐn^{35}	
泉水	汶水	mɐn$^{35-33}$sui^{33}	
泉眼	汶口	mɐn$^{35-33}$hɐu^{33}	
热水	热水	ȵit$^{3-2}$sui^{33}	
温水	暖水	nun^{23}sui^{33}	
凉水	湮水	jɐn$^{553-33}$sui^{33}	
冷水	湮水	jɐn$^{553-33}$sui^{33}	
	冷水	laŋ^{35}sui^{33}	
煮沸的水	滚水	kɐn^{33}sui^{33}	
蒸馏水	倒汗水	tɐu^{33}hɔn^{31}sui^{33}	
水的沉淀物	水脚	sui^{33}kɛk^{24}	
茶水	茶水	ts^{h}a$^{32-22}$sui^{33}	
	茶	ts^{h}a^{32}	
未烧过的水	生水	saŋ$^{553-33}$sui^{33}	

续表

(四) 石沙、土块、矿物			
石头	石头	sek³⁻² tʰɐu³²	
大石头	大石	tai³¹ sek³	
小石块	石儿	sek³⁻² ȵi⁵⁵³	
石板	石板	sek³⁻² pan³³	
水泥板	水泥板	sui³³ nɐi³² pan³³	
鹅卵石	鹅卵石	ŋɔ³²⁻²² lun²³ sek³	
沙子	沙	sa⁵⁵³	
含沙很多的土	泥沙	nɐi³²⁻²² sa⁵⁵³	
沙滩	沙滩	sa⁵⁵³⁻³³ tsɐu⁵⁵³	
土坯	泥坯	nɐi³²⁻²² pui⁵⁵³	
砖坯	砖坯	tsun⁵⁵³⁻³³ pui⁵⁵³	
砖	砖	tsun⁵⁵³	
	火砖	fɔ³³ tsun⁵⁵³	
	红砖	hoŋ³²⁻²² tsun⁵⁵³	
	青砖	tʰeŋ⁵⁵³ tsun⁵⁵³	
	水泥砖	sui³³ nɐi³² tsun⁵⁵³	
	泥砖	nɐi³²⁻²² tsun⁵⁵³	
	阶砖	kai⁵⁵³⁻³³ tsun⁵⁵³	
瓦	瓦	ŋa²³	
	红瓦	hoŋ³²⁻²² ŋa²³	
	青瓦	tʰeŋ⁵⁵³ ŋa²³	
	琉璃瓦	lɐu³²⁻²² li³² ŋa²³	
	水泥瓦	sui³³ nɐi³² ŋa²³	
	石棉瓦	sek³⁻² min³² ŋa²³	
碎瓦	瓦碎	ŋa²³ ɬui³⁵	
仰瓦	仰瓦	ŋɛŋ²³ ŋa²³	
盖瓦	冚瓦	kʰɐm³³ ŋa²³	
检漏	执漏	tsɐp⁴⁻³ lɐu³¹	
	执瓦	tsɐp⁴⁻³ ŋa²³	
灰尘	□尘	mɐn⁵⁵³ tsʰɐn³²	
	烟尘	ȵin⁵⁵³ tsʰɐn³²	

续表

灰尘大	□	m$ɐ$n^{553}	
烂湴泥	泥湴	n$ɐ$i$^{32-22}$pan^{31} / n$ɐ$i$^{32-22}$pam^{31}	
	湴	pan^{31}	
泥	泥	n$ɐ$i^{32}	
黄泥	黄泥	vɔŋ$^{32-22}$n$ɐ$i^{32}	
陶泥	白泥	pak^{31}n$ɐ$i^{32}	
塘泥	塘泥	t^{h}ɔŋ$^{32-22}$n$ɐ$i^{32}	
干泥	干泥	kɔn^{553}n$ɐ$i^{32}	
湿泥	湿泥	s$ɐ$p^{4}n$ɐ$i^{32}	
淤泥	烂泥	lan^{31}n$ɐ$i^{32}	
	烂湴	lan^{31}pan^{31}	
金（指自然状态下的矿物质，下同）	金	k$ɐ$m^{553}	
银	银	ŋ$ɐ$n^{32}	
铜	铜	t^{h}oŋ^{32}	
铜绿			
铁	铁	t^{h}it^{4}	
铸铁	生铁	saŋ$^{553-33}$t^{h}it^{4}	
锻造铁	熟铁	sok$^{3-2}$t^{h}it^{4}	
钢铁	钢铁	kɔŋ$^{35-33}$t^{h}it^{4}	
钢	钢	kɔŋ^{35}	
不锈钢	不锈钢	p$ɐ$t^{4}ɬ$ɐ$u^{35}kɔŋ^{35}	
铁锈	鉎	ɬ$ɐ$ŋ^{35}	
生锈	生鉎	saŋ$^{553-33}$ɬ$ɐ$ŋ^{35}	
锡	锡	ɬek^{4}	
锑	锑	t^{h}$ɐ$i^{553}	
铝	铝	li^{23}	
煤	煤	mui^{32}	
煤球	煤球	mui$^{32-22}$k^{h}$ɐ$u^{32}	
蜂窝煤	蜂窝煤	foŋ^{553}vɔ^{553}mui^{32}	
煤油	火水	fɔ^{33}sui^{33}	
汽油	汽油	h$ɐ$i$^{35-33}$j$ɐ$u^{32}	

石灰	石灰	sek³ fui⁵⁵³	
生石灰	生石灰	saŋ⁵⁵³ sek³⁻² fui⁵⁵³	
熟石灰	熟石灰	sok³ sek³⁻² fui⁵⁵³	
装窑	装窑	tsoŋ⁵⁵³⁻³³ iu³²	
烧窑	烧窑	siu⁵⁵³⁻³³ iu³²	
出窑	出窑	tsʰɐt⁴⁻³ iu³²	
水泥	水泥	sui³³ nɐi³²	
磁石	摄石	sip⁵⁻³ sek³	
玉	玉	ȵok³	
玉镯	玉串	ȵok³⁻² tsʰun³⁵	
手镯	手串	sɐu³³ tsʰun³⁵	
	手扼	sɐu³⁵ ak²⁴	
木炭	火炭	fɔ³ tʰan³⁵⁵³	
	炭	tʰan³⁵	
竹炭	竹炭	tsok⁵⁻³ tʰan³⁵	
	炭头	tʰan³⁵⁻³³ tʰɐu³²	
(五) 城乡处所			
地方（他是什么~人？）	地	tɛŋ³¹	
	地方	tɛŋ³¹ fɔŋ⁵⁵³	
城市（对乡村而言）	城市	sɛŋ³²⁻²² si²³	
	街上	kai⁵⁵³ sɛŋ³¹	
城墙	墙	ɬɛŋ³²	
	墙根	ɬɛŋ³²⁻²² kɐn⁵⁵³	
水沟	水埒	sui³³ lut³	
	埒	lut³	
城内	城市里底	sɛŋ³²⁻²² si²³ li²³ tɐi³³	
城外	城市外底	sɛŋ³²⁻²² si²³ ŋɔi³¹ tɐi³³	
城门	城门	sɛŋ³²⁻²² mun³²	
胡同	巷	hɔŋ³¹	
	巷儿	hɔŋ³¹ ȵi⁵⁵³	
乡村（对城市而言）	农村	noŋ³²⁻²² tʰun⁵⁵³	
山沟（偏僻的山村）	山冲	san⁵⁵³ tsʰoŋ⁵⁵³	

续表

山沟（偏僻的山村）	山罅	san$^{553-33}$la^{35}	
家乡	屋几	ok^{4}ki^{33}	
集市	墟	lɔŋ^{35}	
	圩	hi^{553}	
街道	街	kai^{553}	
	街巷	kai^{553}hɔŋ^{31}	
	大街	tai^{31}kai^{553}	
路	路	lu^{31}	
柏油路	水泥路	sui^{33}nɐi^{32}lu^{31}	
土路	泥路	nɐi$^{32-22}$lu^{31}	
石子路	石儿路	sek$^{3-2}$ȵi^{553}lu^{31}	
大路	大路	tai^{31}lu^{31}	
小路	路儿	lu^{31}ȵi^{553}	
牛踩出来的路 牛路	牛路	ŋɐu$^{32-22}$lu^{31}	
山路	山冲路	san$^{553-33}$tsʰoŋ^{553}lu^{31}	

三　时令、时间

（一）季节

季节	季节	kɐi$^{35-33}$ɬit^4	
春天	春天	tsʰɐn^{553}tʰin^{553}	
	春头	tsʰɐn$^{553-33}$tʰɐu^{32}	
春季	春季	tsʰɐn^{553}kɐi^{35}	
夏天	夏天	ha^{31}tʰin^{553}	
	热天	ȵit$^{3-2}$tʰin^{553}	
夏季	夏季	ha^{31}kɐi^{35}	
秋天	秋天	tʰɐu^{553}tʰin^{553}	
秋季	秋季	tʰɐu^{553}kɐi^{35}	
冬天	冬天	toŋ^{553}tʰin^{553}	
	冷天	laŋ^{23}tʰin^{553}	
冬季	冬季	toŋ^{553}kɐi^{35}	

续表

起风天	□风天	sau$^{553-33}$ foŋ^{553} tʰin^{553}	
	南风天	nam$^{32-22}$ foŋ^{553} tʰin^{553}	
	回南天	ui$^{32-22}$ nam^{32} tʰin^{553}	
立春	立春	lɐp$^{3-2}$ tsʰɐn^{553}	
雨水	雨水	i^{23} sui^{33}	
惊蛰	惊蛰	leŋ$^{553-33}$ tsʰek^{3}	
春分	春分	tsʰɐn$^{553-33}$ fɐn^{553}	
清明	清明	tʰeŋ$^{553-33}$ meŋ^{32}	
谷雨	谷雨	kok$^{4-3}$ i^{23}	
立夏	立夏	lɐp^{3} ha^{31}	
小满	小满	ɬiu^{33} mun^{23}	
芒种	芒种	mɔŋ$^{553-33}$ tsoŋ^{35}	
夏至	夏至	ha^{31} tsi^{35}	
小暑	小暑	ɬiu^{33} si^{33}	
大暑	大暑	tai^{31} si^{33}	
立秋	立秋	lɐp^{3} tʰɐu^{553}	
处暑	处暑	tsʰi$^{35-33}$ si^{33}	
白露	白露	pak^{31} lu^{31}	
秋分	秋分	tʰɐu$^{553-33}$ fɐn^{553}	
寒露	寒露	hɔn$^{32-22}$ lu^{31}	
霜降	霜降	sɔŋ$^{553-33}$ kɔŋ^{35}	
立冬	立冬	lɐp$^{3-2}$ toŋ^{553}	
小雪	小雪	ɬiu^{33} ɬut^{4}	
大雪	大雪	tai^{31} ɬut^{4}	
冬至	冬至	toŋ^{553} tsi^{35}	
	冬	toŋ^{553}	
小寒	小寒	ɬiu^{33} hɔn^{32}	
大寒	大寒	tai^{31} hɔn^{32}	
历书	日历牌	ȵɐt$^{3-2}$ lek^{3} pʰai^{32}	
	春牛图	tsʰɐn^{553} ȵɐu^{32} tʰu^{32}	
	台历	tʰɔi$^{32-22}$ lek^{3}	
	挂历	ka$^{24-33}$ lek^{3}	

续表

农历	老历	lɐu²³ lek³	
公历	新历	ɬɐn⁵⁵³ lek³	
(二) 节日			
除夕	三十夜	ɬam⁵⁵³⁻³³ sɐp³ jɛ³¹	
	卅晚	ɬa⁵⁵³ man²³	
	卅晚夜	ɬa⁵⁵³ man²³ jɛ³¹	
大年初一	初一	tsʰɔ⁵⁵³⁻³³ jɐt⁴	
	初一朝	tsʰɔ⁵⁵³⁻³³ jɐt⁴ tsiu⁵⁵³	
大年初二	开年	hɔi⁵⁵³⁻³³ nin³²	
拜年	探年	tʰam³⁵⁻³³ nin³²	
红包	利是	li³¹ si³¹	
	封包	foŋ⁵⁵³⁻³³ pau⁵⁵³	
发红包	分红包	fɐn⁵⁵³ hoŋ³²⁻²² pau⁵⁵³	
元宵节	散节	ɬan³⁵⁻³³ ɬit⁴	
二月初二	二月社	ȵi³¹ ȵut³ sɛ²³	
	社	sɛ²³	
清明	清明	tʰeŋ⁵⁵³⁻³³ meŋ³²	
扫墓	拜山	pai³⁵⁻³³ san⁵⁵³	
四月初八	四月八	ɬi³⁵ ȵut³⁻² pɛt²⁴	节日名称
端午节	五月节	ŋ²³ ȵut³⁻² ɬit⁴	
六月初六	六月六	lok³ ȵut³⁻²² lok³	节日名称
中秋节	八月十五	pɛt²⁴ ȵut³⁻² sɐp³⁻² ŋ²³	
月饼	月亮饼	ȵut³⁻² lɛŋ³¹ peŋ³³	
七夕	七月七	tʰɐt⁴ ȵut³⁻² tʰɐt⁴	
中元节	七月十四	tʰɐt⁴ ȵut³ sɐp³⁻² ɬi³⁵	
烧衣	烧衣（烧冥衣、纸钱）	siu⁵⁵³⁻³³ i⁵⁵³	
农历九月初九	重阳	tsʰoŋ³²⁻²² ɛŋ³²	
寒食节（清明前一天）			
冬至	冬	toŋ⁵⁵³	
小年	小年晚	ɬiu³³ nin³²⁻²² man²³	

续表

小年	灶公上天	ɬɐu³⁵⁻³³ koŋ⁵⁵³ sɛŋ²³ tʰin⁵⁵³	
（三）年			
今年	今年	kɐm⁵⁵³⁻³³ nin³²	
去年	旧年	kʰɐu³¹ nin³²	
明年	明年	meŋ³²⁻²² nin³²	
前年	前年	ɬin³² nin³²	
大前年	大前年	tai³¹ ɬin³² nin³²	
以往的年头	往年	vɔŋ²³ nin³²	
后年	后年	hɐu²³ nin³²	
大后年	大后年	tai³¹ hɐu²³ nin³²	
每年	年年	nin³²⁻²² nin³¹	
年初	年初	nin³²⁻²² tsʰɔ⁵⁵³	
	年头	nin³²⁻²² tʰɐu³²	
年中	年中	nin³²⁻²² tsoŋ⁵⁵³	
年底	年底	nin³²⁻²² tɕi³³	
	年尾	nin³²⁻²² mi²³	
	尾冬	mi²³ toŋ⁵⁵³	
上半年	上半年	sɛŋ³¹ pun³⁵ nin³²	
下半年	下半年	ha³¹ pun³⁵ nin³²	
成年	成年	seŋ³²⁻²² nin³²	
	论年	lɐn³¹ nin³²	
一年多	年几	nin³²⁻²² ki³³	
	年把	nin³² pa³³	
（四）月			
正月	正月	tseŋ⁵⁵³ ȵut³	
腊月	十二月	sɐp³⁻² ȵi³¹ ȵut³	
闰月	闰月	ȵɐn³¹ ȵut³¹	
月初	月头	ȵut³⁻² tʰɐu³²	
月半	月中	ȵut³⁻² tsoŋ⁵⁵³	
月底	月底	ȵut³⁻² tɕi³³	
	月尾	ȵut³⁻² mi²³	
一个月	一条月	a³³ tʰiu³² ȵut³	

续表

一个月	一只月	a³³ tsek⁴ ȵut³	
	只月	tsek⁴ ȵut³	
半个月	半只月	pun³⁵ tsek⁴⁻³ ȵut³	
前个月	上上只月	sɛŋ³¹ sɛŋ³¹ tsek⁴ ȵut³	
上个月	上只月	sɛŋ³¹ tsek⁴ ȵut³	
这个月	个只月	kɔ³⁵⁻³³ tsek⁴ ȵut³	
下个月	下只月	ha³¹ tsek⁴ ȵut³	
每月	每只月	tsek⁴⁻³ tsek⁴ ȵut³	
上旬	上旬	sɛŋ³¹ ɬen³²	
中旬	中旬	tsoŋ⁵⁵³ ɬen³²	
下旬	下旬	ha³¹ ɬen³²	
大建（农历三十天的月份）	大月	tai³¹ ȵut³	
小建（农历二十九的月份）	小月	ɬiu³³ ȵut³	
整月	成只月	seŋ³²⁻²² tsek⁴ ȵut³	
（五）日、时			
今天	今日	kem⁵⁵³⁻³³ ȵɐt³/mɐt³	
昨天	自日	ɬu³¹ mɐt³	
明天	明日	meŋ³²⁻²² ȵɐt³	
后天	后日	hɐu²³ ȵɐt³	
大后天	大后日	tai³¹ hɐu²³ ȵɐt³	
第二天	第二日	tai³¹ ȵi³¹ ȵɐt³	
前天	前日	ɬin³² ȵɐt³	
大前天	大前日	tai³¹ ɬin³² ȵɐt³	
前几天	前几日	ɬin³² ki³³ ȵɐt³	
星期天	星期日	ɬeŋ⁵⁵³⁻³³ kʰi³² ȵɐt³	
	礼拜日	lɐi²³ pai³⁵ ȵɐt³	
一个星期	一只星期	a³³ tsek⁴ ɬeŋ⁵⁵³⁻³³ kʰi³²	
	一个礼拜	a³³ kɔ³⁵ lɐi²³ pai³⁵	
整天	成日	seŋ³²⁻²² ȵɐt³	
每天	日日	ȵɐt³⁻² nɐt³	
十几天	十几日	sɐp³⁻² ki³³ ȵɐt³	
	十把日	sɐp³ pa³³ ȵɐt³	

续表

十几天	十零日	sɐp³ leŋ³² ȵɐt³	
某天	有一日	jɐu²³ a³³ ȵɐt³	
	嗟日	ɬɛk⁴ ȵɐt³	
这天	个日	kɔ³³ ȵɐt³	
那天	阿日	a³³ ȵɐt³	
哪天	□日	sin⁵⁵³ ȵɐt³	
上半日	上晏	sɛŋ³¹ an³⁵	
下半日	下晏	ha³¹ an³⁵	
半天	半晏	pun³⁵ an³⁵	
大半天	大半晏	tai³¹ pun³⁵ an³⁵	
凌晨（天快亮的时候）	天□□光	tʰin⁵⁵³ pʰu³³ pʰu³³ kɔŋ⁵⁵³	
天亮	天光	tʰin⁵⁵³ kɔŋ⁵⁵³	
清晨（日出前后的一段时间）	天光早	tʰin⁵⁵³ kɔŋ⁵⁵³ ɬɐu³³	
	朝早	tsiu⁵⁵³ ɬɐu³³	
	朝头	tsiu⁵⁵³ tʰɐu³²	
	打早	ta³³ ɬɐu³³	清早（去干活）
早上	早朝	ɬɐu³³ tsiu⁵⁵³	
今天早上	今日朝	kɐm⁵⁵³⁻³³ mɐt³ tsiu⁵⁵³	
明天早上	明日朝	meŋ³²⁻²² ȵɐt³ tsiu⁵⁵³	
昨天早上	自日朝	ɬu³¹ mɐt³ tsiu⁵⁵³	
前天早上	前日朝	ɬin³² ȵɐt³ tsiu⁵⁵³	
后天早上	后日朝	hɐu²³ ȵɐt³ tsiu⁵⁵³	
午前	上晏	sɛŋ³¹ an³⁵	
中午	晏	an³⁵	
	晏昼	an³⁵ ɬɐu³¹	
今天中午	今日晏	kɐm⁵⁵³⁻³³ mɐt³ an³⁵	
明天中午	明日晏	meŋ³²⁻²² ȵɐt³ an³⁵	
昨天中午	自日晏	ɬu³¹ mɐt³ an³⁵	
午后	下晏	ha³¹ an³⁵	
白天	白日	pak³¹ ȵɐt³	
黄昏	晚黑	man²³ hɐk⁴	

续表

入夜	入黑	ȵɐp³⁻² hɐk⁴	
	天麻□黑	tʰin⁵³ ma³²⁻²² ɬa³² hak⁴	
夜晚	夜	jɛ³¹	
	夜晚时	jɛ³¹ man²³ si³²	
今晚	今日夜	kɐm⁵⁵³⁻³³ mɐt³ jɛ³¹	
明晚	明日夜	mɛŋ³²⁻²² ȵɐt³ jɛ³¹	
昨晚	自日夜	ɬu³¹ mɐt³ jɛ³¹	
前晚	前日夜	ɬin³² ȵɐt³ jɛ³¹	
后晚	后日夜	hɐu²³ ȵɐt³ jɛ³¹	
半夜	半夜	pun³⁵ jɛ³¹	
上半夜	上半夜	sɛŋ³¹ pun³⁵ jɛ³¹	
下半夜	下半夜	ha³¹ pun³⁵ jɛ³¹	
整夜	成夜	sɛŋ³³⁻²² jɛ³¹	
每晚	夜夜	jɛ³¹ jɛ³¹	
(六) 其他时间概念			
指某一年	阿年	a³³ nin³²	
指某一月	阿只月	a³³ tsek⁴ ȵut³	
日子	日脚	ȵɐt³⁻² kɛk²⁴	
集日 (有集市的日子)	罾日	lɔŋ³⁵ ȵɐt³	
	圩日	hi⁵⁵³ ȵɐt³	
闲日	闲日 (非圩日)	han³²⁻²² ȵɐt³	
赶集	趁罾	tsʰɐn³⁵⁻³³ lɔŋ³⁵	
	趁圩	tsʰɐn³⁵⁻³³ hi⁵⁵³	
逛街	行街	haŋ³²⁻²² kai⁵⁵³	
成集市	成罾	sɛŋ³²⁻²² lɔŋ³⁵	
	成圩	sɛŋ³²⁻²² hi⁵⁵³	
集市散去	散罾	ɬan³⁵⁻³³ lɔŋ³⁵	
	散圩	ɬan³⁵⁻³³ hi⁵⁵³	
什么时候	几时	ki³³ si³²	
先前	头先	tʰɐu³²⁻²² ɬin⁵⁵³	
过去	旧时	kɐu³¹ si³²	
	旧阵时	kɐu³¹ tsɐn³¹ si³²	

续表

现在	今下	k^ha^{23}	合音
后来	跟尾	$ken^{553-33} mit^4$	
	后尾	$heu^{31} mi^{23}$	
以后	第二时	$tai^{31} ȵi^{31} si^{32}$	
	第二调	$tai^{31} ȵi^{31} tiu^{31}$	
有时	噻时	$ɬek^4 si^{32}$	
开始	开头	$hɔi^{553-33} t^heu^{32}$	
平时	闲时	$han^{32-22} si^{32}$	
	平时	$p^heŋ^{32-22} si^{32}$	
经常	经常	$keŋ^{553} ts^hɛŋ^{32}$	
	时常	$si^{32-22} ts^hɛŋ^{32}$	
	成日	$seŋ^{32-22} ȵet^3$	
不常	少何	$siu^{33} hɔ^{32}$	
	冇几何	$meu^{23} ki^{33} hɔ^{32}$	
从今以后	家下打起	$k^ha^{23} ta^{33} hi^{33}$	合音
从此以后	阿时起	$a^{33} si^{32} hi^{33}$	
一个小时	一点钟	$a^{33} tim^{33} tsoŋ^{553}$	
一刻钟	一只字	$a^{33} tsek^4 ɬu^{31}$	
	一个字	$a^{33} kɔ^{35} ɬu^{31}$	
一阵	一阵	$a^{33} tsen^{31}$	
	阵儿	$tsen^{31} ȵi^{553}$	
	一阵儿	$a^3 tsen^{31} ȵi^{553}$	
前几天	早几日	$ɬeu^{33} ki^{33} ȵet^3$	
头几天	头几日	$t^heu^{32} ki^{33} ȵet^3$	
头几晚	头几夜	$t^heu^{32} ki^{33} jɛ^{31}$	
前几年	早几年	$ɬeu^{33} ki^{33} nin^{32}$	
头几年	头几年	$t^heu^{32} ki^{33} nin^{32}$	
这次	个轮	$kɔ^{33} len^{32}$	
	个调	$kɔ^{33} tiu^{31}$	
上次	上一轮	$sɛŋ^{31} a^{33} len^{32}$	
	上一调	$sɛŋ^{31} a^{33} tiu^{31}$	

续表

下次	下一轮	ha^{31} a^{33} lɐn^{32}	
	第二轮	tɐi^{31} n̠i^{31} lɐn^{32}	
	第二调	tɐi^{31} n̠i^{31} tiu^{31}	
这辈子	个世	kɔ^{33} sɐi^{35}	
一辈子	一世	a^{33} sɐi^{35}	
下辈子	第二世	tɐi^{31} n̠i^{31} sɐi^{35}	

四 农业

（一）农事

工	工	koŋ^{553}	
活儿	工夫	koŋ$^{553-33}$ fu^{553}	
做工	做工	ɬu$^{35-33}$ koŋ^{553}	
种田	耕田	kaŋ$^{553-33}$ tʰin^{32}	
	做田	ɬu$^{35-33}$ tʰin^{32}	
	种地	tsoŋ$^{35-33}$ ti^{31}	
春耕	春耕	tsʰɐn^{553} kaŋ^{553}	
夏收	夏收	ha^{31} sɐu^{553}	
	夏割	ha^{31} kɔt^{24}	
双抢	双抢	sɔŋ^{553} tʰɛŋ^{33}	
秋收	秋收	tʰɐu^{553} sɐu^{553}	
种菜	点菜种	tim^{33} tʰɔi$^{35-33}$ tsoŋ^{33}	
早秋	早秋	ɬɐu^{33} tʰɐu^{553}	
晚秋	晚秋	man^{23} tʰɐu^{553}	
返秋	返秋	fan^{33} tʰɐu^{553}	
早造	早造	ɬɐu^{33} ɬɐu^{31}	
中造	中造	tsoŋ^{553} ɬɐu^{31}	
晚造	晚造	man^{23} ɬɐu^{31}	
头造	头造	tʰɐu$^{32-22}$ ɬɐu^{31}	
尾造	尾造	mi^{23} ɬɐu^{31}	
当造	当造	tɔŋ^{553} ɬɐu^{31}	
过季	过造	kɔ$^{35-33}$ ɬɐu^{31}	

续表

过季	过趟	kɔ³⁵⁻³³ tʰɔŋ³⁵	
	罢造	pa³¹ ɬɐu³¹	推倒重新整地
早熟	早熟	ɬɐu³³ sok³	
迟熟	迟熟	tsʰi³²⁻²² sok³²	
整地	整地	tseŋ³³ ti³¹	
	整田	tseŋ³³ tʰin³²	
浸田	浸田	ɬɐm³⁵⁻³³ tʰin³²	
下种	落种	lɔk³¹ tsoŋ³³	
	撒谷种	ɬat²⁴ kok⁴⁻³ tsoŋ³³	
	落秧	lɔk³¹ jɛŋ⁵⁵³	
插秧	插禾	tsʰap²⁴⁻³³ vɔ³²	
	插秧	tsʰap²⁴⁻³³ jɛŋ⁵⁵³	
	插田	tsʰap²⁴⁻³³ tʰin³²	
犁田	耙田	pʰa³²⁻²² tʰin³²	
	犁田	lɐi³²⁻²² tʰin³²	
	使牛	sɐi³³ ŋɐu³²	
浸种	浸种	ɬɐm³⁵⁻³³ tsoŋ³³	
发芽	爆牙	pau³⁵⁻³³ ŋa³²	
秧田	秧地	ɛŋ⁵⁵³⁻³³ ti³¹	
拔秧	擝秧	mɐŋ⁵⁵³⁻³³ jɛŋ⁵⁵³	
铲秧	铲秧	tsʰɛn³³ jɛŋ⁵⁵³	
抛秧	抛秧	pau⁵⁵³⁻³³ jɛŋ⁵⁵³	
耘田	薅田	hɐu⁵⁵³⁻³³ tʰin³²	
	踩田	tsʰai³³ tʰin³²	
除草	除草	tsʰi³²⁻²² tʰɐu³³	
	擝草	mɐŋ⁵⁵³⁻³³ tʰɐu³³	
	髈草	pʰɔŋ⁵⁵³⁻³³ tʰɐu³³	
喷药	喷药	pʰɐn³⁵⁻³³ jɛk³¹	
	打药	ta³³ jɛk³¹	
下药	落药	lɔk³¹ jɛk³¹	
扬花	出禾花	tsʰɐt⁴ vɔ³²⁻²² fa⁵⁵³	

续表

谷浆	谷浆（未成熟的谷子）	kok⁴⁻³ ɬɛŋ⁵⁵³	
稻穗	禾箭	vɔ³²⁻²² ɬin³⁵	
	谷箭	kok⁴⁻³ ɬin³⁵	
稻穗（未长出来）	禾胎	vɔ³²⁻²² tʰɔi⁵⁵³	
	谷胎	kok⁴⁻³ tʰɔi⁵⁵³	
割稻子	割禾	kɔt²⁴⁻³³ vɔ³²	
割麦	割麦	kɔt²⁴⁻³³ mak³¹	
打场	打谷	ta³³ kok⁴	
脱粒机	禾车	vɔ³²⁻²² tsʰɛ⁵⁵³	
谷桶	谷桶	kok⁴⁻³ tʰoŋ³³	
场院	地塘	ti³¹ tʰɔŋ³²	
晒谷	晒谷	sai³⁵⁻³³ kok⁴	
翻谷	翻谷	fɛn⁵⁵³⁻³³ kok⁴	
	收谷	sɐu⁵⁵³⁻³³ kok⁴	
风谷	风谷	foŋ⁵⁵³⁻³³ kok⁴	用风柜吹掉不饱满的谷子
碾米	碾米	tsin³³ mɐi²³	
	碾谷	tsin³³ kok⁴	
挖地	锄地	tsʰɔ³²⁻²² ti³¹	
松土	松泥	ɬoŋ⁵⁵³ nɐi³²	
培土	壅泥	oŋ⁵⁵³⁻³³ nɐi³²	
施肥	淋肥	lɐm³²⁻²² fi³²	
	放肥	fɔŋ³⁵⁻³³ fi³²	
	落肥	lɔk³¹ fi³²	
浇粪	淋粪	lɐm³²⁻²² fɐn³⁵	
	淋粪水	lɐm³² fɐn³⁵⁻³³ sui³³	
粪坑	粪坑	fɐn³⁵⁻³³ haŋ⁵⁵³	
	屎坑	si³³ haŋ⁵⁵³	
积肥	囤肥	tɐn³³ fi³²	
	沤肥	ɐu³⁵⁻³³ fi³²	

拾粪	执粪	tsɐp⁴⁻³ fɐn³⁵	
	执屎	tsɐp⁴⁻³ si³³	
粪肥	粪	fɐn³⁵	
	屎	si³³	
化肥	化肥	fa³⁵⁻³³ fi³²	
秽土	垃圾泥	lap³¹ ɬap²⁴ nɐi³²	
	垃圾肥	lap³¹ ɬap²⁴ fi³²	
草木灰	火灰	fɔ³³ fui⁵⁵³	
草皮灰	草皮灰	tʰɐu³³ pʰi³² fui⁵⁵³	
	草皮泥	tʰɐu³³ pʰi³² nɐi³²	
浇水	淋水	lɐm³²⁻²² sui³³	
灌水（使水入地）	开田水	hɔi⁵⁵³ tʰin³²⁻²² sui³³	
	开水	hɔi⁵⁵³⁻³³ sui³³	
	渗水	jam³⁵⁻³³ sui³³	
	等田水	tɐŋ³³ tʰin³²⁻²² sui³³	
排水（使水出地）	放田水	fɔŋ³⁵ tʰin³²⁻²² sui³³	
	漏水	lɐu³¹ sui³³	
打水（从井里或河里取水）	抽水	tsʰɐu⁵⁵³⁻³³ sui³³	
	担水	tam⁵⁵³⁻³³ sui³³	
提水	□水	kɛn³¹ sui³³	
管田水	睇水	tʰɐi³³ sui³³	
接水	等水	tɐŋ³³ sui³³	
水井	水井	sui³³ ɬɐŋ³³	
打水井	挖水井	vat²⁴/vɛt²⁴ sui³³ ɬɐŋ³³	
打稻谷	打谷	ta³³ kok⁴	
	□谷	pan³⁵⁻³³ kok⁴	
	车禾	tsʰɛ⁵⁵³⁻³³ vɔ³²	用脱粒机脱粒
堆稻草	堆禾□	tui⁵⁵³ vɔ³²⁻²² ȵɐn³⁵	
禾秆	禾□	vɔ³²⁻²² ȵɐn³⁵	
晒谷场	晒谷地塘	sai³⁵⁻³³ kok⁴ ti³¹ tʰɔŋ³²	
屙水	屙水	fu³⁵⁻³³ sui³³	

续表

(二) 农具

桶	桶	tʰoŋ³³	
水桶	水桶	sui³³tʰoŋ³³	
饭桶	饭桶	fan³¹tʰoŋ³³	
潲桶	潲桶	sau³⁵⁻³³tʰoŋ³³	
尿桶	尿桶	niu³¹tʰoŋ³³	
粪桶	粪桶	fɐn³⁵⁻³³tʰoŋ³³	
木桶	木桶	mok³⁻²tʰoŋ³³	
锑桶	锑桶	tʰɐi⁵⁵³tʰoŋ³³	
小桶	桶儿	tʰoŋ³³ȵi⁵⁵³	
桶箍	桶箍	tʰoŋ³³kʰu⁵⁵³	
桶底	桶底	tʰoŋ³³tɐi³³	
桶柄	桶耳	tʰoŋ³³ȵi²³	
井绳	索	ɬɔk²⁴	
水车	水车	sui³³tsʰɛ⁵⁵³	
犀斗	犀斗	fu³⁵⁻³³tɐu³³	
大车（注意：农村常用的其他车辆，以及跟这些车辆有关的其他条目）	牛车	ȵɐu³²⁻²²tsʰɛ⁵⁵³	
双轮车	双轮车	sɔŋ⁵⁵³⁻³³lɐn³²tsʰɛ⁵⁵³	
牛轭	牛轭	ȵɐu³²⁻²²ŋak²⁴	
牛绳	牛索	ȵɐu³²⁻²²ɬɔk²⁴	
牛笼嘴	牛□	ȵɐu³²⁻²²lui⁵⁵³	
牛鼻桊儿（穿在牛鼻子里的木棍儿或铁环）	牛鼻圈	ȵɐu³²⁻²²pi³¹hun³⁵	
犁	犁	lɐi³²	
犁身	犁弓	lɐi³²⁻²²koŋ⁵⁵³	
犁把	犁尾	lɐi³²⁻²²mi²³⁻³³	
犁铧	犁头	lɐi³²⁻²²tʰɐu³²	
耙子	耙	pʰa³²	
耙齿	耙齿/挠齿	pʰa³²⁻²²tsʰi³³/ȵau⁵⁵³⁻³³tsʰi³³	

续表

䓺子（用高粱秆或芦苇等的篾片编的狭而长的粗席，可以围起来囤粮食）	□	tat²⁴	
囤（存放粮食的器具）	囤	tʰɐn²³	
谷囤	谷囤	kok⁴⁻³tʰɐn²³	
	谷围	kok⁴⁻³vɐi³²	
扇车	风柜	foŋ⁵⁵³⁻³³kɐi³¹	
石碌（圆柱形，用来轧谷物，平场地）	石□	sek³⁻²lin³⁵	
砻	石磨	sek³⁻²mɔ³¹	
石磨	石磨	sek³⁻²mɔ³¹	
磨盘	磨盘	mɔ³¹pʰun³²	
磨把儿	磨柄	mɔ³¹peŋ³⁵	
	磨手	mɔ³¹sɐu³³	
磨脐儿（磨扇中心的铁轴）	磨心	mɔ³¹ɬɐm⁵⁵³	
筛子（筛稻）	筛	sɐi⁵⁵³	
	铁筛（筛沙子用）	tʰit⁴⁻³sɐi⁵⁵³	
	箩（细筛）	lɔ³²	
小箩筐	箩儿	lɔ⁵⁵³⁻³³ȵi⁵⁵³	
连枷			
碓（指整体）	碓	tui³⁵	
碓杵	碓身	tui³⁵⁻³³sɐn⁵⁵³	
	碓升	tui³⁵⁻³³seŋ⁵⁵³	
	碓坎	tui³⁵⁻³³hɛm³³	
钉耙	耙	pʰa³²	
镐（刨硬地用，一头尖形，一头扁小）	钉锄	teŋ⁵⁵³⁻³³tsʰɔ³²	
挖土用的长窄而厚的锄头	锄	tsʰɔ³²	
刮子，用于锄草、松土的锄头	榜	pʰɔŋ⁵⁵³	
四方刮	塘拨	tʰɔŋ³²pʰut³	

续表

铡刀	铡刀	tsap³¹ tɐu⁵⁵³	
割稻子的镰刀	禾镰	vɔ³²⁻²² lim³²	
砍刀（用来劈开或剁断木柴的刀）	镰刀	lim³²⁻²² tɐu⁵⁵³	刀口弯
	柴刀	tsʰai³²⁻²² tɐu⁵⁵³	刀口直
木锹	木铲	mok³⁻² tsʰɛn³³	
铁锹（口是平的）	铁铲	tʰit⁴⁻³ tsʰɛn³³	
簸箕	簸箕	pɔ³⁵⁻³³ ki⁵⁵³	
撮箕	摻箕	tsʰam³³ ki⁵⁵³	
	垃圾摻	lap³¹ ɬap²⁴ tsʰam³³	
垃圾	垃圾	lap³¹ ɬap²⁴	
篓筐	篓	lui⁵⁵³	
箩	箩	lɔ⁵⁵³	
扁担	担边	tam⁵⁵³⁻³³ pin⁵⁵³	
挑担子	担担	tam⁵⁵³⁻³³ tam³⁵	
扫帚（用竹枝扎成或用高粱穗、黍子穗等绑成，比笤帚大，扫地用）	扫把	ɬɐu³⁵⁻³³ pa³³	
笤帚	扫把	ɬɐu³⁵⁻³³ pa³³	
小笤帚	扫匹	ɬɐu³⁵⁻³³ pʰɐt⁵	
挑大粪的桶	粪桶	fɐn³⁵⁻³³ tʰoŋ³³	
	尿桶	niu³¹ tʰoŋ³³	

五　植物

（一）农作物

庄稼	嘢	ȵɛ²³	
粮食	谷米	kok⁴ mɐi²³	
	杂粮	ɬap³¹ lɐŋ³²	
五谷	五谷	ŋ²³ kok⁴	
麦	麦	mak³¹	
荞麦	三角麦	ɬam⁵⁵³⁻³³ kɔk²⁴ mak³¹	

麦秆	麦秆	mak³¹ kɐu³³	
麦茬儿	麦秆头	mak³¹ kɐu³³ tʰɐu³²	
小米儿	粟儿	ɬok⁴⁻³ ȵi⁵⁵³	
狗尾巴粟（谷子）	狗尾粟	kɐu³³ mi²³ ɬok⁴	
玉米	苞粟	pau⁵⁵³⁻³³ ɬok⁴	
	糯米苞粟	nɔ³¹ mɐi²³ pau⁵⁵³⁻³³ ɬok⁴	
	甜苞粟	tʰim³² pau⁵⁵³⁻³³ ɬok⁴	
玉米须	苞粟须	pau⁵⁵³⁻³³ ɬok⁴ ɬi⁵⁵³	
玉米壳	苞粟衣	pau⁵⁵³⁻³³ ɬok⁴ i⁵⁵³	
碎玉米	苞粟碎	pau⁵⁵³⁻³³ ɬok⁴ ɬui³⁵	
玉米面	苞粟粉	pau⁵⁵³⁻³³ ɬok⁴ fɐn³³	
高粱	高粱粟	kɐu⁵⁵³⁻³³ lɛŋ³² ɬok⁴	
稻（指植株）	禾	vɔ³²	
稻茬儿（留在田里的）	禾秆头	vɔ³²⁻²² kɐu³³ tʰɐu³²	
稻草	禾□	vɔ³²⁻²² ȵɐn³⁵	
稻谷（指籽实）	谷	kok⁴	
早稻	早造禾	ɬeu³³ ɬɐu³¹ vɔ³²	
晚稻	晚造禾	man²³ ɬɐu³¹ vɔ³²	
	早造米	ɬeu³³ ɬɐu³¹ mɐi²³	
	晚造米	man²³ ɬɐu³¹ mɐi²³	
稗子	稗	pai³¹	
秕子	□谷	pʰaŋ³⁵ kok⁴	
谷壳	谷壳	kok⁴⁻³ hɔk²⁴	
糠	糠	hɔŋ⁵⁵³	
	粗糠	tʰu⁵⁵³ hɔŋ⁵⁵³	
	幼糠	jɐu³⁵ hɔŋ⁵⁵³	
大米	米	mɐi²³	
糯米	糯米	nɔ³¹ mɐi²³	
	大糯	tai³¹ nɔ³¹	
	细糯	ɬɐi³⁵⁻³³ nɔ³¹	
黏米（相对糯米而言）	黏米	tsim⁵⁵³⁻³³ mɐi²³	

续表

黏米籼米（米粒长而细，黏性小）	大造米	tai³¹ ɬɐu³¹ mɐi²³	
早米	新出米	ɬɐn⁵⁵³⁻³³ tsʰɐt⁴ mɐi²³	
非新出的米	旧米	kɐu³¹ mɐi²³	
	臭□米	tsʰɐu³⁵⁻³³ hɔŋ³³ mɐi²³	
糙米	扑米	pʰɔk²⁴⁻³³ mɐi²³	
精米	熟米	sok³⁻² mɐi²³	
棉花	棉花	min³²⁻²² fa⁵⁵³	
棉桃儿	棉蕾	min³²⁻²² lui³²	
麻秆儿	麻骨	ma³²⁻²² kɐt⁴	
苎麻	苎麻	tsʰi³²⁻²² ma³²	
黄麻	黄麻	vɔŋ³²⁻²² ma³²	
芝麻	油麻	jɐu³²⁻²² ma³²	
	黑油麻	hɐk⁴ jɐu³²⁻²² ma³²	
	白油麻	pak³¹ jɐu³²⁻²² ma³²	
剑麻	剑麻	kim³⁵⁻³³ ma³²	
蓖麻	蓖麻	pi⁵⁵³ ma³²	
向日葵植株	葵花	kʰɐi³²⁻²² fa⁵⁵³	
	葵花籽	kʰɐi³²⁻²² fa⁵⁵³	
白薯（列举本地各种白薯品种名）	白心番薯	pak³¹ ɬɐm⁵⁵³ fan⁵⁵³⁻³³ si³²	
紫薯	花心番薯	fa⁵⁵³⁻³³ ɬɐm⁵⁵³ fan⁵⁵³⁻³³ si³²	
红薯	红心番薯	hoŋ³²⁻²² ɬɐm⁵⁵³ fan⁵⁵³⁻³³ si³²	
	黄心番薯	vɔŋ³²⁻²² ɬɐm⁵⁵³ fan⁵⁵³⁻³³ si³²	
红薯干	番薯干	fan⁵⁵³⁻³³ si³² kɔn⁵⁵³	
红薯藤	薯藤	si³²⁻²² tʰɐu³²	
红薯叶	番薯叶	fan⁵⁵³⁻³³ si³² ip³²	
马铃薯	冬菇儿	toŋ⁵⁵³ ku⁵⁵³ ȵi⁵⁵³	（单指茎块）
	冬菇	toŋ⁵⁵³ ku⁵⁵³	包括植株和块茎
慈菇	茨菇	ɬi³²⁻²² ku⁵⁵³	
	薯菇	si³²⁻²² ku⁵⁵³	

续表

山药	淮山	vai$^{32-22}$san^{553}	
山药蛋	淮山籽	vai$^{32-22}$san^{553}ɬu^{33}	
大薯	大薯	tai^{31}si^{32}	
葛根	葛薯	kɔt$^{24-33}$si^{32}	
	粉葛	fɐn^{33}kɔt^{24}	（口感比较面的）
	木葛	mok$^{3-2}$kɔt^{24}	（口感比较硬实）
芋头	芋头	i^{31}t^{h}ɐu^{32}	
	芋头嬷	i^{31}t^{h}ɐu^{32}na^{33}	
	芋头儿	i^{31}t^{h}ɐu^{32}ȵi^{553}	
芋头苗	芋头苗	i^{31}t^{h}ɐu^{32}miu^{32}	
芋头梗	芋头梗	i^{31}t^{h}ɐu^{32}kaŋ^{33}	
荔浦芋	荔浦芋	lɐi^{31}p^{h}u^{33}i^{31}	
水芋	水芋	sui^{33}i^{31}	
魔芋	木芋	mok$^{3-2}$i^{31}	
木薯	木薯	mok$^{3-2}$si^{32}	
	白梗木薯	pak^{31}kaŋ^{33}mok$^{3-2}$si^{32}	
	红梗木薯	hoŋ$^{32-22}$kaŋ^{33}mok$^{3-2}$si^{32}	
	面包木薯	min^{31}pau^{553}mok$^{3-2}$si^{32}	
凉薯	凉薯	lɛŋ$^{32-22}$si^{32}	
	豆薯	tɐu^{31}si^{32}	
莲藕	莲藕	lin$^{32-22}$ŋɐu^{23}	
	藕	ŋɐu^{23}	
藕带	藕索	ŋɐu^{23}ɬɔk^{24}	
藕节	藕节	ŋɐu^{23}ɬit^{4}	
	莲花	lin$^{32-22}$fa^{553}	
	莲头	lin$^{32-22}$t^{h}ɐu^{32}	
莲子	莲子	lin$^{32-22}$ɬu^{33}	
	莲米	lin$^{32-22}$mɐi^{23}	
	莲叶	lin$^{32-22}$ip^{3}	
（二）豆类、蔬菜			
黄豆	豆儿	tɐu^{31}ȵi^{553}	
	黄豆	vɔŋ$^{32-22}$tɐu^{31}	

续表

绿豆	绿豆	lok³⁻² tɐu³¹	
黑豆	黑豆	hak⁴⁻³ tɐu³¹	
红小豆	红豆	hoŋ³²⁻²² tɐu³¹	
豌豆	饭豆	fan³¹ tɐu³¹	
花豆	花饭豆	fa⁵⁵³ fan³¹ tɐu³¹	
荷兰豆	兰豆	lan⁵⁵³ tɐu³¹	
	牙兰豆	ŋa³²⁻²² lan⁵⁵³ tɐu³¹	
豇豆	豆角	tɐu³¹ kɔk²⁴	
	五寸豆（紫色，短）	ŋ²³ tʰun³⁵ tɐu³¹	
	金山豆角（长）	kɐm⁵⁵³ san⁵⁵³ tɐu³¹ kɔk²⁴	
扁豆	四季豆	ɬi³⁵⁻³³ kɐi³⁵ tɐu³¹	
	蛾眉豆	ŋɔ³²⁻³¹ mi³² tɐu³¹	
猫豆	狗儿豆	kɐu³³ ȵi⁵⁵³ tɐu³¹	
蚕豆	蚕豆	ɬam³²⁻²² tɐu³¹	
刀豆	刀豆	tɐu⁵⁵³ tɐu³¹	
豆芽	豆芽	tɐu³¹ ŋa³²	
	绿豆芽	lok³⁻² tɐu³¹ ŋa³²	
	黄豆芽	vɔŋ³²⁻²² tɐu³¹ ŋa³²	
花生芽	地豆芽	ti³¹ tɐu³¹ ŋa³²	
茄子	矮瓜	ai³³ ka⁵⁵³	
黄瓜（黄色、短）	黄瓜	vɔŋ³²⁻²² ka⁵⁵³	
	青瓜（绿色）	tʰeŋ⁵⁵³⁻³³ ka⁵⁵³	
老鼠瓜	白瓜	pak³¹ ka⁵⁵³	
香瓜	香瓜	hɛŋ⁵⁵³⁻³³ ka⁵⁵³	
丝瓜（有棱）	丝瓜	ɬu⁵⁵³ ka⁵⁵³	
丝瓜（无棱）	水瓜	sui³³ ka⁵⁵³	
木瓜	木瓜	mok³⁻² ka⁵⁵³	
瓜络	瓜络	ka⁵⁵³⁻³³ lɐu⁵⁵³	
苦瓜	苦瓜	fu³³ ka⁵⁵³	
南瓜	金瓜	kɐm⁵⁵³⁻³³ ka⁵⁵³	
	南瓜	nam³²⁻²² ka⁵⁵³	

续表

冬瓜（长形）	节瓜	$\text{łit}^3\text{ka}^{553}$	
冬瓜（圆形）	冬瓜	$\text{toŋ}^{553}\text{ka}^{33}$	
瓜子	瓜米	$\text{ka}^{553-33}\text{mɐi}^{23}$	
瓜子仁	瓜□	$\text{ka}^{553-33}\text{ŋɐn}^{32}$	
葫芦	葫芦	$\text{u}^{32-22}\text{lu}^{32}$	
瓠子	角瓠	$\text{kɔk}^{24-33}\text{ku}^{31}$	
葱	葱	$\text{t}^h\text{oŋ}^{553}$	
洋葱	洋葱	$\text{jɛŋ}^{32-22}\text{t}^h\text{oŋ}^{553}$	
葱叶	葱叶	$\text{t}^h\text{oŋ}^{553-33}\text{jip}^3$	
葱白	葱白	$\text{t}^h\text{oŋ}^{553-33}\text{pak}^{31}$	
葱头	葱头	$\text{t}^h\text{oŋ}^{553-33}\text{t}^h\text{ɐu}^{32}$	
老蒜	蒜	łun^{35}	
老蒜头（蒜的鳞茎，由蒜瓣构成）	蒜头	$\text{łun}^{35-33}\text{t}^h\text{ɐu}^{32}$	
蒜米	蒜米	$\text{łun}^{35-33}\text{mɐi}^{23}$	
老蒜公（蒜的花茎）	蒜心	$\text{łun}^{35-33}\text{łɐm}^{553}$	
青蒜（嫩的蒜梗和蒜叶）	蒜儿	$\text{łun}^{35-33}\text{ɲi}^{553}$	
	蒜叶	$\text{łun}^{35-33}\text{jip}^3$	
蒜泥	蒜蓉	$\text{łun}^{35-33}\text{joŋ}^{32}$	
菜苗	菜秧	$\text{t}^h\text{ɔi}^{35-33}\text{jɛŋ}^{553}$	
韭菜	快菜	$\text{fai}^{35-33}\text{t}^h\text{ɔi}^{35}$	
韭菜花	快菜花	$\text{fai}^{35-33}\text{t}^h\text{ɔi}^{35}\text{fa}^{553}$	
韭黄	快菜黄	$\text{fai}^{35-33}\text{t}^h\text{ɔi}^{35}\text{vɔŋ}^{32}$	
苋菜	苋菜	$\text{ham}^{31}\text{t}^h\text{ɔi}^{35}$	
白苋	白苋菜	$\text{pak}^{31}\text{ham}^{31}\text{t}^h\text{ɔi}^{35}$	
红苋	红苋菜	$\text{hoŋ}^{32}\text{ham}^{31}\text{t}^h\text{ɔi}^{35}$	
沙盐菜	沙盐菜	$\text{sa}^{553-33}\text{jim}^{32}\text{t}^h\text{ɔi}^{35}$	
西红柿	辣椒果	$\text{lat}^{31}\text{łiu}^{553}\text{kɔ}^{33}$	
	西红柿	$\text{łɐi}^{553}\text{hoŋ}^{32}\text{łu}^{32}$	
	番茄	$\text{fan}^{553}\text{kɛ}^{32}$	
姜	姜	kɛŋ^{553}	
	肉姜	$\text{ɲok}^{3-2}\text{kɛŋ}^{553}$	

续表

沙姜	沙姜	sa⁵⁵³ kɛŋ⁵⁵³	
黄姜	黄姜	vɔŋ³²⁻²² kɛŋ⁵⁵³	
老姜	老姜	lɐu²³ kɛŋ⁵⁵³	
嫩姜	嫩姜	nun³¹ kɛŋ⁵⁵³	
姜叶	姜叶	kɛŋ⁵⁵³⁻³³ jip³	
姜苗	姜苗	kɛŋ⁵⁵³⁻³³ miu³²	
姜芽	姜芽	kɛŋ⁵⁵³⁻³³ ŋa³²	
柿子椒	灯笼椒	tɐŋ⁵⁵³⁻³³ loŋ³² ɬiu⁵⁵³	
辣椒	辣椒	lat³¹ ɬiu⁵⁵³	
辣椒面儿	辣椒粉	lat³¹ ɬiu⁵⁵³ fɐn³³	
辣椒叶	辣椒叶	lat³¹ ɬiu⁵⁵³ ip³	
朝天椒	五指椒	ŋ²³ tsi³³ ɬiu⁵⁵³	
	米椒	mɐi²³ ɬiu⁵⁵³	
牛角椒	牛角椒	ȵɐu³²⁻²² kɔk²⁴ ɬiu⁵⁵³	
芥菜	芥菜	kai³⁵⁻³³ tʰɔi³⁵	
肉芥菜	潮菜	tsʰiu³²⁻²² tʰɔi³⁵	
苤蓝	芥兰头	kai³⁵⁻³³ lan³² tʰɐu³²	
胡椒	胡椒	vu³² ɬiu⁵⁵³	
菠菜	角菜	kɔk²⁴⁻³³ tʰɔi³⁵	
白菜	黄芽白	vɔŋ³²⁻²² ŋa³² pak³¹	
	卷筒青	kun³³ tʰoŋ³² tʰɛŋ⁵⁵³	
	竹筒青	tsok⁴⁻³ tʰoŋ³² tʰɛŋ⁵⁵³	
洋白菜	菠菜	pɔ⁵⁵³ tʰɔi³⁵	
	包菜	pau⁵⁵³ tʰɔi³⁵	
	椰菜	jɛ³¹ tʰɔi³⁵	
小白菜	上海青	sɛŋ³¹ hɔi³³ tʰɛŋ⁵⁵³	
莴笋（指茎部）	笋菜	ɬɐn³³ tʰɔi³⁵	
莴笋叶	牛腩菜	ȵɐu³²⁻²² li³¹ tʰɔi³⁵	
	春菜	tsʰɐn⁵⁵³ tʰɔi³⁵	
生菜	生菜	saŋ⁵⁵³⁻³³ tʰɔi³⁵	
	玻璃生	pɔ⁵⁵³ li⁵⁵³ saŋ⁵⁵³	
落葵菜	豆腐菜	tɐu³¹ fu³¹ tʰɔi³⁵	

续表

芹菜	芹菜	$k^h\text{ɐn}^{32-22}\,t^h\text{ɔi}^{35}$	
芫荽	芫荽	$\text{jim}^{32-22}\,\text{ɬɐi}^{553}$	
紫苏	紫苏	$\text{ɬu}^{33}\,\text{ɬu}^{553}$	
蒌叶	葭蒌	$\text{ka}^{33}\,\text{lɐu}^{553}$	
茼坡	茼蒿菜	$t^h\text{ɔŋ}^{32-22}\,\text{ɐu}^{553}\,t^h\text{ɔi}^{35}$	
萝卜	萝卜	$\text{lɔ}^{32-22}\,p^h\text{ɐk}^3$	
糠了	□心	$p^h\text{aŋ}^{35-33}\,\text{ɬɐm}^{553}$	
萝卜缨儿	萝卜叶	$\text{lɔ}^{32-22}\,p^h\text{ɐk}^3\,\text{jip}^3$	
萝卜干儿	萝卜儿	$\text{lɔ}^{32-22}\,p^h\text{ɐk}^3\,\text{ɲi}^{553}$	
红萝卜	红萝卜	$\text{hoŋ}^{32}\,\text{lɔ}^{32-22}\,p^h\text{ɐk}^3$	
苯蓝	芥兰头	$\text{kai}^{24-33}\,\text{lan}^{32}\,t^h\text{ɐu}^{32}$	
大头菜	头菜	$t^h\text{ɐu}^{32-22}\,t^h\text{ɔi}^{35}$	
芥兰	芥兰芽	$\text{kai}^{35-33}\,\text{lan}^{32}\,\text{ŋa}^{32}$	
西蓝花	椰菜花	$\text{jɛ}^{31}\,t^h\text{ɔi}^{35}\,\text{fa}^{553}$	
茭白	笋白	$\text{ɬɐn}^{33}\,\text{pak}^{31}$	
油菜（作蔬菜用）	白菜	$\text{pak}^{31}\,t^h\text{ɔi}^{35}$	
	□羹白	$k^h\text{iu}^{32-22}\,\text{kɐŋ}^{553}\,\text{pak}^{31}$	
	匙羹白	$\text{si}^{32-22}\,\text{kɐŋ}^{553}\,\text{pak}^{31}$	
	上海青	$\text{sɛŋ}^{31}\,\text{hɔi}^{33}\,t^h\text{eŋ}^{553}$	
油菜薹	菜心	$t^h\text{ɔi}^{35-33}\,\text{ɬɐm}^{553}$	
红菜薹	红菜心	$\text{hoŋ}^{32}\,t^h\text{ɔi}^{35-33}\,\text{ɬɐm}^{553}$	
菜籽（榨油用）	油菜籽	$\text{jɐu}^{32-22}\,t^h\text{ɔi}^{35}\,\text{ɬu}^{33}$	
蕹菜	蕹菜	$\text{oŋ}^{35-33}\,t^h\text{ɔi}^{35}$	
	大蕹	$\text{tai}^{31}\,\text{oŋ}^{35}$	
	水蕹	$\text{sui}^{33}\,\text{oŋ}^{35}$	
苦麦菜	苦麦菜	$\text{fu}^{33}\,\text{ma}^{32}\,t^h\text{ɔi}^{35}$	
枸杞	枸杞籽	$\text{kɐu}^{33}\,\text{ki}^{33}\,\text{ɬu}^{33}$	
	枸杞叶	$\text{kɐu}^{33}\,\text{ki}^{33}\,\text{jip}^3$	
白花菜	鸡眼菜	$\text{kɐi}^{553-33}\,\text{ŋan}^{23}\,t^h\text{ɔi}^{35}$	
白花菜籽	鸡眼籽	$\text{kɐi}^{553-33}\,\text{ŋan}^{23}\,\text{ɬu}^{33}$	
狗肝菜	狗肝菜	$\text{kɐu}^{33}\,\text{kɔn}^{553}\,t^h\text{ɔi}^{35}$	
羊角菜	革命菜	$\text{kak}^{24-33}\,\text{meŋ}^{31}\,t^h\text{ɔi}^{35}$	

决明子	吉明籽	kɐt⁴⁻³ meŋ³² ɬu³³	
一点红	一点红	jɐt⁴ tim³³ hoŋ³²	
千里香	千里香	tʰin⁵⁵³ li²³ hɛŋ⁵⁵³	
荠菜	鸡肉菜	kɐi⁵⁵³⁻³³ ȵok³ tʰɔi³⁵	
艾	艾	ŋɔi³¹	
	五月艾	ŋ²³ ȵut³⁻² ŋɔi³¹	
	白头翁	pak³¹ tʰɐu³² joŋ⁵⁵³	
雷公根	雷公根	lui³²⁻²² koŋ⁵⁵³ kɐn⁵⁵³	
半边莲	半边莲（清热解毒的草药）	pun³⁵ pin⁵⁵³ lin³²	
人字草	人字草（清热解毒的草药）	ȵɐn³² ɬu³¹ tʰɐu³³	
车前草	瓠勺菜	ku³¹ sɛk³¹ tʰɔi³⁵	
木鳖叶	木鳖叶	mok³⁻² pit⁴ jip³²	
木鳖（果）	木鳖子	mok³⁻² pit⁴ ɬu³³	
（三）树木			
树木	木	mok³	
树林	木□	mok³⁻² sɛ⁵⁵³	
	木林	mok³⁻² lɐm³²⁻²²	
树苗	木儿	mok³⁻² ȵi⁵⁵³	
	木秧	mok³⁻² jɛŋ⁵⁵³	
树干	木身	mok³⁻² sɐn⁵⁵³	
树梢	木尾	mok³⁻² mi²³⁻³³	
树皮	木皮	mok³⁻² pʰi³²	
树顶	木顶	mok³⁻² tɛŋ³³	
树根	木根	mok³⁻² kɐn⁵⁵³	
根须	木梗	mok³⁻² kɛŋ³³	
树叶	木叶	mok³⁻² jip³	
树枝	木枒	mok³⁻² ŋa⁵⁵³	
树节	木□	mok³⁻² lɛ⁵⁵³	
种树	种木	tsoŋ³⁵⁻³³ mok³	
砍树	斩木	tsam³³ mok³	

续表

砍树	放木	fɔŋ³⁵⁻³³ mok³	
松树	松木	ɬoŋ³²⁻²² mok³	
松针	松毛	ɬoŋ³²⁻²² mɐu³²⁻⁵⁵³	
松球	松木籽	ɬoŋ³²⁻²² mok³ ɬu³³	
松香	松香	ɬoŋ³²⁻²² hɛŋ⁵⁵³	
	松光	ɬoŋ³²⁻²² kɔŋ⁵⁵³	
柏树	柏枝	pak²⁴⁻³³ tsi⁵⁵³	
杉木	杉木	tsʰam³⁵⁻³³ mok³	
杉针	杉箣	tsʰam³⁵⁻³³ lɐk³	
桑树	桑木	ɬɔŋ⁵⁵³ mok³	
桑葚儿	桑子	ɬɔŋ⁵⁵³ ɬu³³	
桑叶	桑叶	ɬɔŋ⁵⁵³ jip³	
杨树	杨树	jɛŋ³²⁻²² si³¹	
柳树	柳树	lɐu²³ si³¹	
黄荆条	箣条	lɐk³⁻² tʰiu³²	
桐油树	桐油木	tʰoŋ³²⁻²² jɐu³² mok³	
桐籽	桐油木子	tʰoŋ³²⁻²² jɐu³² mok³⁻² ɬu³³	
桐油	桐油	tʰoŋ³²⁻²² jɐu³²	
苦楝	火楝木	fɔ³³ lin³¹ mok³	
鸭脚木	鸭脚木	ap²⁴⁻³³ kɛk²⁴ mok³	
桉树	桉树	ɔn⁵⁵³ si³¹	
榕树	榕木	joŋ³²⁻²² mok³	
红豆树	相思树	ɬɛŋ⁵⁵³ ɬu⁵⁵³ si³²	
樟树	樟木	tsɛŋ⁵⁵³⁻³³ mok³	
乌桕树	乌桕木	u⁵⁵³ kʰɐu²³ mok³	
荔枝树	荔枝木	lɐi³¹ tsi⁵⁵³ mok³	
龙眼树	越眼木	jut³⁻² ŋan²³ mok³	
黄皮树	黄皮木	vɔŋ³²⁻²² pʰi³² mok³	
梨树	沙梨木	sa⁵⁵³⁻³³ li³² mok³	
杧果树	杧果木	mɔŋ⁵⁵³⁻³³ kɔ³³ mok³	
番石榴树	石榴木	sek³⁻² lɐu³² mok³	
柿子树	东安柿木	toŋ⁵⁵³ ɔn⁵⁵³ ɬu³² mok³	

续表

柚子树	木柚木	mok³⁻² jɐu³¹ mok³	
浆	□（植物折断后流出的汁液）	jui³¹	
竹（注意当地各种竹子的叫名）	竹	tsok⁴	
毛竹	毛竹	mɐu³²⁻²² tsok⁴	
吊丝竹	大竹	tai³¹ tsok⁴	
金竹	勒竹	lɐk³⁻² tsok⁵⁵³	
	杉篙竹	tsʰam³⁵⁻³³ kɐu⁵⁵³ tsok⁴	
篱竹（一种常用于做豆角攀架的竹子）	竹儿	tsok⁴⁻³ ȵi⁵⁵³	
	瓜篱	ka⁵⁵³⁻³³ li⁵⁵³	
方竹（一种干茎四方的竹子罗汉竹）	四方竹	ɬi³⁵⁻³³ fɔŋ⁵⁵³ tsok⁴	
	罗汉竹	lɔ³²⁻²² hɔn³⁵ tsok⁴	
竹笋	竹笋	tsok⁴⁻³ ɬɐn³³	
	笋	ɬɐn³³	
干笋	笋干	ɬɐn³³ kɔn⁵⁵³	
（煮过的）鲜笋	甜笋	tʰim³²⁻²² ɬɐn³³	
笋壳	笋壳	ɬɐn³³ hɔk²⁴	
	竹壳	tsok⁴⁻³ hɔk²⁴	
竹竿儿	竹篙	tsok⁴⁻³ kɐu⁵⁵³	
竹叶儿	竹叶	tsok⁴⁻³ jip³	
篾片（竹子劈成的薄片）	篾片	mit³⁻² pʰin³⁵	
	篾	mit³	
篾黄	篾白	mit³⁻² pak³¹	
篾青	篾青	mit³⁻² tʰeŋ⁵⁵³	
	二囊（篾白和篾青中间）	ȵi³¹ nɔŋ³²	

（四）瓜果

水果	生果	saŋ⁵⁵³⁻³³ kɔ³³	
	水果	sui³³ kɔ³³	
干果	果干	kɔ³³ kɔn⁵⁵³	

续表

干果	干货	kɔn⁵⁵³ fɔ³⁵	
桃	桃子	tʰɐu³²⁻²² ɬu³³	
杏	杏	hɐŋ³²	
杏仁	杏仁	hɐŋ³²⁻²² ŋen³²	
李子	李子	li²³ ɬu³³	
	三华李	ɬam⁵⁵³ va³²⁻²² li²³	
	三月李	ɬam⁵⁵³ ɲut³⁻² li²³	
苹果	苹果	pʰeŋ³²⁻²² kɔ³³	
	频果	pʰɐn³²⁻²² kɔ³³	
沙果	山楂果	san⁵⁵³⁻³³ tsa⁵⁵³ kɔ³³	
枣儿（新鲜的）	鸡卵子	kɐi⁵⁵³⁻³³ lun²³ ɬu³³	
	红枣	hoŋ³²⁻²² ɬɐu³³	
	黑枣	hɐk⁴ ɬɐu³³	
	蜜枣	mɐt³⁻² ɬɐu³³	
梨	沙梨（本地的）	sa⁵⁵³⁻³³ li³²	
	雪梨（北方的）	ɬut⁴ li³²	
枇杷	枇杷	pʰi³²⁻²² pʰa³²	
柿子	东安柿	toŋ⁵⁵³ ɔn⁵⁵³ ɬu³²	
柿饼	柿饼	ɬu³²⁻²² peŋ³³	
番石榴	石榴	sek³⁻² lɐu³²	
	广东石榴（比本地的大）	kɔŋ³³ toŋ⁵⁵³ sek³⁻² lɐu³²	
柚子	木柚	mok³⁻² jɐu³¹	
	沙田柚	sa⁵⁵³⁻³³ tʰin³² jɐu³¹	
柚子皮	木柚皮	mok³⁻² jɐu³¹ pʰi³²	
柑子	柑子	kɛm⁵⁵³⁻³³ ɬu³³	
	沙糖橘	sa⁵⁵³ tʰɔŋ³² kɐt⁴	
橘络（橘瓣上的丝儿）	筋	kɐn⁵⁵³	
金橘	柑橘	kɛm⁵⁵³⁻³³ kɐt⁴	
橙子	橙子	tsʰaŋ³²⁻²² ɬu³³	
	厚皮橙	hɐu²³ pʰi³² tsʰaŋ³²	
芭蕉	蕉	ɬiu⁵⁵³	

续表

芭蕉	蕉子	ɬu⁵⁵³⁻³³ ɬu³³	
	牛角蕉	ȵɐu³²⁻²² kɔk²⁴ ɬiu⁵⁵³	
	米蕉	mʀi²³ ɬiu⁵⁵³	
	香蕉	hɛŋ⁵⁵³ ɬiu⁵⁵³	
芭蕉叶	蕉叶	ɬiu⁵⁵³⁻³³ jip³	
芭蕉树	蕉木	ɬiu⁵⁵³⁻³³ mok³	
阳桃	阳桃	jɛŋ³²⁻²² tʰɐu³²	
万寿果	万寿果	man³¹ sɐu³¹ kɔ³³	
	□徇子	kʰɐŋ³⁵ kʰɐu⁵⁵³ ɬu³³	
无花果	无花果	mu³²⁻²² fa⁵⁵³ kɔ³³	
木瓜	木瓜	mok³⁻² ka⁵⁵³	
龙眼	越眼	jut³⁻² ŋan²³	
龙眼肉（去壳去核的干龙眼）	越眼肉	jut³⁻² ŋan²³ ȵok³	
	圆肉	jun³² ȵok³	
龙眼干	越眼干	jut³⁻² ŋan²³ kɔn⁵⁵³	
荔枝	荔枝	lʀi³¹ tsi⁵⁵³	
芒果	芒果	mɔŋ⁵⁵³⁻³³ kɔ³³	
葡萄	葡萄	pʰu³²⁻²² tʰɐu³²	
水葡萄	葡萄	pʰu³²⁻²² tʰɐu³²	
菠萝	菠萝	pɔ⁵⁵³⁻³³ lɔ³²	
柠檬	柠檬	nɐŋ³¹ mɔŋ²³	
梅子	酸梅	ɬun⁵⁵³ mui³²	
杨梅	杨梅	jɛŋ³²⁻²² mui³²	
橄榄	橄榄	kɛm³³ lam³³	
	黑榄	hʀk⁴ lam³³	
	黄榄	vɔŋ³²⁻²² lam³³	
	榄角	lam³³ kɔk²⁴	
银杏	白果	pak³¹ kɔ³³	
栗子	板栗	pan³³ lʀk³	
核桃	核桃	hʀt³⁻² tʰɐu³²	
罗汉果	罗汉果	lɔ³²⁻²² hɔn³⁵ kɔ³³	
榛子	椎子	tsui⁵⁵³ ɬu³³	

续表

西瓜	西瓜	ɬɐi⁵⁵³ ka⁵⁵³	
瓜子儿	瓜子	ka⁵⁵³⁻³³ ɬu³³	
甜瓜	香瓜	hɛŋ⁵⁵³⁻³³ ka⁵⁵³	
蒂	□	nɛŋ³⁵	
荸荠	马蹄	ma²³ tʰɐi³²	
甘蔗（黑色）	蔗	tsɛ³⁵	
甘蔗（黄色）	竹蔗	tsok⁴⁻³ tsɛ³⁵	
花生	地豆	ti³¹ tɐu³¹	
花生米	地豆米	ti³¹ tɐu³¹ mɐi²³	
花生仁	地豆银	ti³¹ tɐu³¹ ŋɐn³²	
花生皮（花生米外面的红皮）	地豆衣	ti³¹ tɐu³¹ i⁵⁵³	
（五）花草、菌类			
桂花	桂花	kɐi³⁵⁻³³ fa⁵⁵³	
菊花	菊花	kok⁴⁻³ fa⁵⁵³	
梅花	梅花	mui³²⁻²² fa⁵⁵³	
凤仙花	指甲花	tsi³³ kap²⁴ fa⁵⁵³	
荷花	藕花	ŋɐu²⁴ fa⁵⁵³	
	莲花	lin³²⁻²² fa⁵⁵³	
荷叶	莲叶	lin³²⁻²² ip³	
莲蓬	莲头	lin³²⁻²² tʰɐu³²	
莲子	莲米	lin³²⁻²² mɐi²³	
水仙（花）	水仙（花）	sui³³ ɬin⁵⁵³	
茉莉花儿	茉莉花	mut³⁻² li³¹ fa⁵⁵³	
牵牛花	喇叭花	la⁵⁵³ pa⁵⁵³ fa⁵⁵³	
杜鹃花	杜鹃花	tu³¹ kin⁵⁵³ fa⁵⁵³	
地苓	爆郎牙	pau³⁵⁻³³ lɔŋ³² ŋa³²	
桃金娘	莶子	nim⁵⁵³⁻³³ ɬu³³	
芙蓉花（指木芙蓉）	扶桑花	fu³²⁻²² ɬɔŋ⁵⁵³ fa⁵⁵³	
万年青	万年青	man³¹ nin³² tʰeŋ⁵⁵³	
仙人掌	仙人掌	ɬin⁵⁵³⁻³³ ȵɐn³² tsɛŋ³³	
花蕾（没有开放的花）	花球	fa⁵⁵³ kʰɐu³²	
	花蕾	fa⁵⁵³ lui³²	

续表

花瓣儿	花甲	fa⁵⁵³kap²⁴	
花蕊	花心	fa⁵⁵³ɬɐm⁵⁵³	
芦苇	水草	sui³³tʰɐu³³	
香菇	香信	hɛŋ⁵⁵³⁻³³ɬɐn³⁵	
蘑菇	蘑菇	mɔ³²⁻²²ku⁵⁵³	
冬菇	香信	hɛŋ⁵⁵³⁻³³ɬɐn³⁵	
青苔	青苔	tʰeŋ⁵⁵³⁻³³tʰɔi³²	
蕨类	□基	lɔŋ³³ki⁵⁵³	

六　动物

（一）牲畜			
牲口	牲畜	saŋ⁵⁵³⁻³³tsʰok⁴	
马牯	马公	ma²³koŋ⁵⁵³	
马母	马乸	ma²³na³³	
公牛	牛牯	ȵɐu³²⁻²²ku³³	
母牛	牛乸	ȵɐu³²⁻²²na³³	
	牛牸	ȵɐu³²⁻²²ɬi³¹	
黄牛	沙篓牛	sa⁵⁵³⁻³³lɐu⁵⁵³ȵɐu³²	
水牛	水牛	sui³³ȵɐu³²	
牛犊	牛儿	ȵɐu³²⁻²²ȵi⁵⁵³	
驴	驴	lu³²	
公驴	驴公	lu³²⁻²²koŋ⁵⁵³	
母驴	驴乸	lu³²⁻²²na³³	
骡	骡	lɔ³²	
骆驼	骆驼	lɔk²⁴⁻³³tʰɔ³²	
绵羊	绵羊	min³²⁻²²jɛŋ³²	
山羊	山羊	san⁵⁵³jɛŋ³²	
羊羔	羊儿	jɛŋ³²⁻²²ȵi⁵⁵³	
狗	狗	kɐu³³	
公狗	狗牯	kɐu³³ku³³	
母狗	狗乸	kɐu³³na³³	

续表

雌小狗	狗𡚸儿	kɐu³³ na³³ ȵi⁵⁵³	
雄小狗	狗牯儿	kɐu³³ ku³³ ȵi⁵⁵³	
小狗儿	狗儿	kɐu³³ ȵi⁵⁵³	
哈巴狗	哈巴狗	ha⁵⁵³ pa⁵⁵³ kɐu³³	
猫	猫	mɛu⁵⁵³	
公猫	猫公	mɛu⁵⁵³⁻³³ koŋ⁵⁵³	
母猫	猫𡚸	mɛu⁵⁵³⁻³³ na³³	
小猫	猫儿	mɛu⁵⁵³⁻³³ ȵi⁵⁵³	
肉猪（未宰杀）	生猪	saŋ⁵⁵³⁻³³ tsi⁵⁵³	
肉用的公猪	猪□	tsi⁵⁵³⁻³³ ɬi³¹	
种猪	猪郎	tsi⁵⁵³⁻³³ lɔŋ³²	
母猪	猪𡚸	tsi⁵⁵³⁻³³ na³³	
尚未产仔的母猪	猪𡚸儿	tsi⁵⁵³⁻³³ na³³ ȵi⁵⁵³	
小猪	猪儿	tsi⁵⁵³⁻³³ ȵi⁵⁵³	
	猪花	tsi⁵⁵³⁻³³ fa⁵⁵³	
雌小猪	猪牸儿	tsi⁵⁵³⁻³³ ɬi³¹ ȵi⁵⁵³	
雄小猪	猪牯儿	tsi⁵⁵³⁻³³ ku³³ ȵi⁵⁵³	
阉猪（动宾）	阉猪	jim⁵⁵³⁻³³ tsi⁵⁵³	
兔子	兔儿	tʰu³⁵⁻³³ ȵi⁵⁵³	
公兔	兔公	tʰu³⁵⁻³³ koŋ⁵⁵³	
母兔	兔𡚸	tʰu³⁵⁻³³ na³³	
鸡	鸡	kɐi⁵⁵³	
公鸡（成年的打鸣的公鸡）	鸡公	kɐi⁵⁵³⁻³³ koŋ⁵⁵³	
鸡角 （未成年的小公鸡）	鸡公儿	kɐi⁵⁵³⁻³³ koŋ⁵⁵³ ȵi⁵⁵³	
阉鸡 （阉割过的公鸡）	阉鸡	jim⁵⁵³⁻³³ kɐi⁵⁵³	
阉割公鸡	阉鸡（动词）	jim⁵⁵³⁻³³ kɐi⁵⁵³	
母鸡	鸡𡚸	kɐi⁵⁵³⁻³³ na³³	
抱窝鸡	赖菢鸡𡚸	lai³¹ pɐu³¹ kɐi⁵⁵³⁻³³ na³³	
鸡娘（未成年的小母鸡）	鸡项	kɐi⁵⁵³⁻³³ hɔŋ³¹	
小鸡儿	鸡儿	kɐi⁵⁵³⁻³³ ȵi⁵⁵³	

续表

鸡蛋	鸡蛋	kɐi$^{553-33}$tan^{31}	
下蛋	生蛋	saŋ$^{553-33}$tan^{31}	
孵	菢	pɐu^{31}	
鸡冠	鸡关	kɐi$^{553-33}$kan^{553}	
鸡爪子	鸡爪	kɐi$^{553-33}$ȵau^{33}	
火鸡	火鸡	fɔ^{33}kɐi^{553}	
鸭	鸭	ap^{24}	
公鸭	鸭公	ap$^{24-33}$koŋ^{553}	
母鸭	鸭㜮	ap$^{24-33}$na^{33}	
小鸭子	鸭儿	ap$^{24-33}$ȵi^{553}	
鸭蛋	鸭蛋	ap$^{24-33}$tan^{31}	
鸭毛	鸭毛	ap$^{24-33}$mɐu^{553}	
鹅	鹅	ŋɔ^{32}	
小鹅儿	鹅儿	ŋɔ$^{32-22}$ȵi^{553}	

(二) 鸟、兽

野兽	野兽	jɛ^{23}sɐu^{35}	
狮子	狮子	ɬu^{553}ɬu^{33}	
老虎	老虎	lɐu^{23}fu^{33}	
母老虎	老虎㜮	lɐu^{23}fu^{33}na^{33}	
公老虎	老虎公	lɐu^{23}fu^{33}koŋ^{553}	
猴子	马搂	ma$^{23-553}$lɐu^{553}	
狗熊	熊狗	joŋ$^{32-22}$kɐu^{33}	
豹	豹	pau^{35}	
狐狸	狐狸	vu$^{32-22}$li^{32}	
黄鼠狼	抓鸡虎	tsa$^{553-33}$kɐi^{553}fu^{33}	
老鼠	老鼠	lɐu^{23}si^{33}	
蛇	蛇	sɛ^{32}	
乌梢蛇	黑风蛇	hɐk$^{4-3}$foŋ^{553}sɛ^{32}	
黄梢蛇	黄梢蛇	vɔŋ$^{32-22}$sau^{553}sɛ^{32}	
金环蛇	金包铁	kɐm$^{553-33}$pau^{553}tʰit^{4}	
银环蛇	银包铁	ŋɐn$^{32-22}$pau^{553}tʰit^{4}	
竹叶青	青竹蛇	tʰeŋ$^{553-33}$tsok^{4}sɛ^{32}	

续表

过山飙	过山飘	kɔ⁵⁵³⁻³³ san⁵⁵³ pʰiu⁵⁵³	
菜花蛇	草花蛇	tʰɐu³³ fa⁵⁵³ sɛ³²	
五步蛇	五步蛇	ŋ²³ pu³¹ sɛ³²	
泥蛇	涩蛇	pan³¹ sɛ³²	
蜥蜴	四脚蛇	ɬi³⁵⁻³³ kɛk²⁴ sɛ³²	
鸟儿	雀儿	ɬɛk²⁴⁻³³ ȵi⁵⁵³	
乌鸦	罗鸦	lɔ³²⁻²² a⁵⁵³	
喜鹊	喜鹊	hi³³ ɬɛk²⁴	
麻雀	麻□雀	ma³²⁻²² lɐt⁴ ɬɛk²⁴	
	麻□儿	ma³²⁻²² lɐt⁴ ȵi⁵⁵³	
燕子	燕子雀	in³⁵⁻³³ ɬu³³ ɬɛk²⁴	
大雁	雁鹅	ŋak³¹ ŋɔ³²	
斑鸠	斑鸠	pan⁵⁵³⁻³³ kɐu⁵⁵³	
鸽子	白鸽	pak³¹ kɛp²⁴	
鹌鹑	鹌都儿	ɐm⁵⁵³⁻³³ tu⁵⁵³ ȵi⁵⁵³	
鸥鸪	屎缸□	si³³ kɔŋ⁵⁵³ tɐu⁵⁵³	
	田鸡	tʰin³²⁻²² kɐi⁵⁵³	
布谷鸟	咕咕雀	ku⁵⁵³ ku⁵⁵³ ɬɛk²⁴	
鸬鹚	叮鱼雀	teŋ⁵⁵³⁻³³ ȵi³² ɬɛk²⁴	
	鸬鹚	lu³²⁻²² ɬi³²	
啄木鸟	长嘴雀	tsʰɛŋ³²⁻²² ɬui³³ ɬɛk²⁴	
猫头鹰	猫头鹰	mɛu⁵⁵³ tʰɐu³² jeŋ⁵⁵³	
鹦鹉	鹩哥	lɛu⁵⁵³ kɔ⁵⁵³	
八哥	八哥	pɛt²⁴⁻³³ kɔ⁵⁵³	
白鹤	白鹤	pak³¹ hɔk³¹	
老鹰	老鹰	lɐu²³ jeŋ⁵⁵³	
鹞鹰	鹞婆	iu³¹ pʰɔ³²	
野鸡	野鸡	jɛ²³ kɐi⁵⁵³	
野鸭	野鸭	jɛ²³ ap²⁴	
白鹭	白鹤	pak³¹ hɔk³¹	
蝙蝠	飞鼠	fi⁵⁵³⁻³³ si³³	
翅膀	翼	jek³	

续表

嘴	嘴	ɬui³³	
鸟窝	雀儿窦	ɬɛk²⁴⁻³³ ȵi⁵⁵³ tɐu³⁵	
（三）虫类			
蚕	蚕	ɬam³²	
蚕茧	蚕窦	ɬam³²⁻²² tɐu³⁵	
蚕蛹	蚕蛹	ɬam³²⁻²² joŋ³³	
	蚕蛾	ɬam³²⁻²² ŋɔ³²	
蚕沙（家蚕的屎）	蚕屎	ɬam³²⁻²² si³³	
	薯藤蛆	si³²⁻²² tʰɐŋ³² tʰi⁵⁵³	
蜘蛛	蟢蟧	kʰɐm³²⁻²² lɐu³²	
蚂蚁	蚁	ŋɐi²³	
蝼蛄	汶狗	mɐn³⁵⁻³³ kɐu³³	
土鳖虫（可入药，叫地鳖）	土鳖	tʰu³³ pit⁴	
蚯蚓	黄□	vɔŋ³²⁻²² un³³	
蜗牛	□螺	jɐi³¹ lɔ³²	
蜣螂	喷屎虫丁	pʰɐn³⁵⁻³³ si³³ tsʰoŋ³²⁻²² tɐŋ⁵⁵³	
蜈蚣	蜈蚣虫	ŋ³²⁻²² koŋ⁵⁵³ tsʰoŋ³²	
壁虎	檐蛇	jim³²⁻²² sɛ³²	
毛虫	蛆	tʰi⁵⁵³	
肉虫（米里的米色虫）	米蛆	mɐi²³ tʰi⁵⁵³	
	谷牛虫	kok⁴⁻³ ȵɐu³² tsʰoŋ³²	
蚜虫	蚜虫	ŋa³²⁻²² tsʰoŋ³²	
苍蝇	蚊蝇	mɐn³²⁻²² jɐŋ³²	
绿头苍蝇	屎蝇	si³³ jɐŋ³²	
蚊子	蚊子	mɐn³²⁻²² ɬu³³	
	蚊墨	mɐn³²⁻²² mɐk⁴	
	蚊墨儿	mɐn³²⁻²² mɐk⁴ ȵi⁵⁵³	
子	蚊子儿	mɐn³²⁻²² ɬu³³ ȵi⁵⁵³	
虱子	虱嫲	sɐt⁴⁻³ na³³	
臭虫	臭屁虫	tsʰɐu³⁵⁻³³ pʰi³⁵ tsʰoŋ³²	
跳蚤	狗虱	kɐu³³ sɐt⁴	
	螨虫	ɬi⁵⁵³	

续表

牛虻	大蚊蝇	tai³¹ mɐn³²⁻²² jeŋ³²	
蟋蟀	草蟀	tʰɐu³³ ɬɐt⁴	
灶蟋蟀（常出没于厨房）	灶鸡	ɬɐu³⁵⁻³³ kɐi⁵⁵³	
	大头狗	tai³¹ tʰɐu³² kɐu³³	
土狗	汶狗	mɐn³⁵⁻³³ kɐu³³	
蟑螂	□□	kʰat³¹ ɬat³¹	
蝗虫	蜢	maŋ³³	
	冷漠蜢（体大）	laŋ²³ mɔk³¹ maŋ³³	
一种尖头蝗虫	禾虾蜢	vɔ³²⁻²² ha⁵⁵³ maŋ³³	
	米蜢（头圆体小）	mɐi²³ maŋ³³	
螳螂	马螂狂	ma²³ lɔŋ³²⁻²² kɔŋ³²	
蝉	知喳	tsi⁵⁵³⁻³³ tsa³³	
蜜蜂，蜂蜜	蜜蜂	mɐt³⁻² foŋ⁵⁵³	
马蜂	草鞋梗	tʰɐu³³ hai³² kɛŋ³³	马蜂的一种，窝像草鞋
	老虎头	lɐu²³ fu³³ tʰɐu³²	马蜂的一种，窝像老虎头
	地龙蜂	ti³¹ loŋ³² foŋ⁵⁵³	马蜂的一种，窝在地上
黄蜂	黄蜂	vɔŋ³²⁻²² foŋ⁵⁵³	
乌蜂	黑黄蜂	hɐk⁴ vɔŋ³²⁻²² foŋ⁵⁵³	
蚕	□	ti³⁵	
蜂窝	黄蜂窦	vɔŋ³²⁻²² foŋ⁵⁵³ tɐu³⁵	
蜂蜜	蜜糖	mɐt³⁻² tʰɔŋ³²	
萤火虫	点火虫	tim³³ fɔ³³ tsʰoŋ³²	
臭大姐	臭屁虫	tsʰɐu³⁵⁻³³ pʰi³⁵ tsʰoŋ³²	
灯蛾	白翼儿	pak³¹ jek³ ȵi⁵⁵³	

续表

蝴蝶	蝴蝶	u$^{32-22}$t^{h}ip^3	
蜻蜓	塘螭	t^{h}ɔŋ$^{32-22}$li^{553}	
水面上蜘蛛动物	船家妹	sun$^{32-22}$ka^{553}mui^{553}	
瓢虫	瓢虫	p^{h}iu$^{32-22}$ts^{h}oŋ^{32}	
（四）鱼虾类			
鱼	鱼	ȵi^{32}	
鲤鱼	鲤鱼	li^{23}ȵi^{32}	
鲫鱼	鲫鱼	ɬɐk$^{4-3}$ȵi^{32}	
草鱼	皖鱼	van^{23}ȵi^{32}	
黄鱼	黄鱼	vɔŋ$^{32-22}$ȵi^{32}	
比目鱼	比目鱼	pi^{33}mok^{3}ȵi^{32}	
鳜鱼	鳜鱼	kɐi^{35}ȵi^{32}	
带鱼	带鱼	tai^{35}ȵi^{32}	
鲈鱼	鲈鱼	lu$^{32-22}$ȵi^{32}	
黑鱼	花鱼	fa$^{553-33}$ȵi^{32}	
墨鱼	墨鱼	mɐk$^{3-2}$ȵi^{32}	
鱿鱼	鱿鱼	jɐu$^{32-22}$ȵi^{32}	
胖头鱼	大头鱼	tai^{31}t^{h}ɐu^{32}ȵi^{32}	
鲢鱼	标鱼	piu^{553}ȵi^{32}	
	塘角鱼	t^{h}ɔŋ$^{32-22}$kɔk^{24}ȵi^{32}	
金鱼	金鱼	kɐm^{553}ȵi^{32}	
泥鳅	泥鳅鱼	nɐi$^{32-22}$nɐu^{553}ȵi^{32}	
鳝鱼	黄鳝	vɔŋ$^{32-22}$sin^{23}	
鲞	鱼干	ȵi$^{32-22}$kɔn^{553}	
鱼鳞	鱼鳞	ȵi$^{32-22}$lɐn^{32}	
鱼刺	鱼勒	ȵi$^{32-22}$lɐk^3	
鱼泡	鱼□	ȵi$^{32-22}$p^{h}ɔm^{553}	
鱼鳍	鱼翼	ȵi$^{32-22}$jek^3	
鱼腮	鱼鳃	ȵi$^{32-22}$ɬɔi^{553}	
鱼子（鱼的卵）	鱼蛋	ȵi$^{32-22}$tan^{31}	
鱼苗儿	鱼花	ȵi$^{32-22}$fa^{553}	
钓鱼	钓鱼	tiu$^{35-33}$ȵi^{32}	

续表

钓鱼竿儿	钓鞭	tiu$^{35-33}$pin^{553}	
钓鱼钩儿	钓钩	tiu$^{35-33}$ŋɐu^{553}	
鱼篓儿	鱼篓	n̠i$^{32-22}$lui^{553}	
鱼网	鱼网	n̠i$^{32-22}$mɔŋ^{23}	
虾	虾公	ha$^{553-33}$koŋ^{553}	
虾仁（鲜）	虾肉	ha$^{553-33}$n̠ok^{3}	
虾米（干）	虾干	ha$^{553-33}$kɔn^{54}	
虾子（虾的卵）	虾蛋	ha$^{553-33}$tan^{31}	
龟	鳖	pit^{4}	
	乌龟	u^{553}kɐi^{553}	
	龟	kɐi^{553}	
鳖	鳖	pit^{4}	
螃蟹（注意河蟹、海蟹的不同叫名）	螃蟹	p^{h}ɔŋ$^{32-22}$hai^{23}	
蟹黄	蟹黄	hai^{23}vɔŋ^{32}	
蟹膏	蟹膏	hai^{23}kɐu^{553}	
青蛙	蛤𬺈	kɛp$^{24-33}$na^{33}/kɔp$^{4-3}$na^{33}	
小青蛙	蛤□	kɛp$^{24-33}$n̠ɛ^{33}	
	蛤𬺈儿	kɛp$^{24-33}$na^{33}n̠i^{553}/kɔp$^{4-3}$na^{33}n̠i^{553}	
山蛙	山蛤𬺈	san^{553}kɛp$^{24-33}$na^{33}	
一种体型成三角的小青蛙	蛤寿	kɛp$^{24-33}$sɐu^{31}	
蝌蚪	蛤粒鱼	kɔp$^{4-3}$nɐp^{4}n̠i^{32}	
蟾蜍	蛴螺	k^{h}ɐm$^{32-22}$k^{h}i^{32}	
水蛭	蚂蟥	ma$^{23-22}$vɔŋ^{32}	
蛤蜊	蚬	hin^{33}	
田螺	田螺	t^{h}in$^{32-22}$lɔ^{32}	
	石螺	sek$^{3-2}$lɔ^{32}	
蚌	蚌	p^{h}ɔŋ^{23}	

七 房子

(一) 房子

住宅	屋	ok⁴	
造（房子）	整	tseŋ³³	
	起	hi³³	
挖地基	开墙脚	hɔi⁵⁵³ ɬɛŋ³²⁻²² kɛk²⁴	
落地基石	落石基	lɔk³¹ sek³⁻² ki⁵⁵³	
	落石脚	lɔk³¹ sek³⁻² kɛk²⁴	
砌砖	砌砖	tʰɐi³⁵⁻³³ tsun⁵⁵³	
舂墙	舂墙	tsoŋ⁵⁵³⁻³³ ɬɛŋ³²	
抹平	批烫	pʰɐi⁵⁵³ tʰɔŋ³⁵	
抹灰	批灰	pʰɐi⁵⁵³ fui⁵⁵³	
石灰	石灰	sek³⁻² fui⁵⁵³	
水泥	水泥	sui³³ nɐi³²	
泥砖	泥砖	nɐi³²⁻²² tsun⁵⁵³	
红砖	红砖	hoŋ³²⁻²² tsun⁵⁵³	
青砖	青砖	tʰeŋ⁵⁵³ tsun⁵⁵³	
	水泥砖	sui³³ nɐi³² tsun⁵⁵³	
捡漏	执漏	tsɐp⁴⁻³ lɐu³¹	
	执瓦	tsɐp⁴⁻³ ŋa²³	
(整座) 房子	屋	ok⁴	
园子	□	sɛ⁵⁵³	
大院	地塘	ti³¹ tʰɔŋ³²	
围墙	围墙	vɐi³²⁻²² ɬɛŋ³²	
影壁	照壁	tsiu³⁵⁻³³ pek⁴	
屋子	房	fɔŋ³²	
外间	外底间	ŋɔi³¹ tɐi³³ kan⁵⁵³	
里间	里底间	li²³ tɐi³³ kan⁵⁵³	
正房	正屋	tseŋ³⁵ ok⁴	
厢房	横屋	vaŋ³² ok⁴	
	横乜	vaŋ³²⁻²² mɛ³³	
客厅	厅	tʰeŋ⁵⁵³	
平房	瓦屋	ŋa²³ ok⁴	
	泥屋	nɐi³²⁻²² ok⁴	

续表

楼房	平顶楼	$p^heŋ^{32-22}teŋ^{33}lɐu^{32}$	
旧指新式楼房	洋楼	$jɛŋ^{32-22}lɐu^{32}$	
楼上	楼上	$lɐu^{32}sɛŋ^{31}$	
楼下	楼下	$lɐu^{32}ha^{31}$	
	楼底	$lɐu^{32-22}tɐi^{33}$	
门楼儿（大门上边牌楼式的顶）	门楼	$mun^{32-22}lɐu^{32}$	
楼梯，包括可移动的梯子	楼梯	$lɐu^{32-22}t^hɐi^{553}$	
	楼梯口	$lɐu^{32-22}t^hɐi^{553}hɐu^{33}$	
楼梯下	楼梯底	$lɐu^{32-22}t^hɐi^{553}tɐi^{33}$	
	楼梯脚	$lɐu^{32}t^hɐi^{553}kɛk^{24}$	
（楼梯）扶手	扶手	$fu^{32-22}sɐu^{33}$	
房前的走廊	檐阶	$jim^{32-22}kai^{553}$	
	雨蓬	$i^{23}p^hoŋ^{32}$	
阳台	阳台	$jɛŋ^{32-22}t^hɔi^{32}$	
晒台	晒台	$sai^{35-33}t^hɔi^{32}$	
放柴草的屋子	草屋	$t^hɐu^{33}ok^4$	
草房（用茅草盖的房子）	茅寮	$mau^{32-22}liau^{553}$	

（二）房屋结构

房脊	屋脊	$ok^{4-3}ɬek^4$	
房顶	屋顶	$ok^{4-3}teŋ^{33}$	
房檐儿	屋檐	$ok^{4-3}jim^{32}$	
	瓦檐	$ŋa^{23}jim^{32}$	
梁	横梁	$vaŋ^{32-22}lɛŋ^{32}$	
	大梁	$tai^{31}lɛŋ^{32}$	
	二梁	$ŋi^{31}lɛŋ^{32}$	
檩（托起瓦片的条）	横条	$vaŋ^{32-22}t^hiu^{32}$	
椽子	角子	$kɔk^{24-33}ɬu^{33}$	
柱	柱	ts^hi^{23}	
	柱墩	$ts^hi^{23}tɐn^{33}$	
	砖柱	$tsun^{553-33}ts^hi^{23}$	
柱下石	石脚	$sek^{3-2}kɛk^{24}$	

续表

台阶儿	码头级	ma²³ tʰɐu³² kʰɐp⁴	
天花板	屋顶	ok⁴⁻³ teŋ³³	
正门	正门	tseŋ³⁵ mun³²	
	大门	tai³¹ mun³²	
后门	后门	hɐu³¹ mun³²	
边门儿	侧门	tsɐk⁴ mun³²	
小门	门儿	mun³²⁻²² ȵi⁵⁵³	
门槛	门槛	mun³²⁻²² kʰɛm²³	
门后（门扇的后面）	门背	mun³²⁻²² pui³⁵	
	门角	mun³²⁻²² kɔk²⁴	
门闩	门闩	mun³²⁻²² san⁵⁵³	
门扇	门	mun³²	
	大门	tai³¹ mun³²	
	门扇	mun³²⁻²² sin³⁵	
锁	锁头	ɬɔ³³ tʰɐu³²	
	锁	ɬɔ³³	
	长锁	tsʰɛŋ³² ɬɔ³³	老式铜锁
钥匙	锁匙	ɬɔ³³ si³²	
窗子	窗眼	tsʰɛŋ⁵⁵³⁻³³ ŋan²³	
窗棂	窗眼柱	tsʰɛŋ⁵⁵³⁻³³ ŋan²³ tsʰi²³	
窗台	窗台	tsʰɛŋ⁵⁵³⁻³³ tʰɔi³²	
走廊	走廊	ɬau³³ lɔŋ³²	
过道	走廊	ɬau³³ lɔŋ³²	
	过道	kɔ³⁵⁻³³ tɐu³¹	
楼道	走廊	ɬau³³ lɔŋ³²	
楼板	楼板	lɐu³²⁻²² pan³³	
排水口	水道口	sui³³ tɐu³¹ hɐu³³	
排水沟	水道	sui³³ tɐu³¹	
臭水沟	渠坑	kʰi²³⁻²² haŋ⁵⁵³	
水沟泥	渠坑涎	kʰi²³⁻²² haŋ⁵⁵³ pan³¹	

续表

(三) 其他设施

厨房	灶门	ɬɐu³⁵⁻³³ mun³²	
灶	灶	ɬɐu³⁵	
	灶口	ɬɐu³⁵⁻³³ hɐu³³	
灶膛	灶肚	ɬɐu³⁵⁻³³ tʰu²³	
锅台	灶头	ɬɐu³⁵⁻³³ tʰɐu³²	
烟囱	烟囱	ȵin⁵⁵³⁻³³ tʰoŋ⁵⁵³	
厕所	屎坑	si³³ haŋ⁵⁵³	
	粪坑	fɐn³⁵⁻³³ haŋ⁵⁵³	
磨坊	碾米房	tsin³³ mɐi²³ fɔŋ³²	
马棚	马栏	ma²³ lan⁵⁵³	
牛圈	牛栏	ȵɐu³²⁻²² lan³²	
猪圈	猪□	tsi⁵⁵³⁻³³ lok³	
猪食槽	潲槽	sau³⁵⁻³³ ɬɐu³²	
猪笼	猪笼	tsi⁵⁵³⁻³³ loŋ³²	
羊圈	羊栏	jɛŋ³²⁻²² lan⁵⁵³	
狗窠	狗窠	kɐu³³ tɐu³⁵	
鸡窝	鸡窠	kɐi⁵⁵³⁻³³ tɐu³⁵	
	鸡□	kɐi⁵⁵³⁻³³ lok³	
鸡笼	鸡笼	kɐi⁵⁵³⁻³³ loŋ³²	
竹子编的, 罩鸡的器具	鸡罩	kɐi⁵⁵³⁻³³ tsau³⁵	
柴草垛	柴堆	tsʰai³²⁻²² tui⁵⁵³	
	草堆	tʰɐu³³ tui⁵⁵³	

八 器具、用品

(一) 一般家具

家具	家具	kai⁵⁵³ ki³¹	
柜	柜	kɐi³¹	
碗柜	碗柜	un³³ kɐi³¹	
衣柜	衫柜	sam⁵⁵³⁻³³ kɐi³¹	
书柜	书柜	si⁵⁵³ kɐi³¹	
立柜	立柜	lɐp³⁻² kɐi³¹	

续表

鞋柜	鞋柜	hai$^{32-22}$kɐi^{31}	
壁柜	壁柜	pek^{4}kɐi^{31}	
桌子	台	tʰɔi^{32}	
圆桌	圆台	jun$^{32-22}$tʰɔi^{32}	
方桌	四方台	ɬi$^{35-33}$fɔŋ^{553}tʰɔi^{32}	
	八仙台	pɛt$^{24-33}$ɬin^{553}tʰɔi^{32}	
条案（一种狭长的桌子）	神台	sɐn$^{32-22}$tʰɔi^{32}	
	案板	ɔn$^{35-33}$pan^{33}	
办公桌	办公台	pan^{31}koŋ^{553}tʰɔi^{32}	
饭桌	台盆	tʰɔi$^{32-22}$pʰun^{32}	
桌布（铺在桌面上的布/擦桌子的抹布）	台布	tʰɔi$^{32-22}$pu^{35}	
围桌	台帘	tʰɔi$^{32-22}$lim^{32}	
抽屉	柜桶	kɐi^{31}tʰoŋ^{33}	
	拖桶	tʰɔ^{553}toŋ^{33}	
	拖箱	tʰɔ$^{553-33}$ɬɐŋ^{553}	
椅子	椅	i^{33}	
扶手椅	挨□椅	ai^{553}pʰai^{553}i^{33}	
	竹椅	tsok$^{4-3}$i^{33}	
	木椅	mok$^{3-2}$i^{33}	
躺椅	睡椅	sui^{31}i^{33}	
椅子背儿	椅背	i^{33}pui^{35}	
	靠背	kʰau$^{35-33}$pui^{35}	
椅子㧟儿	横	vaŋ^{31}	
	掌	tsʰaŋ^{35}	
折叠椅	折椅	tsip^{4}i^{33}	
板凳（长条形的）	长凳	tsʰɛŋ$^{32-22}$tɐŋ^{35}	
	高凳	kɐu^{553}tɐŋ^{35}	
四方凳	凳	tɐŋ^{35}	
小板凳儿	凳儿	tɐŋ$^{35-33}$ȵi^{553}	
圆凳	圆凳	jun$^{32-22}$tɐŋ^{35}	
高凳子	高凳	kɐu^{553}tɐŋ^{35}	

续表

马扎	凳儿	tɐŋ³⁵⁻³³ ȵi⁵⁵³	
蒲团	跪垫	kɐi³¹ tim³¹	
（二）卧室用具			
床	床	tsʰɔŋ³²	
铺板（用来拼搭床铺）	床板	tsʰɔŋ³²⁻²² pan³³	
	床□	tsʰɔŋ³²⁻²² pʰɐŋ⁵⁵³	床架
	高□	kɐu⁵⁵³ pʰɐŋ⁵⁵³	
	低□	tɐi⁵⁵³ pʰɐŋ⁵⁵³	
	床横	tsʰɔŋ³²⁻²² vaŋ³¹	
架床	架床	ka³⁵⁻³³ tsʰɔŋ³²	
沙发床	沙发床	sa⁵⁵³ fat²⁴ tsʰɔŋ³²	
棕绷	床垫	tsʰɔŋ³²⁻²² tim³¹	
竹床	竹床	tsok⁴⁻³ tsʰɔŋ³²	
帐子	蚊帐	mɐn³²⁻²² tsɛŋ³⁵	
帐钩	蚊帐钩	mɐn³²⁻²² tsɛŋ³⁵ ŋɐu⁵⁵³	
帐檐	蚊帐帘	mɐn³²⁻²² tsɛŋ³⁵ lim³²	
蚊帐竿	蚊帐竹	mɐn³²⁻²² tsɛŋ³⁵ tsok⁴	
毯子	毡	tsin⁵⁵³	
被子	被	pʰi²³	
被窝儿	被窦	pʰi²³ tɐu³⁵	
被里	被里	pʰi²³ li²³	
	被心	pʰi²³ ɬɐm⁵⁵³	
被面	被面	pʰi²³ min³¹	
毛巾被	毛巾被	mɐu³²⁻²² kɐn⁵⁵³ pʰi²³	
	毛巾毯	mɐu³²⁻²² kɐn⁵⁵³ tʰan³³	
棉花胎（棉被的胎）	棉胎	min³²⁻²² tʰɔi⁵⁵³	
床单	被单	pʰi²³ tan⁵⁵³	
	床单	tsʰɔŋ³²⁻²² tan⁵⁵³	
褥子	床垫	tsʰɔŋ³²⁻²² tim³¹	
	垫被	tim³¹ pʰi²³	
草席（草编的）	席	ɬek³	
竹席（竹篾编的）	竹席	tsok⁴⁻³ ɬek³	

续表

竹席（竹篾编的）	草席	$t^h ɐu^{33} ɬek^3$	
枕头	枕头	$tsɐm^{33} t^h ɐu^{32}$	
枕套儿	枕套	$tsɐm^{33} t^h ɐu^{35}$	
枕头心儿	枕头肉	$tsɐm^{33} t^h ɐu^{32} ȵok^3$	
梳妆台	梳妆台	$sɔ^{553-33} tsɔŋ^{553} t^h ɔi^{32}$	
镜子	镜	$keŋ^{35}$	
手提箱	□儿	$loŋ^{23} ȵi^{553}$	
立在地上的衣架	晒衫架	$sai^{35-33} sam^{553} ka^{35}$	
晾衣架	衫架	$sam^{553-33} ka^{35}$	
马桶	尿桶	$niu^{31} t^h oŋ^{33}$	
	尿缸	$niu^{31} kɔŋ^{553}$	
火盆	火盆	$fɔ^{33} p^h un^{32}$	
	火笼	$fɔ^{33} loŋ^{32}$	
汤壶	茶壶	$ts^h a^{32-22} vu^{32}$	
暖水瓶	茶筒	$ts^h a^{32-22} t^h oŋ^{32}$	
暖壶（保暖用的旧式茶壶）	茶筒	$ts^h a^{32-22} t^h oŋ^{32}$	
	暖壶	$nun^{23} vu^{32}$	
（三）炊具			
风箱	风箱	$foŋ^{553-33} ɬɛŋ^{553}$	
通条，通炉子的	火棍	$fɔ^{33} kɐn^{35}$	
火钳	火镊	$fɔ^{33} nɛp^{24}$	
吹火筒	火□	$fɔ^{33} mɐk^4$	
撮火铲（铲炉灰用的）	火灰铲	$fɔ^{33} fui^{553} ts^h ɛn^{33}$	
	路桥	$lu^{31} k^h iu^{32}$	灶膛内的铁栏
柴草	柴	$ts^h ai^{32}$	
	杂柴	$ɬap^{31} ts^h ai^{32}$	
	草	$t^h ɐu^{33}$	
稻秆	禾□	$vɔ^{32-22} ȵɐŋ^{35}$	
	□	$ȵɐŋ^{35}$	
麦秸	麦秆	$mak^{31} kɐu^{33}$	
高粱秆儿	高粱梗	$kɐu^{553-33} lɔŋ^{32} kaŋ^{33}$	

续表

玉米秆	苞粟梗	pau$^{553-33}$ ɬok^4 kaŋ^{33}	
豆秸	豆藤	tɐu^{31} tʰɐŋ^{32}	
黄豆秆	黄豆藤	vɔŋ$^{32-22}$ tɐu^{31} tʰɐŋ^{32}	
花生秆	地豆藤	ti^{31} tɐu^{31} tʰɐŋ^{32}	
锯末	木糠	mok$^{3-2}$ hɔŋ^{553}	
刨花	木□	mok$^{3-2}$ ɬap^{24}	
油柴	松光	ɬoŋ$^{32-22}$ kɔŋ^{553}	
	松光柴	ɬoŋ$^{32-22}$ kɔŋ^{553} tsʰai^{32}	
火柴	火柴	fɔ^{33} tsʰai^{32}	
烟灰	火灰	fɔ^{33} fui^{553}	
锅灰	镬□	vɔk^{31} lɐu^{553}	
火眼	火眼	fɔ^{33} ŋan^{23}	
生铁铸的饭锅	鼎锅	teŋ^{33} kɔ^{553}	
锑锅	锑锅	tʰɐi^{553} kɔ^{553}	
	锑煲	tʰɐi^{553} pɐu^{553}	
	煲罌	pɐu$^{553-33}$ aŋ^{553}	
瓦煲	瓦煲	ŋa^{23} pɐu^{553}	
	煲儿	pɐu$^{553-33}$ ȵi^{553}	
饭锅	饭煲	fan^{31} pɐu^{553}	
电饭锅	电饭煲	tin^{31} fan^{31} pɐu^{553}	
瓦铛	瓦煲	ŋa^{23} pɐu^{553}	
	瓦罌	ŋa^{23} aŋ^{553}	
砂锅	砂煲	sa^{553} pɐu^{553}	
大铛	大煲	tai^{31} pɐu^{553}	
	大罌	tai^{31} aŋ^{553}	
小锅	锑锅儿	tʰɐi^{553} kɔ^{553} ȵi^{553}	
	煲儿	pɐu$^{553-33}$ ȵi^{553}	
炒菜锅	镬头	vɔk^{31} tʰɐu^{32}	
	镬	vɔk^{31}	
锅盖	镬盖	vɔk^{31} kɔi^{35}	
铛盖	锑锅盖	tʰɐi^{553} kɔ^{553} kɔi^{35}	
铛铲	镬铲	vɔk^{31} tsʰɛn^{33}	
水壶，烧开水用	烧水壶	siu$^{553-33}$ sui^{33} u^{32}	

续表

碗	碗	un³³	
大碗	海碗	hɔi³³un³³	
陶瓷碗	瓦碗	ŋa²³un³³	
塑料碗	胶碗	kau⁵⁵³un³³	
不锈钢碗	铁碗	tʰit⁴⁻³un³³	
茶杯	茶杯	tsʰa³²⁻²²pui⁵⁵³	
茶缸	口盅	hɐu³³tsoŋ⁵⁵³	
漱口杯	浪口盅	lɔŋ³³hɐu³³tsoŋ⁵⁵³	
玻璃杯	玻璃杯	pɔ⁵⁵³li⁵⁵³pui⁵⁵³	
塑料杯	胶杯	kau⁵⁵³pui⁵⁵³	
碟子	碟	tʰip³	
菜碟	菜碟	tʰɔi³⁵⁻³³tʰip³	
放调料的	味碟	mi³¹tʰip³	
	豉油碟	si³¹jɐu³²tʰip³	
	碟儿	tʰip³⁻²ȵi⁵⁵³	
饭勺	饭勺	fan³¹sɛk³¹	
粥勺	粥勺	tsok⁴⁻³sɛk³¹	
小勺子	勺儿	sɛk³¹ȵi⁵⁵³	
羹匙	匙羹	si³¹kɐŋ⁵⁵³	
	条羹	tʰiu³²⁻²²kɐŋ⁵⁵³	
瓷羹	瓦羹	ŋa²³kɐŋ⁵⁵³	
	羹儿	kɐŋ⁵⁵³⁻³³ȵi⁵⁵³	
筷子	筷箸	fai³⁵⁻³³tsi³¹	
	铁筷箸	tʰit⁴fai³⁵⁻³³tsi³¹	不锈钢筷子
筷子筒	箸筒	tsi³¹tʰoŋ³²	
茶托的、碟形的	茶托	tsʰa³²⁻²²tʰɔk²⁴	
盖碗儿	茶碗	tsʰa³²⁻²²un³³	
酒杯	烧酒杯	siu⁵⁵³⁻³³ɬɐu³³pui⁵⁵³	
	烧酒盅	siu⁵⁵³⁻³³ɬɐu³³tsoŋ⁵⁵³	
	酒杯	ɬɐu³³pui⁵⁵³	
盘子	盘	pʰun³²	

续表

盘子	盘儿	$p^hun^{32-22}\,\eta i^{553}$	
酒坛子	酒埕	$\textipa{ɬ}eu^{33}\,ts^heŋ^{32}$	
	酒瓮	$\textipa{ɬ}eu^{33}\,oŋ^{35}$	
小坛子	瓮儿	$oŋ^{35-33}\,\eta i^{553}$	
坛子	塔	t^hap^{24}	
	埕	$ts^heŋ^{32}$	
罐子	罌	$aŋ^{553}$	
	瓮	$oŋ^{35}$	
油瓶子	油罌	$jeu^{32-22}\,aŋ^{553}$	
盐罐子	盐煲	$im^{32-22}\,peu^{553}$	
瓦盆	钵	put^4	
盆	钵	put^4	
	盆	p^hun^{32}	
洗脚盆	脚钵	$k\varepsilon k^{24-33}\,put^4$	
水瓢	勺	$s\varepsilon k^{31}$	
	水勺	$sui^{33}\,s\varepsilon k^{31}$	
笊篱	捞篱	$lau^{31}\,li^{32}$	
筲箕	筲箕	$ts^ham^{33}\,ki^{553}$	
簸箕	簸箕	$pɔ^{35-33}\,ki^{553}$	
筛	筛	$sɐi^{553}$	
篮子	篮	lam^{32}	
	菜篮	$t^hɔi^{35-33}\,lam^{32}$	
瓶子	罌儿	$aŋ^{553-33}\,\eta i^{553}$	
瓶盖儿	罌盖	$aŋ^{553-33}\,kɔi^{35}$	
礤床儿	刨	pau^{31}	
菜刀	薄刀	$pɔk^{31}\,tɐu^{553}$	
小刀	刀儿	$tɐu^{553-33}\,\eta i^{553}$	
砧板	砧板	$tsɐm^{33}\,pan^{33}$	
面板（做面食用的）	砧板	$tsɐm^{33}\,pan^{33}$	
挑水用的	担鞭	$tam^{553-33}\,pin^{553}$	
研船	研船	$ŋan^{32-22}\,sun^{32}$	
装饭的桶	饭桶	$fan^{31}\,t^hoŋ^{33}$	

续表

水桶	水桶	sui³³tʰoŋ³³	
锑桶	锑桶	tʰɐi⁵⁵³tʰoŋ³³	
铁桶	铁桶	tʰit⁴⁻³tʰoŋ³³	
木桶	木桶	mok³⁻²tʰoŋ³³	
塑料桶	胶桶	kau⁵⁵³tʰoŋ³³	
蒸笼	蒸笼	tseŋ⁵⁵³loŋ³²	
水缸	水缸	sui³³kɔŋ⁵⁵³	
泔水缸	潲缸	sau³⁵⁻³³kɔŋ⁵⁵³	
	潲桶	sau³⁵⁻³³tʰoŋ³³	
泔水	潲水	sau³⁵⁻³³sui³³	
抹布	台布	tʰɔi³²⁻²²pu³⁵	
洗碗布	碗布	un³³pu³⁵	
拖把	拖把	tʰɔ⁵⁵³pa³³	
	拖布	tʰɔ⁵⁵³pu³⁵	

(四) 工匠用具

刨子	刨	pau³¹	
斧子	斧头	pʰu³³tʰɐu³²	
锛子	锛	pɐn³³	
锯子	锯	ki³⁵	
凿子	凿	ɬɔk³¹	
尺子	尺	tsʰek⁴	
曲尺	弯尺	van⁵⁵³tsʰek⁴	
折尺	折尺	tsip⁴tsʰek⁴	
卷尺	卷尺	lun³³tsʰek⁴	
皮尺	软尺	ȵun²³tsʰek⁴	
墨斗	墨斗	mɐk³⁻²tɐu³³	
墨斗线	墨斗线	mɐk³⁻²tɐu³³ɬin³⁵	
钉子	铁钉	tʰit⁴⁻³teŋ⁵⁵³	
马钉	马钉	ma²³teŋ⁵⁵³	
螺丝钉	螺丝钉	lɔ³²⁻²²ɬu⁵⁵³teŋ⁵⁵³	
水泥钉	水泥钉	sui³³nɐi³²teŋ⁵⁵³	
	棺材钉	kun⁵⁵³⁻³³ɬiɛ³²teŋ⁵⁵³	

续表

膨胀钉	膨胀钉	pɐŋ$^{32-22}$tsɛŋ^{35}teŋ^{553}
螺母	螺母	lɔ$^{32-22}$mu^{23}
螺帽	螺帽	lɔ$^{32-22}$mɐu^{31}
起子	螺丝批	lɔ$^{32-22}$ɬu^{553}pɐi^{553}
钳子	铁钳	tʰit$^{4-3}$kʰɛm^{32}
	胶钳	kau^{553}kʰɛm^{32}
尖嘴钳	尖头钳	ɬim$^{553-33}$tʰɐu^{32}kʰɛm^{32}
老虎钳	老虎钳	lɐu^{23}fu^{33}kʰɛm^{32}
铁锤	铁锤	tʰit$^{4-3}$tsʰui^{32}
镊子	镊	nɛp^{35}
钻	钻	ɬun^{35}
电钻	电钻	tin^{31}ɬun^{35}
开板	界板	kai$^{35-33}$pan^{33}
做柜子	□柜	tɐu$^{35-33}$kɐi^{31}
绳子	索	ɬɔk^{24}
合叶	门铰	mɐn$^{32-22}$kau^{35}
瓦刀	砖刀	tsun$^{553-33}$tɐu^{553}
抹子	批烫	pʰɐi^{553}tʰɔŋ^{35}
錾子	钎	tʰim^{553}
砧子（打铁时垫铁块用）	铁枕	tʰit$^{4-3}$tsɐm^{33}
剃刀	剃刀	tʰɐi$^{35-33}$tɐu^{553}
剃须刀	胡须刨	u$^{32-22}$ɬi^{553}pau^{31}
推子	飞剪	fi$^{553-33}$ɬin^{33}
理发剪	铰剪	kau^{33}ɬin^{33}
梳子	梳	sɔ^{553}
	木梳	mok$^{3-2}$sɔ^{553}
	牛角梳	ŋɐu$^{32-22}$kɔk^{24}sɔ^{553}
篦子	篦	pi^{31}
	头篦	tʰɐu$^{3-2}$pi^{31}
鐾刀布	剃刀帮	tʰɐi$^{35-33}$tɐu^{553}pɔŋ^{553}
理发椅	飞发椅	fi^{553}fa^{35}i^{33}
缝纫机	衣车	i^{553}tsʰɛ^{553}

续表

剪刀	铰剪	kau^{33} ɬin^{33}	
熨斗	熨斗	t^{h}ɔŋ$^{35-33}$ tɐu^{33}	
烙铁	撩鸡	lɐu^{553} kɐi^{553}	
弹棉花的工具	棉花锤	min$^{32-22}$ fa^{553} ts^{h}ui^{32}	
	弹弓	tan^{31} koŋ^{553}	
纺车	纱车	sa^{553} ts^{h}ɛ^{553}	
织布用的梭	□梭	piu$^{553-33}$ ɬɔ^{553}	
（五）其他生活用品			
东西	嘢	ȵɛ^{23}	
洗脸水	洗面水	ɬɐi^{33} min^{31} sui^{33}	
脸盆	面盆	min^{31} p^{h}un^{32}	
脸盆架	面盆架	min^{31} p^{h}un^{32}	
洗凉盆	洗身盆	ɬɐi^{33} sɐn^{553} p^{h}un^{32}	
香皂	香碱	hɛŋ^{553} kan^{33}	
肥皂	碱	kan^{33}	
洗衣粉	洗衫粉	ɬɐi^{33} sam^{553} fɐn^{33}	
茶渣	茶麸	ts^{h}a$^{32-22}$ fu^{553}	
洗衣液	洗衣液	ɬɐi^{33} i^{553} jɛk^3	
毛巾	手巾	sɐu^{33} kɐn^{553}	
擦脚布	抹脚布	mut$^{4-3}$ kɛk^{24} pu^{35}	
气灯	气灯	hi$^{35-33}$ tɐŋ^{553}	
蜡烛	蜡烛	lap^{31} tsok^4	
	油烛	jɐu$^{32-22}$ tsok^4	
煤油灯	火水灯	fɔ^{33} sui^{33} tɐŋ^{553}	
	火油灯	fɔ^{33} jɐu^{32} tɐŋ^{553}	
灯芯	灯芯	tɐŋ$^{553-33}$ ɬɐm^{553}	
灯罩	灯囱	tɐŋ$^{553-33}$ t^{h}oŋ^{553}	
灯盏	灯	tɐŋ^{553}	
灯草	灯草	tɐŋ$^{553-33}$ t^{h}ɐu^{33}	
灯油	灯油	tɐŋ$^{553-33}$ jɐu^{32}	
灯笼	灯笼	tɐŋ$^{553-33}$ loŋ^{32}	
手提包	袋儿	tɔi^{31} ȵi^{553}	

续表

手提包	手袋	seu³³ tɔi³¹	
钱包	银包	ŋɐn³²⁻²² pau⁵⁵³	
私章	私章	ɬu⁵⁵³ tsɛŋ⁵⁵³	
公章	公章	koŋ⁵⁵³ tsɛŋ⁵⁵³	
望远镜	望远镜	mɔu³¹ jun²³ keŋ³⁵	
糨糊	糨糊	ɬɛŋ⁵⁵³⁻³³ vu³²	
胶水	胶水	kau⁵⁵³ sui³³	
顶针儿	顶针	teŋ³³ tsɐm⁵⁵³	
线轴儿	车碌	tsʰɛ⁵⁵³⁻³³ lok⁴	
针鼻儿	针眼	tsɐm⁵⁵³⁻³³ ŋan²³	
针尖儿	针口	tsɐm⁵⁵³⁻³³ hɐu³³	
针脚	针脚	tsɐm⁵⁵³⁻³³ kɛk²⁴	
穿针	穿针	tsʰun⁵⁵³⁻³³ tsɐm⁵⁵³	
锥子	锥	ȵui⁵⁵³	
耳挖子	耳挖	ȵi²³ vɛt²⁴	
洗衣板儿	洗衫板	ɬɐi³³ sam⁵⁵³ pan³³	
洗衣棰	洗衫棰	ɬɐi³³ sam⁵⁵³ tsʰui³²	
鸡毛掸子	鸡毛扫	kɐi⁵⁵³⁻³³ mɐu³² ɬɐu³⁵	
扇子	扇	sin³⁵	
	纸扇	tsi³³ sin³⁵	
蒲扇	葵扇	kʰɐi³²⁻²² sin³⁵	
中式拐杖	棍	kɐn³⁵	
西式手杖	棍	kɐn³⁵	
手纸	纸	tsi³³	
	屙屎纸	ɔ⁵⁵³⁻³³ si³³ tsi³³	
卫生球	臭珠	tsʰɐu³⁵⁻³³ tsi⁵⁵³	

九 称谓

(一) 一般称谓

男人	佬人	lɐu³³ ȵɐn³²	

续表

男人	佬	lɐu³³	
女人	夫娘	fu⁵⁵³⁻³³ nɛŋ⁵⁵³	
刚生下不久的婴儿	尕侬儿	nɐi³⁵ noŋ³¹ ȵi⁵⁵³	
小孩儿	侬儿	noŋ²³ ȵi⁵⁵³	
老人精	老口丁	lɐu²³ kʰɛ³²⁻²² teŋ⁵⁵³	
男孩儿	弟儿	tʰɐi²³ ȵi⁵⁵³	
	弟	tʰɐi²³	
女孩儿	妹儿	mui³¹ ȵi⁵⁵³	
	妹	mui³¹	
老头儿	公老儿	koŋ⁵⁵³⁻³³ lɐu²³ ȵi⁵⁵³	叙称
	伯爷公	pak²⁴⁻³³ jɛ⁵⁵³ koŋ⁵⁵³	面称
	阿公	a³³ koŋ⁵⁵³	面称
	老口	lɐu²³ ɬɔt³¹	骂詈语
老家伙（带贬义）	老嘢	lɐu²³ ȵɛ²³	
老太婆	婆老儿	pʰɔ³²⁻²² lɐu²³ ȵi⁵⁵³	叙称
	阿婆	a³³ pʰɔ³²	面称
	伯婆	pak²⁴⁻³³ pʰɔ³²	面称
	老眉壳	lɐu²³ hɐi⁵⁵³⁻³³ hɔk²⁴	骂詈语
小伙子	后生仔	hɐu³¹ saŋ⁵⁵³ ɬɐi³³	
	后生哥	hɐu³¹ saŋ⁵⁵³ kɔ⁵⁵³	
大姑娘	后生妹	hɐu³¹ saŋ⁵⁵³ mui⁵⁵³	
姑娘	妹儿	mui³¹ ȵi⁵⁵³	
年轻人	后生人	hɐu³¹ saŋ⁵⁵³ ȵɐn³²	
	后生	hɐu³¹ saŋ⁵⁵³	
处男	红花仔	hoŋ³²⁻²² fa⁵⁵³ ɬɐi³³	
处女	红花女	hoŋ³²⁻²² fa⁵⁵³ nui²³	
城里人	街上人	kai⁵⁵³ sɛŋ³¹ ȵɐn³²	
	城市人	seŋ³²⁻²² si²³ ȵɐn³²	
乡巴佬（带贬义）	农民佬	noŋ³²⁻²² mɐn³² lɐu³³	
	山佬	san⁵⁵³⁻³³ lɐu³³	
	山婆	san⁵⁵³⁻³³ pʰɔ³²	
	山弟	san⁵⁵³⁻³³ tʰɐi²³	

续表

乡巴佬（带贬义）	山妹	san$^{553-33}$mui^{553}	
乡下人	农民佬	noŋ$^{32-22}$mɐn^{32}lɐu^{33}	
	农村佬	noŋ$^{32-22}$t^{h}un^{553}lɐu^{33}	
一家子（同宗同姓的）	同族	t^{h}oŋ$^{32-22}$ɬok^{3}	
	同公兄弟	t^{h}oŋ$^{32-22}$koŋ^{553}heŋ$^{553-33}$t^{h}ɐi^{23}	
外地人	外来人	ŋɔi^{31}lɔi^{32}ȵɐn^{32}	
	外地人	ŋɔi^{31}ti^{31}ȵɐn^{32}	
本地人	本地人	pun^{33}ti^{31}ȵɐn^{32}	
外国人	外国佬	ŋɔi^{31}kɛk^{24}lɐu^{33}	
	外国人	ŋɔi^{31}kɛk^{24}ȵɐn^{32}	
自己人	自己人	ɬu^{31}ki^{33}ȵɐn^{32}	
	自己屋人	ɬu^{31}ki^{33}ok^{4}ȵɐn^{32}	
外头人（相对于"自己人"）	外底人	ŋɔi^{31}tɐi^{33}ȵɐn^{32}	
客人	人客	ȵɐn$^{32-22}$hak^{24}	
	客	hak^{24}	
同庚	同岁	t^{h}oŋ$^{32-22}$ɬui^{35}	
	同一年	t^{h}oŋ$^{32-22}$a^{33}nin^{32}	
内行	熟行	sok$^{3-2}$hɔŋ^{32}	
	在行	ɬɔi^{23}hɔŋ^{32}	
	老练	lɐu^{23}lin^{31}	
外行	冇熟行	mɐu^{23}sok$^{3-2}$hɔŋ^{32}	
	生手	saŋ^{553}sɐu^{33}	
半瓶醋（比喻性说法）	半桶水	pun^{35}t^{h}oŋ^{33}sui^{33}	
	屎杠杠	si^{3}kɔŋ^{31}kɔŋ^{31}	喻不靠谱
荐头（介绍用人、奶妈等的介绍人）	九八	kɐu^{33}pɐt^{24}	
	牛中	ȵɐu$^{32-22}$tsoŋ^{553}	
单身汉	一碌佬	a^{33}lok^{4}lɐu^{33}	
	寡公佬	ka^{33}koŋ^{553}lɐu^{33}	
老姑娘	老女	lɐu^{23}nui^{23}	
	老姑婆	lɐu^{23}ku$^{553-33}$p^{h}ɔ^{32}	

续表

童养媳	新妇儿	ɬɐn⁵⁵³⁻³³ fu²³ ȵi⁵⁵³	
二婚头	返头婆	fan³³ tʰɐu³² pʰɔ³²	
寡妇	寡母婆	ka³³ mu²³ pʰɔ³²	
婊子	老举	lɐu²³ ki³³	
	老举婆	lɐu²³ ki³³ pʰɔ³²	
色狼	咸湿佬	ham³²⁻²² sɐp⁴ lɐu³³	
	咸湿公	ham³²⁻²² sɐp⁴ koŋ⁵⁵³	
	扒灰佬	pʰa³²⁻²² fui⁵⁵³ lɐu³³	
姘头	老契	lɐu²³ kʰɐi³⁵	
私生子	野仔	jɛ²³ ɬɐi³³	
囚犯	劳改犯	lɐu³²⁻²² kɔi³³ fan²³	
	劳改佬	lɐu³²⁻²² kɔi³³ lɐu³³	
衙役	差人	tsʰai⁵⁵³ ȵɐn³²	
暴发户儿	暴发户	pɐu³¹ fat²⁴ vu²³	
	有钱人	jɐu²³ ɬin³² ȵɐn³²	
穷人	穷人	kʰoŋ³² ȵɐn³²	
	穷鬼	kʰoŋ³²⁻²² kɐi³³	
吝啬鬼	□□鬼	ŋɛt²⁴⁻³³ sɛt⁴ kɐi³³	
败家子	败家子	pai³¹ ka⁵⁵³ ɬɐi³³	
	败家	pai³¹ ka⁵⁵³	
	衰仔	sui⁵⁵³ ɬɐi³³	
乞丐	乞儿	hɐt⁴⁻³ ȵi⁵⁵³	
走江湖的	江湖佬	kɔŋ⁵⁵³ vu³² lɐu³³	
骗子	大炮佬	tai³¹ pʰau³⁵ lɐu³³	
	骗子	pʰin³⁵⁻³³ ɬu³³	
流氓	流氓	lɐu³²⁻²² mɔŋ³²	
	流氓阿飞	lɐu³²⁻²² mɔŋ³² a³³ fi⁵⁵³	
	烂仔	lan³¹ ɬɐi³³	
	烂仔头	lan³¹ ɬɐi³³ tʰɐu³²	
拍花子的（专门拐带小孩的）	光□	kɔŋ⁵⁵³⁻³³ kɐn³⁵	
土匪	土匪	tʰu³³ fi³³	
强盗	土匪	tʰu³³ fi³³	

续表

贼	贼佬	ɬɐk³⁻² lɐu³³	
	贼婆	ɬɐk³⁻² pʰɔ³²	
扒手，拐骗者	白拈	pak³¹ nim⁵⁵³	
爱哭的小孩	哭星	hok⁴ ɬɐŋ⁵⁵³	
不讲道理的人，或没有主见的人	盲头虫	maŋ³²⁻²² tʰɐu³² tsʰoŋ³²	
两面三刀的人	两头蛇	lɛŋ²³ tʰɐu³²⁻²² sɛ³²	
捣乱的人	搅屎棍	kɛu³³ si³³ kɐn³⁵	
不聪明的人	大番薯	tai³¹ fan⁵⁵³⁻³³ si³²	
家伙	契弟	kʰɐi³⁵⁻³³ tɐi³¹	
	大碌佬	tai³¹ lok⁴ lɐu³³	
矮子	三督屎	ɬam⁵⁵³⁻³³ tok⁴⁻³ si³³	
大人物	大粒嘢	tai³¹ nɐp⁴ ɲɛ²³	

（二）职业称谓

工作	工	koŋ⁵⁵³	
	事	ɬu³¹	
做工	做工	ɬu³⁵⁻³³ koŋ⁵⁵³	
	做事	ɬu³⁵⁻³³ ɬu³¹	
	做嘢	ɬu³⁵⁻³³ ɲɛ²³	
上班	上班	sɛŋ²³ pan⁵⁵³	
	开工	hɔi⁵⁵³⁻³³ koŋ⁵⁵³	
下班	落班	lɔk³¹ pan⁵⁵³	
	收工	sɐu⁵⁵³⁻³³ koŋ⁵⁵³	
	收山	sɐu⁵⁵³⁻³³ san⁵⁵³	改行 不干
找工作	搵工	vɐn³³ koŋ⁵⁵³	
找生活	搵吃	vɐn³³ hek⁴	
	搵钱	vɐn³³ ɬin³²	
	搵两餐	vɐn³³ lɛŋ²³ tʰan⁵⁵³	
卷包袱	执嘢	tsɐp⁴⁻³ ɲɛ²³	
工资	工资	koŋ⁵⁵³ ɬu⁵⁵³	
	工钱	koŋ⁵⁵³ ɬin³²	

续表

工资	人工	ȵɐn³²⁻²² koŋ⁵⁵³	
工人	工人	koŋ⁵⁵³ ȵɐn³²	
	工仔	koŋ⁵⁵³ ɬɐi³³	
	打工仔	ta³³ koŋ⁵⁵³ ɬɐi³³	
	打工妹	ta³³ koŋ⁵⁵³ mui⁵⁵³	
雇工	请工	tʰeŋ³³ koŋ⁵⁵³	
长工	长工	tsʰɛŋ³²⁻²² koŋ⁵⁵³	
短工	短工	tun³³ koŋ⁵⁵³	
零工	散工	ɬan³³ koŋ⁵⁵³	
农民	农民佬	noŋ³¹ mɐn³² lɐu³³	
	耕田佬	kaŋ⁵⁵³⁻³³ tʰin³² lɐu³³	
看牛的	睇牛佬	tʰɐi³³ ȵɐu³² lɐu³³	
看牛仔	牛哥	ȵɐu³²⁻²² kɔ⁵⁵³	
生意佬	生意佬	saŋ⁵⁵³⁻³³ i³⁵ lɐu³³	
老板	老板	lɐu²³ pan³³	
	老势	lɐu²³ sɐi³⁵	
东家	老板	lɐu²³ pan³³	
老板娘	老板娘	lɐu²³ pan³³ nɛŋ³²	
伙计（店员或长工）	伙记	fɔ³³ ki³⁵	
	长工	tsʰɛŋ³²⁻²² koŋ⁵⁵³	
学徒	徒弟	tʰu³²⁻²² tɐi³¹	
小贩	贩儿	fan³⁵⁻³³ ȵi⁵⁵³	
摊贩	卖嘢个	mai³¹ ȵɛ²³ kɔ³³	
顾客	客	hak²⁴	
	顾客	ku³⁵⁻³³ hak²⁴	
	常客	sok³⁻² hak²⁴	
	生客	saŋ⁵⁵³ hak²⁴	
先生（私塾）教书先生	教书先生	kau³⁵⁻³³ si⁵⁵³ ɬin⁵⁵³ saŋ⁵⁵³	
老师	老师	lɐu²³ ɬu⁵⁵³	
学生	学生	hɔk³¹ saŋ⁵⁵³	
男学生	学生哥	hɔk³¹ saŋ⁵⁵³ kɔ⁵⁵³	
女学生	学生妹	hɔk³¹ saŋ⁵⁵³ mui⁵⁵³	

续表

同学	同学	$t^h oŋ^{32-22} hɔk^{31}$	
同事	工友	$koŋ^{553} jɐu^{23}$	
朋友	朋友	$p^h ɐŋ^{32-22} jɐu^{23}$	
	伙计	$fɔ^{33} ki^{35}$	
兵（相对百姓而言）	兵	$peŋ^{553}$	
	兵佬	$peŋ^{553} lɐu^{33}$	
	军佬	$kɐn^{553} lɐu^{33}$	
警察	公安	$koŋ^{553} ɔn^{553}$	
	警察	$keŋ^{33} ts^h at^{24}$	
医生	医生	$i^{553} saŋ^{553}$	
司机	车佬	$ts^h ɛ^{553} lɐu^{33}$	
	司机	$ɫu^{553} ki^{553}$	
手艺人	手作佬	$sɐu^{33} ɫɔk^{24} lɐu^{33}$	
	手作	$sɐu^{33} ɫɔk^{24}$	
木匠	木工佬	$mok^{3-2} koŋ^{553} lɐu^{33}$	
	木匠	$mok^{3-2} ɫɪɐŋ^{31}$	
瓦匠（砌墙、抹墙的）	泥水佬	$nɐi^{32-22} sui^{33} lɐu^{33}$	
银匠	打银佬	$ta^{33} ŋɐn^{32} lɐu^{33}$	
铁匠	打铁佬	$ta^{33} t^h it^{4} lɐu^{33}$	
补锅的	补镬佬	$pu^{33} vɔk^{31} lɐu^{33}$	
焊洋铁壶的	补铁佬	$pu^{33} t^h it^{4} lɐu^{33}$	
裁缝	车衫佬/婆	$ts^h ɛ^{553-33} sam^{553} lɐu^{33}/p^h ɔ^{32}$	
剃头佬	剃头佬	$t^h ɐi^{35-33} t^h ɐu^{32} lɐu^{33}$	
	飞发佬	$fi^{553} fat^{24} lɐu^{33}$	
屠户	劏猪佬	$t^h ɔŋ^{553-33} tsi^{553} lɐu^{33}$	
	劏牛佬	$t^h ɔŋ^{553-33} ȵɐu^{32} lɐu^{33}$	
脚夫（搬运夫的旧称），挑夫	担担佬	$tam^{553-33} tam^{35} lɐu^{33}$	
轿夫	轿夫佬	$kiu^{31} fu^{553} lɐu^{33}$	
收破烂的	唥啷佬	$leŋ^{553} lɔŋ^{553} lɐu^{33}$	
艄工	船家佬	$sun^{32-22} ka^{553} lɐu^{33}$	
	撑船佬	$ts^h aŋ^{553-33} sun^{32} lɐu^{33}$	
管家	师爷	$ɫu^{553} jɛ^{32}$	

续表

伙计（合作的人）	伙计	fɔ³³ ki³⁵	
厨子	煮吃佬/婆	tsi³³ hek⁴ lɐu³³/pʰɔ³²	
饲养员（调查旧名称）	喂养个	vɐi³⁵⁻³³ jɛŋ²³ kɔ³³	
奶妈	奶妈	nai²³ ma⁵⁵³	
仆人	打使	ta³³ sɐi³³	
女仆	奴婢	nu³²⁻²² pʰi²³	
	奴仆	nu³²⁻²² pʰok³	
丫鬟	丫鬟	a⁵⁵³ van³²	
接生婆	接生婆	ɬip⁴⁻³ saŋ⁵⁵³ pʰɔ³²	
和尚	和尚	vɔ³²⁻²² sɛŋ³¹	
	和尚佬	vɔ³²⁻²² sɛŋ³¹ lɐu³³	
尼姑	尼姑	ni³²⁻²² ku⁵⁵³	
师公	喃么佬	nam⁵⁵³⁻³³ mɔ⁵⁵³ lɐu³³	
道公	喃么佬	nam⁵⁵³⁻³³ mɔ⁵⁵³ lɐu³³	
看庙的	庙烛公	miu³¹ tsok⁴ koŋ⁵⁵³	

十　亲戚

（一）长辈

长辈	长辈	tsɛŋ³³ pui³⁵	
	老一趟	lɐu²³ a³³ tʰɔŋ³⁵	
曾祖父	公太	koŋ⁵⁵³⁻³³ tʰai³⁵	
曾祖母	婆太	pʰɔ³²⁻²² tʰai³⁵	
	阿太	a³³ tʰai³⁵	
祖父	阿公	a³³ koŋ⁵⁵³	
祖母	阿婆	a³³ pʰɔ³²	
	阿嫲	a³³ ma³³	
外祖父	公姼	koŋ⁵⁵³⁻³³ tɐi⁵⁵³	
外婆	婆姼	pʰɔ³²⁻²² tɐi⁵⁵³	
父亲	老豆	lɐu²³ tɐu³¹	
母亲	老母	lɐu²³ mu²³	
岳父	外父老	ŋɔi³¹ fu²³ lɐu²³	

续表

岳母	外母嬭	ŋɔi³¹ mu²³ na³³	
公公（夫之父）	家公	ka⁵⁵³⁻³³ koŋ⁵⁵³	
婆婆（夫之母）	家婆	ka⁵⁵³⁻³³ pʰɔ³²	
继父	后抵爷	hɐu³¹ tɕi³³ jɛ⁵⁵³	
继母	后抵娘	hɐu³¹ tɕi³³ nɛŋ⁵⁵³	
干爹	契爷	kʰɐi³⁵⁻³³ jɛ⁵⁵³	
干妈	契娘	kʰɐi³⁵⁻³³ nɛŋ⁵⁵³	
伯父	伯爷	pa²⁴⁻³³ jɛ⁵⁵³	
伯母	伯娘	pak²⁴⁻³³ nɛŋ⁵⁵³	
叔父	阿叔	a³³ sok⁴	
叔母	阿婶	a³³ sɐm³³	
舅父	舅爷	kʰɐu²³ jɛ⁵⁵³	
舅母	妗娘	kʰɐm²³⁻²² nɛŋ⁵⁵³	
父亲的姐妹	姑	ku⁵⁵³	
母之姐妹	姨妈	ji³²⁻²² ma³³	母之姐
	姨娘	ji³²⁻²² nɛŋ⁵⁵³	母之妹
姑夫	姑丈	ku⁵⁵³⁻³³ tsɛŋ³¹	
姨夫	姨爷	ji³²⁻²² jɛ⁵⁵³	
	姨丈	ji³²⁻²² tsɛŋ³¹	
姻伯父（弟兄的岳父，姐妹的公公）	亲家爷	tʰɐn⁵⁵³⁻³³ ka⁵⁵³ jɛ⁵⁵³	
姻伯母（弟兄的岳母，姐妹的婆婆）	亲家娘	tʰɐn⁵⁵³⁻³³ ka⁵⁵³ nɛŋ⁵⁵³	
姑奶奶（父之姑母）	姑婆	ku⁵⁵³⁻³³ pʰɔ³²	
姨奶奶（父之姨母）	姨婆	ji³²⁻²² pʰɔ³²	

（二）平辈

平辈	同辈	tʰoŋ³²⁻²² pui³⁵	
	同一趟	tʰoŋ³² a³³ tʰoŋ³⁵	
夫妻	公婆	koŋ⁵⁵³ pʰɔ³²	
夫	老公	lɐu²³⁻²² koŋ⁵⁵³	
妻	老婆	lɐu²³⁻²² pʰɔ³²	
小老婆	细婆	nɐi³⁵⁻³³ pʰɔ³²	

续表

小老婆	孻婆	ɬɐi³⁵⁻³³ pʰɔ³²	
	二奶	ȵi³¹ nai⁵⁵³	
大伯子（夫之兄）	大伯	ta³¹ pak²⁴	
小叔子（夫之弟）	细叔	ɬɐi³⁵⁻³³ sok⁴	
夫之姐妹	细姑	ɬɐi³⁵⁻³³ ku⁵⁵³	
妻之兄弟	外舅	ŋɔi³¹ kʰɐu²³	
内兄	外兄	ŋɔi³¹ heŋ⁵⁵³	
内弟	外弟	ŋɔi³¹ tʰɐi²³	
内弟媳	细妗	ɬɐi³⁵⁻³³ kʰɐm²³	
妻之姐妹	细姨	ɬɐi³⁵⁻³³ ji³²	
兄弟	兄弟	heŋ⁵⁵³⁻³³ tʰɐi²³	
姊妹	姊妹	ɬu³³ mui³¹	
	姐妹	ɬɛ³³ mui³¹	
哥	阿哥	a³³ kɔ⁵⁵³	
嫂子	阿嫂	a³³ ɬɐu³³	
弟弟	老弟	lɐu²³⁻²² tʰɐi²³	
弟媳	细婶	ɬɐi³⁵⁻³³ sɐm³³	
姐姐	阿姐	a³³ ɬɛ³³	
姐夫	姐夫	ɬɛ³³ fu⁵⁵³	
妹	老妹	lɐu²³⁻²² mui³¹	
妹夫	妹夫	mui³¹ fu⁵⁵³	
连襟	连襟	lin³²⁻²² kʰɐm⁵⁵³	
堂兄弟	同公兄弟	tʰoŋ³²⁻²² koŋ⁵⁵³ heŋ⁵⁵³⁻³³ tʰɐi²³	
堂哥	同公阿哥	tʰoŋ³²⁻²² koŋ⁵⁵³ a³³ kɔ⁵⁵³	
堂弟	同公老弟	tʰoŋ³²⁻²² koŋ⁵⁵³ lɐu²³⁻²² tʰɐi²³	
大屋姊妹	同公姊妹	tʰoŋ³²⁻²² koŋ⁵⁵³ ɬu³³ mui³¹	
堂姐	同公阿姐	tʰoŋ³²⁻²² koŋ⁵⁵³ a³³ ɬɛ³³	
堂妹	同公老妹	tʰoŋ³²⁻²² koŋ⁵⁵³ lɐu²³⁻²² mui³¹	
表叔	表叔	piu³³ sok⁴	
表婶	表婶	piu³³ sɐm³³	
表兄弟	老表	lɐu²³⁻²² piu³³	
表兄	表兄哥	piu³³ heŋ⁵⁵³ kɔ⁵⁵³	
表嫂	表嫂	piu³³ ɬɐu³³	
表弟	表弟	piu³³ tʰɐi²³	

续表

表姊妹	老表	lɐu²³ piu³³	
表姐	表姐	piu³³ tɛ³³	
表妹	表妹	piu³³ mui³¹	
(三) 晚辈			
晚辈	晚辈	man²³ pui³⁵	
	嫩一趟	nun³¹ a³³ tʰɔŋ³⁵	
子女	仔女	tɐi³³ nui²³	
儿子	仔	tɐi³³	
大儿子	大仔	ta³¹ tɐi³³	
小儿子	晚仔	man²³ tɐi³³	
	孻仔	nɐi³⁵ tɐi³³	
养子	养仔	jɛŋ²³ tɐi³³	
养女	养女	jɛŋ²³ nui²³	
儿媳妇（儿之妻）	新妇	tɐn⁵⁵³⁻³³ fu²³	
女儿	女	nui²³	
女婿	姑爷	ku⁵⁵³⁻³³ jɛ⁵⁵³	
孙子	孙	tun⁵⁵³	
孙媳妇	孙嫂	tun⁵⁵³⁻³³ tɐu³³	
孙女	妹孙	mui³¹ tun⁵⁵³	
	孙女	tun⁵⁵³⁻³³ nui²³	
孙女婿	孙女姑爷	tun⁵⁵³⁻³³ nui²³ ku⁵⁵³⁻³³ jɛ⁵⁵³	
重孙子		tɐk⁴	
重孙女	息	tɐk⁴	
女之子	外甥孙	ŋɔi³¹ saŋ⁵⁵³ tun⁵⁵³	
女之女	外甥孙	ŋɔi³¹ saŋ⁵⁵³ tun⁵⁵³	
姐妹之子	姨甥	ji³²⁻²² saŋ⁵⁵³	
姐妹之女	姨甥	ji³²⁻²² saŋ⁵⁵³	
侄子	侄	tsʰɐt³	
	侄仔	tsʰɐt³⁻² tɐi³³	
侄女	侄女	tsʰɐt³⁻² nui²³	
(四) 其他称谓			
年长于自己的连襟	老襟	lɐu²³ kʰɐm⁵⁵³	

续表

亲家	亲家	$t^h ɐn^{553-33} ka^{553}$	
亲家母	亲家娘	$t^h ɐn^{553-33} ka^{553} nɛŋ^{553}$	
亲家翁	亲家爷	$t^h ɐn^{553-33} ka^{553} jɛ^{553}$	
亲戚	亲戚	$t^h ɐn^{553-33} t^h ek^{4}$	
带犊儿	带仔	$tai^{35-33} ɬei^{33}$	
	带侬	$tai^{35-33} noŋ^{23}$	
爷儿们（男子通称）	佬人	$lɐu^{33} ŋɐn^{32}$	
	佬	$lɐu^{33}$	
娘儿们（妇女通称）	夫娘	$fu^{553-33} nɛŋ^{553}$	
娘家	外家	$ŋɔi^{31} ka^{553}$	
婆家	家婆屋	$ka^{553-33} p^hɔ^{32} ok^{4}$	
从外人角度说，婚姻关系中的男方	老公	$lɐu^{23-22} koŋ^{553}$	
从外人角度说，婚姻关系中的女方	老婆	$lɐu^{23-22} p^hɔ^{32}$	
姥姥家	婆姥屋	$p^hɔ^{32-22} tɐi^{553} ok^{4}$	
丈人家	外老屋	$ŋɔi^{31} lɐu^{23} ok^{4}$	

十一 身体

（一）躯体、五官

身体	身体	$sɐn^{553} t^h ɐi^{33}$	
身材	身材	$sɐn^{553} ɬɔi^{32}$	
身份	身份	$sɐn^{553-33} fɐn^{31}$	
	身□	$sɐn^{553-33} hɐu^{553}$	注：表身份、装扮等，带贬义
头	头	$t^h ɐu^{32}$	
	头壳	$t^h ɐu^{32-22} hɔk^{24}$	
	眉壳	$hei^{553-33} hɔk^{24}$	骂詈语
	屎壳	$si^{33} hɔk^{24}$	骂詈语

续表

头	屎勺	si³³ sɛk³¹	骂詈语
奔儿头（前额生得向前突）	突头	tʰɐt³⁻² tʰɐu³²	
头发掉光了的头	光头	kɔŋ⁵⁵³⁻³³ tʰɐu³²	
头顶	头顶	tʰɐu³²⁻²² teŋ³³	
后脑	后背枕	hɐu³¹ pui³⁵ tsɐm³³	
脖子	颈	keŋ³³	
后脑窝子（颈后凹处）	颈窝	keŋ³³ vɔ⁵⁵³	
头发	头发	tʰɐu³²⁻²² fa³⁵	
	头毛	tʰɐu³²⁻²² mɐu³²	
少白头	少年白	siu³⁵⁻³³ nin³² pak³¹	
掉头发（动宾）	甩头发	lɐt⁴ tʰɐu³²⁻²² fa³⁵	
额	额头	ŋak³¹ tʰɐu³²	
囟门	□门	lɐm³⁵⁻³³ mun³²	
鬓角	额头	ŋak³¹ tʰɐu³²	
辫子	头辫	tʰɐu³²⁻²² pʰin²³/pin⁵⁵³	
	双孖辫	sɔŋ⁵⁵³ ma⁵⁵³ pʰin²³/pin⁵⁵³	两根辫子
髻（中老年盘在脑后的鬏）	头髻	tʰɐu³²⁻²² kɐi³⁵	
囟门留头发状	宝盖头	pɐu³³ kɔi³⁵ tʰɐu³²	
刘海儿	□眉	lɐm³⁵⁻³³ mi³²	
脸	面	min³¹	
脸蛋儿	面	min³¹	
脸皮	面皮	min³¹ pʰi³²	
脸色	面色	min³¹ sek⁴	
脑门	额头角	ŋak³¹ tʰɐu³² kɔk²⁴	
颧骨	面脂敦	min³¹ tsi⁵⁵³ tɐn⁵⁵³	
酒窝	酒窝	ɬɐu³³ vɔ⁵⁵³	
	酒杯	ɬɐu³³ pui⁵⁵³	
人中	人中	ȵɐn³²⁻²² tsoŋ⁵⁵³	
腮帮子	腮□	ɬɔi⁵⁵³ tɐp⁴	
眼睛	眼	ŋan²³	
	眼睛	ŋan²³ ɬeŋ⁵⁵³	

续表

眼眶	眼窝	ŋan²³ vɔ⁵⁵³	
眼珠儿	眼核	ŋan²³ vɐt³	
白眼珠	眼白	ŋan²³ pak³¹	
黑眼珠	眼黑	ŋan²³ hak⁴	
瞳人儿	眼仁	ŋan²³ nɐn³²	
眼角儿（上下眼睑的结合处）	眼角	ŋan²³ kɔk²⁴	
眼圈儿	眼圈	ŋan²³ hun⁵⁵³	
眼泪	眼	ŋan²³	
	眼泪	ŋan²³ lui³¹	
	眼水	ŋan²³ sui³³	
	眼泪水	ŋan²³ lui³¹ sui³³	
眼眵	眼屎	ŋan²³ si³³	
眼皮儿	眼皮	ŋan²³ pʰi³²	
单眼皮儿	单眼皮	tan⁵⁵³ ŋan²³ pʰi³²	
双眼皮儿	双眼皮	sɔŋ⁵⁵³ ŋan²³ pʰi³²	
眼力	眼水	ŋan²³ sui³³	
睫毛	眼眨毛	ŋan²³ jap³¹ mɐu³²	
	眼毛	ŋan²³ mɐu³²	
眉毛	眼眉	ŋan²³ mi³²	
	眼眉毛	ŋan²³ mi³² mɐu³²	
皱眉头（动宾）	皱头	nɛu³⁵⁻³³ tʰɐu³²	
鼻子	□□	pɐt³⁻² tsi³¹	
鼻涕（液体）	□□	pɐt³⁻² tsi³¹	
	□□脓	pɐt³⁻² tsi³¹ nɐn⁵⁵³	
干鼻涕（鼻垢）	□□屎	pɐt³⁻² tsi³¹ si³³	
鼻孔	□□窿	pɐt³⁻² tsi³¹ lɔŋ⁵⁵³	
鼻毛	□□毛	pɐt³⁻² tsi³¹ mɐu³²	
鼻子尖儿（鼻子顶端）	□□头	pɐt³⁻² tsi³¹ tʰɐu³²	
鼻子尖（嗅觉灵敏）	□□灵	pɐt³⁻² tsi³¹ lɛŋ³²	
鼻梁儿	□□梁	pɐt³⁻² tsi³¹ lɛŋ³²	
鼻翅儿	桦头	ɬɐn³³ tʰɐu³²	
酒糟鼻子	红头□□	hoŋ³²⁻²² tʰɐu³² pɐt³⁻² tsi³¹	

续表

塌鼻子	扁□□	pɛn³³ pɐt³⁻² tsi³¹	
鹰钩鼻	勾鼻	ŋɐu⁵⁵³⁻³³ pi³¹	
嘴	嘴	ɬui³³	
	口	hɐu³³	
嘴唇儿	嘴唇	ɬui³³ tsʰɐn³²	
	口唇	hɐu³³ tsʰɐn³²	
唾沫	口水	hɐu³³ sui³³	
唾沫星儿	口水	hɐu³³ sui³³	
涎水	口水	hɐu³³ sui³³	
舌头	脷	li³¹	
舌苔	脷苔	li³¹ tʰɔi⁵⁵³	
大舌头（口齿不清）	□脷	nɐk⁴⁻³ li³¹	
牙齿	牙	ŋa³²	
	牙齿	ŋa³²⁻²² tsʰi³³	
	齿	tsʰi³³	
门牙	当门牙	tɔŋ⁵⁵³⁻³³ mun³² ŋa³²	
大牙	大牙	ta³¹ ŋa³²	
虎牙	老虎牙	lɐu²³ fu³³ ŋa³²	
智齿	尽头牙	ɬɐn²³ tʰɐu³² ŋa³²	
牙垢	牙□	ŋa³²⁻²² ȵɛn³²	
牙床	牙肉	ŋa³²⁻²² ȵok³	
	牙根	ŋa³²⁻²² kɐn⁵⁵³	
牙龈	牙肉	ŋa³²⁻²² ȵok³	
龋齿	生虫牙	saŋ⁵⁵³⁻³³ tsʰoŋ³² ŋa³²	
	虫牙	tsʰoŋ³²⁻²² ŋa³²	
龅牙	潲牙	sau³⁵⁻³³ ŋa³²	
	龅牙	pɐu³¹ ŋa³²	
耳朵	耳	ȵi²³	
	耳朵	ȵi²³ tɔ³³	
耳朵眼儿	耳窿	ȵi²³ loŋ⁵⁵³	
耳垂	耳珠	ȵi²³ tsi⁵⁵³	
耳屎	耳屎	ȵi²³ si³³	

续表

耳背（听不清）	耳聋	ȵi²³ loŋ³²	
下巴	下巴	ha³¹ pʰa³²	
牙颌骨	牙铰	ŋa³²⁻²² kau³⁵	
喉咙	喉咙	hɐu³²⁻²² loŋ³²	
	喉头	hɐu³²⁻²² tʰɐu³²	
喉结	喉咙头	hɐu³²⁻²² loŋ³² tʰɐu³²	
胡须	胡须	vu³²⁻²² ɬi⁵⁵³	
络腮胡子	胡须	vu³²⁻²² ɬi⁵⁵³	
八字须	八字须	pɛt²⁴ ɬu³¹ ɬi⁵⁵³	
下巴须	下巴须	ha³¹ pʰa³² ɬu⁵⁵³	
(二) 手、脚、胸、背			
肩膀	膊头	pɔk²⁴⁻³³ tʰɐu³²	
	膊	pɔk²⁴	
肩胛骨	胛	kap²⁴	
溜肩膀儿	坠膊	tsui³¹ pɔk²⁴	
肋骨	□□骨	sak²⁴⁻³³ pʰeŋ⁵⁵³ kɐt⁴	
胳膊	手臂	sɐu³³ pi³⁵	
	手瓜	sɐu³³ ka⁵⁵³	
二头肌	老鼠肉	lɐu²³ si³³ ȵok³	
	老鼠儿	lɐu²³ si³³ ȵi⁵⁵³	
胳膊肘儿	手睁	sɐu³³ tsaŋ⁵⁵³	
	手臂	sɐu³³ pi³⁵	
胳肢窝	□□	kʰa³¹ lɐk⁴	
手腕子	手坳	sɐu³³ au³⁵	
左手	反手	fan³³ sɐu³³	
	左手	ɬɔ³⁵ sɐu³³	
右手	正手	tseŋ³⁵ sɐu³³	
	右手	jɐu³¹ sɐu³³	
手指	手儿	sɐu³³ ȵi⁵⁵³	
指尖	手儿头	sɐu³³ ȵi⁵⁵³ tʰɐu³²	
指关节	手儿□	sɐu³³ ȵi⁵⁵³ lɛ⁵⁵³	
手指缝儿	手儿罅	sɐu³³ ȵi⁵⁵³ lɛ³⁵	

续表

手跴子（茧）	老茧	lɐu²³ kan³³	
大拇指	伯公	pak²⁴⁻³³ koŋ⁵⁵³	
	手拇公	sɐu³³ mu²³ koŋ⁵⁵³	
食指	鸡	kɐi⁵⁵³	
中指	中指	tsoŋ⁵⁵³ tsi³³	
无名指	狼狗	lɔŋ³²⁻²² kɐu³³	
小拇指	蚁	ŋɐi²³	
	手尾儿	sɐu³³ mɛ³³ ȵi⁵⁵³	尾是小称变音
指甲	手甲	sɐu³³ kap²⁴	
指甲心儿（指甲盖和指尖肌肉连接处）	手甲肉	sɐu³³ kap²⁴ ȵok³	
	手儿头	sɐu³³ ȵi⁵⁵³ tʰɐu³²	
手指头肚儿（手指末端有指纹的略微隆起的部分）	手儿肚	sɐu³³ ȵi⁵⁵³ tʰu²³	
拳头	拳头	kʰun³²⁻²² tʰɐu³²	
手掌	手掌	sɐu³³ tsɛŋ³³	
	手板	sɐu³³ pan³³	
巴掌（打一~）	巴掌	pa⁵⁵³⁻³³ tsɛŋ³³	
	巴𢬿	pa⁵⁵³ na³³	
	断掌	tʰun²³ tsɛŋ³³	掌纹横穿的手掌
耳光	夹耳	kap²⁴⁻³³ ȵi²³	
手心	手掌心	sɐu³³ tsɛŋ³³ ɬɛm⁵⁵³	
	巴掌肚	sɐu³³ tsɛŋ³³ tʰu²³	
手背	手背	sɐu³³ pui³⁵	
腿（整条腿）	脚	kɛk²⁴	
大腿	大腿	tai³¹ tʰui³³	
大腿根儿	大腿根	tai³¹ tʰui³³ kɐn⁵⁵³	
小腿	脚梗	kɛk²⁴⁻³³ kaŋ³³	
	脚	kɛk²⁴	

续表

腿肚子	脚䑋	kɛk²⁴⁻³³ nɔŋ⁵⁵³	
胫骨（小腿内侧的长骨）	行青梗	haŋ³²⁻²² tʰeŋ⁵⁵³ kaŋ³³	
	脚梗	kɛk²⁴⁻³³ kaŋ³³	
膝盖	膝头□	ɬɐt⁴⁻³ tʰɐu³² lɛ⁵⁵³	
	簸箩盖	pɔ³⁵⁻³³ lɔ³² kɔi³⁵	
胯骨	屎□骨	si³³ pʰɛ²³ kɐt⁴	
裆（两条腿的中间）	裆	nɔŋ³¹	
屁股	屎朏	si³³ fɐt⁴	
肛门	屎朏窿	si³³ fɐt⁴ loŋ⁵⁵³	
屁股蛋儿	屎朏蹲	si³³ fɐt⁴ tun⁵⁵³	
屁股沟儿	屎朏罅	si³³ fɐt⁴ lɛ³⁵	
尾骨	屎尾骨	si³³ mɛ³³ kɐt⁴	
鸡巴（男阴）	膥	ɬɔt³¹	
鸡鸡（赤子阴）	膥□	ɬɔt³¹ nɐu³⁵	
睾丸	□卵	hak³¹ lun²³	
女阴	屄	hɐi⁵⁵³	
交合	屌屄	tiu³³ hɐi⁵⁵³	
精液	精	ɬeŋ⁵⁵³	
	膥水	ɬɔt³¹ sui³³	
脚腕子	脚坳	kɛk²⁴⁻³³ au³⁵	
踝子骨	脚眼	kɛk²⁴⁻³³ ŋan²³	
脚	脚	kɛk²⁴	
赤脚	光脚	kɔŋ⁵⁵³⁻³³ kɛk²⁴	
	冇穿鞋	mɐu²³ tsʰun⁵⁵³⁻³³ hai³²	
脚背	脚背	kɛk²⁴⁻³³ pui³⁵	
脚掌	脚掌	kɛk²⁴⁻³³ tsɛŋ³³	
	脚底	kɛk²⁴⁻³³ tɐi³³	
脚心	脚掌心	kɛk²⁴⁻³³ tsɛŋ³³ ɬɐm⁵⁵³	
脚尖	脚头	kɛk²⁴⁻³³ tʰɐu³²	
脚趾头	脚儿	kɛk²⁴⁻³³ ȵi⁵⁵³	
	脚儿头	kɛk²⁴⁻³³ ȵi⁵⁵³ tʰɐu³²	
脚趾甲	脚甲	kɛk²⁴⁻³³ kap²⁴	

续表

脚后跟	脚踭	kɛk²⁴⁻³³ tsaŋ⁵⁵³	
	脚踭督	kɛk²⁴⁻³³ tsaŋ⁵⁵³ tok⁴	
脚印儿	脚印	kɛk²⁴⁻³³ jɐn³⁵	
	鞋印	hai³²⁻²² jɐn³⁵	
鸡眼（一种脚病）	鸡眼	kɐi⁵⁵³⁻³³ ŋan²³	
心口儿	心口	ɬɐm⁵⁵³⁻³³ hɐu³³	
胸脯	心胸	ɬɐm⁵⁵³⁻³³ hoŋ⁵⁵³	
肋骨	□□骨	sak²⁴⁻³³ pʰeŋ⁵⁵³ kɐt⁴	
乳房	□	neŋ³¹	
奶汁	□	neŋ³¹	
	□水	neŋ³¹ sui³³	
腹部	肚	tʰu²³	
小肚子（小腹）	肚腩	tʰu²³ nam³¹	
肚脐	肚脐	tʰu²³⁻²² ɬɐi³²	
肚子	肚	tʰu²³	
	屎肚	si³³ tʰu²³	
腰	腰	jiu⁵⁵³	
脊背	背脊	pui³⁵⁻³³ ɬek⁴	
脊梁骨	腰骨	jiu⁵⁵³⁻³³ kɐt⁴	
(三) 其他			
头发旋儿	旋	ɬun³¹	
双旋儿	双旋	sɔŋ⁵⁵³ ɬun³¹	
指纹	手纹	sɐu³³ mɐn³²	
斗（圆形的指纹）	膔	lɔ³²	
箕（簸箕形的指纹）	簝箕	tsʰam³³ ki⁵⁵³	
寒毛	毛	mɐu³²	
	手毛	sɐu³³ mɐu³²	
	脚毛	kɛk²⁴⁻³³ mɐu³²	
寒毛眼儿	肉毛子	ŋok³⁻² mɐu⁵⁵³ ɬu³³	
鸡皮疙瘩	肉毛蒂	ŋok³⁻² mɐn⁵⁵³ ti⁵⁵³	
痣	痣	tsi³⁵	
疙瘩（蚊虫叮咬后起的小疙瘩）	景	nun³³	

续表

骨	骨	kɐt⁴	
筋	筋	kɐn⁵⁵³	
血	血	hut⁴	
血管	筋	kɐn⁵⁵³	
	蓝筋	lam³²⁻²² kɐn⁵⁵³	
脉	脉	mak³¹	
五脏	五脏	ʋ²³ ɬɔŋ³¹	
心	心	ɬɐm⁵⁵³	
肝	湿	sɐp⁴	
	肝	kɔn⁵⁵³	
肺	肺	fi³⁵	
胆	胆	tam³³	
脾	脾	pʰi³²	
胃	胃	vɐi²³	
肾	肾	tsʰɐn²³	
肠	脏	ɬɔŋ³¹	
大肠	大脏	tai³¹ ɬɔŋ³¹	
小肠	脏儿	ɬɔŋ³¹ ȵi⁵⁵³	
盲肠	脏枒	ɬɔŋ³¹ ŋa⁵⁵³	

十二 疾病、医疗

(一) 一般用语

病了	得病	tɐt⁴⁻³ pɐŋ³¹	
	病了	pɐŋ³¹ liu²³	
重病	重病	tsʰoŋ²³ pɐŋ³¹	
	大病	tai³¹ pɐŋ³¹	
病轻了	病好呢了	pɐŋ³¹ hɐu³³ nɛ⁵⁵³ liu²³	
病好了	病好了	pɐŋ³¹ hɐu³³ liu²³	
	好断根	hɐu³³ tʰun²³ kɐn⁵⁵³	
请医生	请先生	tʰɐŋ³³ ɬin⁵⁵³⁻³³ saŋ⁵⁵³	
医病	医病	i⁵⁵³⁻³³ pɐŋ³¹	
	治病	tsi³¹ pɐŋ³¹	

续表

看病	睇病	tʰɐi³³ peŋ³¹	
号脉	摸脉	mɔ⁵⁵³⁻³³ mak³¹	
	把脉	pa³³ mak³¹	
开药方	开药	hɔi⁵⁵³⁻³³ jɛk³¹	
	开方	hɔi⁵⁵³⁻³³ fɔŋ⁵⁵³	
药方儿	药单	jɛk³¹ tan⁵⁵³	
	偏方	pʰin⁵⁵³ fɔŋ⁵⁵³	
住院	留医	lɐu³²⁻²² i⁵⁵³	
陪床	陪人	pʰui²³ ȵɐn³²	
抓药（中药）	执药	tsɐp⁴⁻³ jɛk³¹	
买药（西药）	攞药	lɔ³³ jɛk³¹	
药铺（中）	药材铺	jɛk³¹ ɬɔi³² pʰu³⁵	
药房（西药）	药店	jɛk³¹ tim³⁵	
药引子	药引	jɛk³¹ jɐn²³	
药罐子	药煲	jɛk³¹ pɐu⁵⁵³	
煎药	煲药	pɐu⁵⁵³⁻³³ jɛk³¹	
药膏（西药）	药膏	jɛk³¹ kɐu⁵⁵³	
西药	西药	ɬɐi⁵⁵³ jɛk³¹	
膏药（中药）	膏药	kɐu⁵⁵³ jɛk³¹	
中药	中药	tsoŋ⁵⁵³ jɛk³¹	
药面儿（药粉）	药粉	jɛk³¹ fɐn³³	
药片	药片	jɛk³¹ pʰin³⁵	
擦药膏	抹药膏	mut⁴ jɛk³¹ kɐu⁵⁵³	
	涂药膏	tʰu³² jɛk³¹ kɐu⁵⁵³	
	贴膏药	tʰip⁴ jɛk³¹ kɐu⁵⁵³	
	挞药膏	na⁵⁵³ jɛk³¹ kɐu⁵⁵³	
	敷药	ɐp⁴⁻³ jɛk³¹	
上药（动宾）	抹药	mut⁴⁻³ jɛk³¹	
	涂药	tʰu³² jɛk³¹	
发汗	发汗	fat²⁴⁻³³ hɔn³¹	
	出汗	tsʰɐt⁴⁻³ hɔn³¹	
去风	祛风	hui³⁵⁻³³ foŋ⁵⁵³	

续表

去火	祛火	hui³⁵⁻³³ fɔ³³	
	败火	pai³¹ fɔ³³	
	清火	tʰeŋ⁵⁵³ fɔ³³	
	清热	tʰeŋ⁵⁵³ ȵit³	
去湿	祛湿	hui³⁵⁻³³ sɐp⁴	
去毒	祛毒	hui³⁵⁻³³ tʰok³	
消食	□食	sak²⁴⁻³³ sek³	
积食	滞肚	tsɐi³¹ tʰu²³	
	滞	tsɐi³¹	
扎针	打针	ta³³ tsam⁵⁵³	
	□针	kɐt⁴ tsɐm⁵⁵³	
	□针	fɐk³⁻² tsɐm⁵⁵³	
吊针	吊针	tiu³⁵⁻³³ tsɐm⁵⁵³	
	吊药水	tiu³⁵ jɛk³¹ sui³³	
	打吊针	ta³³ tiu³⁵⁻³³ tsɐm⁵⁵³	
拔火罐	搵火罂	mɐŋ⁵⁵³ fɔ³³ aŋ⁵⁵³	
刮痧	刮痧	kat²⁴⁻³³ sa⁵⁵³	
起痧	起痧	hi³³ sa⁵⁵³	

（二）内科

泻肚	肚屙	tʰu²³ ɔ⁵⁵³	
	屙肚	ɔ⁵⁵³⁻³³ tʰu²³	
	屙	ɔ⁵⁵³	
	屙烂屎	ɔ⁵⁵³ lan³¹ si³³	
	屙□屎	ɔ⁵⁵³ jɐi³⁵ si³³	
痢疾	屙痢	ɔ⁵⁵³⁻³³ li³¹	
发烧	发烧	fat²⁴⁻³³ siu⁵⁵³	
	发热	fat²⁴⁻³³ ȵit³	
	烧	siu⁵⁵³	
发冷	发冷	fat²⁴⁻³³ laŋ²³	
发抖	发颤	fat²⁴⁻³³ tʰan³²	
	抖	ɬɐu³³	
	抖□□	ɬɐu³³ ɬɐŋ³¹ ɬɐŋ³¹	

续表

发抖	颤	tʰan³²	
	□□颤	ɬɐŋ³¹ ɬɐŋ³¹ tʰan³²	
激灵	打□□	ta³³ ɬɐŋ³¹ ȵɐn⁵⁵³	
起鸡皮疙瘩	起肉毛菇	hi³³ ȵok³⁻² mɐu⁵⁵³ ku⁵⁵³	
	起肉毛蒂	hi³³ ȵok³⁻² mɐu⁵ ti⁵⁵³	
伤风	伤风	sɛŋ⁵⁵³ foŋ⁵⁵³	
	着感	tsɛk³¹ kɛm³³	
	凉着	lɛŋ³² tsɛk³¹	
	感冒	kɛm³³ mɐu³¹	
咳嗽（动词）	咳瘕	kʰɐt⁴⁻³ ha⁵⁵³	
	咳	kʰɐt⁴	
咳嗽（名词）	瘕	ha⁵⁵³	
气喘	气紧	hi³⁵ kɐn³³	
	敨大气	tʰɐu³³ tai³¹ hi³⁵	
	气搣气扯	hi³⁵ mɐŋ⁵⁵³ hi³⁵ tsʰɛ³³	
气管炎	扯虾	tsʰɛ³³ ha⁵⁵³	
	搣虾	mɐŋ⁵⁵³⁻³³ ha⁵⁵³	
	气管炎	hi³⁵⁻³³ kun³³ ȵim³²	
	气紧	hi³⁵ kɐn³³	
中暑	中暑	tsoŋ³⁵⁻³³ si³³	
	痧气	sa⁵⁵³ hi³⁵	
	飙蛇	piu⁵⁵³⁻³³ sɛ³²	痧气的一种
上火	热气	ȵit³⁻² hi³⁵	
	热	ȵit³	
积滞	疳积	kɛm⁵⁵³ ɬek⁴	
肚子疼	肚痛	tʰu²³ tʰoŋ³⁵	
胸口疼	心口痛	ɬɐm⁵⁵³⁻³³ hɐu³³ tʰoŋ³⁵	
腰疼	腰痛	jiu⁵⁵³ tʰoŋ³⁵	
	腰骨痛	jiu⁵⁵³⁻³³ kɐt⁴ tʰoŋ³⁵	
腰酸	腰胀	jiu⁵⁵³ tsɛŋ³⁵	
头晕	头晕	tʰɐu³² vɐn³²	

续表

晕车	晕车	vɐŋ³²⁻²² tsʰɛ⁵⁵³	
晕船	晕船	vɐŋ³²⁻²² sun³²	
头疼	头痛	tʰɐu³² tʰoŋ³⁵	
	头筋痛	tʰɐu³²⁻²² kɐn⁵⁵³ tʰoŋ³⁵	
恶心（要呕吐）	想呕	ɬɛŋ³³ ɐu³³	
	心口闷	ɬɐm⁵⁵³ hɐu³³ mun³¹	
吐（呕吐）	呕	ɐu³³	
干哕	□	ɔt²³	
	干呕	kɔn⁵⁵³ ɐu³³	
疝气	疝气	san⁵⁵³ hi³⁵	
岔气	岔气	tsʰa³⁵⁻³³ hi³⁵	
	胀气	tsɛŋ³⁵⁻³³ hi³⁵	
脱肛	出肠肛头	tsʰɐt⁴ tsʰɛŋ³²⁻²² koŋ⁵⁵³ tʰɐu³²	
子宫脱垂	子宫脱落	ɬu³³ koŋ⁵⁵³ tʰut⁴ lɔk³¹	
发疟子（疟疾发作）	发肚屙	fat²⁴ tʰu²³ ɔ⁵⁵³	
霍乱	霍乱	kʰɔk²⁴ lun³¹	
	发瘟	fat²⁴⁻³³ vɐn⁵⁵³	
（出）麻疹	麻	ma³²	
（出）水痘	水痘	sui³³ tɐu³¹	
（出）天花	麻	ma³²	
种痘	种痘	tsoŋ³⁵⁻³³ tɐu³¹	
伤寒	伤寒	sɛŋ⁵⁵³ hɔn³²	
黄疸	黄疸	vɔŋ³²⁻²² tam³³	
肝炎	肝炎	kɔn⁵⁵³ ȵim³²	
肺炎	肺炎	fi³⁵ ȵim³²	
胃病	胃病	vɐi²³ pɛŋ³¹	
盲肠炎	盲肠炎	maŋ³²⁻²² tsʰɛŋ³² ȵim³²	
痨病（中医指结核病）	肺结核	fi³⁵ kit⁴ hɐt³	
风湿	风湿	foŋ⁵⁵³ sɐp⁴	
	风湿骨痛	foŋ⁵⁵³ sɐp⁴ kɐt⁴ tʰoŋ³⁵	
传染	惹	ȵɛ²³	
	传	tsʰun³²	

续表

(三) 外科			
跌伤	□伤	tʰɐp³sɛŋ⁵⁵³	
	跌伤	tit⁴sɛŋ⁵⁵³	
碰伤	碰伤	pʰoŋ³⁵sɛŋ⁵⁵³	
	□伤	ŋat²⁴sɛŋ⁵⁵³	
	撞伤	tsɔŋ³¹sɛŋ⁵⁵³	
扭伤	扭伤	nɐu³³sɛŋ⁵⁵³	
	扭着	nɐu³³tsɛk³¹	
蹭破皮儿	碰穿皮	pʰoŋ³⁵tsʰun⁵⁵³⁻³³pʰi³²	
	□穿皮	ŋat²⁴tsʰun⁵⁵³⁻³³pʰi³²	
刺个口子	戳穿窿	tsʰɔk²⁴tsʰun⁵⁵³⁻³³loŋ⁵⁵³	
	揬穿窿	tok⁴tsʰun⁵⁵³⁻³³loŋ⁵⁵³	
	割只口	kɔt²⁴tsek⁴⁻³hɐu³³	
破伤风	破伤风	pʰɔ³⁵⁻³³sɛŋ⁵⁵³foŋ⁵⁵³	
出血	出血	tsʰɐt⁴⁻³hut⁴	
淤血	积血	ɬek⁴hut⁴	
红肿	红肿	hoŋ³²⁻²²tsoŋ³³	
	肿	tsoŋ³³	
	起□	hi³³pʰok³	
	起累	hi³³nun³³	肿小块
溃脓	菢脓	pɐu³¹noŋ³²	
	起脓	hi³³noŋ³²	
	出脓	tsʰɐt⁴⁻³noŋ³²	
结痂	结膥	kit⁴⁻³na⁵⁵³	
	结掩	kit⁴⁻³jim³³	
疤	膥	na⁵⁵³	
腮腺炎	猪红腮	tsi⁵⁵³⁻³³hoŋ³²ɬɔi⁵⁵³	
长疮（动宾）	生疮	saŋ⁵⁵³⁻³³tsʰɔŋ⁵⁵³	
长疔（动宾）	生疔	saŋ⁵⁵³⁻³³teŋ⁵⁵³	
痔疮	屎窟生疮	si³³fɐt⁴saŋ⁵⁵³⁻³³tsʰɔŋ⁵⁵³	
疥疮	癞渣	lai³⁵⁻³³tsa⁵⁵³	
冻疮	萝卜儿	lɔ³²⁻²²pʰɐk³ɲi⁵⁵³	

续表

长冻疮	生萝卜儿	saŋ⁵⁵³ lɔ³²⁻²² pʰɐk³ ɳi⁵⁵³	
甲沟炎	蛇指头	sɛ³²⁻²² tsi³³ tʰɐu³²	
癣	藓	ɬin³³	
	牛皮癣	ŋɐu³²⁻²² pʰi³² ɬin³³	
脚癣	沙虫脚	sa⁵⁵³⁻³³ tsʰoŋ³² kɛk²⁴	
	香港脚	hɛŋ⁵⁵³ kɔŋ³³ kɛk²⁴	
痱子	痱子	pui³¹ ɬu³³	
	热痱	ɳit³⁻² pui³¹	
汗斑	汗斑	hɔn³¹ pan⁵⁵³	
瘊子	肉痣	ɳok³⁻² tsi³⁵	
痦子	肉痣	ɳok³⁻² tsi³⁵	
雀斑	云	vɐn³²	
	蚊蝇屎	mɐŋ³²⁻²² jeŋ³² si³³	
粉刺	米粒疮	mɐi²³⁻²² nɐp⁴ tsʰɔŋ⁵⁵³	
	青春痘	tʰeŋ⁵⁵³ tsʰɐn⁵⁵³ tɐu³¹	
狐臭	羊骚	jɛŋ³²⁻²² ɬɐu⁵⁵³	
大脖子（甲状腺肿大）	大颈	tai³¹ keŋ³³	
鼻子不灵（嗅觉不灵）	□□冇灵	pɐt³⁻² tsi³¹ mɐu²³ leŋ³²	
齉鼻儿（鼻不通气，发音不清）	□□塞	pɐt³⁻² tsi³¹ ɬɐk⁴	
	鼻塞	pi³¹ ɬɐk⁴	
水蛇腰	水蛇腰	sui³³ sɛ³² jiu⁵⁵³	
公鸭嗓儿（嗓音沙哑）	鸭公声	ap³⁵⁻³ koŋ⁵⁵³ siŋ⁵⁵³	
一只眼儿（一只眼睛是瞎的）	单眼	tan⁵⁵³⁻³³ ŋan²³	
近视眼	近视眼	kʰɐn²³ si³¹ ŋan²³	
远视眼	远视眼	jun²³ si³¹ ŋan²³	
老花眼	老花眼	lɐu²³ fa⁵⁵³ ŋan²³	
眼花	眼□	ŋan²³ pʰɔŋ³³	
	眼花	ŋan²³ fa⁵⁵³	
	眼蒙	ŋan²³ moŋ³²	
鼓眼泡儿	眼核鼓	ŋan²³ vɐt³ ku³¹	
	突眼	tʰɐt³⁻² ŋan²³	

续表

斗鸡眼儿（内斜视）	斗鸡眼	tɐu³⁵⁻³³ kɐi⁵⁵³ ŋan²³	
羞明	怕光	pʰa³⁵⁻³³ kɔŋ⁵⁵³	
青光眼	青光眼	tʰeŋ⁵⁵³ kɔŋ⁵⁵³ ŋan²³	
麦粒肿	针眼	tsɐm⁵⁵³⁻³³ ŋan²³	
（四）残疾等			
癫痫	羊吊	jɛŋ³²⁻²² tiu³⁵	
惊风（小儿病）	抽筋	tsʰɐu⁵⁵³⁻³³ kɐn⁵⁵³	
抽风	抽筋	tsʰɐu⁵⁵³⁻³³ kɐn⁵⁵³	
	发□跳	fat²⁴ ɬɐn³¹ tʰiu³⁵	
中风	中风	tsoŋ³⁵⁻³³ foŋ⁵⁵³	
瘫痪	瘫	tʰan⁵⁵³	
	跛	pɛ³³	
瘸子	跛脚	pɛ³³ kɛk²⁴	
罗锅儿	驼背	tʰɔ³²⁻²² pui³⁵	
聋子	耳聋佬	ȵi²³ loŋ³²⁻²² lɐu³³	
哑巴	□佬	ɐm³³ lɐu³³	
	□婆	ɐm³³ pʰɔ³²	
结巴	□脷	nɐk⁴⁻³ li³¹	
瞎子	盲佬	maŋ³²⁻²² lɐu³³	
	盲婆	maŋ³²⁻²² pʰɔ³²	
傻子（男/女）	戆佬/戆婆	ŋɔŋ³⁵ lɐu³³ / ŋɔŋ³⁵ pʰɔ³²	
	癫佬/癫婆	tin⁵⁵³ lɐu³³ / tin⁵⁵³ pʰɔ³²	
	傻佬	sɔ³¹ lɐu³³	
手瘸者	跛手佬	pɐi⁵⁵³⁻³³ sɐu³³ lɐu³³	
秃子（头发脱光的人）	光头佬	kɔŋ⁵⁵³⁻³³ tʰɐu³² lɐu³³	
出天花留下的疤痕	螣	na⁵⁵³	
脸上有麻子的人	花面佬	fa⁵⁵³⁻³³ min³¹ lɐu³³	
	花面	fa⁵⁵³⁻³³ min³¹	
豁唇子	崩嘴	pɐŋ⁵⁵³⁻³³ ɬui³³	
豁牙子	崩牙	pɐŋ⁵⁵³⁻³³ ŋa³²	
老公嘴儿（成人不生须的）	白面	pak³¹ min³¹	
六指儿	六指头	lok³⁻² tsi³³ tʰɐu³²	
左撇子	左手□蹩	ɬɔ³⁵ sɐu³³ lɐi³²⁻²² pɐi⁵⁵³	

十三 衣服、穿戴

（一）服装

穿戴	穿	tsʰun⁵⁵³	
	着	tsɛk²⁴	
打扮	装	tsɔŋ⁵⁵³	
	扮	pan³¹	
	□	nɐn³³	
	整	tsεŋ³³	
衣服（总称）	衫裤	sam⁵⁵³ fu³⁵	
制服	制服	tsɐi³⁵⁻³³ fok³	
	套装	tʰɐu³⁵ tsɔŋ⁵⁵³	
唐装	唐装	tʰɔŋ³²⁻²² tsɔŋ⁵⁵³	
西装	西装	ɬɐi⁵⁵³ tsɔŋ⁵⁵³	
长衫	长衫	tsʰεŋ³²⁻²² sam⁵⁵³	
马褂儿	马褂	ma²³ ka³⁵	
旗袍	旗袍	kʰi³²⁻²² pʰau³²	
棉衣	棉衫	min³²⁻²² sam⁵⁵³	
棉袄	棉袄	min³²⁻²² ɐu³⁵	
皮袄	皮袄	pʰi³²⁻²² ɐu³⁵	
	皮衫	pʰi³²⁻²² sam⁵⁵³	
大衣	褛	lɐu⁵⁵³	
	大褛	tai³¹ lɐu⁵⁵³	
	长褛	tsʰεŋ³²⁻²² lɐu⁵⁵³	
短大衣	短褛	tun³³ lɐu⁵⁵³	
呢子大衣	绒衫	joŋ³²⁻²² sam⁵⁵³	
	绒褛	joŋ³²⁻²² lɐu⁵⁵³	
衬衣	夹衫	kap²⁴⁻³³ sam⁵⁵³	
	单衫	tan⁵⁵³⁻³³ sam⁵⁵³	
外衣	外底衫	ŋɔi³¹ tɐi³³ sam⁵⁵³	

续表

外衣	外套	ŋɔi³¹ tʰɐu³⁵	
	罩衫	tsau³⁵ sam⁵⁵³	
卫衣	卫生衣	vɐi²³ saŋ⁵⁵³ i⁵⁵³	
棉毛衫	厚□	hɐu²³ lɐp⁴	
	薄□	pɔ³¹ lɐp⁴	
内衣	里底衫	li²³ tɐi³³ sam⁵⁵³	
	贴肉衫	tʰip⁴⁻³ ȵok³ sam⁵⁵³	
坎肩	裪	ka³⁵	
	棉裪	min³²⁻²² ka³⁵	
T恤	文化衫	mɐn³²⁻²² fa³⁵ sam⁵⁵³	
背心	裪儿	ka³⁵⁻³³ ȵi⁵⁵³	
棉背心	棉裪	min³²⁻²² ka³⁵	
毛背心	□裪	laŋ⁵⁵³ ka³⁵	
毛衣	□衫	laŋ⁵⁵³ sam⁵⁵³	
针织圆领衫	汗衫	hɔn³¹ sam⁵⁵³	
汗背心	裪儿	ka³⁵⁻³³ ȵi⁵⁵³	
	裪□	ka³⁵⁻³³ lɐp⁴	
	线裪	ɬin³⁵⁻³³ ka³⁵	
有大小襟的女衫	襟衫	kʰɐm⁵⁵³⁻³³ sam⁵⁵³	
衣襟	衫襟	sam⁵⁵³⁻³³ kʰɐm⁵⁵³	
大襟	大襟	tai³¹ kʰɐm⁵⁵³	
小襟	里襟	li²³ kʰɐm⁵⁵³	
对襟儿	对襟	tui³⁵⁻³³ kʰɐm⁵⁵³	
下摆	衫尾	sam⁵⁵³⁻³³ mi²³	
	衫脚	sam⁵⁵³⁻³³ kɛk²⁴	
领子	衫领	sam⁵⁵³⁻³³ leŋ²³	
	圆领	jun³²⁻²² leŋ²³	
	四方领	ɬi³⁵⁻³³ fɔŋ⁵⁵³ leŋ²³	
	燕子领	in³⁵⁻³³ ɬu³³ leŋ²³	
	鸡心领	kɐi⁵⁵³⁻³³ ɬɐm⁵⁵³ leŋ²³	
	假领	ka³³ leŋ²³	
袖子	衫袖	sam⁵⁵³⁻³³ ɬɐu³¹	

续表

长袖	长袖	tsʰɛŋ³²⁻²² ɬɐu³¹	
短袖	短袖	tun³³ ɬɐu³¹	
	掘袖	kɐt³⁻² ɬɐu³¹	
袖套	袖套	ɬɐu³¹ tʰɐu³⁵	
裙子	裙	kʰɐn³²	
	长裙	tsʰɛŋ³²⁻²² kʰɐn³²	
	短裙	tun³³ kʰɐn³²	
	连衣裙	lin³²⁻²² i⁵⁵³ kʰɐn³²	
	连衫裙	lin³²⁻²² sam⁵⁵³ kʰɐn³²	
	百褶裙	pak²⁴⁻³³ tsip⁴ kʰɐn³²	
	超短裙	tsʰiu⁵⁵³ tun³³ kʰɐn³²	
	西裙	ɬɐi⁵⁵³ kʰɐn³²	
筒裙	直筒裙	tsʰek³⁻² tʰoŋ³³ kʰɐn³²	
塔裙	公主裙	koŋ⁵⁵³ tsi³³ kʰɐn³²	
衬裙	里底裙	li²³ tɐi³³ kʰɐn³²	
	衬裙	tsʰɐn³⁵⁻³³ kʰɐn³²	
裤子	裤	fu³⁵	
	大裤	tai³¹ fu³⁵	
	长大裤	tsʰɛŋ³² tai³¹ fu³⁵	
大头裤	短裤	tun³³ fu³⁵	
单裤	薄大裤	pɔk³¹ tai³¹ fu³⁵	
棉裤	棉裤	min³²⁻²² fu³⁵	
秋裤	卫生裤	vɐi²³ saŋ⁵⁵³ fu³⁵	
	秋裤	tʰɐu⁵⁵³ fu³⁵	
裤衩儿（贴身穿的）	短裤	tun³³ fu³⁵	
	平脚裤	pʰeŋ³²⁻²² kɛk²⁴ fu³⁵	
	三角裤	sam⁵⁵³⁻³³ kɔk²⁴ fu³⁵	
松紧裤	松紧裤	ɬoŋ⁵⁵³ kɐn³³ fu³⁵	
喇叭裤	喇叭裤	la⁵⁵³ pa⁵⁵³ fu³⁵	
	紧身裤	kɐn³³ sɐn⁵⁵³ fu³⁵	
穿在外面的裤子（中式的）	外底大裤	ŋɔi³¹ tɐi³³ tai³¹ fu³⁵	
	大裤	tai³¹ fu³⁵	

续表

连脚裤	踩脚裤	tsʰai³³ kɛk²⁴ fu³⁵	
开档裤	开档裤	hɔi⁵⁵³⁻³³ nɔŋ³¹ fu³⁵	
死档裤（相对开档裤而言）	包档裤	pau⁵⁵³⁻³³ nɔŋ³¹ fu³⁵	
裤档	裤档	fu³⁵⁻³³ nɔŋ³¹	
裤腰	裤头	fu³⁵⁻³³ tʰɐu³²	
裤腰带	裤头带	fu³⁵⁻³³ tʰɐu³² tai³⁵	
	腰带	jiu⁵⁵³ tai³⁵	
裤腿儿	裤脚	fu³⁵⁻³³ kɛk²⁴	
兜儿（衣服上的口袋）	衫袋	sam⁵⁵³⁻³³ tɔi³¹	
	荷包	hɔ³²⁻²² pau⁵⁵³	
	表袋	piu⁵⁵³ tɔi³¹	
	裤袋	fu³⁵⁻³³ tɔi³¹	
	后背袋	hɐu³¹ pui³⁵ tɔi³¹	
纽扣（中式的）	纽	nɐu²³	
	衫纽	sam⁵⁵³⁻³³ nɐu²³	
扣襻（中式的）	布纽	pu³⁵ nɐu²³	
	纽公	nɐu²³ koŋ⁵⁵³	
	纽嬷	nɐu²³ na³³	
扣儿（西式的）	衫纽	sam⁵⁵³⁻³³ nɐu²³	
	扣	kʰɐu³⁵	
扣眼儿（西式的）	纽窿	nɐu²³ loŋ⁵⁵³	
扣扣子	纽衫纽	nɐu²³ sam⁵⁵³⁻³³ nɐu²³	
	纽纽	nɐu²³ nɐu²³	
	扣衫纽	kʰɐu³⁵ sam⁵⁵³⁻³³ nɐu²³	
粗布	土布	tʰu³³ pu³⁵	
	麻布	ma³²⁻²² pu³⁵	
帆布	帆布	fan³²⁻²² pu³⁵	
纱布	蚊帐布	mɐn³²⁻²² tsɛŋ³⁵ pu³⁵	
呢子	呢子	ni³²⁻²² ɬu³³	
绒布	灯芯绒	tɐŋ⁵⁵³⁻³³ ɬɐm⁵⁵³ joŋ³²	
丝绸	绸缎	tsʰɐu³²⁻²² tun³¹	
	绸	tsʰɐu³²	
纱	薄纱	pɔk³¹ sa⁵⁵³	

续表

纱	皱纹布	ȵɛu³⁵ mɐn³² pu³⁵	
(二) 鞋帽			
鞋	鞋	hai³²	
拖鞋	拖鞋	tʰɔ⁵⁵³ hai³²	
	人字拖	ȵɐn³² ɬu³¹ tʰɔ⁵⁵³	
棉鞋	棉鞋	min³²⁻²² hai³²	
皮鞋	皮鞋	pʰi³²⁻²² hai³²	
毡鞋	有毛鞋	jɐu²³ mɐu³² hai³²	
运动鞋	运动鞋	vɐn³¹ tʰoŋ²³ hai³²	
	球鞋	kʰɐu³²⁻²² hai³²	
	波鞋	pɔ⁵⁵³ hai³²	
	力士鞋	lek³⁻² ɬu³¹ hai³²	
钉鞋	钉鞋	teŋ⁵⁵³ hai³²	
解放鞋	解放鞋	kai³³ fɔŋ³⁵ hai³²	
布鞋	布鞋	pʰu³⁵ hai³²	
鞋底儿	鞋底	hai³²⁻²² tɐi³³	
鞋帮儿	鞋面	hai³²⁻²² min³¹	
鞋拔子	鞋抽	hai³²⁻²² tsʰɐu⁵⁵³	
雨鞋（橡胶做的）	水鞋	sui³³ hai³²	
	高筒鞋	kɐu⁵⁵³ tʰoŋ³³ hai³²	
塑料鞋	胶鞋	kau⁵⁵³ hai³²	
木屐	木屐	mok³⁻² kek³	
鞋带儿	鞋带	hai³²⁻²² tai³⁵	
鞋跟	鞋睁	hai³² tsaŋ⁵⁵³	
袜子	袜	mat³¹	
	尼龙袜	ni³²⁻²² loŋ³² mat³¹	
线袜	棉袜	min³²⁻²² mat³¹	
丝袜	丝袜	ɬu⁵⁵³ mat³¹	
长袜	长筒袜	tsʰɛŋ³²⁻²² tʰoŋ³³ mat³¹	
	连裤袜	lin³²⁻²² fu³⁵ mat³¹	
短袜	短筒袜	tun³³ tʰoŋ³³ mat³¹	
袜带	袜带	mat³¹ tai³⁵	

续表

袜跟	袜督	mat^{31}tok^4	
	袜踭	mat^{31}tsaŋ^{553}	
弓鞋（旧时裹脚妇女穿的鞋）	细脚鞋	ɬei$^{35-33}$kɛk^{24}hai^{32}	
裹脚（旧时妇女裹脚的布）	扎脚	tsat$^{24-33}$kɛk^{24}	
裹腿（军人用的）	扎脚	tsat$^{24-33}$kɛk^{24}	
帽子	帽	mɐu^{31}	
	帽□	mɐu^{31}k^{h}ɐp^4	
皮帽	皮帽	p^{h}i$^{32-22}$mɐu^{31}	
礼帽	礼帽	lei^{23}mɐu^{31}	
瓜皮帽	瓜皮帽	ka$^{553-33}$p^{h}i^{32}mɐu^{31}	
军帽	军帽	kɐn^{553}mɐu^{31}	
草帽	草帽	t^{h}ɐu^{33}mɐu^{31}	
布帽	太阳帽	t^{h}ai$^{35-33}$jɛŋ^{32}mɐu^{31}	
斗笠	笠帽	lap^{31}mɐu^{31}	
	竹帽	tsok$^{4-3}$mɐu^{31}	
帽檐儿	帽掩	mɐu^{31}jim^{33}	
（三）装饰品			
首饰	首饰	sɐu^{33}sek^4	
镯子	玉串	ȵok$^{3-2}$ts^{h}un^{35}	
	手镯	sɐu^{33}ak^{24}	
戒指	戒指	kai$^{35-33}$tsi^{33}	
项链	颈链	keŋ^{33}lin^{31}	
	项链	hɔŋ^{23}lin^{31}	
手链	手链	sɐu^{33}lin^{31}	
脚链	脚链	kɛk$^{24-33}$lin^{31}	
项圈	颈圈	keŋ^{33}hun^{553}	
百家锁（小儿佩戴的）	长命锁	ts^{h}ɛŋ$^{32-22}$meŋ^{31}ɬɔ^{33}	
别针儿	扣针	k^{h}ɐu$^{35-33}$tsɐm^{553}	
簪子	头簪	t^{h}ɐu$^{32-22}$ɬam^{553}	
耳环	耳环	ȵi^{23}van^{32}	
胭脂	胭脂	ȵin$^{553-33}$tsi^{553}	
粉（化妆品）	粉	fɐn^{33}	

续表

（四）其他穿戴用品

围裙	围裙	vɐi³²⁻²² kʰɐn³²	
围嘴儿	围嘴	vɐi³²⁻²² ɬui³³	
尿布	屎布	si³³ pu³⁵	
	尿片	niu³¹ pʰin³⁵	
手绢儿	手巾儿	sɐu³³ kɐn⁵⁵³ n̠i⁵⁵³	
围巾（长条的）	围巾	vɐi³²⁻²² kɐn⁵⁵³	
	头巾	tʰɐu³²⁻²² kɐn⁵⁵³	
手套（塑料）	手套	sɐu³³ tʰɐu³⁵	
手套（棉）	手袜	sɐu³³ mat³¹	
眼镜	眼镜	ŋan²³ kɛŋ³⁵	
	老花镜	lɐu²³ fa⁵⁵³ kɛŋ³⁵	
	太阳镜	tʰai³⁵⁻³³ jɛŋ³² kɛŋ³⁵	
	墨镜	mɐk³⁻² kɛŋ³⁵	
放大镜	放大镜	fɔŋ³⁵⁻³³ tai³¹ kɛŋ³⁵	
伞	雨遮	ji²³⁻²² tsɛ⁵⁵³	
	布遮	pu³⁵ tsɛ⁵⁵³	
	油纸遮	jɐu³²⁻²² tsi³³ tsɛ⁵⁵³	
	尼龙遮	ni³²⁻²² loŋ³² tsɛ⁵⁵³	
伞骨	雨遮骨	ji²³⁻²² tsɛ⁵⁵³ kɐt⁴	
伞柄	雨遮柄	ji²³⁻²² tsɛ⁵⁵³ peŋ³⁵	
打伞	撑遮	tsʰaŋ⁵⁵³⁻³³ tsɛ⁵⁵³	
蓑衣	蓑衣	ɬɔ⁵⁵³ i⁵⁵³	
	蓬盖	pʰoŋ³²⁻²² kɔi³⁵	
雨衣（新式的）	水衣	sui³³ i⁵⁵³	
手表	手表	sɐu³³ piu⁵⁵³	
怀表	怀表	vai³²⁻²² piu⁵⁵³	
钟	钟	tsoŋ⁵⁵³	
	挂钟	ka³⁵ tsoŋ⁵⁵³	
	闹钟	nau³¹ tsoŋ⁵⁵³	

十四 饮食

(一) 伙食

伙食	伙食	fɔ³³ sek³	
	吃食	hek⁴ sek³	
吃饭	吃饭	hek⁴⁻³ fan³¹	
早饭	朝	tsiu⁵⁵³	
午饭	晏	an³⁵	
晚饭	夜	jɛ³¹	
打尖（途中吃点东西）	小口	ɬiu³³ hɐu³³	
食物	嘢	ŋɛ²³	
	吃食	hek⁴ sek³	
零食	小口	ɬiu³³ hɐu³³	
糕饼之类食品	饼	peŋ³³	
茶点	小口	ɬiu³³ hɐu³³	
宵夜	宵夜	ɬiu⁵⁵³⁻³³ jɛ³¹	
吃夜宵	吃宵夜	hek⁴⁻³ ɬiu⁵⁵³⁻³³ jɛ³¹	

(二) 米食

米饭	米饭	mɐi²³ fan³¹	
	饭	fan³¹	
吃剩下的饭	吃剩饭	hek⁴ seŋ³¹ fan³¹	
	吃冷饭	hek⁴ saŋ²³ fan³¹	
现饭（不是本餐新做的饭）	旧饭	kɐu³¹ fan³¹	
（饭）烟了	烸	noŋ⁵⁵³	
（饭）馊了	宿	ɬok⁴	
锅巴	饭焦	fan³¹ ɬiu⁵⁵³	
粥	粥	tsok⁵⁵³	
	渴粥	kʰɐt³⁻² tsok⁴	稠的粥
	稀粥	hi⁵⁵³ tsok⁴	
	生滚粥	saŋ⁵⁵³ kɐn³³ tsok⁴	
	米口粥	mɐi²³ lɐn⁵⁵³ tsok⁴	米还没有煮烂的粥

续表

			煮饭滗出来的水
	饭水/粥水	fan³¹ sui³³/tsok⁴⁻³ sui³³	
用米磨成的粉做的糊状食物	馃	kɔ³³	糍粑类食物
糍粑	叶包馃	jip³⁻² pau⁵⁵³ kɔ³³	
糯米团	糯米馃	nɔ³¹ mɐi²³ kɔ³³	
粽子	粽	ɬoŋ³⁵	
	灰水粽	fui⁵⁵³⁻³³ sui³³ ɬoŋ³⁵	
	凉粽	lɛŋ³²⁻²² ɬoŋ³⁵	
（三）面食			
面粉	面粉	min³¹ fɐn³³	
面条儿	面条	min³¹ tʰiu³²	
	面	min³¹	
挂面（线状的干面条）	面条	min³¹ tʰiu³²	
干切面（机制的宽的干面条）	面条	min³¹ tʰiu³²	
汤面（带汤的面条）	面条	min³¹ tʰiu³²	
	面	min³¹	
面片儿（用面做成的片状食物，吃法与汤面同）	面片	min³¹ pʰin³⁵	
面糊（用面做成的糊状食物）	面糊	min³¹ vu³²	
馒头（没馅的）	馒头	man³¹ tʰɐu³²	
包子（有馅的）	面包	min³¹ pau⁵⁵³	
油条	油条	jɐu³²⁻²² tʰiu³²	
	油饼	jɐu³²⁻²² pɛŋ³³	
烧饼	烧饼	siu⁵⁵³ pɛŋ³³	
烙饼（名词）	煎饼	ɬin⁵⁵³ pɛŋ³³	
花卷儿	花卷	fa⁵⁵³ kun³³	
饺子	饺子	kau³³ ɬu³³	
（饺子）馅儿	芯	ɬɐm⁵⁵³	
	馅	ham³¹	
馄饨	云吞	vɐn³²⁻²² tʰɐn⁵⁵³	
蛋糕（老式小圆形的）	蛋糕	tan³¹ kɐu⁵⁵³	

续表

汤圆（用湿粉团搓成的，有的有馅，有的无馅）	馃儿	kɔ³³ ȵi⁵⁵³	
月饼	月亮饼	ȵut³⁻² lɛŋ³¹ peŋ³³	
	月饼	ȵut³⁻² peŋ³³	
饼干	饼儿	peŋ³³ ȵi⁵⁵³	
	饼	peŋ³³	
	米饼	mɐi²³ peŋ³³	
酵子（发酵用的面团）	泡打粉	pʰau³⁵⁻³³ ta³³ fɐn³³	
（四）肉、蛋（以下调查的动物身体部位的条目，都是从食物角度而言的）			
肉丁	肉粒	ȵok³⁻² nɐp⁴	
肉片	肉片	ȵok³⁻² pʰin³⁵/pʰɛn³⁵	
肉丝	肉条	ȵok³⁻² tʰiu³²	
肉末	肉碎	ȵok³⁻² ɬui³⁵	
肉皮	肉皮	ȵok³⁻² pʰi³²	
肉松	肉松	ȵok³⁻² ɬoŋ⁵⁵³	
肘子（猪腿靠近身体的部位）	猪脚	tsi⁵⁵³⁻³³ kɛk²⁴	
猪膀子	圆蹄	jun³²⁻²² tʰɐi³²	
猪蹄儿	猪脚	tsi⁵⁵³⁻³³ kɛk²⁴	
	猪□	tsi⁵⁵³⁻³³ tɐp²⁴	猪蹄尖
里脊	腰眉肉	jiu⁵⁵³ mi³² ȵok³	
蹄筋	猪脚筋	tsi⁵⁵³⁻³³ kɛk²⁴ kɐn⁵⁵³	
牛舌头	牛脷	ȵɐu³²⁻²² li³¹	
猪舌头	猪脷	tsi⁵⁵³⁻³³ li³¹	
猪牛羊的内脏	上下水	sɛŋ³¹ ha³¹ sui³³	
猪的内脏	猪上下水	tsi⁵⁵³ sɛŋ³¹ ha³¹ sui³³	
腔骨（猪的）	三棱骨	ɬam⁵⁵³⁻³³ lɐŋ³² kɐt⁴	
排骨（猪的）	排骨	pʰai³²⁻²² kɐt⁴	
牛肚儿（带毛状物的那种）	牛肚	ȵɐu³²⁻²² tʰu²³	
牛肚儿（光滑的那种）	牛肚	ȵɐu³²⁻²² tʰu²³	
牛百叶	牛百叶	ȵɐu³²⁻²² pak²⁴⁻³³ jip⁴	

续表

黄喉	黄喉	vɔʊ³²⁻²² hɐu³²	
猪肝	猪湿	tsi⁵⁵³⁻³³ sɐp⁴	
猪腰子	猪腰	tsi⁵⁵³⁻³³ jiu⁵⁵³	
猪血	猪红	tsi⁵⁵³⁻³³ hoʊ³²	
鸡内脏	鸡下水	kɐi⁵⁵³ ha³¹ sui³³	
鸡肠	鸡脏	kɐi⁵⁵³⁻³³ ɬoʊ³¹	
鸡脾脏	鸡忘记	kɐi⁵⁵³ mɔʊ³¹ ki³⁵	
鸡气管	鸡喉	kɐi⁵⁵³⁻³³ hɐu³²	
鸡肝	鸡湿	kɐi⁵⁵³⁻³³ sɐp⁴	
鸡胆	鸡胆	kɐi⁵⁵³⁻³³ tam³³	
鸡胗	鸡肫	kɐi⁵⁵³⁻³³ tsʰɐn²³	
鸡血	鸡红	kɐi⁵⁵³⁻³³ hoʊ³²	
炒鸡蛋	煮鸡蛋	tsi³³ kɐi⁵⁵³⁻³³ tan³¹	
煎鸡蛋	煎鸡蛋	ɬin⁵⁵³ kɐi⁵⁵³⁻³³ tan³¹	
油炸	油爊	jɐu³²⁻²² tsau³⁵	
卧鸡子儿（水煮的鸡蛋不带壳）	煮鸡蛋	tsi³³ kɐi⁵⁵³⁻³³ tan³¹	
煮鸡子儿（连壳煮的鸡蛋）	煠鸡蛋	sap³¹ kɐi⁵⁵³⁻³³ tan³¹	
蛋羹（加水调匀蒸的）	芙蓉蛋	fu³¹ joŋ³² tan³¹	
	蒸鸡蛋	tseŋ⁵⁵³ kɐi⁵⁵³⁻³³ tan³¹	
松花蛋	皮蛋	pʰi³²⁻²² tan³¹	
用盐腌制的鸡蛋、鸭蛋等	咸蛋	ham³²⁻²² tan³¹	
香肠	香肠	hɛŋ⁵⁵³ tsʰɛʊ³²	
	腊肠	lap³¹ tsʰɛʊ³²	
鸡蛋汤	鸡蛋汤	kɐi⁵⁵³⁻³³ tan³¹ tʰɔʊ⁵⁵³	

（五）菜

下饭的菜	馇饭菜	ɬoʊ³⁵⁻³³ fan³¹ tʰɔi³⁵	
素菜	青菜	tʰeŋ⁵⁵³⁻³³ tʰɔi³⁵	
	冇肉菜	mɐu²³ ȵok³ tʰɔi³⁵	
荤菜	肉菜	ȵok³⁻² tʰɔi³⁵	
咸菜	咸菜	ham³²⁻²² tʰɔi³⁵	
萝卜干	萝卜儿	lɔ³²⁻²² pʰɐk³ ȵi⁵⁵³	

续表

腌大头菜	头菜	$t^h ɐu^{32-22} t^h ɔi^{35}$	
小菜儿（非正式菜总称）	凉菜	$lɛŋ^{32-22} t^h ɔi^{35}$	
豆腐	豆腐	$tɐu^{31} fu^{31}$	
豆腐皮	豆腐皮	$tɐu^{31} fu^{31} p^h i^{32}$	
腐竹	腐竹	$fu^{31} tsok^4$	
豆腐干儿	豆腐饼	$tɐu^{31} fu^{31} pɛŋ^{33}$	
豆腐泡儿	豆腐儿	$tɐu^{31} fu^{31} ȵi^{553}$	
豆腐脑儿	豆腐花	$tɐu^{31} fu^{31} fa^{553}$	
豆浆	豆浆	$tɐu^{31} ɬɛŋ^{553}$	
豆腐乳	腐乳	$fu^{31} ȵui^{23}$	
	南乳	$nam^{32-22} ȵui^{23}$	
粉丝	粉丝	$fɐn^{33} ɬu^{553}$	
凉粉（绿豆做的，凝冻状的）	凉粉	$lɛŋ^{32-22} fɐn^{33}$	
藕粉	藕粉	$ŋɐu^{23} fɐn^{33}$	
豆豉	豆豉	$tɐu^{31} si^{31}$	
芡粉	生粉	$saŋ^{553} fɐn^{33}$	
木耳	木耳	$mok^{3-2} ȵi^{23}$	
黑木耳	黑木耳	$hɐk^4 mok^{3-2} ȵi^{23}$	
	白木耳	$pak^{31} mok^{3-2} ȵi^{23}$	
银耳	银耳	$ŋɐn^{32-22} ȵi^{23}$	
干黄花菜	金针	$kɐm^{553-33} tsɐm^{553}$	
海参	海参	$hɔi^{33} sɐm^{553}$	
海带	海带	$hɔi^{33} tai^{35}$	
海蜇	海蜇	$hɔi^{33} tsit^4$	
（六）油盐作料			
滋味	味道	$mi^{31} tɐu^{31}$	
	味	mi^{31}	
气味	味	mi^{31}	
颜色	色水	$sek^{4-3} sui^{33}$	
荤油	猪油	$tsi^{553-33} jɐu^{32}$	
花生油	地豆油	$ti^{31} tɐu^{31} jɐu^{32}$	
茶油	茶油	$ts^h a^{32-22} jɐu^{32}$	

菜籽油	菜籽油	$tʰɔi^{35-33}ɬu^{33}jɐu^{32}$	
芝麻油（可以拌凉菜的那种）	油麻油	$jɐu^{32-22}ma^{32}jɐu^{32}$	
盐	盐	jim^{32}	
粗盐	生盐	$saŋ^{553-33}jim^{32}$	
	大粒盐	$tai^{31}nɐp^{4}jim^{32}$	
精盐	熟盐	$sok^{3-2}jim^{32}$	
酱油	咸油	$ham^{32-22}jɐu^{32}$	
	豉油	$si^{31}iɐu^{32}$	
芝麻酱	油麻酱	$jɐu^{32-22}ma^{32}ɬɛŋ^{35}$	
甜面酱	面豉酱	$min^{31}si^{31}ɬɛŋ^{35}$	
豆瓣儿酱	面豉酱	$min^{31}si^{31}ɬɛŋ^{35}$	
	豉酱	$si^{31}ɬɛŋ^{35}$	
海鲜酱	海鲜酱	$hɔi^{33}ɬin^{553}ɬɛŋ^{35}$	
醋	酸醋	$ɬun^{553-33}tʰu^{35}$	
	陈醋	$tsʰɐn^{32-22}tʰu^{35}$	
	黑醋	$hak^{4}tʰu^{35}$	
	白醋	$pak^{31}tʰu^{35}$	
料酒	烧酒	$siu^{553-33}ɬɐu^{33}$	
红糖	红糖	$hoŋ^{32-22}tʰɔŋ^{32}$	
冰糖	冰糖	$pɐŋ^{553}tʰɔŋ^{32}$	
糖块（一块块用纸包装好的）	糖瓜	$tʰɔŋ^{32-22}ka^{553}$	
花生糖	地豆糖	$ti^{31}tɐu^{31}tʰɔŋ^{32}$	
麦芽糖	麦芽糖	$mak^{31}ŋa^{32}tʰɔŋ^{32}$	
佐料	配料	$pʰui^{35-33}liu^{31}$	
八角	八角	$pɛt^{24-33}kɔk^{24}$	
桂皮	桂皮	$kɐi^{35-33}pʰi^{32}$	
花椒	花椒	$fa^{553}ɬiu^{553}$	
胡椒面儿	胡椒粉	$u^{32}lat^{31}fɐn^{33}$	
草果	草果	$tʰɐu^{33}kɔ^{33}$	
茴香	茴香	$vui^{32-22}hɐŋ^{553}$	

（七）烟、茶、酒

烟	烟	$ŋin^{553}$	

续表

烟叶	烟叶	ȵin⁵⁵³⁻³³ ip³	
烟丝	烟丝	ȵin⁵⁵³⁻³³ ɬu⁵⁵³	
香烟	香烟	hɛŋ⁵⁵³ ȵin⁵⁵³	
旱烟	水烟	sui³³ ȵin⁵⁵³	
黄烟	黄烟	vɔŋ³²⁻²² ȵin⁵⁵³	
水烟袋（铜制的）	水烟袋	sui³³ ȵin⁵⁵³ tɔi³¹	
旱烟袋（细竹竿儿做的烟具）	烟枪	ȵin⁵⁵³⁻³³ tʰɛŋ⁵⁵³	
烟盒（装香烟的金属盒，有的还带打火机）	烟盒	ȵin⁵⁵³⁻³³ hɛp³¹	
烟油子	烟屎	ȵin⁵⁵³⁻³³ si³³	
烟灰	烟灰	ȵin⁵⁵³⁻³³ fui⁵⁵³	
火镰（旧时取火用具）	火镰	fɔ³³ lim³²	
火石（作打火机用）	火石	fɔ³³ sek³	
（沏好的）茶	茶	tsʰa³²	
	隔夜茶	kak²⁴⁻³³ jɛ³¹ tsʰa³²	
茶叶	茶叶	tsʰa³²⁻²² ip³	
开水	滚水	kɐn³³ sui³³	
沏茶（动宾）	焗茶	kʰok³⁻² tsʰa³²	
倒茶	斟茶	tsɐm⁵⁵³⁻³³ tsʰa³²	
白酒	烧酒	siu⁵⁵³⁻³³ ɬɐu³³	
	酒	ɬɐu³³	
	米双	mɐi²³ sɔŋ⁵⁵³	
	三花酒	ɬam⁵⁵³⁻³³ fa⁵⁵³ ɬɐu³³	
江米酒	糯米甜酒	nɔ³¹ mɐi²³ tʰim³²⁻²² ɬɐu³³	
	甜酒	tʰim³²⁻²² ɬɐu³³	
黄酒	黄酒	vɔŋ³² ɬɐu³³	

十五　红白大事

（一）婚姻、生育

亲事	婚事	vɐn⁵⁵³ ɬu³¹	
做媒	做媒	ɬu³⁵⁻³³ mui³²	

续表

媒人	媒妁	mui$^{32-22}$tai^{553}	
相亲（男女双方见面，看是否合意）	睇老公	t^{h}ɐi^{33}lɐu^{23}koŋ^{553}	
	睇老婆	t^{h}ɐi^{33}lɐu^{23}p^{h}ɔ^{32}	
相貌	相貌	ɬɔŋ$^{35-33}$mau^{31}	
	相格	ɬɔŋ$^{35-33}$kak^{24}	
年龄	年纪	nin$^{32-22}$ki^{33}	
订婚	订婚	teŋ^{31}vɐn^{553}	
定礼	定礼	teŋ^{31}lɐi^{23}	
喜期（结婚的日子）	日脚	ȵɐt$^{3-2}$kɛk^{24}	
喜酒	结婚酒	kit$^{4-3}$vɐn^{553}ɬɐu^{33}	
过嫁妆	过嫁妆	kɔ^{35}ka$^{35-33}$tsɔŋ^{553}	
（男子）娶亲	攞老婆	lɔ^{33}lɐu$^{23-22}$p^{h}ɔ^{32}	
（女子）出嫁	嫁老公	ka^{35}lɐu$^{23-22}$koŋ^{553}	
嫁闺女	嫁女	ka$^{35-33}$nui^{23}	
结婚	结婚	kit$^{4-3}$vɐn^{553}	
花轿	花轿	fa^{553}kiu^{31}	
	轿	kiu^{31}	
轿夫	轿夫佬	kiu^{31}fu^{553}lɐu^{33}	
拜堂	拜堂	pai$^{35-33}$t^{h}ɔŋ^{32}	
新郎	新郎公	ɬɐn$^{553-33}$lɔŋ^{32}koŋ^{553}	
新娘	新人	ɬɐn$^{553-33}$ȵɐn^{32}	
新房	新人房	ɬɐn$^{553-33}$ȵɐn^{32}fɔŋ^{32}	
交杯酒	交颈酒	kau^{553}keŋ^{33}ɬɐu^{33}	
暖房	暖房	nun^{23}fɔŋ^{32}	
回门	回门	vui$^{32-22}$mun^{32}	
再醮（寡妇再嫁）	二嫁	ȵi^{31}ka^{35}	
	再嫁	ɬɔi^{35}ka^{35}	
	二婚	ȵi^{31}vɐn^{553}	
续弦（从男方说）	再攞	ɬɔi^{35}lɔ^{33}	
	二婚	ȵi^{31}vɐn^{553}	
填房（从女方说）	做后底娘	ɬu^{35}hɐu^{31}tɐi^{33}nɛŋ^{553}	

续表

怀孕了	有身己	jɐu²³ sɐn⁵⁵³ ki³³	
	有身	jɐu²³ sɐn⁵⁵³	
	有肚	jɐu²³ tʰu²³	
	带仔	tai³⁵⁻³³ ɬɐi³³	
孕妇	大肚婆	tai³¹ tʰu²³ pʰɔ³²	
小产	落胎	lɔk³¹ tʰɔi⁵⁵³	
	甩胎	lɐt⁴⁻³ tʰɔi⁵⁵³	
生孩子	生侬儿	saŋ⁵⁵³ noŋ³¹ n̠i⁵⁵³	
	生仔	saŋ⁵⁵³⁻³³ ɬɐi³³	
	生女	saŋ⁵⁵³⁻³³ nui²³	
接生	接生	ɬip⁴⁻³ saŋ⁵⁵³	
	接生婆	ɬip⁴⁻³ saŋ⁵⁵³ pʰɔ³²	
胎盘	胎盘	tʰɔi⁵⁵³ pʰun³²	
坐月子	坐月	ɬɛ²³⁻²²/ɬɔ²³⁻²² n̠ut³	
满月	出月	tsʰɐt⁴⁻³ n̠ut³	
	满月	mun²³ n̠ut³	
头胎	头胎	tʰɐu³²⁻²² tʰɔi⁵⁵³	
	第一胎	tɐi³¹ jɐt⁴ tʰɔi⁵⁵³	
双胞胎	双生仔	sɔŋ⁵⁵³⁻³³ saŋ⁵⁵³ ɬɐi³³	
	双孖儿	sɔŋ⁵⁵³⁻³³ mɛ⁵⁵³ n̠i⁵⁵³	
	双胞胎	sɔŋ⁵⁵³ pau⁵⁵³ tʰɔi⁵⁵³	
打胎	落胎	lɔk³¹ tʰɔi⁵⁵³	
	打胎	ta³³ tʰɔi⁵⁵³	
遗腹子（父死后才出生的）			
吃奶	吃□	hek⁴⁻³ nɐŋ³¹	
奶头	□头	nɐŋ³¹ tʰɐu³²	
（小孩子）尿床	赖尿	lai³¹ niu³¹	
	赖屎	lai³¹ si³³	

（二）寿辰、丧葬

生日	生日	saŋ⁵⁵³⁻³³ n̠ɐt³	
做生日	做生日	ɬu³⁵ saŋ⁵⁵³⁻³³ n̠ɐt³	
祝寿	做寿	ɬu³⁵⁻³³ sɐu³¹	

续表

寿星	寿星	sɐu³¹ ɬeŋ⁵⁵³	
丧事	白事	pak³¹ ɬu³¹	
奔丧	吃豆腐	hek⁴ tɐu³¹ fu³¹	
死了	死了	ɬi³³ liu²³	
	去了	hui³⁵ liu²³	
灵床	灵床	leŋ³²⁻²² tsʰɔŋ³²	
棺材	寿枋	sɐu³¹ loŋ²³	
	棺材	kun⁵⁵³⁻³³ ɬɔi³²	
入殓	装身	tsoŋ⁵⁵³⁻³³ sɐn⁵⁵³	
灵堂	灵堂	leŋ³²⁻²² tʰɔŋ³²	
佛堂	佛堂	fɐt³⁻² tʰɔŋ³²	
守灵	上孝	sɛŋ²³ hau³⁵	
	守孝	sɐu³³ hau³⁵	
应七	做七	ɬu³⁵⁻³³ tʰɐt⁴	
戴孝	戴孝	tai³⁵⁻³³ hau³⁵	
除孝	除孝	tsʰi³²⁻²² hau³⁵	
孝子	孝子	hau³⁵⁻³³ ɬu³³	
	孝仔	hau³⁵⁻³³ ɬɐi³³	
孝孙	孝孙	hau³⁵⁻³³ ɬun⁵⁵³	
出殡	出山	tsʰɐt⁴⁻³ san⁵⁵³	
送葬	送孝	ɬoŋ³⁵⁻³³ hau³⁵	
哭丧棒	打狗棍	ta³³ kɐu³³ kɐn³⁵	
纸扎（用纸扎的人、马、房子等）	纸扎	tsi³³ tsat²⁴	
纸钱	纸钱	tsi³³ ɬin³²	
坟地（坟墓所在的地方）	坟地	fɐn³²⁻²² ti³¹	
坟墓	坟山	fɐn³²⁻²² san⁵⁵³	
	山	san⁵⁵³	
碑（不单指墓碑）	石碑	sek³⁻² pi⁵⁵³	
墓碑	墓碑	mu³¹ pi⁵⁵³	
上坟	拜山	pai³⁵⁻³³ san⁵⁵³	
自杀	自杀	ɬu³¹ sat²⁴	

续表

投水（自尽）	跳水	tʰiu³⁵⁻³³ sui³³	
上吊	吊颈	tiu³⁵⁻³³ keŋ³³	
尸骨	骨头	kɐt⁴⁻³ tʰɐu³²	
骨灰坛子	金罂	kɐm⁵⁵³⁻³³ aŋ⁵⁵³	
（三）迷信			
老天爷	天公	tʰin⁵⁵³ koŋ⁵⁵³	
灶王爷	灶公	ɬɐu³⁵⁻³³ koŋ⁵⁵³	
佛	佛	fɐt³	
菩萨	菩萨	pʰɔ³²⁻²² ɬat²⁴	
观世音	观音	kun⁵⁵³⁻³³ jɐm⁵⁵³	
土地庙	庙	miu³¹	
	社公	sɛ²³ koŋ⁵⁵³	
关帝庙	关公庙	kan⁵⁵³ koŋ⁵⁵³ miu³¹	
城隍庙	城隍庙	seŋ³²⁻²² vɔŋ³² miu³¹	
阎王	阎罗王	ȵim³²⁻²² lɔ³² vɔŋ³²	
祠堂	厅屋	tʰeŋ⁵⁵³⁻³³ ok⁴	
香案	神台	sɐn³²⁻²² tʰɔi³²	
上供	上供	sɛŋ²³ koŋ³⁵	
	拜公	pai³⁵⁻³³ koŋ⁵⁵³	
	拜神仙公	pai³⁵⁻³³ sɐn³² ɬin⁵⁵³ koŋ⁵⁵³	
	拜社公	pai³⁵⁻³³ sɛ²³ koŋ⁵⁵³	
烛台	烛台	tsok⁴ tʰɔi³²	
蜡烛（敬神的那种）	蜡烛	lap³¹ tsok⁴	
	油烛	jɐu³²⁻²² tsok⁴	
线香（敬神的那种）	香	hɛŋ⁵⁵³	
香炉	香炉	hɛŋ⁵⁵³ lu³²	
烧香（动宾）	烧香	siu⁵⁵³⁻³³ hɛŋ⁵⁵³	
	点香	tim³³ hɛŋ⁵⁵³	
签诗（印有谈吉凶的诗文的纸条）	签诗	tʰim⁵⁵³ si⁵⁵³	
求签	求签	kʰɐu³²⁻²² tʰin⁵⁵³	
打卦	算卦	ɬun³⁵⁻³³ ka³⁵	

续表

珓（占卜用，通常用一正一反两片竹片制成）	卦	ka³⁵	
阴珓（两面都朝下）	阴卦	jɐm⁵⁵³ ka³⁵	
阳珓（两面都朝上）	阳卦	jɛŋ³²⁻²² ka³⁵	
圣珓（一正一反）	宝卦	pɐu³³ ka³⁵	
庙会	庙会	miu³¹ vui³¹	
做道场	做斋	ɬu³⁵⁻³³ tsai⁵⁵³	
念经	喃经	nam⁵⁵³⁻³³ kɐŋ⁵⁵³	
	喃无	nam⁵⁵³⁻³³ mɔ⁵⁵³	
测字	测字	tsʰɐk⁴⁻³ ɬu³¹	
看风水	睇风水	tʰɐi³³ foŋ⁵⁵³⁻³³ sui³³	
	风水先生	ŋ⁵⁵³⁻³³ sui³³ ɬin⁵⁵³⁻³³ saŋ⁵⁵³	
	地理佬	ti³¹ li²³ lɐu³³	
算命	算命	ɬun³⁵⁻³³ mɐŋ³¹	
算命先生	算命佬	ɬun³⁵⁻³³ mɐŋ³¹ lɐu³³	
看相的	睇相佬	tʰɐi³³ ɬɛŋ³⁵ lɐu³³	
巫婆	仙婆	ɬin⁵⁵³⁻³³ pʰɔ³²	
跳神	跳神	tʰiu³⁵⁻³³ sɐn³²	
许愿	许福	hi³³ fok⁴	
还愿	还愿	van³²⁻²² ȵun³¹	

十六　日常生活

（一）衣

穿衣服	穿衫裤	tsʰun⁵⁵³ sam⁵⁵³ fu³⁵	
脱衣服	脱衫裤	tʰut⁴ sam⁵⁵³ fu³⁵	
	脱衫	tʰut⁴⁻³ sam⁵⁵³	
	□大裤	kʰɐu⁵⁵³ tai³¹ fu³⁵	
提裤子	□大裤	ȵɛp²⁴ ta³¹ fu³⁵	
穿鞋	穿鞋	tsʰun⁵⁵³⁻³³ hai³²	
穿袜子	穿袜	tsʰun⁵⁵³⁻³³ mat³¹	

续表

	穿鞋踏袜	tsʰun⁵⁵³⁻³³ hai³² tap³¹ mat³¹	
脱鞋	脱鞋	tʰut⁴⁻³ hai³²	
量衣服	度衫	tɔk³¹ sam⁵⁵³	
	度尺寸	tɔk³¹ tsʰek⁴ tʰun³⁵	
裁衣服	裁衫	ɬɔi³²⁻²² sam⁵⁵³	
做衣服	针衫裤	tsɐm⁵⁵³⁻³³ sam⁵⁵³ fu³⁵	
用缝纫机做礼服	车衫（裤）	tsʰɛ⁵⁵³⁻³³ sam⁵⁵³（fu³⁵）	
贴边（缝在衣服里子边上的窄条）	边	pin⁵⁵³	
绲边（在衣服、布鞋等的边缘特别缝制的一种圆棱的边儿）	绲边	kʰɐn³³ pin⁵⁵³	
	锁边	ɬɔ³³ pin⁵⁵³	
缲边儿	缲衫/裤脚	lɐu⁵⁵³ sam⁵⁵³⁻³³/fu³⁵⁻³³ kɛk²⁴	
鞔鞋帮儿	整鞋面	tsɐŋ³³ hai³²⁻²² min³¹	
纳鞋底子	纳鞋底	nap² hai³²⁻²² tɐi³³	
开扣眼	开纽窿	hɔi⁵⁵³ nɐu²³ loŋ⁵⁵³	
钉扣子	钉衫纽	tɛŋ³⁵ sam⁵⁵³⁻³³ nɐu²³	
绣花儿	针花	tsɐm⁵⁵³⁻³³ fa⁵⁵³	
打补丁	补滕	pu³³ na⁵⁵³	
做被卧	整被	tsɐŋ³³ pʰi²³	
衣服	衫裤	sam⁵⁵³ fu³⁵	
（新衣服）漂水	洗水	ɬɐi³³ sui³³	
（用清水）漂洗	过清水	kɔ³⁵⁻³³ tʰeŋ⁵⁵³⁻³³ sui³³	
晒衣服	晒衫	sai³⁵⁻³³ sam⁵⁵³	
晾衣服	浪衫	lɔŋ³¹ sam⁵⁵³	
浆衣服	浆衫	ɬɛŋ⁵⁵³⁻³³ sam⁵⁵³	
熨衣服	烫衫	tʰɔŋ³⁵⁻³³ sam⁵⁵³	
(二) 食			
生火	造火	ɬɐu²³ fɔ³³	
	烧火	siu⁵⁵³⁻³³ fɔ³³	
	点火	tim³³ fɔ³³	
做饭（总称）	煮饭	tsi³³ fan³¹	
	煲饭	pɐu⁵⁵³⁻³³ fan³¹	

续表

做早饭	煮朝	tsi^{33}tsiu^{553}	
	煲朝	pɐu$^{553-33}$tsiu^{553}	
做午饭	煮晏	tsi^{33}an^{35}	
	煲晏	pɐu$^{553-33}$an^{35}	
做晚饭	煮夜	tsi^{33}iɛ^{31}	
	煲夜	pɐu$^{553-33}$iɛ^{31}	
热饭	热饭	ȵit$^{3-2}$fan^{31}	
	焗饭	k^{h}ok$^{3-2}$fan^{31}	
煮粥	煮粥	tsi^{33}tsok^{4}	
	煲粥	pɐu$^{553-33}$tsok^{4}	
劈柴	劈柴	p^{h}ek$^{4-3}$ts^{h}ai^{32}	
淘米	洗米	ɬɐi^{33}mɐi^{23}	
发面	发面	fat$^{24-33}$min^{31}	
和面	搂面	lɐu$^{553-33}$min^{31}	
揉面	搣面	ts^{h}ai$^{553-33}$min^{31}	
抻面条	拉面条	lai^{553}min^{31}t^{h}iu^{32}	
下面条	煮面	tsi^{33}min^{31}	
	□面	sau$^{553-33}$min^{31}	
蒸馒头	蒸馒头	tseŋ^{553}man^{31}t^{h}ɐu^{32}	
蒸发糕	蒸发糕	tseŋ^{553}fat$^{24-33}$kɐu^{553}	
做糍粑	整餜	tseŋ^{33}kɔ^{33}	
	整叶包餜	tseŋ^{33}ip$^{3-2}$pau^{553}kɔ^{33}	
做酿	整酿	tseŋ^{33}ȵɛŋ^{31}	
包粽子	包粽	pɐu$^{553-33}$ɬoŋ^{35}	
熬粽子	熬粽	ŋɐu^{31}ɬoŋ^{35}	
	煤粽	sap^{31}ɬoŋ^{35}	
择菜	拣菜	kan^{33}t^{h}ɔi^{35}	
摘菜	执菜	tsɐp$^{4-3}$t^{h}ɔi^{35}	
掐菜	擘菜	nɐt$^{4-3}$t^{h}ɔi^{35}	
切菜	切菜	t^{h}it$^{4-3}$t^{h}ɔi^{35}	

续表

片	片	pʰɛn³³	动词
剖开	破开	pʰɔ³⁵hɔi⁵⁵³	
	破边	pʰɔ³⁵⁻³³pin⁵⁵³	
开膛	破肚	pʰɔ³⁵⁻³³tʰu²³	
剁	斩	tsam³³	
	□	tɛ³⁵	
	斫	tɔk⁴	
做菜（总称）	煮菜	tsi³³tʰɔi³⁵	
	炒菜	tsʰau³³tʰɔi³⁵	
	□菜	nɐn³³tʰɔi³⁵	
弄吃	□吃	nɐn³³hek⁴	
	整吃	tseŋ³³hek⁴	
煎	煎	ɬin⁵⁵³	
炒	炒	tsʰau³³	
煮	煮	tsi³³	
炸	炸	tsau³⁵	
焖	焖	mɐn⁵⁵³	
煠	煠	sap³¹	
蒸	蒸	tseŋ⁵⁵³	
熬	沤	ɐu³⁵	
炖	炖	tɐn³¹	
焯	爁	lok³¹	
	飞水	fi⁵⁵³sui³³	
做汤	滚汤	kɐn³³tʰɔŋ⁵⁵³	
	煲汤	pɐu⁵⁵³⁻³³tʰɔŋ⁵⁵³	
	炖汤	tɐn³¹tʰɔŋ⁵⁵³	
高汤	老汤	lɐu²³tʰɔŋ⁵⁵³	
饭好了（包括饭菜）	煮好饭了	tsi³³hɐu³³fan³¹liu²³	
	饭得了	fan³¹tɐk⁴liu²³	
	饭熟了	fan³¹sok³liu²³	
（饭）生	生	saŋ⁵⁵³	

续表

（饭）生	夹生	kap³¹ saŋ⁵⁵³	
（饭）煳了	燶	fan³¹ noŋ⁵⁵³	
开饭	开饭	hɔi⁵⁵³⁻³³ fan³¹	
盛饭	舀饭	ȵiu²³ fan³¹	
	装饭	tsɔŋ⁵⁵³⁻³³ fan³¹	
	□饭	pɐt⁴⁻³ fan³¹	
搛菜	镊菜	nɛp²⁴⁻³³ tʰɔi³⁵	
舀汤	舀汤	ȵiu²³ tʰɔŋ⁵⁵³	
	□汤	pɐt⁴⁻³ tʰɔŋ⁵⁵³	
喝汤	饮汤	ȵɐm³³ tʰɔŋ⁵⁵³	
吸	嗍	sɔk²⁴	
吃早饭	吃朝	hek⁴⁻³ tsiu⁵⁵³	
吃午饭	吃晏	hek⁴⁻³ an³⁵	
吃晚饭	吃夜	hek⁴⁻³ jɛ³¹	
吃宵夜	吃宵夜	hek⁴ ɬiu⁵⁵³⁻³³ jɛ³¹	
零食	消口	ɬiu⁵⁵³⁻³³ hɐu³³	
用筷子	使筷箸	sɐi³³ fai³⁵⁻³³ tsi³¹	
	抓筷箸	ȵa⁵⁵³ fai³⁵⁻³³ tsi³¹	
	拧筷箸	neŋ⁵⁵³ fai³⁵⁻³³ tsi³¹	
肉不烂	肉冇朕	ȵok² mɐu²³ nɐm³²	
肉韧	肉□	ȵok³ ȵɔŋ³⁵	
嚼不动	□冇入	ȵai³⁵ mɐu²³ ȵɐp³	
（吃饭）噎住了	哽颈	kʰɐŋ²³ keŋ³³	
	着哽	tsɛk³¹ kʰɐŋ²³	
吃不够	冇够喉	mɐu²³ kɐu³⁵⁻³³ hɐu³²	
太饱了	饱过头	pau³³ kɔ³⁵⁻³³ tʰɐu³²	
空口吃	打空吃	ta³³ hoŋ⁵⁵³ hek⁴	光吃菜
打嗝儿（吃饱后）	打□□	ta³³ ɬek⁴⁻³ ŋek⁴	
	打饱呃	ta³³ pau³³ ŋek⁴	
（吃得太多了）撑着了	撑着	tsaŋ³¹ tsɛk³¹	
嘴没味儿	嘴淡	ɬui³³ tʰam²³	

续表

腻	腻颈	ni³¹ keŋ³³	
	腻喉	ni³¹ hɐu³²	
	肚寡	tʰu²³ ka³³	没油水
没胃口	滞肚	tsɐi³¹ tʰu²³	
	胃口冇开	vɐi²³ hɐu³³ mɐu²³ hɔi⁵⁵³	
胃口好	□吃	sak²⁴⁻³³ hek⁴	
	□食	sak²⁴⁻³³ sek³	
积食	痐积	kɛm⁵⁵³ ɬek⁴	
喝茶	饮茶	ȵɐm³³ tsʰa³²	
	叹茶	tʰan³⁵⁻³³ tsʰa³²	
喝水	饮水	ȵɐm³³ sui³³	
泡茶	焗茶	kʰok³⁻² tsʰa³²	
	冲茶	tsʰoŋ⁵⁵³⁻³³ tsʰa³²	
冲开水	冲开水	tsʰoŋ⁵⁵³ hɔi⁵⁵³ sui³³	
	冲滚水	tsʰoŋ⁵⁵³ kɐn³³ sui³³	
	冲热水	tsʰoŋ⁵⁵³ ȵit³⁻² sui³³	
倒茶	斟茶	tsɐm⁵⁵³⁻³³ tsʰa³²	
倒酒	斟酒	tsɐm⁵⁵³⁻³³ ɬɐu³³	
喝酒	饮酒	ȵɐm³³ ɬɐu³³	
抽烟	烧烟	siu⁵⁵³⁻³³ ȵin⁵⁵³	
贪吃	烂吃	lan³¹ hek⁴	
好吃	为吃	vɐi³¹ hek⁴	
独食	独吃	tʰok³⁻² hek⁴	
嗜酒	烂饮	lan³¹ ȵɐm³³	
喝醉	饮醉	ȵɐm³³ ɬui³⁵	
能吃	大吃	tai³¹ hek⁴	
饿了	肚饿	tʰu²³ ŋɔ³¹	
	饿过头	ŋɔ³¹ kɔ³⁵⁻³³ tʰɐu³²	
饿坏	饿伤	ŋɔ³¹ sɐŋ⁵⁵³	
(三) 住			
起床	起身	hi³³ sɐn⁵⁵³	
下床	落床	lɔk³¹ tsʰɔŋ³²	

续表

挂蚊帐	□蚊帐	kɐk⁴ mɐn³²⁻²² tsɛŋ³⁵	
放蚊帐	落蚊帐	lɔk³¹ mɐn³²⁻²² tsɛŋ³⁵	
叠被子	摺被	tsip⁴⁻³ pʰi²³	
洗手	洗手	ɬɐi³³ sɐu³³	
洗脸	洗面	ɬɐi³³ min³¹	
漱口	浪口	lɔŋ³³ hɐu³³	
刷牙	刷牙	tʰat²⁴⁻³³ ŋa³²	
梳头	梳头	sɔ⁵⁵³⁻³³ tʰɐu³²	
	梳头发	sɔ⁵⁵³ tʰɐu³²⁻²² fat²⁴	
	梳头髻	sɔ⁵⁵³ tʰɐu³²⁻²² kɐi³⁵	
绑头发	扎头发	tsat²⁴ tʰɐu³²⁻²² fat²⁴	
	梳头辫	sɔ⁵⁵³ tʰɐu³²⁻²² pin⁵⁵³	
	编头辫	pʰin²³ tʰɐu³²⁻²² pin⁵⁵³	
篦头发	篦头发	pi³¹ tʰɐu³²⁻²² fat²⁴	
	篦虱嫲	pi³¹ sɐt⁴⁻³ na³³	
剪指甲	剪手甲	ɬin³³ sɐu³³ kap²⁴	
掏耳朵	搂耳朵	lɐu⁵⁵³ ȵi²³ tɔ³³	
	挖耳屎	vɛt²⁴ ȵi²³ si³³	
	搂耳屎	lɐu⁵⁵³ ȵi²³ si³³	
洗澡	洗身	ɬɐi³³ sɐn⁵⁵³	
擦澡	抹身	mut⁴⁻³ sɐn⁵⁵³	
洗脚	洗脚	ɬɐi³³ kɐk²⁴	
小便（动词）	屙尿	ɔ⁵⁵³ niu³¹	
大便（动词）	屙屎	ɔ⁵⁵³ si³³	
	□屎	ŋɐŋ⁵⁵³⁻³³ si³³	用力拉
	行恭	haŋ³²⁻²² koŋ⁵⁵³	
拉肚子	肚屙	tʰu²³ ɔ⁵⁵³	
拉稀	屙烂屎	ɔ⁵⁵³ lan³¹ si³³	
	屙□屎	ɔ⁵⁵³ jɐi³⁵ si³³	
便秘	屙硬屎	ɔ⁵⁵³ ŋaŋ³¹ si³³	
擦屁股	抹屎窟	mut⁴ si³³ fɐt⁴	

续表

擦屁股	抹屎窟窿	mut^4 si^{33} fɐt^4 loŋ^{553}	
乘凉	浪凉	lɔŋ^{31} lɐŋ^{32}	
晒太阳	晒热头	sai^{35} ȵit$^{3-2}$ tʰɐu^{32}	
	晒暖	sai$^{35-33}$ nun^{23}	
烤火（取暖）	炙火	tsek$^{4-3}$ fɔ^{33}	
	烘火	hɔŋ$^{35-33}$ fɔ^{33}	
点灯	点灯	tim^{33} tɐŋ^{553}	
开灯	开灯	hɔi$^{553-33}$ tɐŋ^{553}	
	拉灯	la$^{553-33}$ tɐŋ^{553}	
熄灯	肃灯	ɬok$^{4-3}$ tɐŋ^{553}	
	吹灯	tsʰui$^{553-33}$ tɐŋ^{553}	
	关灯	kan$^{553-33}$ tɐŋ^{553}	
歇歇（休息一会儿）	歇下	tʰɐu^{33} ha^{23}	
打盹儿	打口睡	ta^{33} ɬɐt$^{3-2}$ sui^{31}	
	拜眼瞓	pai^{35} ŋan^{23} hɐn^{35}	
打哈欠	打欹浪	ta^{33} hap$^{24-33}$ lɔŋ^{31}	
困了	眼瞓	ŋan^{23} hɐn^{35}	
铺床	铺床	pʰu$^{553-33}$ tsʰɔŋ^{32}	
	整床	tsɐŋ^{33} tsʰɔŋ^{32}	
躺下	睡落	sui^{31} lɔk^{31}	
	睡低	sui^{31} tɐi^{553}	
盖被子	冚被	kʰɐm^{33} pʰi^{23}	
睡着了	睡瞓了	sui^{31} hɐn^{35} liu^{23}	
打呼	鼻头响	pi^{31} tʰɐu^{32} hɛŋ^{33}	
睡不着	睡冇瞓	sui^{31} mɐu^{23} hɐn^{35}	
睡不够	冇够眼	mɐu^{23} kɐu$^{35-33}$ ŋan^{23}	
睡够了	睡够了	sui^{31} kɐu^{35} liu^{23}	
	睡饱了	sui^{31} pau^{33} liu^{23}	
贪睡	烂睡	lan^{31} sui^{31}	
睡午觉	睡晏觉	sui^{31} an$^{35-33}$ kɛu^{35}	
仰面睡	仰住睡	ŋɛŋ^{23} tsi^{31} sui^{31}	
	打仰睡	ta^{33} ŋɛŋ^{23} sui^{31}	

续表

侧着睡	侧住睡	tsɐk⁴ tsi³¹ sui³¹	
	打侧睡	ta³³ tsɐk⁴ sui³¹	
趴着睡	仆住睡	pʰok⁴ tsi³¹ sui³¹	
	趴住睡	pʰa⁵⁵³ tsi³¹ sui³¹	
落枕	睡错枕	sui³¹ tʰɔ³⁵ tsɐm³³	
抽筋了	勾筋	kʰɐu⁵⁵³⁻³³ kɐn⁵⁵³	
做梦	睡梦	sui³¹ moŋ³¹	
说梦话	讲梦话	kɔŋ³³ moŋ³¹ fa³¹	
魇住了	鬼上身	kɐi³³ sɛŋ²³ sɐn⁵⁵³	
熬夜	挨夜	ŋai³²⁻²² jɛ³¹	
开夜车	开夜车	hɔi⁵⁵³ jɛ³¹ tsʰɛ⁵⁵³	
	□床板	toŋ³¹ tsʰɔŋ³²⁻²² pan³³	
（四）行			
走路	行路	haŋ³²⁻²² lu³¹	
	行	haŋ³²	
下地（去地里干活）	落田	lɔk³¹ tʰin³²	
上工	开工	hɔi⁵⁵³⁻³³ koŋ⁵⁵³	
收工	收工	sɐu⁵⁵³⁻³³ koŋ⁵⁵³	
	返工	fan⁵⁵³⁻³³ koŋ⁵⁵³	
	返朝	fan⁵⁵³⁻³³ tsiu⁵⁵³	
	返宴	fan⁵⁵³⁻³³ an³⁵	
	返夜	fan⁵⁵³⁻³³ jɛ³¹	
赶集（到集市上买卖货物）	趁街	tsʰɐn³⁵⁻³³ kai⁵⁵³	
	去街	hui³⁵⁻³³ kai⁵⁵³	
	趁塱	tsʰɐn³⁵⁻³³ lɔŋ³⁵	
	趁墟	tsʰɐn³⁵⁻³³ hi⁵⁵³	
	散塱	ɬan³⁵⁻³³ lɔŋ³⁵	
	散墟	ɬan³⁵⁻³³ hi⁵⁵³	
走亲戚	去村	hui³⁵⁻³³ tʰun⁵⁵³	
出去了	出去了	tsʰɐt⁴⁻³ hui³⁵ liu²³	
回家	返屋	fan⁵⁵³ ok⁴	
	返屋几	fan⁵⁵³ ok⁴ ki³³	

回家了	返屋了	fan$^{553-33}$ ok^4 liu^{23}	
回去	返去	fan$^{553-33}$ hui^{35}	
回来	返来	fan$^{553-33}$ lɔi^{32}	
转回去	返头	fan$^{553-33}$ t^{h}ɐu^{32}	
逛街	行街	haŋ$^{32-22}$ kai^{553}	
	宕街	tɔŋ^{31} kai^{553}	
上街	出街	ts^{h}ɐt$^{4-3}$ kai^{553}	
散步	慢慢行	man^{31} man^{31} haŋ^{32}	
骑车	骑车	k^{h}i$^{32-22}$ ts^{h}ɛ^{553}	
开车	开车	hɔi$^{553-33}$ ts^{h}ɛ^{553}	
乘车	搭车	tap$^{24-33}$ ts^{h}ɛ^{553}	
	坐车	ɬɛ^{23} ts^{h}ɛ^{553}	
坐顺风车	攀车边	man^{553} ts^{h}ɛ$^{553-33}$ pin^{553}	
乘船	搭船	tap$^{24-33}$ sun^{32}	
	坐船	ɬɛ^{23} sun^{32}	
开船	开船	hɔi$^{553-33}$ sun^{32}	
撑船	撑船	ts^{h}aŋ$^{553-33}$ sun^{32}	
乘飞机	搭飞机	tap$^{24-33}$ fi^{553} ki^{553}	
	坐飞机	ɬɛ^{23} fi^{553} ki^{553}	
(司机)揽客	兜客	tɐu^{553} hak^{24}	
	搭客	tap$^{24-33}$ hak^{24}	
	拉客	la^{553} hak^{24}	

十七 诉讼

打官司	打官司	ta^{33} kun^{553} ɬu^{553}	
告状（动宾）	告状	kɐu$^{35-33}$ tsɔŋ^{31}	
	告官	kɐu$^{35-33}$ kun^{553}	
原告	原告	ȵun$^{32-22}$ kɐu^{35}	
被告	被告	pi^{31} kɐu^{35}	

续表

上告	上告	sɛŋ³¹ kɐu³⁵	
状子	状纸	tsɔŋ³¹ tsi³³	
坐堂	升堂	seŋ⁵⁵³ tʰɔŋ³²	
退堂	退堂	tʰui³⁵⁻³³ tʰɔŋ³²	
问案	审案	sɐm³³ ɔn³⁵	
过堂	过堂	kɔ³⁵⁻³³ tʰɔŋ³²	
证人	证人	tseŋ³⁵ ȵɐn³²	
人证	人证	ȵɐn³²⁻²² tseŋ³⁵	
物证	物证	mɐt³⁻² tseŋ³⁵	
对质	对证	tui³⁵⁻³³ tseŋ³⁵	
刑事	刑事	jeŋ³²⁻²² ɬu³¹	
民事	民事	mɐn³²⁻²² ɬu³¹	
家务事（清官难断~）	家务事	ka⁵⁵³ mu²³ ɬu³¹	
律师	律师	lɐt³⁻² ɬu⁵⁵³	
法官	法官	fat²⁴⁻³³ kun⁵⁵³	
代书（代人写状子的）	代书	tɔi³¹ si⁵⁵³	
服	服	fok³	
不服	冇服	mɐu²³ fok³	
上诉	上告	sɛŋ³¹ kɐu³⁵	
宣判	判	pʰun³⁵	
招认	认罪	ȵeŋ³¹ ɬui²³	
	认	ȵeŋ³¹	
口供	口供	hɐu³³ koŋ⁵⁵³	
供（~出同谋）	供	koŋ⁵⁵³	
同谋	同谋	tʰoŋ³²⁻²² mɐu³²	
	同犯	tʰoŋ³²⁻²² mɐu³²	
故犯	故犯	ku³⁵ fan²³	
误犯	误犯	ŋ³¹ fan²³	
犯法	犯法	fan²³ fat²⁴	
犯罪	犯罪	fan²³ ɬui²³	
诬告	诬告	mu⁵⁵³ kɐu³⁵	
诬赖	开桑	hɔi⁵⁵³⁻³³ ɬɔŋ⁵⁵³	

续表

连坐	连坐	lin$^{32-22}$ tɔ^{23}	
保释	保释	pɐu^{33} sek^4	
取保	担保	tam^{553} pɐu^{33}	
逮捕	捉	tsɔk^{24}	
	拉	la^{553}	
押解	押	ap^{24}	
囚车	犯人车	fan^{23} ȵɐn^{32} tsʰɛ^{553}	
青天老爷	清官	tʰeŋ^{553} kun^{553}	
赃官	贪官	tʰam^{553} kun^{553}	
受贿	受贿	sɐu^{31} fui^{33}	
行贿	□钱	ɐp^4 ɬin^{32}	
	畀钱	pi^{33} ɬin^{32}	
罚款	罚款	fat^{31} fun^{33}	
	罚钱	fat^{31} ɬin^{32}	
斩首	斩头	tsam^{33} tʰɐu^{32}	
枪毙	枪毙	tʰɛŋ^{553} pɐi^{31}	
斩条（插在死囚背后验明正身的木条）	牌	pʰai^{32}	
拷打	打	ta^{33}	
打屁股（旧时刑罚）	打屎窟	ta^{33} si^{33} fɐt^4	
上枷	戴枷	tai$^{35-33}$ ka^{553}	
手铐	手铐	sɐu^{33} hau^{35}	
脚镣	脚铐	kɛk$^{24-33}$ hau^{35}	
绑起来	绑起身	pɛn^{33} hi^{33} sɐn^{553}	
囚禁起来	困起身	vɐn^{35} hi^{33} sɐn^{553}	
	关起身	kan^{553} hi^{33} sɐn^{553}	
坐牢	坐监	ɬɔ^{23} kam^{553}	
	踎监	mɐu$^{553-33}$ kam^{553}	
探监	探监	tʰam$^{35-33}$ kam^{553}	
越狱	偷趯	tʰɐu^{553} tɛk^{24}	
立手据	立字据	lɐp^3 ɬu^{31} ki^{35}	
画押	画押	vak^{31} ap^{24}	

续表

按手印	揿手印	kɐm³¹ sɐu³³ jɐn³⁵	
捐税	捐税	kun⁵⁵³ sui³⁵	
地租	地租	ti³¹ ɬu⁵⁵³	
地契	地契	ti³¹ kʰɐi³⁵	
税契（持契交税盖印，使契有效）	税契	sui³⁵⁻³³ kʰɐi³⁵	
纳税	交税	kau⁵⁵³ sui³⁵	
	上税	sɛŋ²³ sui³⁵	
执照	执照	tsɐp⁴ tsiu³⁵	
	牌照	pʰai³²⁻²² tsiu³⁵	
告示	告示	kɐu³⁵⁻³³ si³¹	
通知	通知	tʰoŋ⁵⁵³ tsi⁵⁵³	
路条	路条	lu³¹ tʰiu³²	
命令	命令	meŋ³¹ leŋ³¹	
印（官方图章）	印	jɐn³⁵	
	大印	ta³¹ jɐn³⁵	
	公章	koŋ⁵⁵³ tsɛŋ⁵⁵³	
私章	私章	ɬu⁵⁵³ tsɛŋ⁵⁵³	
盖章	盖印	kɔi³⁵⁻³³ jɐn³⁵	
	揿印	kɐm³¹ jɐn³⁵	
	㧳印	kʰɐm³³ jɐn³⁵	
私访	暗访	ɛm³⁵ fɔŋ³³	
交代（把经手的事务移交给接替的人）	交带	kau⁵⁵³ tai³⁵	
上任	上任	sɛŋ²³ ȵɐm³¹	
	上台	sɛŋ²³ tʰɔi³²	
卸任	落台	lɔk³¹ tʰɔi³²	
罢免	罢官	pa³¹ kun⁵⁵³	
案卷	案宗	an³⁵⁻³³ ɬoŋ⁵⁵³	
传票	传票	tsʰun³²⁻²² pʰiu³⁵	

十八　交际

应酬	应酬	jeŋ³⁵⁻³³ tsʰɐu³²	
	招待	tsiu⁵⁵³ tɔi³¹	
来往	行往	haŋ³²⁻²² vɔŋ²³	
	跟人情	kɐn⁵⁵³ n̠ɐn³²⁻²² ɬeŋ³²	
看人（去看望人）	睇人	tʰɐi³³ n̠ɐn³²	
	探	tʰam³⁵	
拜访	探	tʰam³⁵	
回拜	探返	tʰam³⁵ fan⁵⁵³	
客人	人客	n̠ɐn³²⁻²² hak²⁴	
	客	hak²⁴	
请客	请饮	tʰeŋ³³ n̠ɐn³³	
	请吃	tʰeŋ³³ hek⁴	
	请客	tʰeŋ³³ hak²⁴	
招待	招待	tsiu⁵⁵³ tɔi³¹	
	招呼	tsiu⁵⁵³ fu⁵⁵³	
男客	男客	nam³² hak²⁴	
女客	女客	nui²³ hak²⁴	
送礼	送礼	ɬoŋ³⁵⁻³³ lɐi²³	
	跟人情	kɐn⁵⁵³ n̠ɐn³²⁻²² ɬeŋ³²	
凑份子	佮分	kɐp⁴⁻³ fɐn³¹	
礼物	礼	lɐi²³	
	礼物	lɐi²³ mɐt³	
	人情	n̠ɐn³²⁻²² ɬeŋ³²	
欠人情	争人情	tsaŋ⁵⁵³ n̠ɐn³²⁻²² ɬeŋ³²	
	少人情	siu³³ n̠ɐn³²⁻²² ɬeŋ³²	
做客	做人客	ɬu³⁵ n̠ɐn³²⁻²² hak²⁴	
待客	待人客	tɔi³¹ n̠ɐn³²⁻²² hak²⁴	
陪客（动宾）	陪客	pʰui²³ hak²⁴	
	陪	pʰui²³	
送客	送客	ɬoŋ³⁵⁻³³ hak²⁴	

续表

不送了（主人说的客气话）	冇使送了	mɐu²³ sɐi³³ ɬoŋ³⁵ liu²³	
	好行	hɐu³³ haŋ³²	
谢谢	唔该	m³¹ kɔi⁵⁵³	
	多谢	tɔ⁵⁵³ ɬɛ³¹	
不客气	冇客气	mɐu²³ hak²⁴⁻³³ hi³⁵	
	冇使客气	mɐu²³ sɐi³³ hak²⁴⁻³³ hi³⁵	
摆酒席	整酒	tseŋ³³ ɬɐu³³	
	摆酒	pai³³ ɬɐu³³	
	请酒	tʰeŋ³³ ɬɐu³³	
	请饮	tʰeŋ³³ ŋɐm³³	
一桌酒席	一围酒	a³³ vɐi³² ɬɐu³³	
	一台酒	a³³ tʰɔi³² ɬɐu³³	
请帖	帖	tʰip⁴	
	请帖	tʰeŋ³³ tʰip⁴	
下请帖	落帖	lɔk³¹ tʰip⁴	
	落请帖	lɔk³¹ tʰeŋ³³ tʰip⁴	
	发请帖	fat²⁴ tʰeŋ³³ tʰip⁴	
入席	入围	ȵɐp³⁻² vɐi³²	
	入席	ȵɐp³⁻² ɬek³	
	上台	sɛŋ²³ tʰɔi³²	
上菜	上菜	sɛŋ²³ tʰɔi³⁵	
劝酒	口饮	ɛu⁵⁵³ ŋɐm³³	
干杯	碰杯	pʰoŋ³⁵⁻³³ pui⁵⁵³	
行酒令	猜码	tsʰai⁵⁵³⁻³³ ma²³	
（他们两人）不和	冇啱	mɐu²³ ŋam⁵⁵³	
	有仇	jɐu²³ tsʰɐu³²	
	冇佮得来	mɐu²³ kɐp⁴ tɐk⁴⁻³ lɔi³²	
邻居	隔篱邻舍	kak²⁴⁻³³ li³² lɐn³²⁻²² sɛ³⁵	
朋友	伙计	fɔ³³ ki³⁵	
	朋友	pʰeŋ³²⁻²² jɐu²³	

续表

朋友	兄弟	heŋ⁵⁵³⁻³³ tʰɐi²³
	姐妹	ɬɛ³³ mui³¹
冤家	死对头	ɬi³³ tui³⁵⁻³³ tʰɐu³²
合得来	佮得来	kɐp⁴ tɐk⁴⁻³ lɔi³²
	佮得啱	kɐp⁴ tɐk⁴⁻³ ŋam⁵⁵³
合不来	佮冇来	kɐp⁴ mɐu²³ lɔi³²
	冇佮得来	mɐu²³ kɐp⁴ tɐk⁴⁻³ lɔi³²
	佮冇啱	kɐp⁴ mɐu²³ ŋam⁵⁵³
	冇佮得啱	mɐu²³ kɐp⁴ tɐk⁴⁻³ ŋam⁵⁵³
谈恋爱	谈恋爱	tʰam³² lun³⁵⁻³³ ɔi³⁵
	谈婚	tʰam³²⁻²² vun⁵⁵³
合伙	佮伙	kɐp⁴⁻³ fɔ³³
	佮档	kɐp⁴⁻³ tɔŋ³⁵
散伙	散伙	ɬan³⁵⁻³³ fɔ³³
	散档	ɬan³⁵⁻³³ tɔŋ³⁵
不平（路见~）	冇公道	mɐu²³ koŋ⁵⁵³ tɐu³¹
扯平	拉平	la⁵⁵³ pʰeŋ³²
冤枉	冤枉	jun⁵⁵³⁻³³ vɔŋ³³
	冤	jun⁵⁵³
插嘴	插口	tsʰap²⁴⁻³³ hɐu³³
	插嘴	tsʰap²⁴⁻³³ ɬui³³
吹毛求疵	论阵	lɐn³²⁻²² tsɐn³¹
	难讲	nan³²⁻²² kɔŋ³³
	难倾	nan³²⁻²² kʰeŋ⁵⁵³
刻薄	厌尖	jim³⁵⁻³³ ɬim⁵⁵³
做作	装样	tsɔŋ⁵⁵³ jɛŋ³¹
	装	tsʰɔŋ⁵⁵³
摆架子	整样	tseŋ³³ jɛŋ³¹
	装样	tsɔŋ⁵⁵³ jɛŋ³¹
	架势	ka³⁵⁻³³ ɬɐi³⁵
假装	诈	tsa³⁵
装傻	诈傻	tsa³⁵⁻³³ sɔ³¹

续表

装傻	装痴扮傻	tsɔŋ⁵⁵³⁻³³ tsʰi⁵⁵³ pan³¹ sɔ³¹	
	诈□	tsa³⁵⁻³³ sɐŋ²³	
	诈懵	tsa³⁵⁻³³ moŋ³³	
出洋相	丢架	tiu⁵⁵³ ka³¹	
	献世	hin³⁵⁻³³ sɐi³⁵	
丢人	丢架	tiu⁵⁵³ ka³¹	
	前世有遭	ɬin³²⁻²² sɐi³⁵ mɐu²³ ɬɐu⁵⁵³	
	失礼	sɐt⁴ lɐi²³	
巴结	捧	poŋ³³	
	□	lɛp³¹	
	捧大腿	poŋ³³ tai³¹ tʰui³³	
	捧大镶	poŋ³³ tai³¹ nɔŋ⁵⁵³	
串门儿	串门口	tsʰun³⁵ mun³²⁻²² hɐu³³	
拉近乎	□	lɐu³⁵	
看得起	睇得起	tʰɐi³³ tɐk⁴⁻³ hi³³	
看不起	睇冇起	tʰɐi³³ mɐu²³ hi³³	
	睇小	tʰɐi³³ ɬiu³³	
	睇衰	tʰɐi³³ sui⁵⁵³	
合伙儿	佮伙	kɐp⁴⁻³ fɔ³³	
	佮份	kɐp⁴⁻³ fɐn³¹	
答应	应承	jeŋ⁵⁵³ seŋ³²	
	应	jeŋ³⁵	
不答应	冇应承	mɐu²³ jeŋ⁵⁵³ seŋ³²	
	冇应	mɐu²³ jeŋ³⁵	
	冇肯	mɐu²³ hɐŋ³³	
撵出去	猎出去	lip³ tsʰɐt⁴⁻³ hui³⁵	
	猎扯	lip³ tsʰɛ³³	
	棒出去	pʰaŋ²³ tsʰɐt⁴⁻³ hui³⁵	
做伴	做徒	ɬu³⁵⁻³³ tʰu³²	
	有队	jɐu²³ tui³¹	
回娘家	去村	hui³⁵⁻³³ tʰun⁵⁵³	
探年	探年	tʰam³⁵⁻³³ nin³²	
探亲	探亲	tʰam³⁵⁻³³ tʰɐn⁵⁵³	

十九 商业、交通

(一) 经商行业

字号	字号	ɬu³¹ hɐu³¹	
招牌	招牌	tsiu⁵⁵³ pʰai³²	
广告	广告	kɔŋ³³ kɐu³⁵	
开铺子	开铺头	hɔi⁵⁵³ pʰu³⁵⁻³³ tʰɐu³²	
	开档	hɔi⁵⁵³⁻³³ tɔŋ³⁵	
	开铺	hɔi⁵⁵³⁻³³ pʰu³⁵	
铺面（商店的门面）	铺头	pʰu³⁵⁻³³ tʰɐu³²	
	门面	mun³²⁻²² min³¹	
	档口	tɔŋ³⁵⁻³³ hɐu³³	
	铺面	pʰu³⁵ min³¹	
摆摊子	摆摊	pai³³ tʰan⁵⁵³	
	摆档	pai³³ tɔŋ³⁵	
跑单帮	九八佬	kɐu³³ pɛt²⁴ lɐu³³	
	九八儿	kɐu³³ pɛt²⁴ ȵi⁵⁵³	
做生意	做生意	ɬu³⁵ saŋ⁵⁵³⁻³³ i³⁵	
谈生意	倾生意	kʰɛŋ³³ saŋ⁵⁵³⁻³³ i³⁵	
	拉生意	lai⁵⁵³ saŋ⁵⁵³⁻³³ i³⁵	
	抢生意	tʰɛŋ³³ saŋ⁵⁵³⁻³³ i³⁵	
旅店	旅社	li²³ sɛ²³	
饭馆	饭店	fan³¹ tim³⁵	
	酒家	ɬɐu³³ ka⁵⁵³	
	餐馆	tʰan⁵⁵³ kun³³	
	大排档	tai³¹ pʰai³²⁻²² tɔŋ³⁵	
	粉店	fɐn³³ tim³⁵	
	饮食店	ŋɐm³³ sek³ tim³⁵	
餐厅	餐厅	tʰan⁵⁵³ tɛŋ⁵⁵³	
酒店	酒店	ɬɐu³³ tim³⁵	

续表

下馆子	去饭店吃	hui³⁵ fan³¹ tim³⁵ hek⁴	
饭店服务员	服务员	fok³⁻² mu³¹ jun³²	
	伙计	fɔ³³ ki³⁵	
	工仔	koŋ⁵⁵³ ɬɐi³³	
	捧菜个	poŋ³³ tʰɔi³⁵ kɔ³³	
布店	布头店	pu³⁵⁻³³ tʰɐu³² tim³⁵	
百货店	百货	pak²⁴⁻³³ fɔ³⁵	
杂货店	铺儿	pʰu³⁵⁻³³ ɲi⁵⁵³	
	铺头	pʰu³⁵⁻³³ tʰɐu³²	
	日杂铺	ŋɐt³⁻² ɬap³¹ pʰu³⁵	
	杂货铺	ɬap³¹ fɔ³⁵ pʰu³⁵	
油盐店	配料店	pʰui³⁵⁻³³ liu³¹ tim³⁵	
粮店	粮铺	lɛŋ³²⁻²² pʰu³⁵	
	米铺	mɐi²³ pʰu³⁵	
粮所	粮所	lɛŋ³²⁻²² sɔ³³	
瓷器店	罌煲店	aŋ⁵⁵³⁻³³ pɐu⁵⁵³ tim³⁵	
文具店	文具店	mɐn³²⁻²² ki³¹ tim³⁵	
书店	书店	si⁵⁵³ tim³⁵	
茶馆	茶楼	tsʰa³²⁻²² lɐu³²	
服装店	成衣店	seŋ³²⁻²² i⁵⁵³ tim³⁵	
裁缝店	车衫店	tsʰɛ⁵⁵³⁻³³ sam⁵⁵³ tim³⁵	
	针衫店	tsɐm⁵⁵³⁻³³ sam⁵⁵³ tim³⁵	
理发店	飞发铺	fi⁵⁵³ fat²⁴ pʰu³⁵	
	剃头摊	tʰɐi³⁵⁻³³ tʰɐu³² tʰan⁵⁵³	
	理发店	li²³ fat²⁴ tim³⁵	
	发廊	fat²⁴⁻³³ lɔŋ³²	
理发	飞头发	fi⁵⁵³ tʰɐu³²⁻²² fat²⁴	
	剪头发	ɬin³³ tʰɐu³²⁻²² fat²⁴	
刮脸	剃面	tʰɐi³⁵⁻³³ min³¹	
刮胡子	刨胡须	pau³¹ vu³²⁻²² ɬi⁵⁵³	
	剃胡须	tʰɐi³⁵ vu³²⁻²² ɬi⁵⁵³	
肉铺	肉摊	ŋok³⁻² tʰan⁵⁵³	

续表

肉铺	猪肉摊	tsi⁵⁵³⁻³³ȵok³tʰan⁵⁵³	
米行	米行	mɐi²³hɔŋ³²	
菜行	菜行	tʰɔi³⁵⁻³³hɔŋ³²	
鸡鸭行	鸡鸭行	kɐi⁵⁵³ap²⁴hɔŋ³²	
菜摊	菜摊	tʰɔi³⁵⁻³³tʰan⁵⁵³	
杀猪	劏猪	tʰɔŋ⁵⁵³⁻³³tsi⁵⁵³	
油坊	油榨	jɐu³²⁻²²tsa³⁵	
当铺	当铺	tɔŋ³⁵⁻³³pʰu³⁵	
租房子	租屋	ɬu⁵⁵³ok⁴	
典房子	当屋	tɔŋ³⁵⁻³³ok⁴	
煤铺	煤铺	mui³²⁻²²pʰu³⁵	
煤球	煤球	mui³²⁻²²kʰɐu³²	
	煤	mui³²	
	蜂窝煤	foŋ⁵⁵³vɔ⁵⁵³mui³²	
(二) 经营、交易			
开业	开张	hɔi⁵⁵³⁻³³tsɛŋ⁵⁵³	
	开档	hɔi⁵⁵³⁻³³tɔŋ³⁵	
停业	关门	kan⁵⁵³⁻³³mun³²	
	冇开档	mɐu²³hɔi⁵⁵³⁻³³tɔŋ³⁵	
倒闭	口斗	kʰɐp⁴tɐu³³	
	执笠	tsɐp⁴lɐp⁴	
盘点	盘点	pʰun³²⁻²²tim³³	
柜台	柜台	kɐi³¹tʰɔi³²	
买东西	买嘢	mai²³ȵɛ²³	
光顾	帮趁	pɔŋ⁵⁵³tsʰɐn³⁵	
开价	开价	hɔi⁵⁵³⁻³³ka³⁵	
	畀价	pi³³ka³⁵	
还价	讲价	kɔŋ³³ka³⁵	
在乎	志口	tsi³⁵⁻³³ɬɔi³¹	
(价钱) 便宜	平	pʰɐŋ³²	
	便宜	pʰit³⁻²ȵi³²	
	贱价	ɬin³¹ka³⁵	

续表

（价钱）便宜	烂贱	lan³¹ ɬin³¹	太便宜，不值钱
实价	实价	sɐt³⁻² ka³⁵	
涨价	起价	hi³³ ka³⁵	
	涨价	tsɛŋ³⁵⁻³³ ka³⁵	
降价	落价	lɔk³¹ ka³⁵	
	跌价	tit⁴ ka³⁵	
	降价	kɔŋ³⁵⁻³³ ka³⁵	
付钱	畀钱	pi³³ ɬin³²	
	睇数	tʰɐi³³ su³⁵	
赊账	赊数	sɛ⁵⁵³ su³⁵	
找钱	找银纸	tsau³³ ŋɐn³²⁻²² tsi³³	
	找钱	tsau³³ ɬin³²	
换零钱	换散纸	vun³¹ ɬan³³ tsi³³	
（价钱）贵	贵	kɐi³⁵	
（价钱）公道	公道	koŋ⁵⁵³ tɐu³¹	
	啱	ŋam⁵⁵³	
省钱	悭钱	han⁵⁵³ ɬin³²	
包圆儿（剩下的全部买了）	要齐	ȵiu³⁵ ɬɐi³²	
	攞齐	lɔ³³ ɬɐi³²	
	包齐	pau⁵⁵³ ɬɐi³²	
买卖好	生意好	saŋ⁵⁵³⁻³³ i³⁵ hɐu³³	
	生意旺	saŋ⁵⁵³⁻³³ i³⁵ vɔŋ³¹	
	旺市	vɔŋ³¹ si²³	
	好卖	hɐu³³ mai³¹	
买卖清淡	生意淡	saŋ⁵⁵³⁻³³ i³⁵ tʰam²³	
零卖	散卖	ɬan³³ mai³¹	
	拆开卖	tsʰak²⁴ hɔi⁵⁵³ mai³¹	
批发	批发	pʰɐi⁵⁵³ fat²⁴	
好货	好嘢	hɐu³³ ŋɛ²³	
	正嘢	tsɛŋ³⁵ ŋɛ²³	
	靓嘢	lɛŋ³⁵ ŋɛ²³	

续表

次品	□嘢	jɐi²³ ɲɛ²³	
	陋嘢	lɐu³¹ ɲɛ²³	
	鲊嘢	tsa³³ ɲɛ²³	
旧货	旧嘢	kɐu³¹ ɲɛ²³	
进口货	进口嘢	ɬɐn³⁵⁻³³ hɐu³³ ɲɛ²³	
收市	收市	sɐu⁵⁵³ si²³	
	散市	ɬan³⁵⁻³³ si²³	
	散行	ɬan³⁵⁻³³ hɔŋ³²	
	收摊	sɐu⁵⁵³⁻³³ tʰan⁵⁵³	
	收档	sɐu⁵⁵³⁻³³ tɔŋ³⁵	
工钱	工钱	koŋ⁵⁵³ ɬin³²	
	人工	ɲɐn³²⁻²² koŋ⁵⁵³	
本钱	本钱	pun³³ ɬin³²	
	本	pun³³	
保本	平本	pʰeŋ³²⁻²² pun³³	
赚钱	赚钱	tsan³¹ ɬin³²	
	搂钱	lɐu⁵⁵³ ɬin³²	
	揾钱	vɐn³³ ɬin³²	
	发财	fat²⁴⁻³³ ɬɔi³²	
亏本	蚀本	sit³⁻² pun³³	
	蚀	sit³	
打折	蚀本卖	sit³⁻² pun³³ mai³¹	
	打折	ta³³ tsit⁴	
路费	车脚	tsʰɛ⁵⁵³ kɛk²⁴	
	脚数	kɛk²⁴⁻³³ su³⁵	
	路费	lu³¹ fi³⁵	
利息	利息	li³¹ ɬek⁴	
	利	li³¹	
运气好	好彩	hɐu³³ tʰɔi³³	
	好运	hɐu³³ vɐn³¹	
	行运	haŋ³²⁻²² vɐn³¹	
欠（~他三元钱）	争	tsaŋ⁵⁵³	

续表

差（~五角十元，即九元五角）	争	tsaŋ⁵⁵³	
押金	压金	at²⁴⁻³³ kɐm⁵⁵³	
划算	抵	tɐi³³	
	抵手	tɐi³³ sɐu³³	
	抵值	tɐi³³ tsʰek³	
	抵数	tɐi³³ su³⁵	
	为得过	vɐi³² tɐk⁴⁻³ kɔ³⁵	
不划算	蚀抵	sit³⁻² tɐi³³	
	老丁	lɐu²³ tɐŋ⁵⁵³	
	为冇过	vɐi³² mɐu²³ kɔ³⁵	
值钱	值钱	tsʰek³⁻² ɬin³²	
	抵钱	tɐi³³ ɬin³²	
	抵吃	tɐi³³ hek⁴	
	抵手	tɐi³³ sɐu³³	
花（钱）	使	sɐi³³	
（钱）不经花	冇禁使	mɐu²³ kʰɐm⁵⁵³ sɐi³³	
	大甩	tai³¹ fɐŋ³⁵	花钱大手大脚
	大使	tai³¹ sɐi³³	花钱大手大脚
托儿	蚕丝	ɬam³²⁻²² ɬu⁵⁵³	
做托儿	拉蚕丝	lai⁵⁵³ ɬam³²⁻²² ɬu⁵⁵³	
财产	身家	sɐn⁵⁵³⁻³³ ka⁵⁵³	
	家产	ka⁵⁵³ tsʰan³³	
发迹	发达	fat²⁴⁻³³ tat³¹	发迹
（三）账目、度量衡			
账房	账房	tsɛŋ³⁵⁻³³ fɔŋ³²	
开销	使用	sɐi³³ joŋ³¹	
	开支	hɔi⁵⁵³⁻³³ tsi⁵⁵³	
	开销	hɔi⁵⁵³⁻³³ ɬiu⁵⁵³	
	花销	fa⁵⁵³ ɬiu⁵⁵³	
收账（记收入的账）	记数	ki³⁵⁻³³ su³⁵	
	收数	sɐu⁵⁵³ su³⁵	

续表

出账（记付出的账）	记数	ki³⁵⁻³³ su³⁵	
	支数	tsi⁵⁵³ su³⁵	
欠账	赊数	sɛ⁵⁵³ su³⁵	
	欠数	him³⁵⁻³³ su³⁵	
要账	要数	ȵiu³⁵⁻³³ su³⁵	
	追数	tsui⁵⁵³ su³⁵	
烂账（要不来的账）	烂数	lan³¹ su³⁵	
发票	发票	fat²⁴⁻³³ pʰiu³⁵	
收据	收据	søu⁵⁵³ ki³⁵	
	收条	søu⁵⁵³ tʰiu³²	
存款（存下的钱）	存银纸	ɬun³² ŋɐn³²⁻²² tsi³³	
	存款	ɬun³²⁻²² fun³³	
整钱（如十元、百元的钱）	整数	tseŋ³³ su³⁵	
零碎钱	散纸	ɬan³³ tsi³³	
换零钱	找散纸	tsau³³ tsi³³	
钞票（纸币）	银纸	ŋɐn³²⁻²² tsi³³	
铜板儿	银儿	ŋɐn³²⁻²² ȵi⁵⁵³	
银元	铜先	tʰoŋ³²⁻²² ɬin⁵⁵³	
一分钱	一分纸	a³³ fɐn⁵⁵³ tsi³³	
一毛钱	一角纸	a³³ kɔk²⁴ tsi³³	
一块钱	一文纸	a³³ mɐn⁵⁵³ tsi³³	
十块钱	十文纸	sɐp³ mɐn⁵⁵³ tsi³³	
一百块钱	一百文纸	a³³ pak²⁴ mɐn⁵⁵³ tsi³³	
一张票子	一张银纸	a³³ tsɛŋ⁵⁵³ ŋɐn³²⁻²² tsi³³	
一个铜子儿	一只铜先	a³³ tsek⁴ tʰoŋ³²⁻²² ɬin⁵⁵³	
一个硬币	一只银儿	a³³ tsek⁴ ŋɐn³²⁻²² ȵi⁵⁵³	
算盘	算手	ɬun³⁵⁻³³ søu³³	
	算盘	ɬun³⁵⁻³³ pʰun³²	
天平	天平	tʰin⁵⁵³⁻pʰeŋ³²	
砝码	砝码	fat²⁴⁻³³ ma²³	
戥子（等子）	秤儿	tsʰeŋ³⁵⁻³³ ȵi⁵⁵³	

续表

秤	秤	tsʰeŋ³⁵	
新秤	新式秤	ɬɐn⁵⁵³ sek⁴ tsʰeŋ³⁵	十两秤
旧秤	老秤	lɐu²³ tsʰeŋ³⁵	十六两秤
大秤	大秤	tai³¹ tsʰeŋ³⁵	
磅秤	磅	pɔŋ³¹	
	磅秤	pɔŋ³¹ tsʰeŋ³⁵	
秤盘	定盘	teŋ³¹ pʰun³²	
秤盘星	秤星	tsʰeŋ³⁵⁻³³ ɬeŋ⁵⁵³	
第一颗秤星	头脑	tʰɐu³²⁻²² nɐu²³	
第二颗秤星	二脑	ȵi³¹ nɐu²³	
过秤	过秤	kɔ³⁵⁻³³ tsʰeŋ³⁵	
	过磅	kɔ³⁵⁻³³ pɔŋ³¹	
秤杆儿	秤身	tsʰeŋ³⁵⁻³³ sɐn⁵⁵³	
秤钩	秤钩	tsʰeŋ³⁵⁻³³ ŋɐu⁵⁵³	
秤砣	秤砣	tsʰeŋ³⁵⁻³³ tʰɔ³²	
秤毫	秤耳	tsʰeŋ³⁵⁻³³ ȵi²³	
（称物时）称尾高	先	ɬin⁵⁵³	
	多有突	ɔ⁵⁵³ jɐu²³ tʰɐt³	
称尾低	慢	man³¹	
	重秤	tsʰoŋ²³ tsʰeŋ³⁵	压秤
	轻秤	heŋ⁵⁵³ tsʰeŋ³⁵	东西轻
	够秤	kɐu³⁵⁻³³ tsʰeŋ³⁵	斤两足
	呃秤	ŋɐk⁴ tsʰeŋ³	缺斤短两

（四）交通

铁路	铁路	tʰit⁴⁻³ lu³¹	
铁轨	铁轨	tʰit⁴⁻³ kɐi³³	
火车	火车	fɔ³³ tsʰɛ⁵⁵³	
火车站	火车站	fɔ³³ tsʰɛ⁵⁵³ tsam³¹	
公路	大路	ta³¹ lu³¹	
汽车	汽车	hi³⁵⁻³³ tsʰɛ⁵⁵³	

续表

客车（指汽车的）	班车	pan^{553} ts^{h}ɛ^{553}	
货车（指汽车的）	大汽车	tai^{31} hi$^{35-33}$ ts^{h}ɛ^{553}	
公共汽车	公共汽车	koŋ^{553} koŋ^{31} hi$^{35-33}$ ts^{h}ɛ^{553}	
	公交车	koŋ^{553} kau^{553} ts^{h}ɛ^{553}	
小轿车	轿车	kiu^{31} ts^{h}ɛ^{553}	
	小车	ɬiu^{33} ts^{h}ɛ^{553}	
摩托车	摩托车	mɔ^{553} t^{h}ɔk^{24} ts^{h}ɛ^{553}	
三轮车（载人的）	三轮车	sam$^{553-33}$ lɐn^{32} ts^{h}ɛ^{553}	
平板三轮车（拉货的）	三轮车	sam$^{553-33}$ lɐn^{32} ts^{h}ɛ^{553}	
自行车	单车	tan$^{553-33}$ ts^{h}ɛ^{553}	
马车	马车	ma^{23} ts^{h}ɛ^{553}	
牛车	牛车	ȵɐu$^{32-22}$ ts^{h}ɛ^{553}	
平板车	板车	pan^{33} ts^{h}ɛ^{553}	
独轮车	单轮车	tan$^{553-33}$ lɐn^{32} ts^{h}ɛ^{553}	
	鸡公车	kɐi$^{553-33}$ koŋ^{553} ts^{h}ɛ^{553}	
消防车	救火车	kɐu$^{35-33}$ fɔ^{33} ts^{h}ɛ^{553}	
警车	警车	keŋ^{33} ts^{h}ɛ^{553}	
救护车	急救车	kɐp^{4} kɐu^{35} ts^{h}ɛ^{553}	
	救护车	kɐu$^{35-33}$ vu^{31} ts^{h}ɛ^{553}	
开车	开车	hɔi$^{553-33}$ ts^{h}ɛ^{553}	
	抓车	ȵa$^{553-33}$ ts^{h}ɛ^{553}	
车轮	车轮	ts^{h}ɛ$^{553-33}$ lɐn^{32}	
轮胎	轮胎	lɐn$^{32-22}$ t^{h}ɔi^{553}	
车辐条	车箭	ts^{h}ɛ$^{553-33}$ ɬin^{35}	
链条	链	lin^{31}	
车闸	掣	ts^{h}ɐi^{35}	
车铃铛	铃铃	leŋ^{33} leŋ^{33}	
上车	上车	sɛŋ^{23} ts^{h}ɛ^{553}	
下车	落车	lɔk^{31} ts^{h}ɛ^{553}	
船（总称）	船	sun^{32}	
小船	艇	t^{h}eŋ^{23}	
竹排	竹排	tsok$^{4-3}$ p^{h}ai^{32}	

续表

帆	帆	fan^{32}	
篷（织竹夹箬覆舟）	篷	p^{h}oŋ^{32}	
舵	舵	tɔ^{31}	
橹	桨	ɬɛŋ^{33}	
桨	桨	ɬɛŋ^{33}	
篙	竹篙	tsok$^{4-3}$ kɐu^{553}	
跳板（上下船用）	跳板	t^{h}iu$^{35-33}$ pan^{33}	
帆船	帆船	fan$^{32-22}$ sun^{32}	
舢板（三板）	艇儿	t^{h}eŋ^{23} ȵi^{553}	
划船	㯲船	tsau^{31} sun^{32}	
	撑船	ts^{h}aŋ$^{553-33}$ sun^{32}	
	撑篙	ts^{h}aŋ$^{553-33}$ kɐu^{553}	
掌舵	抓舵	ȵa^{553} tɔ^{31}	
拉纤	拉缆	la^{553} lam^{31}	
靠岸	靠边	k^{h}au$^{35-33}$ pin^{553}	
渔船	渔船	ȵi$^{32-22}$ sun^{32}	
渡船	轮渡	lɐn$^{32-22}$ sun^{32}	
	渡船	tu^{31} sun^{32}	
轮船	轮船	lɐn$^{32-22}$ sun^{32}	
	火船	fɔ^{33} sun^{32}	
过摆渡（坐船过河）	过渡	kɔ$^{35-33}$ tu^{31}	
渡口	渡口	tu^{31} hɐu^{33}	
	码头	ma^{23} t^{h}ɐu^{32}	
上船	上船	sɛŋ^{23} sun^{32}	
下船	落船	lɔk^{31} sun^{32}	
飞机	飞机	fi^{553} ki^{553}	
直升机	直升机	ts^{h}ek$^{3-2}$ seŋ^{553} ki^{553}	
	战斗机	tsin$^{35-33}$ tɐu^{35} ki^{553}	

二十　文化教育

（一）学校、教室、文具

学校	学校	hɔk³¹ hau³¹	
	学堂	hɔk³¹ tʰɔŋ³²	
上学（开始上小学）	入学	ȵɐp³⁻² hɔk³¹	
	得读书	tɐk⁴ tʰok³⁻² si⁵⁵³	
上学（去学校上课）	去读书	hui³⁵ tʰok³⁻² si⁵⁵³	
中午放学	返朝	fan⁵⁵³⁻³³ hɔk³¹	
下午放学	返夜	fan⁵⁵³⁻³³ jɛ³¹	
逃学	偷溜	tʰɐu⁵⁵³⁻³³ liu⁵⁵³	
幼儿园（年龄较大）	幼儿班	jɐu³⁵ ȵi³² pan⁵⁵³	
托儿所（年龄较小）	幼儿班	jɐu³⁵ ȵi³² pan⁵⁵³	
私塾	私塾	ɬu⁵⁵³ sok³	
	私人学堂	ɬu⁵⁵³ ȵɐn³² hɔk³¹ tʰɔŋ³²	
学费	学费	hɔk³¹ fi³⁵	
放假	放假	fɔŋ³⁵⁻³³ ka³³	
暑假	六月假	lok³ ȵut³⁻² ka³³	
	暑假	si³³ ka³³	
寒假	寒假	hɔn³²⁻²² ka³³	
请假	请假	tʰeŋ³³ ka³³	
教室	教室	kɐu³⁵⁻³³ sɐt⁴	
上课	上课	sɛŋ²³ fɔ³⁵	
下课	落课	lɔk³¹ fɔ³⁵	
讲台	讲台	kɔŋ³³ tʰɔi³²	
黑板	黑板	hak⁴⁻³ pan³³	
粉笔	粉笔	fɐn³³ pɐt⁴	
板擦儿	粉笔擦	fɐn³³ pɐt⁴ tsʰat²⁴	
	黑板擦	hak⁴⁻³ pan³³ tsʰat²⁴	
点名册	花名册	fa⁵⁵³⁻³³ meŋ³² tsʰak²⁴	
	花名簿	fa⁵⁵³⁻³³ meŋ³² pu³¹	
	点名簿	tim³³ meŋ³² pu³¹	

续表

戒尺	戒尺	kai³⁵⁻³³ tsʰek⁴	
笔记本	笔记簿	pɐt⁴ ki³⁵ pu³¹	
课本	课本	fɔ³⁵⁻³³ pun³³	
	书	si⁵⁵³	
铅笔	铅笔	jun³²⁻²² pɐt⁴	
橡皮	胶擦	kau³⁵ tsʰat²⁴	
文具盒	笔盒	pɐt⁴⁻³ hɛp³¹	
铅笔刀（指旋着削的那种）	笔旋	pɐt⁴⁻³ ɬun³¹	
圆规	圆规	jun³²⁻²² kʰɐi⁵⁵³	
三角板	三角板	sam⁵⁵³⁻³³ kɔk²⁴ pan³³	
作业本	作业簿	ɬɔk²⁴⁻³³ ȵip³¹ pu³¹	
作文本	作文簿	ɬɔk²⁴⁻³³ mɐn³² pu³¹	
大字本	大字簿	tai³¹ ɬu³¹ pu³¹	
红模子	描红簿	miu²³ hoŋ³² pu³¹	
宣纸	宣纸	ɬun⁵⁵³ tsi³³	
砂纸	砂纸	sa⁵⁵³ tsi³³	
渗	渗	jam³⁵	
	渗水	jam³⁵⁻³³ sui³³	
钢笔	水笔	sui³³ pɐt⁴	
	钢笔	kɔŋ³⁵⁻³³ pɐt⁴	
毛笔	毛笔	mɐu³²⁻²² pɐt⁴	
笔帽（保护毛笔头的）	笔塔	pɐt⁴⁻³ tʰap²⁴	
	笔头	pɐt⁴⁻³ tʰɐu³²	
笔筒	笔筒	pɐt⁴⁻³ tʰoŋ³²	
圆珠笔	圆子笔	jun³²⁻²² ɬu³³ pɐt⁴	
墨盘	墨盘	mɐk³⁻² pʰun³²	
研墨（动宾）	磨墨	mɔ³¹ mɐk³	
墨盒	墨盒	mɐk³⁻² hɛp³¹	
墨汁（毛笔用的）	墨水	mɐk³⁻² sui³³	
	墨汁	mɐk³⁻² tsɐp⁴	
揿笔（动宾）	揿	nɛm²³	
墨水儿（钢笔用的）	墨水	mɐk³⁻² sui³³	

续表

墨水儿（钢笔用的）	水笔水	sui³³ pɐt⁴ sui³³	
书包	书包	si⁵⁵³ pau⁵⁵³	
	书袋	si⁵⁵³ tɔi³¹	
蜡笔	蜡笔	lap³¹ pɐt⁴	
	水彩笔	sui³³ tʰɔi³³ pɐt⁴	
水彩	水彩	sui³³ tʰɔi³³	
水粉	水粉	sui³³ fɐn³³	
画板	画板	vak³¹ pan³³	
（二）读书识字			
读书人	读书人	tʰok³⁻² si⁵⁵³ ȵɐn³²	
	文化人	mɐn³²⁻²² fa³⁵ ȵɐn³²	
识字的	识字个	sek⁴⁻³ ɬu³¹ kɔ³³	
不识字的	冇识字个	mɐu²³ sek⁴⁻³ ɬu³¹ kɔ³³	
	盲头虫	maŋ³²⁻²² tʰɐu³² tsʰoŋ³²	
	文盲	mɐn³²⁻²² maŋ³²	
读书	读书	tʰok³⁻² si⁵⁵³	
	剺书	mɐi⁵⁵³⁻³³ si⁵⁵³	用功读书
	锥书	ȵui⁵⁵³⁻³³ si⁵⁵³	用功读书
用心	界心机	pi³³ ɬɐm⁵⁵³⁻³³ ki⁵⁵³	
	落心机	lɔk³¹ ɬɐm⁵⁵³⁻³³ ki⁵⁵³	
温书	复习	fok⁴ ɬɐp³	
背书	背书	pui³¹ si⁵⁵³	
默书	默书	mɐk³⁻² si⁵⁵³	
	默写	mɐk³⁻² ɬɛ³³	
听写	听写	tʰeŋ³⁵⁻³³ ɬɛ³³	
抄写	抄书	sau⁵⁵³⁻³³ si⁵⁵³	
语文	语文	ȵi²³ mɐn³²	
算术	算术	ɬun³⁵⁻³³ sɐt³	
算数	计数	kɐi³⁵⁻³³ su³⁵	
日记	日记	ȵɐt³⁻² ki³⁵	

周记	周记	tsɐu⁵⁵³ ki³⁵	
报考	报考	pɐu³⁵⁻³³ hau³³	
	报名	pɐu³⁵⁻³³ meŋ³²	
考场	试场	si³⁵⁻³³ tsʰɛŋ³²	
进场	入场	ȵɐp³⁻² tsʰɛŋ³²	
	落场	lɔk³¹ tsʰɛŋ³²	
考试	考试	hau³³ si³⁵	
	考	hau³³	
考卷	试卷	si³⁵⁻³³ kun³³	
满分	满分	mun²³ fɐn⁵⁵³	
零分	零分	leŋ³² fɐn⁵⁵³	
	零蛋	leŋ³² tan³¹	
	鸭蛋	ap²⁴⁻³³ tan³¹	
发榜	放榜	fɔŋ³⁵⁻³³ pɔŋ³³	
头名	第一名	tɐi³¹ jɐt⁴ meŋ³²	
末名	最后一名	ɬui³⁵ hɐu³¹ a³³ meŋ³²	
毕业	毕业	pɐt⁴ ȵip³	
肄业	肄业	i³⁵ ȵip³	
文凭	文凭	mɐn³²⁻²² pʰɐŋ³²	
（三）写字			
大楷	大楷	tai³¹ kʰɔi²³	
小楷	小楷	ɬiu³³ kʰɔi²³	
字帖	字帖	ɬu³¹ tʰip⁴	
临帖	照住写	tsiu³⁵ tsi³¹ ɬɛ³³	
涂了	涂开	tʰu³² hɔi⁵⁵³	
	擦开	tsʰat²⁴ hɔi⁵⁵³	
写白字	写白字	ɬɛ³³ pak³¹ ɬu³¹	
	写错字	ɬɛ³³ tʰɔ³⁵ ɬu³¹	
写斗字（笔顺不对）	□倒写	tɐm³³ tɐu³⁵ ɬɛ³³	
掉字	漏字	lɐu³¹ ɬu³¹	
草稿	草稿	tʰɐu³³ kɐu³³	
起稿子	打草稿	ta³³ tʰɐu³³ kɐu³³	

续表

眷清	抄	ts^hau^{553}	
一点	一点	$a^{33}tim^{33}$	
一横	一横	$a^{33}vaŋ^{32}$	
一竖	一竖	$a^{33}k^hi^{23}$	
一撇	一撇	$a^{33}p^hit^4$	
一捺	一捺	$a^{33}nat^{24}$	
一勾	一勾	$a^{33}ŋɐu^{553}$	
一挑	一提	$a^{33}t^hɐi^{32}$	
一画（王字是四画）	一笔	$a^{33}pɐt^4$	
	一画	$a^{33}vak^{31}$	
偏旁	偏旁	$p^hin^{553}p^hɔŋ^{32}$	
	边旁	$pin^{553}p^hɔŋ^{32}$	
立人儿（亻）	单人旁	$taŋ^{553}ȵɐn^{32}p^hɔŋ^{32}$	
双立人儿（彳）	双人旁	$sɔŋ^{553}ȵɐn^{32}p^hɔŋ^{32}$	
弯弓张	弓长张	$koŋ^{553}ts^hɐŋ^{32}tsɛŋ^{553}$	
立早章	立早章	$lɐp^{3-2}ɬɐu^{33}tsɛŋ^{553}$	
禾旁程	禾字程	$vɔ^{32}ɬu^{31}ts^hɛŋ^{32}$	
四框栏儿（囗）	四方框	$ɬi^{35-33}fɔŋ^{553}k^hɔŋ^{553}$	
宝盖儿（宀）	宝盖头	$pɐu^{33}kɔi^{35}t^hɐu^{32}$	
秃宝盖儿（冖）	假宝盖	$ka^{33}pɐu^{33}kɔi^{35}$	
竖心旁（忄）	竖心旁	$k^hi^{23}ɬɐm^{553}p^hɔŋ^{32}$	
反犬旁（犭）	狗爪边	$kɐu^{33}ȵau^{33}pin^{553}$	
单耳刀儿（卩）	耳朵边	$ȵi^{23}tɔ^{33}pin^{553}$	
双耳刀儿（阝）	耳朵边	$ȵi^{23}tɔ^{33}pin^{553}$	
反文旁（攵）	反文旁	$fan^{33}mɐn^{32}p^hɔŋ^{32}$	
提土旁（扌）	踢土旁	$t^hek^4t^hu^{33}p^hɔŋ^{32}$	
竹字头儿（⺮）	竹枝头	$tsok^{4-3}tsi^{553}t^hɐu^{32}$	
火字旁（火）	火字边	$fɔ^{33}ɬu^{31}pin^{553}$	
四点（灬）	四点脚	$ɬi^{35}tim^{33}kɛk^{24}$	
三点水儿（氵）	三点水	$ɬam^{553}tim^{33}sui^{33}$	
两点水（冫）	两点水	$lɛŋ^{23}tim^{33}sui^{33}$	

续表

病旁儿（疒）	病床头	pɛŋ³¹ tsʰɔŋ³² tʰɐu³²	
走之儿（辶）	走之底	ɬau³³ tsi⁵⁵³ tɐi³³	
绞丝旁（纟）	绞丝边	kau³³ ɬu⁵⁵³ pin⁵⁵³	
	扭丝边	nɐu³³ ɬu⁵⁵³ pin⁵⁵³	
提手旁（扌）	提手边	tʰɐi³²⁻²² sɐu³³ pin⁵⁵³	
草字头（艹）	草字头	tʰɐu³³ ɬu³¹ tʰɐu³²	

二十一 文体活动

（一）游戏、玩具

玩	宕	tɔŋ³¹	
风筝	纸鹞	tsi³³ jiu³¹	
放风筝	放纸鹞	fɔŋ³⁵ tsi³³ jiu³¹	
捉迷藏	点盲盲	tim³³ mɛ³³ mɛ³³	
藏老蒙儿	揾人	vɐn³³ ȵɐn³²	
踢毽子	踢毽	tʰɐk⁴⁻³ jin³⁵	
抓子儿	执子	tsɐp⁴⁻³ ɬu³³	
弹球儿	弹珠	tɛn³¹ tsi⁵⁵³	
拍烟盒纸	拂烟纸	pʰɐt⁴ ȵin⁵⁵³⁻³³ tsʰi³³	
打水漂儿	打水撇	ta³³ sui³³ pʰit⁴	
跳房子	跳田	tʰin³⁵⁻³³ tʰin³²	
翻绳	翻绳	fɛn⁵⁵³ sɐŋ³²	
跳绳	跳绳	tʰiu³⁵⁻³³ sɐŋ³²	
丢手绢	丢手绢儿	tiu⁵⁵³ sɐu³³ kɐn³³ ȵi⁵⁵³	
丢沙包	丢沙包	tiu⁵⁵³ sa⁵⁵³ pau⁵⁵³	
	□沙包	ɛp³¹ sa⁵⁵³ pau⁵⁵³	
打弹弓	搪弹弓	mɐŋ⁵⁵³ tan³¹ koŋ⁵⁵³	
打陀螺	整陀螺	tsɐŋ³³ tʰɔ³²⁻²² lɔ³²	
滚铁环	滚铁圈	kʰɐn³³ tʰit⁴⁻³ hun⁵⁵³	
划拳（喝酒时）	猜码	tsʰai⁵⁵³⁻³³ ma²³	
出谜语	出谜	tsʰɐt⁴⁻³ mɐi³²	
	出古	tsʰɐt⁴⁻³ ku³³	

续表

猜谜	猜谜语	tsʰai⁵⁵³⁻³³ mɐi³²⁻²² ȵi²³	
	猜古	tsʰai⁵⁵³⁻³³ ku³³	
揭开谜底	开古	hɔi⁵⁵³⁻³³ ku³³	
石头剪刀布	拳锤铰剪	kʰun³²⁻²² tsʰui³² kɐu³³ ɬin³³	
不倒翁	翻斗儿	fan⁵⁵³⁻³³ tɐu³³ ȵi⁵⁵³	
牌九	牌九	pʰai³²⁻²² kɐu³³	
麻将	麻雀	ma³²⁻²² ɬɛk²⁴	
掷色子	抛子	pʰau⁵⁵³⁻³³ ɬu³³	
押宝	押宝	at²⁴	
爆竹	炮仗	pʰau³⁵⁻³³ ɬɛŋ³¹	
放鞭炮	烧炮仗	siu⁵⁵³ pʰau³⁵⁻³³ ɬɛŋ³¹	
二踢脚	电光炮	tin³¹ kɔŋ⁵⁵³ pʰau³⁵	
烟火	烟花	ȵin⁵⁵³ fa⁵⁵³	
	高射炮	kau⁵⁵³ sɛ³¹ pʰau³⁵	
放花炮	烧炮仗	siu⁵⁵³ pʰau³⁵⁻³³ ɬɛŋ³¹	
(二) 体育			
运动员	运动员	vɐn³¹ tʰoŋ²³ jun³²	
象棋	象棋	ɬɛŋ³¹ kʰi³²	
下棋	弄棋	loŋ³¹ kʰi³²	
	触棋	ȵok⁴ kʰi³²	
	落棋	lɔk³¹ kʰi³²	
	行棋	haŋ³²⁻²² kʰi³²	
将（名）	将	ɬɛŋ³⁵	
将（动）	将	ɬɛŋ⁵⁵³	
士	士	ɬu³¹	
象	象	lɛŋ³¹	
相	相	lɛŋ³⁵	
车	车	tsʰɛ⁵⁵³	
马	马	ma²³	
炮	炮	pʰau³⁵	
兵	兵	peŋ⁵⁵³	
卒	卒	ɬət⁴	
拱卒	拱卒	koŋ³³ ɬət⁴	

续表

上士（士走上去）	上士	sɐŋ²³ ɬu³¹	
落士（士走下来）	落士	lɔk³¹ ɬu³¹	
飞象	飞象	fi⁵⁵³ ɬɛŋ³¹	
落象	落象	lɔk³¹ ɬɛŋ³¹	
将军	将军	ɬɛŋ⁵⁵³⁻³³ kɐn⁵⁵³	
飞行棋	飞行棋	fi⁵⁵³ haŋ³² kʰi³²	
跳棋	跳棋	tʰiu³⁵ kʰi³²	
军棋	军棋	kɐn⁵⁵³ kʰi³²	
围棋	围棋	vɐi³²⁻²² kʰi³²	
黑子	黑子	hɐk⁴ ɬu³³	
白子	白子	pak³¹ ɬu³³	
和棋	和棋	vɔ³²⁻²² kʰi³²	
扑克	扑克	pʰɔk²⁴⁻³³ hak⁴	
打扑克	打扑克	ta³³ pʰɔk²⁴⁻³³ hak⁴	
	打□	ta³³ pʰɛ⁵⁵³	
大王	大鬼	tai³¹ kɐi³³	
小王	二鬼	ȵi³¹ kɐi³³	
黑桃	葵扇	kʰɐi³²⁻²² sin³⁵	
红桃	红桃	hoŋ³²⁻²² tʰɐu³²	
梅花	草花	tʰɐu³³ fa⁵⁵³	
方片	阶砖	kai⁵⁵³⁻³³ tsun⁵⁵³	
	A	ȵin⁵⁵³	一种扑克牌
	K	kʰɐi⁵⁵³	一种扑克牌
	Q	mɐn²³	一种扑克牌
	J	ŋɐu⁵⁵³	一种扑克牌
	同花顺	tʰoŋ³²⁻²² fa⁵⁵³ sɐn³¹	5张扑克牌顺序排列

续表

	打上游	ta³³ sɛŋ³¹ jɐu³²	扑克牌游戏
	打拖拉机	ta³³ tʰɔ⁵⁵³ lai⁵⁵³ ki⁵⁵³	扑克牌游戏
拔河	摇大缆	mɐu⁵⁵³ tai³¹ lam³¹	
游泳	游水	jɐu³²⁻²² sui³³	
仰泳	仰住游	ŋɛŋ³² tsi³¹ jɐu³²	
自由泳	任式游	n̠ɐm³¹ sek⁴ jɐu³²	
	笠乱游	lap³¹ lun³¹ jɐu³²	
潜水	汤水	mi³⁵⁻³³ sui³³	
打球	打球	ta³³ kʰɐu³²	
赛球	球赛	kʰɐu³²⁻²² ɬɔi³⁵	
乒乓球	乒乓球	pin⁵⁵³ paŋ⁵⁵³ kʰɐu³²	
	台球	tʰɔi³²⁻²² kʰɐu³²	
乒乓球拍（无胶）	光板	kɔŋ⁵⁵³⁻³³ pan³³	
乒乓球折（有效）	胶板	kau⁵⁵³ pan³³	
篮球	篮球	lam³²⁻²² kʰɐu³²	
排球	排球	pʰai³²⁻²² kʰɐu³²	
足球	足球	ɬok⁴ kʰɐu³²	
羽毛球	羽毛球	ji²³ mɐu³² kʰɐu³²	
跳远	跳远	tʰiu³⁵⁻³³ jun²³	
跳高	跳高	tʰiu³⁵⁻³³ kɐu⁵⁵³	
做操	做操	ɬu³⁵⁻³³ tʰɐu⁵⁵³	
跑步	跑步	pʰɐu³³ pu³¹	
锻炼	锻炼	tun³¹ lin³¹	
哨子	鸡	kɐi⁵⁵³	
	银鸡	ŋɐn³²⁻²² kɐi⁵¹³	
吹哨子	吹鸡	tsʰui⁵⁵³⁻³³ kɐi⁵⁵³	

（三）武术、舞蹈

武术	功夫	koŋ⁵⁵³⁻³³ fu⁵⁵³	
	打功夫	ta³³ koŋ⁵⁵³⁻³³ fu⁵⁵³	
翻跟头（翻一个跟头）	打翻斗	ta³³ fan⁵⁵³⁻³³ tɐu³³	
连翻跟头	连住翻	lin³² tsi³¹ fan⁵⁵³	

续表

倒立	□倒倚	tɐm³³ tɐu³⁵ kʰi²³
弄狮子	舞舞狮	mu²³ mu²³ ɬu⁵⁵³
	舞大头狗	mu²³ tai³¹ tʰɐu³² kɐu³³
舞龙	舞龙	mu²³ loŋ³²
跑旱船	樆假船	tsau³¹ ka³³ sun³²
高跷	高脚	kɐu⁵⁵³ kɛk²⁴
对刀	对刀	tui³⁵ tɐu⁵⁵³
耍刀	舞刀	mu²³ tɐu⁵⁵³
对枪	对枪	tui³⁵⁻³³ tʰɛŋ⁵⁵³
耍枪	舞枪	mu²³ tʰɛŋ⁵⁵³
耍流星	舞金瓜锤	mu²³ kɐm⁵⁵³⁻³³ ka⁵⁵³ tsʰui³²
扭秧歌儿	跳秧歌	tʰiu³⁵⁻³³ jɛŋ⁵⁵³⁻³³ kɔ⁵⁵³
打腰鼓	打鼓	ta³³ ku³³
唱歌	唱歌	tsʰɛŋ³⁵⁻³³ kɔ⁵⁵³
跳舞	跳舞	tʰiu³⁵⁻³³ mu²³

（四）戏剧

唱戏	唱戏	tsʰɛŋ³⁵ hi³⁵
木偶	木碌儿	mok³⁻² lok⁴ ȵi⁵⁵³
木偶戏	木碌戏	mok³⁻² lok⁴ hi³⁵
大戏	大班戏	tai³¹ pan⁵⁵³ hi³⁵
	牛哥戏	ŋɐu³²⁻²² kɔ⁵⁵³ hi³⁵
粤剧	粤剧	jut³⁻² kek⁴
粤曲	粤曲	jut³⁻² kʰok⁴
京剧	京剧	keŋ⁵⁵³ kek⁴
话剧	话剧	va³¹ kek⁴
戏院	戏院	hi³⁵⁻³³ jun³³
戏台	戏台	hi³⁵⁻³³ tʰɔi³²
	舞台	mu²³ tʰɔi³²
演员	演员	jin²³ jun³²
变戏法（魔术）	耍魔术	sa³³ mɔ⁵⁵³ sɐt⁷
说书	讲书	kɔŋ³³ si⁵⁵³
花脸	花面	fa⁵⁵³⁻³³ min³¹

续表

小丑	丑角	tsʰɐu³³ kɔk²⁴	
老生	老生	lɐu²³ saŋ⁵⁵³	
小生	小生	ɬiu³³ saŋ⁵⁵³	
武生	武生	mu²³ saŋ⁵⁵³	
刀马旦	刀马旦	tɐu⁵⁵³ ma²³ tan³⁵	
老旦	老旦	lɐu²³ tan³⁵	
青衣	青衣	tʰeŋ⁵⁵³ i⁵⁵³	
花旦	花旦	fa⁵⁵³ tan³⁵	
小旦	小旦	ɬiu³³ tan³⁵	
跑龙套的	跑龙套个	pʰau³³ loŋ³²⁻²² tʰɐu³⁵ kɔ³³	
锣	锣	lɔ³²	
鼓	鼓	ku³³	
镲	镲	tsʰɛŋ³⁵	
面具	假面	ka³³ min³¹	

二十二 动作、心理活动

(一) 一般动作

站	徛	kʰi²³	
站着	徛住	kʰi²³ tsi³¹	
	徛紧	kʰi²³ kɐn³³	
	徛紧住	kʰi²³ kɐn³³ tsi³¹	
坐	坐	ɬɔ²³	
静坐	坐定	ɬɔ²³ teŋ³¹	
	坐定定	ɬɔ²³ teŋ³¹ teŋ³¹	
蹲	□	ȵoŋ⁵⁵³	
	跍	mɐu⁵⁵³	
挨	挨	ŋai⁵⁵³	
	凭	pɐŋ³¹	
推	拥	oŋ³³	
捅	揬	tok⁴	
戳	揬	tok⁴	

续表

挤	□	mɛŋ³⁵	
	拥	oŋ³³	
	匏	pɛu³¹	
跌倒了	□跌	tʰɐp³ tit⁴	
	□跤	tʰɐp³⁻² kɛu⁵⁵³	
爬起来	□起身	kʰɐt³ hi³³ sɐn⁵⁵³	
爬	□	kʰan³²	
	爬	pʰa³²	
摇头	□头	fɐŋ³⁵⁻³³ tʰɐu³²	
点头	□头	ŋɐk³⁻² tʰɐu³²	
抬头	仰头	ŋɛŋ²³ tʰɐu³²	
低头	低头	tɐi⁵⁵³ tʰɐu³²	
	勾头	ŋɐu⁵⁵³ tʰɐu³²	
耷拉着头	头耷耷	tʰɐu³² tɐp⁴⁻³ tɐp⁴	
回头	翻头	fan⁵⁵³⁻³³ tʰɐu³²	
脸转过去	拧开面	nɐŋ³¹ hɔi⁵⁵³ min³¹	
睁眼	开眼	hɔi⁵⁵³⁻³³ ŋan²³	
瞪眼	鼓眼	ku³¹ ŋan²³	
闭眼	□眼	nɐm⁵⁵³⁻³³ ŋan²³	
挤眼儿	眨眼	jap³¹ ŋan²³	
搓眼	□眼	nok⁴⁻³ ŋan²³	
眨眼	眨眼	jap³¹ ŋan²³	
遇见	碰见	pʰoŋ³⁵ kin³⁵	
	撞见	tsɔŋ³¹ kin³⁵	
	碰着	pʰoŋ³⁵ tsɛk³¹	
看	睇	tʰɐi³³	
	瞫	sɐm³⁵	小心地看
	望	mɔŋ³¹	
	□	tɛm³⁵	偷偷地看
	瞄	mɛu⁵⁵³	
看见	睇见	tʰɐi³³ kin³⁵	

续表

看见	眼见	ŋan²³ kin³⁵	
偷看	偷睇	tʰɐu⁵⁵³ tʰɐi³³	
	偷□	tʰɐu⁵⁵³ tɛm³⁵	
眼睛乱转	乱睇	lun³¹ tʰɐi³³	
	眼哩碌转	ŋan²³ li⁵⁵³ lok⁴ tsun³⁵	
流眼泪	流眼泪	lɐu³² ŋan²³ lui³¹	
	流眼水	lɐu³² ŋan²³ sui³³	
张嘴	擘嘴	mak²⁴⁻³³ ɬui³³	
	开嘴	hɔi⁵⁵³⁻³³ ɬui³³	
闭嘴	纳嘴	nɐp⁴⁻³ ɬui³³	
努嘴	□嘴	mɛu³³ ɬui³³	
撇嘴	□嘴	mɛu³³ ɬui³³	
	扭嘴	nɐu³³ ɬui³³	
噘嘴	嘟嘴	tu⁵⁵³ ɬui³³	
咧嘴	□嘴	ŋɛn⁵⁵³⁻³³ ɬui³³	
舔	敛	kʰɛm²³	
咬	咬	ŋau²³	
嚼	□	ȵai³⁵	
啃	□	ȵɛn³²	
叼	担	tam⁵⁵³	
举手	撑手	tsʰaŋ⁵⁵³⁻³³ sɐu³³	
	举手	ki³³ sɐu³³	
握手	拉手	lai⁵⁵³⁻³³ sɐu³³	
	握手	ɐk⁴ sɐu³³	
摆手	□手	fɐŋ³⁵⁻³³ sɐu³³	
撒手	放手	fɔŋ³⁵⁻³³ sɐu³³	
伸手	抻手	tsʰɐn⁵⁵³⁻³³ sɐu³³	
动手（只许动口，不许~）	触手	ȵok⁴⁻³ sɐu³³	
拍手	拍手	pʰak²⁴⁻³³ sɐu³³	
背着手儿	㨃手	mɛ⁵⁵³⁻³³ sɐu³³	
叉着手儿（两手交叉在胸前）	翘手	kʰɛu⁵⁵³⁻³³ sɐu³³	
叉腰	叉手	tsʰa⁵⁵³⁻³³ sɐu³³	

续表

叉腰	叉腰	tsʰa⁵⁵³⁻³³ jiu⁵⁵³	
笼着手（双手交叉伸到袖筒里）	袖手	ɬɐu³¹ sɐu³³	
扒拉	挖	vɛt²⁴	
拔	搤	mɐŋ⁵⁵³	
捂住	揞住	ɐm⁵⁵³ tsi³¹	
摩挲（用手～猫背）	捋	lɛp³¹	
拗	拗	au³³/ŋau³³	
折弯	屈	vɐt⁴	
拿	拧	nɐŋ⁵⁵³	
	搦	nek⁴	
提	掮	kɛn³¹	
捧	捧	poŋ³³	
托	托	tʰɔk²⁴	
抓	抓	ȵa⁵⁵³	
	掠	la³³	
挠	挠	ȵau⁵⁵³	
抓痒	挠痕	ȵau⁵⁵³⁻³³ hɐn³²	
掐（断）	□	nɐt⁴	
（用指甲）掐	□	ȵɐi⁵⁵³	
拈	拈	nim⁵⁵³	
	□	ȵɐp⁴	
按	揿	kɐm³¹	
掰	擘	mek⁴/mɐk⁴	
捏	□	nɛn³³	
	捏	nit³	
搓	□	nok⁴	
	挼	nɔ⁵⁵³	
揉	搋	tsʰai⁵⁵³	
搅拌	㧯	lɐu⁵⁵³	
捞	捞	lau⁵⁵³	
溅	溅	pi³⁵	

续表

倒	倒	tɐu³³	
扽	扽	tɐn³⁵	
抛	抛	pʰau⁵⁵³	
跳	跳	tʰiu³⁵	
挡（用手托着向上）	抠	kʰɐu⁵⁵³	
挽（袖子）	摺	ȵɛp²⁴	
	撩	lɛu⁵⁵³	
泼	泼	pʰut⁴	
淋	□	lai²³	
	淋	lɐm³²	
压	登	tɐŋ⁵⁵³	
捆绑	扎	tsat²⁴	
	绚	tʰɐu³²	
系	绚	tʰɐu³²	
拴	绚	tʰɐu³²	
取	攞	lɔ³³	
娶	攞	lɔ³³	
买	攞	lɔ³³	
找	揾	vɐn³³	
找着	揾见	vɐn³³ kin³⁵	
装	装	tsɔŋ⁵⁵³	
	塞	tsɐt⁴	
	□	tsa³¹	
把屎	兜屎	tɐu⁵⁵³⁻³³ si³³	
把尿	兜尿	tɐu⁵⁵³⁻³³ niu³¹	
扶着	攀白	man⁵⁵³	
弹指头	弹手儿	tɛn³¹ sɐu³³ ȵi⁵⁵³	
攥起拳头	抓拳头	ŋa⁵⁵³ kʰun³²⁻²² tʰɐu³²	
跺脚	□脚	tɐm³¹ kɛk²⁴	
踮脚尖	□脚	ȵeŋ³⁵⁻³³ kɛk²⁴	

续表

跷二郎腿	跷脚	$k^h ɐu^{553-33} kɛk^{24}$	
蜷腿	勾脚	$ŋɐu^{553-33} kɛk^{24}$	
	曲脚	$k^h ok^4 kɛk^{24}$	
抖腿	擞脚	$ɬɐu^{33} kɛk^{24}$	
	□脚	$fɐŋ^{35-33} kɛk^{24}$	
踢腿	踢脚	$t^h ek^{4-3} kɛk^{24}$	
	□脚	$ȵaŋ^{35-33} kɛk^{24}$	
踩	踩	$ts^h ai^{33}$	
弯腰	躬腰	$koŋ^{33} jiu^{553}$	
	弯腰	$van^{553} jiu^{553}$	
	佝腰	$k^h ɐu^{553-33} jiu^{553}$	
伸腰	抻腰	$ts^h ɐn^{553-33} jiu^{553}$	
	伸腰	$sɐn^{553-33} jiu^{553}$	
撑腰（支持）	撑腰	$ts^h aŋ^{553-33} jiu^{553}$	
	帮	$pɔŋ^{553}$	
撅屁股	翘屎窟	$hɛu^{553} si^{33} fɐt^4$	
捶背	捶背脊	$ts^h ui^{32} pui^{35-33} ɬek^4$	
	捶腰骨	$ts^h ui^{32} jiu^{553-33} kɐt^4$	
擤（鼻涕）	擤□□	$ɬɐŋ^{35} pɐt^{3-2} tsi^{31}$	
吸溜鼻涕	嗍□□	$sɔk^{24} pɐt^{3-2} tsi^{31}$	
打喷嚏	打乞啾	$ta^{32} hɐt^4 ts^h iu^{553}$	
闻（用鼻子~）	嗅	$ȵoŋ^{35}$	
嫌弃	嫌	him^{32}	
笑	笑	$ɬiu^{35}$	
笑嘻嘻	笑□□	$ɬiu^{35} k^h ɛ^{32-22} k^h ɛ^{32}$	
笑吟吟	笑吟吟	$ɬiu^{35} ȵɐm^{553-33} ȵɐm^{553}$	
玩笑	讲笑	$kɔŋ^{32} ɬiu^{35}$	
逗	逗	$tɐu^{35}$	
惹恼	逗恼	$tɐu^{35} nɐu^{553}$	
	整恼	$tsɐŋ^{33} nɐu^{553}$	
哭	哭	hok^4	
	大哭	$tai^{31} hok^4$	

续表

哭	赖哭	lai³¹ hok⁴	
	烂哭	lan³¹ hok⁴	
扔（把没用东西~了）	丢	tiu⁵⁵³	
	□	kɐŋ³⁵	扔得远远的
	□	fɛt³¹	用力地扔
说	讲	kɔŋ³³	
听	听	tʰeŋ³⁵	
听见	闻见	mɐn³² kin³⁵	
闻	闻	mɐn³²	
	听	tʰeŋ³⁵	
跑	趯	tɛk²⁴	
	走	ɬau³³	
走	行	haŋ³²	
巡	巡	ɬɐn³²	
追	追	tsui⁵⁵³	
赶	猎	lip³	
	棒	pʰaŋ²³	
出	出	tsʰɐt⁴	
入	入	ȵɐp³	
上（去）	上	sɐŋ²³	
下	落	lɔk³¹	
逛	趁	tsʰɐn³⁵	
	宕	taŋ³¹	
放（~在桌上）	放	fɔŋ³⁵	
	□	pan³⁵	用力放
	□	fɛt³¹	用力甩
掺（酒里~水）	充	tsʰoŋ⁵⁵³	
	兑	tui³⁵	
收拾（东西）	执拾	tsɐp⁴ sɐp³	
	收拾	sɐu⁵⁵³ sɐp³	

续表

选择	拣	kan³³	
	挑	tʰiu³³	
提起（东西）	掮起身	kɛn³¹ hi³³ sɐn⁵⁵³	
捡起来	执起身	tsɐp⁴ hi³³ sɐn⁵⁵³	
擦掉	抹开	mut⁴ hɔi⁵⁵³	
丢失	□	lɐŋ³⁵	
	跌	tit⁴	
落（下）	□	lɐŋ³⁵	
	跌	tit⁴	
	丢	tiu⁵⁵³	
挂	□	kɐk⁴	
垂	吊	tiu³⁵	
	吊□□	tiu³⁵ nɔŋ³¹ nɔŋ³¹	
找着了	揾到了	vɐŋ³² tɐu³⁵ liu²³	
	揾见了	vɐŋ³² kin³⁵ liu²³	
（把东西）藏（起来）	收	sɐu⁵⁵³	
（人）藏（起来）	□	mɛn³³	
	仆	pʰok³	
挪/移	□	joŋ³⁵	
	□	tʰɐn³⁵	
	□	ŋat²⁴	
	移	i³²	
叠	叠	tʰip³	
	沓	tap³¹	
	搭	tap²⁴	
转	转	tsun³⁵	
占	霸	pa³⁵	
溢出	□出	pʰun³² tsʰɐt⁴	
	铺出	pʰu³² tsʰɐt⁴	
满出	□出	lɐn²³ tsʰɐt⁴	
洒出	倒泻	tɐu³³ ɬɛ³³	
	□飘	pʰoŋ³²⁻²² pʰɛu³³	
码起来	叠起身	tʰip³ hi³³ sɐn⁵⁵³	
	沓起身	tap³¹ hi³³ sɐn⁵⁵³	

续表

(二) 心理活动

知道	识	sek⁴	
	识得	sek⁴ tɐk⁴	
	知	tsi⁵⁵³	
	知到	tsi⁵⁵³ tɐu³⁵	
懂了	识了	sek⁴ liu²³	
会了	识了	sek⁴ liu²³	
	会了	vui²³ liu²³	
熟练	熟行	sok³⁻² hɔŋ³²	
认得	识得	sek⁴ tɐk⁴	
	记得	ki³⁵ tɐk⁴	
	认得	ȵeŋ³¹ tɐk⁴	
冇认得	冇识得	mɐu²³ sek⁴ tɐk⁴	
	冇记得	mɐu²³ ki³⁵ tɐk⁴	
	冇认得	mɐu²³ ȵeŋ³¹ tɐk⁴	
识字	识字	sek⁴⁻³ ɬu³¹	
想	恁	nɐm³³	
想想	恁下	nɐm³³ ha²³	
	恁睇	nɐm³³ tʰɐi³³	
	恁睇过	nɐm³³ tʰɐi³³ kɔ³⁵	
想念	想	ɬeŋ³³	
估量	断估	tun³⁵⁻³³ ku³³	
	恁估	nɐm³³ ku³³	
想主意	恁计	nɐm³³ kɐi³¹	
猜想	恁	nɐm³³	
	估	ku³³	
料定	睇白	tʰɐi³³ pak³¹	
	讲白	kɔŋ³³ pak³¹	
以为	恁估	nɐm³³ ku³³	
主张	主张	tsi³³ tsɛŋ⁵⁵³	
相信	信	ɬɐn³⁵	
怀疑	冇信	mɐu²³ ɬɐn³⁵	
沉思	恁	nɐm³³	

续表

犹疑	恁冇准	nɐm³³ mɐu²³ tsɐn³³	
留神	睇住	tʰɐi³³ tsi³¹	
	醒定	ɬeŋ³³ teŋ³¹	
	好声	hɐu³³ seŋ⁵⁵³	
害怕	怕	pʰa³⁵	
	慌	kʰɔŋ³²	
吓着了	着吓	tsɛk³¹ hak²⁴	
着急	着紧	tsɛk³¹ kɐn³³	
	打紧	ta³³ kɐn³³	
	紧趁	kɐn³³ tsʰɐn³⁵	
挂念	心恁	ɬɐm⁵⁵³ nɐm³³	
	挂住	ka³⁵ tsi³¹	
放心	安乐	ɔn⁵⁵³⁻³³ lɔk³¹	
盼望	巴望	ma⁵⁵³ mɔŋ³¹	
	望	mɔŋ³¹	
渴望	饿	ŋɔ³¹	
	想	ɬɛŋ³³	
巴不得	等不得	teŋ³³ mɐu²³ tɐk⁴	
记着（不要忘）	记住	ki³⁵ tsi³¹	
	记紧	ki³⁵ kɐn³³	
	记实	ki³⁵ sɐt³	
忘记了	忘记了	mɔŋ³¹ ki³⁵ liu²³	
	打忘记	ta³³ mɔŋ³¹ ki³⁵	
想起来了	恁起身了	nɐm³³ hi³³ sɐn⁵⁵³ liu²³	
	恁起	nɐm³³ hi³³	
眼红（嫉妒）	眼热	ŋan²³ ȵit³	
讨厌	百厌	pak²⁴⁻³³ jim³⁵	
	憎	ɬɐŋ⁵⁵³	
	厌	im³⁵	
恨	恼	nɐu⁵⁵³	
	恨	hɐn³¹	
	憎	ɬɐŋ⁵⁵³	

续表

羡慕	想	ɬɛŋ³³	
	想望	ɬɛŋ³³ mɔŋ³¹	
偏心	宠	tsʰoŋ³³	
	想	ɬɛŋ³³	
	护	vu³¹	
	宝	pɐu³³	
忌妒	眼热	ŋan²³ ȵit³	
怄气	怄气	ɐu³⁵⁻³³ hi³⁵	
	斗气	tɐu³⁵⁻³³ hi³⁵	
抱怨	怨	jun³⁵	
	沉吟	tsʰɐm³²⁻²² ŋɐm⁵⁵³	
憋气	焗气	kʰok³⁻² hi³⁵	
	激气	kek⁴⁻³ hi³⁵	
生气	火起	fɔ³³ hi³³	
	发气	fat²⁴⁻³³ hi³⁵	
	发性	fat²⁴⁻³³ ɬɛŋ³⁵	
伤神	伤气	sɛŋ⁵⁵³ hi³⁵	
	洒屁	sa³⁵⁻³³ pʰi³⁵	
假装	诈	tsa³⁵	
	装	tsɔŋ⁵⁵³	
（对物）爱惜	识宝	sek⁴⁻³ pɐu³²	
（对人）疼爱	想	ɬɛŋ³³	
	宠	tsʰoŋ³³	
喜欢	中意	tsoŋ⁵⁵³⁻³³ i³⁵	
感谢	多谢	tɔ⁵⁵³ ɬe³¹	
	唔该	m³¹ kɔi⁵⁵³	
娇惯	惯	kan³⁵	
	嗲	tɛ³³	
宠爱	宠	tsʰoŋ³³	
得宠	得宠	tɐk⁴⁻³ tsʰoŋ³³	
	得势	tɐk⁴⁻³ sɐi³⁵	
迁就	就	ɬɐu³¹	

续表

迁就	让	ȵɐu³¹	
复活	返生	fan³³ saŋ⁵⁵³	
耍赖	打赖死	ta³³ lai³¹ ɬi³³	
占便宜	搏抵	pɔk²⁴⁻³³ tɐi³³	

（三）语言动作

说话	讲话	kɔŋ³³ va³¹	
乱讲	乱讲	lun³¹ kɔŋ³³	
	乱□	lun³¹ ŋɐp⁴	
	□口风	ŋɐp⁴ hɐu³³ foŋ⁵⁵³	
聊天	倾偈	kʰeŋ⁵⁵³⁻³³ kɐi³¹	
搭茬儿	插话	tsʰap²⁴⁻³³ va³¹	
	插嘴	tsʰap²⁴⁻³³ ɬui³³	
吭声	出声	tsʰɐt⁴⁻³ seŋ⁵⁵³	
不做声	冇出声	mɐu²³ tsʰat⁴⁻³ seŋ⁵⁵³	
骗（我~你玩的，不是真的）	腍	tʰɐm³⁵	
	呃	ŋɐk⁴	
	譴	kɐn³⁵	
求	求	kɐu³²	
告诉	讲畀知	kɔŋ³³ pi³³ tsi⁵⁵³	
	话畀知	va³¹ pi³³ tsi⁵⁵³	
抬杠	拗	au³⁵	
顶嘴	顶颈	teŋ³³ keŋ³³	
吵架	争跤	tsaŋ⁵⁵³⁻³³ kɐu⁵⁵³	
打架	打跤	ta³³ kɐu⁵⁵³	
骂（破口大骂）	骂	ma³¹	
	抩	tɐn³⁵	
	□	saŋ³³	
挨骂	着骂	tsɛk³¹ ma³¹	
	着讲	tsɛk³¹ kɔŋ³³	
嘱咐	交代	kau⁵⁵³ tai³⁵	
挨批评	着批	tsɛk³¹ pʰɐi⁵⁵³	
	着骂	tsɛk³¹ ma³¹	

续表

挨批评	着讲	tsɛk³¹ kɔŋ³³	
叨唠	沉吟	tsʰɐm³²⁻²² ŋɐm⁵⁵³	
	喃	nam⁵⁵³	
喊（~他来）	吆	ɛu⁵⁵³	
吹牛	车大炮	tsʰɛ⁵⁵³ tai³¹ pʰau³⁵	
	讲懵话	kɔŋ³³ moŋ³³ va³¹	

二十三　位置

上面	上高	sɛŋ³¹ kɐu⁵⁵³	
下面	下底	ha³¹ tɐi³³	
	督底	tok⁴⁻³ tɐi³³	
地下（当心！别掉~了）	地底	ti³¹ tɐi³³	
地上（~脏极了）	地底	ti³¹ tɐi³³	
天上	天上高	tʰin⁵⁵³ sɛŋ³¹ kɐu⁵⁵³	
山上	山上高	san⁵⁵³ sɛŋ³¹ kɐu⁵⁵³	
路上	路上高	lu³¹ sɛŋ³¹ kɐu⁵⁵³	
街上	街上高	kai⁵⁵³ sɛŋ³¹ kɐu⁵⁵³	
墙上	墙根	ɬɛŋ³²⁻²² kɐn⁵⁵³	
门上	门上高	mun³² sɛŋ³¹ kɐu⁵⁵³	
门背后	门后背	mun³² hɐu³¹ pui³⁵	
桌上	台上高	tʰɔi³² sɛŋ³¹ kɐu⁵⁵³	
椅子上	椅上高	i³³ sɛŋ³¹ kɐu⁵⁵³	
凳子上	凳上高	tɐŋ³⁵ sɛŋ³¹ kɐu⁵⁵³	
边儿上	旁边	pʰɔŋ³²⁻²² pin⁵⁵³	
里面	里底	li²³ tɐi³³	
	里头	li²³ tʰɐu³²	
外面	外底	ŋɔi³¹ tɐi³³	
手里	手里底	sɐu³³ li²³ tɐi³³	
心里	心里底	ɬɐm⁵⁵³ li²³ tɐi³³	
	心里头	ɬɐm⁵⁵³ li²³ tʰɐu³²	
野外	外底	ŋɔi³¹ tɐi³³	

续表

大门外	大门口外底	tai³¹ mun³² hɐu³³ ŋɔi³¹ tɐi³³	
门儿外	门口外底	mun³²⁻²² hɐu³³ ŋɔi³¹ tɐi³³	
墙外头	屋外底	ok⁴ ŋɔi³¹ tɐi³³	
	围墙外底	vɐi³²⁻²² ɬɐŋ³² ŋɔi³¹ tɐi³³	
窗户外头	窗眼外底	tsʰɛŋ⁵⁵³⁻³³ ŋan²³ ŋɔi³¹ tɐi³³	
窗下	窗眼底	tsʰɛŋ⁵⁵³⁻³³ ŋan²³ tɐi³³	
车上（~坐着人）	车上高	tsʰɛ⁵⁵³ sɛŋ³¹ kɐu⁵⁵³	
	车里底	tsʰɛ⁵⁵³ li²³ tɐi³³	
车外头（~下着雪）	车外底	tsʰɛ⁵⁵³ ŋɔi³¹ tɐi³³	
车面前	车前面	tsʰɛ⁵⁵³ ɬin³²⁻²² min³¹	
	车面前	tsʰɛ⁵⁵³ min³¹ ɬin⁵⁵³	
	车前头	tsʰɛ⁵⁵³ ɬin³²⁻²² tʰɐu³²	
车尾	车尾	tsʰɛ⁵⁵³⁻³³ mi²³	
前边	前头	ɬin³²⁻²² tʰɐu³²	
	头前	tʰɐu³²⁻²² ɬin⁵⁵³	
后边	后尾	hɐu³¹ mi²³	
	后底	hɐu³¹ tɐi³³	
	后背	hɐu³¹ pui³⁵	
山前	山面前	san⁵⁵³ min³¹ ɬin⁵⁵³	
山后	山后背	san⁵⁵³ hɐu³¹ pui³⁵	
房前	屋面前	ok⁴ min³¹ ɬin⁵⁵³	
房后	屋后背	ok⁴ hɐu³¹ pui³⁵	
背后	后背	hɐu³¹ pui³⁵	
以前	旧阵时	kɐu³¹ tsɐn³¹ si³²	
以后	第二调	tɐi³¹ ȵi³¹ tiu³¹	
	[第二]日	tai³¹ ȵɐt³	
以上	翻上	fan⁵⁵³⁻³³ sɛŋ²³	
以下	翻落	fan⁵⁵³⁻³³ lɔk³¹	
东	东	toŋ⁵⁵³	
西	西	ɬɐi⁵⁵³	
南	南	nam³²	
北	北	pɐk⁴	

续表

东南	东南	toŋ⁵⁵³ nam³²	
东北	东北	toŋ⁵⁵³ pɐk⁴	
西南	西南	ɬei⁵⁵³ nam³²	
西北	西北	ɬei⁵⁵³ pɐk⁴	
路旁边	大路边	tai³¹ lu³¹ pin⁵⁵³	
当间（儿）	中间	tsoŋ⁵⁵³⁻³³ kan⁵⁵³	
	中央	tsoŋ⁵⁵³⁻³³ jɛŋ⁵⁵³	
底下	下底	ha³¹ tɐi³³	
床底下	床底	tsʰɔŋ³²⁻²² tɐi³³	
床头	床头	tsʰɔŋ³²⁻²² tʰɐu³²	
床尾	床尾	tsʰɔŋ³²⁻²² mi²³	
楼底下	楼底	lɐu³²⁻²² tɐi³³	
	楼底下	lɐu³²⁻²² tɐi³³ ha³¹	
脚底下	脚底	kɛk²⁴⁻³³ tɐi³³	
碗底儿（以下三条指器物底部）	碗督	un³³ tok⁴	
	碗底	un³³ tɐi³³	
锅底儿	锑锅底	tʰɐi⁵⁵³ kɔ⁵⁵³ tɐi³³	
	煲底	pɐu⁵⁵³⁻³³ tɐi³³	
	煲督	pɐu⁵⁵³⁻³³ tok⁴	
镬底儿	镬底	vɔk³¹ tɐi³³	
	镬督	vɔk³¹ tok⁴	
缸底儿	缸底	kɔŋ⁵⁵³⁻³³ tɐi³³	
末尾	后尾	hɐu³¹ mi²³	
	尾	mi²³	
旁边	旁边	pʰɔŋ³²⁻²² pin⁵⁵³	
	周边	tsɐu⁵⁵³ pin⁵⁵³	
附近	邻近	lɐn³²⁻²² kʰɐn²³	
跟前儿	面前	min³¹ ɬin⁵⁵³	
什么地方	乜嘢地方	mɐt⁴ ȵɛ²³ tɐŋ³¹ fɔŋ⁵⁵³	
	□呢	sin⁵⁵³ nɛ⁵⁵³	
左边	左手边	ɬɔ³⁵ sɐu³³ pin³¹	

续表

右边	右手边	jɐu³¹ sɐu³³ pin³¹	
往里走	行落里底	haŋ³² lɔk³¹ li²³ tɐi³³	
往外走	行出外底	haŋ³² tsʰɐt⁴ ŋɔi³¹ tɐi³³	
往东走	行返东边	haŋ³² fan⁵⁵³ toŋ⁵⁵³ pin³¹	
	向东行	hɛŋ³⁵⁻³³ toŋ⁵⁵³ haŋ³²	
往西走	行返西边	haŋ³² fan⁵⁵³ ɬɐi⁵⁵³ pin³¹	
	向西行	hɛŋ³⁵⁻³³ ɬɐi⁵⁵³ haŋ³²	
往回走	行返头	haŋ³² fan⁵⁵³⁻³³ tʰɐu³²	
往前走	直直行	tsʰek³⁻² tsʰek³ haŋ³²	
	掂掂行	tim³¹ tim³¹ haŋ³²	
……以东	……东边	toŋ⁵⁵³ pin³¹	
……以西	……西边	ɬɐi⁵⁵³ pin³¹	
……以南	……南边	nam³² pin³¹	
……以北	北边	pɐk⁴ pin³¹	
……以内	冇超过	mɐu²³ tsʰiu⁵⁵³ kɔ³⁵	
……以外	超过	tsʰiu⁵⁵³ kɔ³⁵	
……以来	打起	ta³³ hi³³	
……之后	打去	ta³³ hui³⁵	
……之前	之前	tsi⁵⁵³ ɬin³²	
……之外	之外	tsi⁵⁵³ ŋɔi³¹	
……之内	之内	tsi⁵⁵³ nɔi³¹	
	冇超过	mɐu²³ tsʰiu⁵⁵³ kɔ³⁵	
……之间	中间	tsoŋ⁵⁵³⁻³³ kan⁵⁵³	
……之上	打上	ta³³ sɛŋ²³	
……之下	打落	ta³³ lɔk³¹	

二十四　代词

我	我	ŋɔ²³	
你	你	ni²³	
他	渠	kʰui³²	
我们	我队	ŋɔ²³ tui³¹	

续表

我们	我队呢	ŋɔ²³ tui³¹ nɛ⁵⁵³	
咱们	我队	ŋɔ²³ tui³¹	
	我队呢	ŋɔ²³ tui³¹ nɛ⁵⁵³	
你们	你队	ni²³ tui³¹	
	你呢	ni²³ nɛ⁵⁵³	
他们	渠队	kʰui³² tui³¹	
	渠呢	kʰui³² nɛ⁵⁵³	
您	你	ni²³	
恁	渠	kʰui³²	
我的	我个	ŋɔ²³ kɔ³³	
你的	你个	ni²³ kɔ³³	
他（她）的	渠个	kʰui³² kɔ³³	
我们的	我队个	ŋɔ²³ tui³¹ kɔ³³	
	我呢个	ŋɔ²³ nɛ⁵⁵³ kɔ³³	
	我队呢个	ŋɔ²³ tui³¹ nɛ⁵⁵³ kɔ³³	
你们的	你队个	ni²³ nɛ⁵⁵³ kɔ³³	
	你呢个	ni²³ nɛ⁵⁵³ kɔ³³	
	你队呢个	ni²³ tui³¹ nɛ⁵⁵³ kɔ³³	
他们的	渠队个	kʰui³² tui³¹ kɔ³³	
	渠呢个	kʰui³² nɛ⁵⁵³ kɔ³³	
	渠队呢个	kʰui³² tui³¹ nɛ⁵⁵³ kɔ³³	
人家	人□	ȵɐn³²⁻²² nok⁴	
他人	人□	ȵɐn³²⁻²² nok⁴	
别人的	人□个	ȵɐn³²⁻²² nok⁴ kɔ³³	
大家	大家	tai³¹ ka⁵⁵³	
	大众	tai³¹ tsoŋ³⁵	
	大齐	tai³¹ ɬɐi³²	
大伙	齐众	ɬɐi³²⁻²² tsoŋ³⁵	
大家的	大家个	tai³¹ ka⁵⁵³ kɔ³³	
	大众的	tai³¹ tsoŋ³⁵ kɔ³³	
	齐众个	ɬɐi³²⁻²² tsoŋ³⁵ kɔ³³	
谁	乜人	mɐt⁴ ȵɐn³²/ȵɐn⁵⁵³	
这个	个只	kɔ³³ tsek⁴	

续表

那个	阿只	a^{33} tsek^4	
哪个	□只	sin^{553} tsek^4	
别个	第二只	tɐi^{31} ȵi^{31} tsek^4	
这些	个呢	kɔ^{33} nɛ^{553}	
那些	阿呢	a^{33} nɛ^{553}	
哪些	□呢	sin^{553} nɛ^{553}	
这里	个呢	kɔ^{33} nɛ^{553}	
这边	个边	kɔ^{33} pin^{31}	
	个呢地	kɔ^{33} nɛ^{553} tɛŋ^{31}	
那里	阿呢	a^{33} nɛ^{553}	
那边	阿边	a^{33} pin^{31}	
	阿呢地	a^{33} nɛ^{553} tɛŋ^{31}	
哪里	□呢	sin^{553} nɛ^{553}	
	□呢地	sin^{553} nɛ^{553} tɛŋ^{31}	
这样	噉样	kɐm^{35} jɛŋ^{31}	
那样	噉样	kɐm^{35} jɛŋ^{31}	
怎样	点样	tim^{33} jɛŋ^{31}	
这么（高）	噉	kɔm^{35}	
这么（做）	噉	kɔm^{35}	
那么（高）	噉	kɔm^{35}	
那么（做）	噉	kɔm^{35}	
怎么（做）	点样	tim^{33} jɛŋ^{31}	
怎么办	点办	tim^{33} pan^{31}	
为什么	整乜嘢	tseŋ^{33} mɐt^4 ȵɛ^{23}	
	做乜嘢	ɬu^{35} mɐt^4 ȵɛ^{23}	
	为乜嘢	vɐi^{31} mɐt^4 ȵɛ^{23}	
什么	乜嘢	mɐt^4 ȵɛ^{23}	
多少（钱）	几多	ki^{33} tɔ^{553}	
多（久、高、大、厚、重）	几	ki^{33}	
我们俩	我队两个	ŋɔ^{23} tui^{31} lɛŋ^{23} kɔ^{35}	
咱们俩	我队两个	ŋɔ^{23} tui^{31} lɛŋ^{23} kɔ^{35}	
你们俩	你队两个	ni^{23} tui^{31} lɛŋ^{23} kɔ^{35}	

他们俩	渠队两个	$k^hui^{32}\,tui^{31}\,l\varepsilon\eta^{23}\,k\mathfrak{o}^{35}$	
夫妻俩	两公婆	$l\varepsilon\eta^{23}\,ko\eta^{553-33}\,p^h\mathfrak{o}^{32}$	
娘儿俩（母亲和子女）	两仔𡟓	$l\varepsilon\eta^{23}\,\text{ɬ}ei^{33}\,na^{33}$	
爷儿俩（父亲和子女）	两仔爷	$l\varepsilon\eta^{23}\,\text{ɬ}ei^{33}\,je^{553}$	
爷孙俩	两公孙	$l\varepsilon\eta^{23}\,ko\eta^{553-33}\,\text{ɬ}un^{553}$	
奶奶与孙子	两婆孙	$l\varepsilon\eta^{23}\,p^h\mathfrak{o}^{32-22}\,\text{ɬ}un^{553}$	
妯娌俩	两婶母	$l\varepsilon\eta^{23}\,s\varepsilon m^{33}\,mu^{23}$	
两姑嫂	两姑嫂	$l\varepsilon\eta^{23}\,ku^{553}\,\text{ɬ}eu^{33}$	
婆媳俩	家婆新妇	$ka^{553-33}\,p^h\mathfrak{o}^{32}\,\text{ɬ}en^{553-33}\,fu^{23}$	
兄弟俩	两兄弟	$l\varepsilon\eta^{23}\,he\eta^{553-33}\,t^h ei^{23}$	
哥儿俩	两兄弟	$l\varepsilon\eta^{23}\,he\eta^{553-33}\,t^h ei^{23}$	
姐妹俩	两姊妹	$l\varepsilon\eta^{23}\,\text{ɬ}u^{33}\,mui^{31}$	
	两姐妹	$l\varepsilon\eta^{23}\,\text{ɬ}\varepsilon^{33}\,mui^{31}$	
姐儿俩	两只阿姐	$l\varepsilon\eta^{23}\,tsek^4\,a^{33}\,\text{ɬ}\varepsilon^{33}$	
兄妹俩	两兄妹	$l\varepsilon\eta^{23}\,he\eta^{553}\,mui^{31}$	
姐弟俩	两姐弟	$l\varepsilon\eta^{23}\,\text{ɬ}\varepsilon^{33}\,t^h ei^{23}$	
舅甥俩	两舅甥	$l\varepsilon\eta^{23}\,k^h eu^{23}\,sa\eta^{553}$	
姑侄俩	两姑侄	$l\varepsilon\eta^{23}\,ku^{553}\,ts^h et^3$	
叔侄俩	两叔侄	$l\varepsilon\eta^{23}\,sok^{4-3}\,ts^h et^3$	
师徒俩	两师徒	$l\varepsilon\eta^{23}\,\text{ɬ}u^{553}\,t^h u^{32}$	
谁们	乜人	$m\varepsilon t^4\,\eta ɐn^{553}$	
人们	大家	$tai^{31}\,ka^{553}$	
	阿呢人	$a^{33}\,n\varepsilon^{553}\,\eta ɐn^{32}$	
妯娌们	婶母	$s\varepsilon m^{33}\,mu^{23}$	
姑嫂们	姑嫂	$ku^{553}\,\text{ɬ}eu^{33}$	
师徒们	师父徒弟	$\text{ɬ}u^{553}\,fu^{23}\,t^h u^{32-22}\,tei^{31}$	
先生学生们	先生学生	$\text{ɬ}in^{553-33}\,sa\eta^{553}\,hok^{31}\,sa\eta^{553}$	
这些个理儿们	个呢道理	$k\mathfrak{o}^{33}\,n\varepsilon^{553}\,teu^{31}\,li^{23}$	
那些个事儿们	个呢事	$k\mathfrak{o}^{33}\,n\varepsilon^{553}\,\text{ɬ}u^{31}$	
桌子们	台	$t^h\mathfrak{o}i^{32}$	
椅子们	椅	i^{33}	
凳子们	凳	$te\eta^{35}$	
书们	书	si^{553}	

二十五 形容词

好	好	hɐu³³	
	叻	lɛk⁴	
	劲	kɐŋ³¹	
	啱	ŋam⁵⁵³	
不错（颇好之意）	好好个	hɐu³³ hɐu³³ kɔ³³	
中等	中中呢	tsoŋ⁵⁵³⁻³³ tsoŋ⁵⁵³ nɛ⁵⁵³	
差不多	差唔多	tsʰa⁵⁵³ m³¹ tɔ⁵⁵³	
	差冇多	tsʰa⁵⁵³ mɐu²³ tɔ⁵⁵³	
不怎么样	冇点样	mɐu²³ tim³³ jɐŋ³¹	
	一般般	jɐt⁴ pun⁵⁵³ pun⁵⁵³	
不顶事	冇用	mɐu²³ joŋ³¹	
	冇有用	mɐu²³ jɐu²³ joŋ³¹	
	冇中用	mɐu²³ tsoŋ³³ joŋ³¹	
	冇使得	mɐu²³ sɐi³³ tɐk⁴	
见效	见功	kin³⁵⁻³³ koŋ⁵⁵³	
坏	坏	vai³¹	
（东西）坏	烂	lan³¹	坏（东西）
烂	烂	lan³¹	
（腐）烂	溶	joŋ³²	
（湿）烂	□	jɐi³⁵	坏（物品）、湿
	□□	jɐi³⁵ pat³¹	又湿又烂又重
	□□□	jɐi³⁵ pat³¹ pat³¹	又湿又烂又重
	□□	jɐi³⁵ mat²⁴	又湿又烂又黏

续表

（湿）烂	□□□	jɐi³⁵ mat²⁴⁻³³ mat²⁴	又湿又烂又黏
次（人/东西很~）	咞	jɐi²³	
	差	tsʰa⁵⁵³	
	渣	tsa³³	
	屎	si³³	
	屎肚	si³³ tʰu²³	
凑合	□□	lau³¹ si³¹	
	求其	kʰɐu³²⁻²² kʰi²³	
美（注意形容男女有无不同说法）	靓	lɛŋ³⁵	
	靓□	lɛŋ³⁵ lap²⁴	
丑	丑鬼	tsʰɐu³³ kɐi³³	
	难睇	nan³²⁻²² tʰɐi³³	
要紧	紧要	kɐn³³ ȵiu³⁵	
热闹	闹热	nau³¹ ȵit³	
熙熙攘攘的	拥	ȵoŋ³³	
	拥□	ȵoŋ³³ ȵat³¹	
	拥□	ȵoŋ³³ ȵau³¹	
嘈	嘈	ɬɐu³²	
	嘈沉	ɬɐu³² tsʰɐm³²	
响	响	heŋ³³	
	响沉	heŋ³³ tsʰɐm³²	
静	静	ɬeŋ²³	
	静□	ɬeŋ²³ ɬak²⁴	
坚固	坚	kin⁵⁵³	
	坚捆	kin⁵⁵³ kʰɐn³³	
	坚身	kin⁵⁵³ sɐn⁵⁵³	
	禁	kʰɐm⁵⁵³	
硬	硬	ŋaŋ³¹	
	坚	kin⁵⁵³	
硬邦邦	硬□	ŋaŋ³¹ k(u)ɐŋ³³	
	硬□□	ŋaŋ³¹ k(u)ɐŋ³³ k(u)ɐŋ³³	

续表

硬邦邦	硬□	ŋaŋ³¹kʰ(u)ɐk³	硬且厚实
	硬□□	ŋaŋ³¹kʰ(u)ɐk³⁻²kʰ(u)ɐk³	
软	软	n̠un²³	
	软熟	n̠un²³sok³	
软绵绵	软□	n̠un²³tɛp³¹	
	软□□	n̠un²³tɛp³¹tɛp³¹	
软烂	脸	nɐm³²	
	脸□	nɐm³²pɐt³¹	
	脸□□	nɐm³²pɐt³¹pɐt³¹	
	脸□	nɐm³²poŋ³⁵	
	脸□□	nɐm³²poŋ³⁵⁻³³poŋ³⁵	
干净	净	ɬɐŋ³¹	
	净□	ɬɐŋ³¹lɐŋ³³	很干净
脏（不干净）	浣	vɔ³⁵	
脏兮兮	浣濞	vɔ³⁵ɬɐŋ³⁵	
	浣濞濞	vɔ³⁵ɬɐŋ³⁵⁻³³ɬɐŋ³⁵	
	浣□	vɔ³⁵ɬak²⁴	
	浣□□	vɔ³⁵ɬak²⁴⁻³³ɬak²⁴	
	陋修	lɐu³¹ɬɐu⁵⁵³	
	邋遢	lat³¹tʰat²⁴	
	□□	lɔt³¹pɔt³¹	不修边幅的
新	新	ɬɐn⁵⁵³	
	新□	ɬɐn⁵⁵³kʰɐk⁴	崭新的
	新式	ɬɐn⁵⁵³sek⁴	
旧	旧	kɐu³¹	
	旧水	kɐu³¹sui³³	衣物旧
	老式	lɐu²³sek⁴	
值钱	值钱	tsʰek³⁻²ɬin³²	
	抵值	tɐi³³tsʰek³	
不值钱	冇值钱	mɐu²³tsʰek³²⁻²²ɬin³²	

续表

不值钱	烂贱	lan³¹ ɬin³¹	
	贱	ɬin³¹	
韧	□	ȵɔŋ³⁵	
	□绷	ȵɔŋ³⁵ pɐŋ³³	
	□绷绷	ȵɔŋ³⁵ pɐŋ³³ pɐŋ³³	
脆	脆	tʰui³⁵	
脆生生	脆□	tʰui³⁵ tʰɐp⁴	
	脆□□	tʰui³⁵ tʰɐp⁴⁻³ tʰɐp⁴	
饱	饱	pau³³	
	饱□	pau³³ ŋɐk⁴	
黏	□	ȵɐu⁵⁵³	
黏糊糊	□□	ȵɐu⁵⁵³ ȵɐŋ³⁵	
	□□□	ȵɐu⁵⁵³ ȵɐŋ³⁵⁻³³ ȵɐŋ³⁵	
	□手	nɐk⁴⁻³ sɐu³³	
（薯类）面	面	min⁵⁵³	
	□	mɐu⁵⁵³	
咸	咸	ham³²	
	咸□	ham³² kɛt³¹	
	咸□□	ham³² kɛt³¹ kɛt³¹	
	咸苦	ham³²⁻²² fu³³	
淡（不咸）	淡	tʰam²³	
	淡水	tʰam²³ sui³³	
	淡□	tʰam²³ sɔt³¹	
	淡□□	tʰam²³ sɔt³¹ lɔt³¹	
香	香	hɛŋ⁵⁵³	
	香喷	hɛŋ⁵⁵³ pʰɐn³⁵	
	香喷喷	hɛŋ⁵⁵³ pʰɐn³⁵⁻³³ pʰɐn³⁵	
臭	臭	tsʰɐu³⁵	
	臭芳	tsʰɐu³⁵ pʰaŋ⁵⁵³	
	臭芳芳	tsʰɐu³⁵ pʰaŋ⁵⁵³⁻³³ pʰaŋ⁵⁵³	

续表

臭	腥	ɬeŋ⁵⁵³	
	腥芳	ɬeŋ⁵⁵³ pʰaŋ⁵⁵³	
	腥芳芳	ɬeŋ⁵⁵³ pʰaŋ⁵⁵³⁻³³ pʰaŋ⁵⁵³	
	臭腥	tsʰɐu³⁵⁻³³ ɬeŋ⁵⁵³	
酸	酸	ɬun⁵⁵³	
	酸□	ɬun⁵⁵³ tɛm⁵⁵³	
	酸□□	ɬun⁵⁵³ tɛm⁵⁵³⁻³³ tɛm⁵⁵³	
甜	甜	tʰim³²	
	甜□	tʰim³² ɬɔm²³	
苦	苦	fu³³	
	苦□	fu³³ leŋ⁵⁵³	
	苦□□	fu³³ leŋ⁵⁵³⁻³³ leŋ⁵⁵³	
苦涩	涩	kip⁴	
苦涩/粗糙	□	ȵap²⁴	
	□□	ȵap²⁴ ȵɐŋ⁵⁵³	
	□□□	ȵap²⁴ ȵɐŋ⁵⁵³⁻³³ ȵɐŋ⁵⁵³	
辣	辣	lat³¹	
	辣□	lat³¹ hɔm⁵⁵³	
	辣□□	lat³¹ hɔm⁵⁵³⁻³³ hɔm⁵⁵³	
涩	涩	kip⁴	
	涩□	kip⁴ kɐŋ³⁵	
稀（粥太~了）	稀	hi⁵⁵³	
	稀□	hi⁵⁵³ pʰaŋ⁵⁵³	
	稀□□	hi⁵⁵³ pʰaŋ⁵⁵³⁻³³ pʰaŋ⁵⁵³	
稠（粥太~了）	渴	kʰɐt³	
	渴□	kʰɐt³ nɔk²⁴	
	渴□□	kʰɐt³ nɔk²⁴⁻³³ nɔk²⁴	
稀（疏）	疏	sɔ⁵⁵³	
	疏□	sɔ⁵⁵³ laŋ⁵⁵³	
	疏□□	sɔ⁵⁵³ laŋ⁵⁵³⁻³³ laŋ⁵⁵³	
密（不稀疏）	密	mɐt³	

续表

密	密□	mɐt³ mat²⁴	
浓	浓	ȵoŋ³²	
	浓□	ȵoŋ³² ȵat³¹	
清	清	tʰeŋ⁵⁵³	
	清□	tʰeŋ⁵⁵³ kɐŋ³⁵	
浊	浊	tsɔk³¹	
	浊□	tsɔk³¹ ŋɐk⁴	
肥（指动物：鸡很~）	肥	fi³²	
	肥□	fi³² kʰu²³	
	肥□□	fi³² kʰu²³⁻²² kʰu²³	
	肥□□	fi³² tut⁴⁻³ lut⁴	
胖（指人）	肥	fi³²	
	肥□	fi³² kʰu²³	
	肥□□	fi³² kʰu²³⁻²² kʰu²³	
肥嘟嘟	肥□	fi³² lui⁵⁵³	
	肥□□	fi³² lui⁵⁵³⁻³³ lui⁵⁵³	
	肥□□	fi³² tut⁴⁻³ lut⁴	
瘦（不肥，不胖）	瘦	sɐu³⁵	
	瘦蜢	sɐu³⁵ maŋ³³	
	瘦蜢蜢	sɐu³⁵ maŋ³³ maŋ³³	
瘦（人）	□	ŋɐn⁵⁵³	
	□□	ŋɐn⁵⁵³ teŋ⁵⁵³	
	□□□	ŋɐn⁵⁵³ teŋ⁵⁵³⁻³³ teŋ⁵⁵³	
瘦（指肉）	瘦	sɐu³⁵	
实	实	sɐt³	
	实□	sɐt³ tek⁴	
	实□□	sɐt³ tek⁴⁻³ tek⁴	
水渍渍	□□	jɐi³⁵ pat³¹	
	□□□	jɐi³⁵ pat³¹ pat³¹	
紧	紧	kɐŋ⁵⁵³	
	实	sɐt³	

续表

松	松	ɬoŋ⁵⁵³	
	松□	ɬoŋ⁵⁵³ pɛt³¹	
	松□□	ɬoŋ⁵⁵³ pɛt³¹ pɛt³¹	
舒服	足欲	ɬok⁴⁻³ jok³	
轻松	松	ɬoŋ⁵⁵³	
合适	啱	ŋam⁵⁵³	
	合	hɛp³¹	
难受	难抵	nan³²⁻²² tɐi³³	
	抵力	tɐi³³ lek³	
郁闷	翳	ɐi³⁵	
	翳□	ɐi³⁵ meŋ³³	
高兴	欢喜	fun⁵⁵³⁻³³ hi³³	
	高兴	kɐu⁵⁵³ heŋ³⁵	
心烦	烦	fan³²	
心痛	痛	tʰoŋ³⁵	
心疼	痛	tʰoŋ³⁵	
伤脑筋	伤神	sɛŋ⁵⁵³ sɐn³²	
	伤气	sɛŋ⁵⁵³ hi³⁵	
紧张	慌	kʰɔŋ³²	
镇定	淡定	tam³¹ teŋ³¹	
怕	怕	pʰa³⁵	
	慌	kʰɔŋ³²	
	□	ɬɐn³¹	
肉麻	肉酸	ŋok³⁻² ɬun⁵⁵³	
恶心	想呕	ɬɛŋ³³ ɐu³³	
晕	晕	vɐn³²	
	头□	tʰɐu³² ŋeŋ²³	
马虎	撸捞	lu³³ lau³³	
腼腆	怕丑	pʰa³⁵⁻³³ tsʰɐu³³	
	细胆	ɬɐi³⁵⁻³³ tam³³	
木讷	木独	mok³⁻² tʰok³	
清高	高叻	kɐu⁵⁵³ lɛk⁴	

续表

清高	高□	kɐu^{553} k^{h}ɛ^{553}	
	高屎	kɐu^{553} si^{33}	
开朗	开朗	hɔi^{553} lɔŋ^{23}	
随和	好讲	hɐu^{33} kɔŋ^{33}	
	好倾	hɐu^{33} k^{h}eŋ^{553}	
话多	巴啦	pa$^{553-33}$ la^{553}	
乖（小孩儿真~）	听话	t^{h}eŋ$^{35-33}$ va^{31}	
	听讲	t^{h}eŋ$^{35-33}$ kɔŋ^{33}	
	顺品	sɐn^{31} p^{h}ɐn^{33}	
调皮	□皮	ȵɛn$^{553-33}$ p^{h}i^{32}	
	调皮	t^{h}iu^{553} p^{h}i^{32}	
	搅	kɛu^{33}	
	难整	nan$^{32-22}$ tseŋ^{33}	
	冇听讲	mɐu^{23} t^{h}eŋ$^{35-33}$ kɔŋ^{33}	
	冇听话	mɐu^{23} t^{h}eŋ$^{35-33}$ va^{31}	
心眼多	鬼马	kɐi^{33} ma^{23}	
懂事	听话	t^{h}eŋ$^{35-33}$ va^{31}	
	听讲	t^{h}eŋ$^{35-33}$ kɔŋ^{33}	
	识数	sek$^{4-3}$ su^{35}	
	识事	sek$^{4-3}$ ɬu^{31}	
憋气	焗气	k^{h}ok$^{3-2}$ hi^{35}	
随便	捞是	lau^{31} si^{31}	
	捞捞是是	lau^{31} lau^{31} si^{31} si^{31}	
	求其	k^{h}ɐu$^{32-22}$ k^{h}i^{23}	
	求求其其	k^{h}ɐu$^{32-22}$ k^{h}ɐu^{32} k^{h}i$^{23-22}$ k^{h}i^{23}	
蛮横	蛮	maŋ^{32}	
	横	vaŋ^{32}	
好奇	百张	pak$^{24-33}$ tsɛŋ^{553}	
奇怪	出奇	ts^{h}ɐt$^{4-3}$ k^{h}i^{32}	
	怪	kai^{35}	
	奇怪	k^{h}i$^{32-22}$ kai^{35}	
有趣	得意	tɐk$^{4-3}$ i^{35}	

续表

（这小伙子）真行	好得	hɐu³³ tɐk⁴	
	好仂	hɐu³³ lɛk⁴	
	好够力	hɐu³³ kɐu³⁵⁻³³ lek³	
	好威水	hɐu³³ vɐi⁵⁵³ sui³³	
（那个家伙）不行	冇得	mɐu²³ tɐk⁴	
	冇使得	mɐu²³ sɐi³³ tɐk⁴	
缺德	阴湿	jɐm⁵⁵³ sɐp⁴	
	阴功	jɐm⁵⁵³ koŋ⁵⁵³	
	嚣	hiu⁵⁵³	
机灵	精	ɬeŋ⁵⁵³	
	灵水	leŋ⁵⁵³ sui³³	
	醒水	ɬeŋ³³ sui³³	
聪明	聪明	tʰoŋ⁵⁵³⁻³³ meŋ³²	
老成	老积	lɐu²³ ɬek⁴	
	老积积	ldu²³ ɬek⁴⁻³ ɬek⁴	
傻	傻	sɔ³¹	
	傻□	sɔ³¹ ŋɐu³³	
	戆	ŋɔŋ³⁵	
	神	sɐn²³	
	傻□	sa³¹ ŋa³³	
笨	颓	tʰui³²	
	笨	pɐn³¹	
	傻	sɔ³¹	
贱	贱	ɬin³¹	
	贱格	ɬin³¹ kak²⁴	
	贱骨头	ɬin³¹ kɐt⁴⁻³ tʰɐu³²	
忠	忠	tsoŋ⁵⁵³	
奸诈	奸	kan⁵⁵³	
	奸懒	kan⁵⁵³ lan²³	
	奸猾	kan⁵⁵³ vat³¹	
毒	毒	tʰok³	
	阴毒	jɐm⁵⁵³ tʰok³	
落魄	落泊	lɔk³¹ pɔ³¹	
倒霉	衰	sui⁵⁵³	
	衰运	sui⁵⁵³ vɐn³¹	

续表

碰钉子	撞九板	tsɔŋ³¹ kɐŋ³³ pan³³	
灵巧（她有一双~的手）	灵	leŋ⁵⁵³	
	手灵脚灵	sɐu³³ leŋ⁵⁵³ kɛk²⁴ leŋ⁵⁵³	
灵验	灵	leŋ³²	
	准	tsɐn³³	
糊涂	懵	moŋ³³	
	懵懂	moŋ³³ toŋ³³	
死心眼儿	冇听讲	mɐu²³ tʰeŋ³⁵⁻³³ kɔŋ³³	
犟	硬颈	ŋaŋ³¹ keŋ³³	
	邦颈	paŋ³³ keŋ³³	
勤	勤	kʰɐn³²	
懒	懒	lan²³	
脓包（无用的人）	废柴	fi³⁵ tsʰai³²	
	冇有用	mɐu²³ jɐu²³ joŋ³¹	
孬种	衰仔	sui⁵⁵³ ɬɐi³³	
	衰嘢	sui⁵⁵³ ȵɛ²³	
	衰眉	sui⁵⁵³ hɐi⁵⁵³	
下流	咸湿	ham³²⁻²² sɐp⁴	
	爬灰	pʰa³²⁻²² fui⁵⁵³	
骚	□	sɐŋ³⁵	
风骚	姣	hau³²	
	姣□	hɐu³²⁻²² sɐŋ³⁵	
尿骚	尿□	niu³¹ sɐŋ³⁵	
怪	怪	kai³⁵	
	鬼怪	kɐi³³ kai³⁵	
胡搅蛮缠	论阵	lɐn³²⁻²² tsɐn³¹	
麻烦	巴闭	pa⁵⁵³⁻³³ pɐi³⁵	
卖力	落力	lɔk³¹ lek³	
	出力	tsʰɐt⁴⁻³ lek³	
拼命	搏命	pɔk²⁴⁻³³ meŋ³¹	

续表

死缠打烂	搏烂	pɔk²⁴ lan³¹	
吃力	着力	tsɛk³¹ lek³	
	抵力	tɐi³³ lek³	
容易	容易	joŋ³²⁻²² ji³¹	
	易	ji³¹	
困难	难	nan³²	
吝啬	忔啬	ŋɐt⁴⁻³ sɐt⁴	
小气	拮儿	ɲɐp⁴⁻³ ɲi⁵⁵³	
大方	大舍	tai³¹ sɛ³³	
	大方	tai³¹ fɔŋ⁵⁵³	
大手大脚	大甩	tai³¹ fɐŋ³⁵	
白活	吃坏米	hek⁴ vai³¹ mɐi²³	
逆反	反骨	fan³³ kɐt⁴	
发慌	发狂	fat²⁴⁻³³ kʰɔŋ³²	
整（鸡蛋吃~的）	成只	sɛŋ³²⁻²² tsek⁴	
浑身	周身	tsɐu⁵⁵³ sɐn⁵⁵³	
凸	凸	tʰɐt³	
凹	凹	mɔp⁴	
	窝	vɔ⁵⁵³	
	瘪	mɛt²⁴	
凉快	凉爽	lɛŋ³²⁻²² sɔŋ³³	
	凉	lɛŋ³²	
凉丝丝	凉□	lɛŋ³² ɬɔm²³	
	凉□□	lɛŋ³² sɔm²³⁻²² sɔm²³	
阴凉	阴凉	jɐm⁵⁵³ lɛŋ³²	
冷	冷	laŋ²³	
	冷勾	laŋ²³ ŋɐu⁵⁵³	
	冷勾勾	laŋ²³ ŋɐu⁵⁵³⁻³³ ŋɐu⁵⁵³	
	冷入骨	laŋ²³ ɲɐp³⁻² kɐt⁴	
	冷□	laŋ²³ kʰ(u) ɐŋ⁵⁵³	冷得发硬
冰冷	湮	jɐn⁵⁵³	

续表

冰冷	□□	jɐn⁵⁵³ kɐŋ⁵⁵³	
	□□□	jɐn⁵⁵³ kɐŋ⁵⁵³⁻³³ kɐŋ⁵⁵³	
暖	暖	nun²³	
	暖□	nun²³ nɔp⁴	
	暖□□	nun²³ nɔp⁴⁻³ nɔp⁴	
热	热	ȵit³	
	热□	ȵit³ fɛk³	
	热□□	ȵit³ fɛk³⁻² fɛk³	
	兴	hɛŋ³⁵	
	热□	ȵit³ lok⁴	
闷热	焗热	kʰok³⁻² ȵit³	
	焗	kʰok³	
滚	滚	kɐn³³	
	滚□	kɐn³³ hɔm⁵⁵³	
	滚□□	kɐn³³ hɔm⁵⁵³⁻³³ hɔm⁵⁵³	
烫	爤	lok³	
寂静	爤手	lok³⁻² sɐu³³	
	背静	pui³¹ ɬɛŋ²³	
偏僻	背摄	pui³¹ sip⁴	
活络（活动的，不稳固）	触得	ȵok⁴ tɛk⁴	
	冇稳阵	mɐu²³ vɐn³³ tsɐn³¹	
地道（~四川风味）	正道	tsɛŋ³⁵ tɐu³³	
	正	tsɛŋ³⁵	
	正宗	tsɛŋ³⁵ ɬoŋ⁵⁵³	
完全	全部	ɬun³²⁻²² pu³¹	
	冚唪吟	hɐm³² pɐŋ³¹ lɐŋ³¹	
整齐	企理	kʰi²³⁻²² li²³	
	企企理理	kʰi²³⁻²² kʰi²³ li²³⁻²² li²³	
	齐整	ɬɐi³²⁻²² tsɛŋ³³	
乱	乱	lun³¹	
	翌乱	lɐp³ lun³¹	
	乱□	lun³¹ pʰaŋ³²	
	乱□□	lun³¹ pʰaŋ³²⁻²² pʰaŋ³²	

续表

乱	乱糟糟	lun^{31} ɬɐu$^{32-22}$ ɬɐu^{32}	
称心	啱心	ŋam^{553} ɬɐm^{553}	
	啱心水	ŋam^{553} ɬɐm$^{553-33}$ sui^{33}	
	合心水	hɛp^{31} ɬɐm$^{553-33}$ su^{33}	
熟悉	熟	sok^{3}	
陌生	生	saŋ^{553}	
	生摸摸	saŋ^{553} mɔ$^{553-33}$ mɔ^{553}	
（果实）生	生	saŋ^{553}	
（果实）生而硬	生□	saŋ^{553} kuɐŋ^{33}	
晚（来~了）	迟	tsʰi^{32}	
	晏	an^{35}	
多	多	tɔ^{553}	
	多啰啰	tɔ^{553} lɔ^{31} lɔ^{31}	
少	少	siu^{33}	
大	大	tai^{31}	
大个	大只	tai^{31} tsek^{4}	
大块	大嚿	tai^{31} kɐu^{31}	
小	细	ɬɐi^{35}	
	尐	nɐi^{35}	
	尐只	nɐi$^{35-33}$ tsek^{4}	
	尐嚿	nɐi$^{35-33}$ kɐu^{31}	
粗	粗	tʰu^{553}	
粗糙（手感）	粗□	tʰu^{553} ŋɔn^{553}	
	粗□□	tʰu^{553} ŋɔn$^{553-33}$ ŋɔn^{553}	
细	幼	jɐu^{35}	
	幼□	jɐu^{35} meŋ^{33}	
长	长	tsʰɛŋ^{32}	
	长□	tsʰɛŋ^{32} nɔi^{32}	
	长□□	tsʰɛŋ^{32} nɔi$^{32-22}$ nɔi^{32}	
短	短	tun^{33}	
	短□	tun^{33} tsʰeŋ^{35}	
	短□□	tun^{33} tsʰeŋ$^{35-33}$ tsʰeŋ^{35}	

续表

宽	阔	fut⁴	
	阔□	fut⁴ pʰɔʊ²³	
	阔□□	fut⁴ pʰɔʊ²³⁻²² pʰɔʊ²³	
窄	隘	ai³⁵	
	隘瘪	ai³⁵ mɛt²⁴	
	隘瘪瘪	ai³⁵ mɛt²⁴⁻³³ mɛt²⁴	
狭小	屈塞	vɐt⁴⁻³ tsɐt⁴	
老	老	lɐu²³	
	老□	lɐu²³ mɐɯ³⁵	
	老□□	lɐu²³ mɐɯ³⁵⁻³³ mɐɯ³⁵	
嫩	嫩	nun³¹	
	嫩□	nun³¹ nɔp⁴	
	嫩□□	nun³¹ nɔp⁴⁻³ nɔp⁴	
厚	厚	hɐu²³	
	厚□	hɐu²³ kʰut³	
	厚□□	hɐu²³ kʰut³⁻² kʰut³	
	厚□	hɐu²³ tʰɐp³	厚得像叠起来
薄	薄	pɔk³¹	
	薄□	pɔt³¹ tsʰi⁵⁵³	
	薄□□	pɔt³¹ tsʰi⁵⁵³⁻³³ tsʰi⁵⁵³	
圆	圆	jun³²	
	圆□	jun³² kʰu²³	
	圆□□	jun³² kʰu²³⁻²² kʰu²³	
尖	尖	ɬim⁵⁵³	
	尖□	ɬim⁵⁵³ tsɔi⁵⁵³	
	尖□□	ɬim⁵⁵³ tsɔi⁵⁵³⁻³³ tsɔi⁵⁵³	
方	四方	ɬi³⁵⁻³³ fɔʊ⁵⁵³	
三角	三角	ɬam⁵⁵³⁻³³ kɔk²⁴	
扁	扁	pɛn³³	
	扁□	pɛn³³ pɐt³¹	
	扁□□	pɛn³³ pɐt³¹ lɐt³¹	
直	直	tsʰek³	

续表

直	掂	tim³¹	
弯	弯	van⁵⁵³	
	曲	kʰok⁴	
	曲拗	kʰok⁴ ŋau³³	
滑	滑	vat³¹	
光滑	光	kɔŋ⁵⁵³	
滑溜溜	滑□	vat³¹ lut⁴	
	滑□□	vat³¹ lut⁴⁻³ lut⁴	
粗糙/苦涩	□	ȵap²⁴	
	□□	ȵap²⁴ ȵɐŋ⁵⁵³	
	□□□	ȵap²⁴ ȵɐŋ⁵⁵³⁻³³ ȵɐŋ⁵⁵³	
深	深	sɐm⁵⁵³	
	深□	sɐm⁵⁵³ kʰɔm³²	
	深□□	sɐm⁵⁵³ kʰɔm³²⁻²² kʰɐm³²	
浅	浅	tʰin³³	
	浅□	tʰin³³ pɛt³¹	
	浅□□	tʰin³³ pɛt³¹ lɛt³¹	
利	利	li³¹	
	利□	li³¹ kʰut³	
	利□	li³¹ tsʰam²³	
钝	□	ȵun³³	
	□□	ȵun³³ ȵat³¹	
高	高	kɐu⁵⁵³	
	高昂	kɐu⁵⁵³ ŋɔŋ⁵⁵³	
	高昂昂	kɐu⁵⁵³ ŋɔŋ⁵⁵³⁻³³ ŋɔŋ⁵⁵³	
低	低	tɐi⁵⁵³	
矮	低	tɐi⁵⁵³	
	低□	tɐi⁵⁵³ tsʰit⁴	
正	正	tsɛŋ³⁵	
歪	乜	mɛ³³	
	侧	tsɐk⁴	
	□扯	tsʰɐŋ³⁵ tsʰɛ³³	

续表

斜	乜	mɛ³³	
	侧	tsɐk⁴	
	□扯	tsʰɐŋ³⁵ tsʰɛ³³	
陡	笪	tʰɛ³⁵	
	笪棚	tʰɛ³⁵ paŋ³²	
	壁	pek⁴	
橛	橛	kʰɐt³	
	橛□	kʰɐt³ tsʰit⁴	
皱	皱	ȵɛu³⁵	
皱巴巴	皱绷	ȵɛu³⁵ pɐŋ³³	
	皱绷绷	ȵɛu³⁵ pɐŋ³³ pɐŋ³³	
重	重	tsʰoŋ²³	
	重□	tsʰoŋ²³ nɐk³	
	重□□	tsʰoŋ²³ nɐk³⁻² nɐk³	
轻	轻	heŋ⁵⁵³	
	轻飘	heŋ⁵⁵³ pʰɛu⁵⁵³	
	轻飘飘	heŋ⁵⁵³ pʰɛu⁵⁵³⁻³³ pʰɛu⁵⁵³	
	轻□	heŋ⁵⁵³ meŋ³⁵	
干	干	kɔn⁵⁵³	
干硬	干□	kɔn⁵⁵³ ŋɐŋ³³	
	干□□	kɔn⁵⁵³ ŋɐŋ³³ ŋɐŋ³³	
湿	湿	sɐp⁴	
湿答答	湿□	sɐp⁴ pat³¹	
	湿□□	sɐp⁴ pat³¹ pat³¹	
	湿□	sɐp⁴ pɔt³¹	
	湿□□	sɐp⁴ pɔt³¹ pɔt³¹	
	湿□	sɐp⁴ ȵak²⁴	
	湿□□	sɐp⁴ ȵak²⁴⁻³³ ȵak²⁴	
潮	湿	sɐp⁴	
	潮	tsʰiu³²	
	润	ȵɐn³¹	
快	快	fai³⁵	
	灵	leŋ⁵⁵³	

续表

麻利	快手	fai³⁵ sɐu³³	
	快当	fai³⁵ tɔŋ³⁵	
慢	慢	man³¹	
不紧不慢	修由	ɬɐu⁵⁵³ jɐu³²	
	修修由由	ɬɐu⁵⁵³⁻³³ ɬɐu⁵⁵³ jɐu³²⁻²² jɐu³²	
磨蹭	摸	mɔ⁵⁵³	
	眯摸	mi⁵⁵³ mɔ⁵⁵³	
磨磨蹭蹭	眯眯摸摸	mi⁵⁵³⁻³³ mi⁵⁵³ mɔ⁵⁵³⁻³³ mɔ⁵⁵³	
满	□	lɐn²³	
	□	pʰoŋ³²	
	□□	lɐn²³ pʰoŋ³²	满得溢出来
空	空	hoŋ⁵⁵³	
	空寥	hoŋ⁵⁵³ lɛu⁵⁵³	
	空寥寥	hoŋ⁵⁵³ lɛu⁵⁵³⁻³³ lɛu⁵⁵³	
	空□	hoŋ⁵⁵³ pʰaŋ⁵⁵³	
胀	胀	tsɛŋ³⁵	
	胀绷	tsɛŋ³⁵ pɐŋ³³	
	胀绷绷	tsɛŋ³⁵ pɐŋ³³ pɐŋ³³	
红	红	hoŋ³²	
	红□	hoŋ³² kʰɐŋ³²	
	红□□	hoŋ³² kʰɐŋ³²⁻²² kʰɐŋ³²	
	红□	hoŋ³² lɐŋ⁵⁵³	
粉红	花粉红	fa⁵⁵³⁻³³ fɐn³³ hoŋ³²	
朱红	红	hoŋ³²	
	红黑	hoŋ³²⁻²² hɐk⁴	
浅红	红红呢	hoŋ³²⁻²² hoŋ³² nɛ⁵⁵³	
花	花	fa⁵⁵³	
花花绿绿	花□	fa⁵⁵³ lɐŋ⁵⁵³	
	花□□	fa⁵⁵³ lɐŋ⁵⁵³⁻³³ lɐŋ⁵⁵³	
蓝	蓝	lam³²	
浅蓝	蓝蓝呢	lam³²⁻²² lam³² nɛ⁵⁵³	

续表

深蓝	蓝黑	lam$^{32-22}$ hɐk^4	
天蓝	蓝白蓝白	lam$^{32-22}$ pak^{31} lam$^{32-22}$ pak^{31}	
绿	青	t^{h}eŋ^{553}	
	青油	t^{h}eŋ^{553} jau^{33}	
	青油油	t^{h}eŋ^{553} jau^{33} jau^{33}	
	青幽	t^{h}eŋ^{553} jau^{553}	
（果实）青涩	青□	t^{h}eŋ^{553} kɐŋ^{35}	
浅绿	青青呢	t^{h}eŋ$^{553-33}$ t^{h}eŋ^{553} nɛ^{553}	
青	青		
（脸色）灰白	青□	t^{h}eŋ^{553} pi^{553}	
白	白	pak^{31}	
灰白	白□	pak^{31} p^{h}ɔu^{33}	
苍白	白□	pak^{31} ɬai^{23}	
白胖	白□	pak^{31} mok^4	
漂白	漂	p^{h}iu^{35}	
灰	灰色	fui^{553} sek^4	
深灰	灰黑	fui^{553} hak^4	
浅灰	灰白	fui^{553} pak^{31}	
银灰	白灰	pak^{31} fui^{553}	
黄	黄	vɔŋ^{32}	
	黄□	vɔŋ^{32} k^{h}ɔm^{32}	
	黄□□	vɔŋ^{32} k^{h}ɔm$^{32-22}$ k^{h}ɔm^{32}	
土黄	屎黄	si^{33} vɔŋ^{32}	
浅黄	黄黄呢	vɔŋ$^{32-22}$ vɔŋ^{32} nɛ^{553}	
紫	矮瓜色	ai^{33} ka^{553} sek^4	
古铜（色）	黄色	vɔŋ^{32} sek^4	
黑	黑	hak^4	
墨黑	黑墨	hak^4 mɐk^3	
	黑墨墨	hak^4 mɐk$^{3-2}$ mɐk^3	
	黑□	hak^4 lui^{553}	
	黑□□	hak^4 lui$^{553-33}$ lui^{553}	

续表

黑乎乎	黑麻	hak⁴ ma⁵⁵³	
	黑麻麻	hak⁴ ma⁵⁵³⁻³³ ma⁵⁵³	
	黑眯麻	hak⁴ mi⁵⁵³ ma⁵⁵³	
	黑眯黑麻	hak⁴ mi⁵⁵³ hak⁴ ma⁵⁵³	
暗	暗	ɛm³⁵	
	黑	hak⁴	
模糊	蒙	moŋ³²	
	□	pʰɔŋ³³	
亮	光	kɔŋ⁵⁵³	
亮堂堂	光堂	kɔŋ⁵⁵³ tʰɔŋ²³	
	光堂堂	kɔŋ⁵⁵³ tʰɔŋ²³⁻²² tʰɔŋ²³	
	光鎗	kɔŋ⁵⁵³ tsʰaŋ²³	
	光鎗鎗	kɔŋ⁵⁵³ tsʰaŋ²³⁻²² tsʰaŋ²³	
鎗亮	鎗光	tsʰaŋ²³⁻²² kɔŋ⁵⁵³	
远	远	jun²³	
	远□	jun²³ nau³²	
	远□□	jun²³ nau³²⁻²² nau³²	
过	过头	kɔ³⁵⁻³³ tʰɐu³²	
过时	过气	kɔ³⁵⁻³³ hi³⁵	
	过时□□	kɔ³⁵⁻³³ si³² pɐŋ³¹ hɐŋ³⁵	
	过拗	kɔ³⁵⁻³³ au³⁵	
	过趟	kɔ³⁵⁻³³ tʰɔŋ³⁵	
变质	过性	kɔ³⁵⁻³³ ɬeŋ³⁵	
	坏	vai³¹	
般配	戥得起	tɐŋ³¹ tɐk⁴⁻³ hi³³	
	戥得啱	tɐŋ³¹ tɐk⁴⁻³ ŋam⁵⁵³	
均匀	匀	jɐn³²	
省事	干手净脚	kɔn⁵⁵³ sɐu³³ ɬeŋ³¹ kɛk²⁴	
累	癐	kui³¹	
痒	痕	hɐn³²	
酸痛	冤痛	jun⁵⁵³ tʰoŋ³⁵	
痛	痛	tʰoŋ³⁵	
	辣	lat³¹	

二十六 副词、介词等

刚（我~来，没赶上）	啱	ŋam⁵⁵³	
刚才	啱先	ŋam⁵⁵³ ɬin⁵⁵³	
刚好（~十块钱）	啱好	ŋam⁵⁵³ hɐu³³	
	正啱	tseŋ³⁵ ŋam⁵⁵³	
	啱啱	ŋam⁵⁵³⁻³³ ŋam⁵⁵³	
刚（不大不小，~合适）	啱	ŋam⁵⁵³	
	啱啱	ŋam⁵⁵³⁻³³ ŋam⁵⁵³	
	正啱	tseŋ³⁵ ŋam⁵⁵³	
刚巧（~我在那儿）	啱好	ŋam⁵⁵³ hɐu³³	
	正啱	tseŋ³⁵ ŋam⁵⁵³	
	撞啱	tsɔŋ³¹ ŋam⁵⁵³	
将	想	ɬɛŋ³³	
将要	想要	ɬɛŋ³³ jiu³⁵	
	就要	tɐu³¹ jiu³⁵	
	准备	tsɐn³³ pi³¹	
净（~吃米，不吃面）	净	ɬeŋ³¹	
	净系	ɬeŋ³¹ hɐi³¹	
有点儿（天~冷）	有粒儿	jɐu²³ nɐp⁴ n̠i⁵⁵³	
	有滴儿	jɐu²³ tek⁴ n̠i⁵⁵³ / jɐu²³ tɛt⁴ n̠i⁵⁵³	
很	好	hɐu³³	
	几	ki³³	
特别	出奇	tsʰɐt⁴⁻³ kʰi³²	
特意	特登	tʰɐk³⁻² tɐŋ⁵⁵³	
	登功	tɐŋ⁵⁵³⁻³³ koŋ⁵⁵³	
故意	特登	tʰɐk³⁻² tɐŋ⁵⁵³	
	登功	tɐŋ⁵⁵³⁻³³ koŋ⁵⁵³	
最	最	ɬui³⁵	
	至	tsi³⁵	
	顶	tɐŋ³³	
大概	大概	tai³¹ kʰɔi³⁵	
怕（也许：~要下雨）	怕	pʰa³⁵	

续表

也许（明天~要下雨）	好得	hɐu³³ tɐk⁴	
	好惜	hɐu³³ ɬek⁴	
	可能	hɔ³³ nɐŋ³²	
差点儿（~摔了）	差滴儿	tsʰa⁵⁵³ tek⁴ n̠.i⁵⁵³ / tsʰa⁵⁵³ tɛt⁴ n̠.i⁵⁵³	
	差粒儿	tsʰa⁵⁵³ nɐp⁴ n̠.i⁵⁵³	
	争滴儿	tsaŋ⁵⁵³ tek⁴ n̠.i⁵⁵³ / tsaŋ⁵⁵³ tɛt⁴ n̠.i⁵⁵³	
	争粒儿	tsaŋ⁵⁵³ nɐp⁴ n̠.i⁵⁵³	
谁知	谁不知	sui³² pɐt⁴ tsi⁵⁵³	
非……不（非到九点不开会）	硬要	ŋaŋ³¹ n̠.iu³⁵	
	耿系	kɐŋ³³ hei³¹	
马上（~就来）	即刻	ɬek⁴ hak⁴	
	马上	ma²³ sɛŋ³¹	
随即	跟手	kɐn⁵⁵³ sɐu³³	
趁早儿（~走吧）	趁早	tsʰɐn³⁵⁻³³ ɬɐu³³	
早晚（随时：~来都行）	朝夜	tsiu⁵⁵³ jɛ³¹	
	迟早	tsʰi³²⁻²² ɬɐu³³	
眼看（~就到期了）	眼睇	ŋan²³ tʰɐi³³	
	眼睇见	ŋan²³ tʰɐi³³ kin³⁵	
	眼见	ŋan²³ kin³⁵	
	眼见见	ŋan²³ kin³⁵⁻³³ kin³⁵	
幸亏（~你来了，要不然我们就走错了）	好惜	hɐu³³ ɬek⁴	
	好得	hɐu³³ tɐk⁴	
	好彩	hɐu³³ tʰɔi³³	
好端端地	好地地	hɐu³³ ti³¹ ti³¹	
难道	唔中	m³¹ tsoŋ⁵⁵³	
难怪	怪唔知得	kai³⁵ m³¹ tsi⁵⁵³ tɐk⁴	
当面（有话~说）	当面	tɔŋ⁵⁵³ min³¹	
背地（不要~说）	后背	hɐu³¹ pui³⁵	
	背后	pui³⁵ hɐu³¹	
	返头	fan⁵⁵³⁻³³ tʰɐu³²	
一块儿（咱们~去）	一齐	jɐt⁴ ɬɐi³²	

续表

一块儿	大齐	tai³¹ ɬɐi³²	
	同徒	tʰoŋ³²⁻²² tʰu³²	
	有徒	jɐu²³ tʰu³²	
	有队	jɐu²³ tui³¹	
宁可	宁愿	neŋ³²⁻²² ȵun³¹	
	能愿	nɐŋ³²⁻²² ȵun³¹	
	宁可	neŋ³²⁻²² hɔ³³	
就算	就算	tɐu³¹ ɬun³⁵	
	就准	tɐu³¹ tsɐn³³	
应该	应份	jeŋ⁵⁵³ fɐn³¹	
当然	规矩	kʰɐi⁵⁵³ ki³³	
肯定	肯定	hɐŋ³³ teŋ³¹	
	规矩	kʰɐi⁵⁵³ ki³³	
	实系	sɐt³⁻² hɐi³¹	
	耿系	kɐŋ³³ hɐi³¹	
怎么都	点样都	tim⁵⁵³⁻³³ jɐŋ³¹ tu⁵⁵³	
反正	反正	fan³³ tsɐŋ³⁵	
	横竖	vaŋ³²⁻²² kʰi²³	
生硬	生硬	saŋ⁵⁵³ ŋaŋ³¹	
	生猛	saŋ⁵⁵³ maŋ²³	
活活	生生	saŋ⁵⁵³⁻³³ saŋ⁵⁵³	
生来	生成	saŋ⁵⁵³ sɐŋ³²	
一个人（自己：他~去）	阿个人	a³³ kɔ³⁵ ȵɐn³²	
	自己	ɬu³¹ ki³³	
全	全部	ɬun³²⁻²² pu³¹	
	冚唪唥	hɐm³¹ pɐŋ³¹ lɐŋ³¹	
顺便儿（请他~给我买本书）	顺□	sɐn³¹ nai³⁵	
顺手	顺手	sɐn³¹ ɬɐu³³	
	就手	ɬɐu³¹ ɬɐu³³	
顺带	顺□	sɐn³¹ nai³⁵	
	□	nai³⁵	

续表

到底（他~走了没有，你要问清楚）	实系	sɐt³⁻² hɐi³¹	
	到底	tɐu³⁵⁻³³ tɐi³³	
压根儿（他~不知道）	根本	kɐn⁵⁵³ pun³³	
	实系	sɐt³⁻² hɐi³¹	
实在（这人~好）	真系	tsɐn⁵⁵³ hɐi³¹	
	实在	sɐt³⁻² ɬɔi²³	
	经经	kɐŋ⁵⁵³⁻³³ kɐŋ⁵⁵³	
随便	求其	kʰɐu³²⁻²² kʰi³²	
	是但	si³¹ tan³¹	
	任式	ȵɐm³¹ sek⁴	
	随便	ɬui³¹ pin³¹	
平四十（接近四十：这人已经~了）	四阿	ɬi³⁵ a³¹	
一共（~才十个人）	总共	ɬoŋ³³ koŋ³¹	
	加埋起身	ka⁵⁵³ mai³² hi³³ sɐn⁵⁵³	
不	冇	mɐu²³	
别	冇	mɐu²³	
不用	冇使	mɐu²³ sɐi³³	
没有	冇有	mɐu²³ jɐu²³	
不行	冇得	mɐu²³ tɐk⁴	
不要（慢慢儿走，~跑）	冇得	mɐu²³ tɐk⁴	
	冇要	mɐu²³ ȵiu³⁵/jiu³⁵	
白（不要钱：~吃）	白	pak³¹	
	白得	pak³¹ tɐk⁴	
白（空：~跑一趟）	白	pak³¹	
	白白	pak³¹ pak³¹	
偏（你不叫我去，我~去）	硬要	ŋaŋ³¹ jiu³⁵	
	硬系要	ŋaŋ³¹ hɐi³¹ jiu³⁵	
胡（~搞、~说）	乱	lun³¹	
	笠乱	lap³¹ lun³¹	
先（你~走，我随后就来）	先	ɬin⁵⁵³	

续表

先（他~不知道，后来才听人说的）	头先	tʰɐu³²⁻²² ɬin⁵⁵³	
	开始	hɔi⁵⁵³⁻³³ tsʰi³³	
随后	跟尾	kɐn⁵⁵³⁻³³ mi²³	
	跟手	kɐn⁵⁵³ sɐu³³	
直接	直直	tsʰek³⁻² tsʰek³	
	直接	tsek³⁻² ɬip⁴	
另外（~还有一个人）	另开	leŋ³¹ hɔi⁵⁵³	
	除开	tsʰi³² hɔi⁵⁵³	
被（~狗咬了一口）	着	tsɛk³¹	
	挨	ŋai³²	
对（你~他好，他就~你好）	对	tui³⁵	
对着（他~我直笑）	向住	hɛŋ³⁵ tsi³¹	
到（~哪儿去？）	去	hui³⁵	
到（~哪天为止？）	到	tɐu³⁵	
到（扔~水里）	落	lɔk³¹	
	入	ȵɐp³	
前（在……之前：~）（吃饭~，先洗手）	前	ɬin³²	
在（~哪儿住家？）	在	ɬɔi²³	
从（~哪儿走？）	跟	kɐn⁵⁵³	
自从（~他走后，我一直不放心）	在	ɬɔi²³	
	自从	ɬu³¹ tsʰoŋ³²	
照（~这样做就好）	照	tsiu³⁵	
	按	ɔn³⁵	
照（~我看不算错）	照	tsiu³⁵	
使（你~毛笔写）	使	sɐi³³	
	拧	neŋ⁵⁵³	
顺着（~这条大路一直走）	跟住	kɐn⁵⁵³ tsi³¹	
	顺住	sɐn³¹ tsi³¹	
顺着（沿着：~河边走）	跟住	kɐn⁵⁵³ tsi³¹	

续表

顺着	顺住	sen³¹ tsi³¹	
朝（~后头看看）	向	hɛŋ³⁵	
替（你~我写封信）	帮	pɔŋ⁵⁵³	
给（~大家办事）	帮	pɔŋ⁵⁵³	
和（这个~那个一样）	搂	lɐu⁵⁵³	
问（~他借一本书）	问	mɐn³¹	
管……叫	吆作	ɛu⁵⁵³ u³⁵	
拿……当	拧做	neŋ⁵⁵³ ɬu³⁵	
	搦做	nek⁴ ɬu³⁵	
像……一样	当……噉	tɔŋ³⁵…kɔm³⁵	
从小（他~就能吃苦）	在孻	ɬɔi²³⁻²² nɐi³⁵	
	在细	ɬɔi²³⁻²² ɬɐi³⁵	
赶（你得天黑以前~到）	赶	kɔn³³	
还（有）	正	tseŋ³¹	
又	又	jɐu³¹	
	再	ɬɔi³⁵	
未曾	冇曾	mɐu²³ ɬɐŋ³²	
尽管	只管	tsek⁴ / tsi⁵⁵³ kun³³	
始终	始终	tsʰi³³ tsoŋ⁵⁵³	
	终归	tsoŋ⁵⁵³ kɐi⁵⁵³	
（我）和（你）	搂	lɐu⁵⁵³	
	拏	na⁵⁵³	
往（东）	向	hɛŋ³⁵	
跟	跟	kɐn⁵⁵³	
	搂	lɐu⁵⁵³	
向（×借）	搂	lɐu⁵⁵³	
替	帮	pɔŋ⁵⁵³	
	搂	lɐu⁵⁵³	
	拏	na⁵⁵³	
如果	系……个话	hɐi²¹…kɔ³³ va²¹	
	假如	ka³³ ɲi³²	

续表

不管	冇管	mɐu²³kun³³	
	冇论	mɐu²³lɐn³¹	

二十七 量词

一把（椅子）	一张	a³³tsɛŋ⁵⁵³	
一把（刀）	一把	a³³pa³³	
	一张	a³³tsɛŋ⁵⁵³	
一把（斧头）	一把	a³³pa³³	
一把（米）	一抓	a³³ȵa⁵⁵³	
一把（声音）	一把	a³³pa³³	
一把（手）	一把	a³³pa³³	
一张（嘴）	一把	a³³pa³³	
一枚（奖章）	一块	a³³fai³⁵	
一本（书）	一本	a³³pun³³	
	一部	a³³pu³¹	
一笔（款）	一笔	a³³pɐt⁴	
一笔（生意）	一单	a³³tan⁵⁵³	
一匹（马）	一只	a³³tsek⁴	
一头（牛）	一只	a³³tsek⁴	
一封（信）	一封	a³³foŋ⁵⁵³	
一服（药）	一煲	a³³pɐu⁵⁵³	
	一副	a³³fu³⁵	
一帖（药）	一帖	a³³tʰip⁴	
	一块	a³³fai³⁵	
一味（药）	一味	a³³mi³¹	
	一样	a³³jɛŋ³¹	
一道（河）	一条	a³³tʰiu³²	
一顶（帽子）	一顶	a³³teŋ³³	
一锭（墨）	一嚿	a³³kɐu³¹	
	一碌	a³³lok⁴	
一档子（事）	一件	a³³kin³¹	

续表

一档子（事）	一单	a³³ tan⁵⁵³	
	一摊	a³³ tʰan⁵⁵³	
一朵（花儿）	一朵	a³³ tɔ³³/tɛ³³	
一顿（饭）	一餐	a³³ tʰan⁵⁵³	
一条（手巾）	一条	a³³ tʰiu³²	
一辆（车）	一架	a³³ ka³⁵	
	一部	a³³ pu³¹	
一子儿（香）	一把	a³³ pa³³	
	一扎	a³³ tsat²⁴	
一簇	一球	a³³ kʰɐu³²	
	一□	a³³ poŋ³¹	
一枝（花儿）	一杈	a³³ ŋa⁵⁵³	
一只（手）	一只	a³³ tsek⁴	
一盏（灯）	一盏	a³³ tsan³³	
	一眼	a³³ ŋan³³	
一张（桌子）	一张	a³³ tsɛŋ⁵⁵³	
一桌（酒席）	一台	a³³ tʰɔi³²	
	一围	a³³ vɐi³²	
一场（雨）	一洒	a³³ sa³⁵	
	一场	a³³ tsʰɛŋ³²	
	一阵	a³³ tsɐn³¹	
出（戏）	一出	a³³ tsʰɐt⁴	
	一场	a³³ tsʰɛŋ³²	
一床（被子）	一翻	a³³ fan⁵⁵³	
	一床	a³³ tsʰɔŋ³²	
	一堂	a³³ tʰɔŋ³²	
一床（蚊帐）	一翻	a³³ fan⁵⁵³	
	一床	a³³ tsʰɔŋ³²	
	一堂	a³³ tʰɔŋ³²	
一身（棉衣）	一身	a³³ sɐn⁵⁵³	
	一脱	a³³ tʰut⁴	
一杆（枪）	一支	a³³ tsi⁵⁵³	

续表

一杆（枪）	一把	$a^{33}pa^{33}$	
一管（笔）	一支	$a^{33}tsi^{553}$	
一根（头发）	一条	$a^{33}t^hiu^{32}$	
一棵（树）	一兪	$a^{33}p^hɔ^{553}/a^{33}p^hɛ^{553}$	
一颗（米）	一粒	$a^{33}nɐp^{4}$	
一粒（米）	一粒	$a^{33}nɐp^{4}$	
一块（砖）	一块	$a^{33}fai^{35}$	
	一嚿	$a^{33}kɐu^{31}$	
一口（猪）	一只	$a^{33}tsek^{4}$	
一口儿（人）	一个	$a^{33}kɔ^{35}$	
	一只	$a^{33}tsek^{4}$	
两口子（夫妻俩）	两公婆	$lɛŋ^{23}koŋ^{553-33}p^hɔ^{32}$	
一家（铺子）	一间	$a^{33}kan^{553}$	
	一眼	$a^{33}ŋan^{553}$	
一架（飞机）	一架	$a^{33}ka^{35}$	
一间（屋子）	一间	$a^{33}kan^{553}$	
	一眼	$a^{33}ŋan^{553}$	
一所（房子）	一座	$a^{33}tɔ^{31}/a^{33}tɛ^{31}$	
	一栋	$a^{33}toŋ^{31}$	
一件儿（衣裳）	一件	$a^{33}kin^{31}$	
一行（字）	一行	$a^{33}hɔŋ^{32}$	
	一排	$a^{33}p^hai^{32}$	
一篇（文章）	一篇	$a^{33}p^hin^{553}$	
一页（书）	一页	$a^{33}jip^{4}$	
	一板	$a^{33}pan^{33}$	
一节（文章）	一段	$a^{33}tun^{31}$	
一段（文章）	一段	$a^{33}tun^{31}$	
一片（好心）	一笃（心水）	$a^{33}lɔ^{553}$	
一片儿（肉）	一件	$a^{33}kin^{31}$	
	一块	$a^{33}fai^{35}$	

续表

一面（旗）	一条	$a^{33}t^hiu^{32}$	
一层（纸）	一层	$a^{33}ɬɐŋ^{32}$	
一股（香味儿）	一阵	$a^{33}tsɐn^{31}$	
	一唉	$a^{33}tam^{31}$	
一座（桥）	一条	$a^{33}t^hiu^{32}$	
	一座	$a^{33}ɬɔ^{31}$	
一盘（棋）	一盘	$a^{33}p^hun^{32}$	
	一铺	$a^{33}p^hu^{553}$	
一门（亲事）	一门	$a^{33}mun^{32}$	
一刀（纸）	一刀	$a^{33}tɐu^{553}$	
一沓儿（纸）	一沓	$a^{33}tap^{31}$	
一桩（事情）	一件	$a^{33}kin^{31}$	
	一单	$a^{33}tan^{553}$	
一缸（水）	一缸	$a^{33}kɔŋ^{553}$	
一碗（饭）	一碗	$a^{33}vun^{33}$	
一杯（茶）	一杯	$a^{33}pui^{553}$	
	一盅	$a^{33}tsoŋ^{553}$	
一把儿（萝卜）	一抓	$a^{33}ȵa^{553}$	
一包（花生）	一袋	$a^{33}tɔi^{31}$	
	一包	$a^{33}pau^{553}$	
一卷儿（纸）	一卷	$a^{33}lun^{33}$	
一捆（行李）	一捆	$a^{33}k^hɐn^{33}$	
	一卷	$a^{33}lun^{33}$	
一捆（菜）	一捆	$a^{33}k^hɐn^{33}$	
	一把	$a^{33}pa^{33}$	
	一□	$a^{33}p^hok^3$	
一担（米）	一担	$a^{33}tam^{35}$	
一挑（水）	一担	$a^{33}tam^{35}$	
一排（桌子）	一排	$a^{33}p^hai^{32}$	
一进（院子）	一进	$a^{33}tɐn^{35}$	
一挂（鞭炮）	一封	$a^{33}foŋ^{553}$	

续表

一犋（牛）（两头叫一犋）	一对	$a^{33} tui^{35}$	
一句（话）	一句	$a^{33} ki^{35}$	
一位（客人）	一只	$a^{33} tsek^{4}$	
	一个	$a^{33} kɔ^{35}$	
	一位	$a^{33} vɐi^{31}$	
一双（鞋）	一对	$a^{33} tui^{35}$	
	一双	$a^{33} sɔŋ^{553}$	
一对（花瓶）	一对	$a^{33} tui^{35}$	
一副（眼镜）	一副	$a^{33} fu^{35}$	
一套（书）	一套	$a^{33} t^{h}ɐu^{35}$	
一种（虫子）	一种	$a^{33} tsoŋ^{33}$	
一伙儿（人）	一帮	$a^{33} pɔŋ^{553}$	
	一群	$a^{33} k^{h}ɐn^{32}$	
一帮（人）	一帮	$a^{33} pɔŋ^{553}$	
	一群	$a^{33} k^{h}ɐn^{32}$	
一批（货）	一批	$a^{33} p^{h}ɐi^{553}$	
一拨儿（人）	一帮	$a^{33} pɔŋ^{553}$	
一个（人）	一个	$a^{33} kɔ^{35}$	
	一只	$a^{33} tsek^{4}$	
	一碌	$a^{33} lok^{4}$	
一起	同徒	$t^{h}oŋ^{32-22} t^{h}u^{32}$	
一窝（蜂）	一窦	$a^{33} tɐu^{35}$	
一窝（水）	一窝	$a^{33} vɔ^{553}$	
一潭	一潭	$a^{33} t^{h}ɐm^{23}$	
一嘟噜（葡萄）	一□	$a^{33} poŋ^{31}$	
	一串	$a^{33} ts^{h}un^{35}$	
一拃（大拇指与中指张开的长度）	一拃	$a^{33} nam^{35}$	
一虎口（大拇指与食指张开的长度）	一拃	$a^{33} nam^{35}$	
一庹（两臂平伸两手伸直的长度）	一庹	$a^{33} p^{h}aŋ^{553}$	

续表

一指（长）	一只手儿	a^{33} tsek^4 sɐu^{33} ȵi^{553}	
一成儿	一成	a^{33} tsʰeŋ^{32}	
一脸（土）	一面	a^{33} min^{31}	
一身（土）	一身	a^{33} sɐn^{553}	
一肚子（气）	一肚	a^{33} tʰu^{23}	
（吃）一顿	一餐	a^{33} tʰan^{553}	
（说）一顿	一轮	a^{33} lɐn^{32}	
	一调	a^{33} tiu^{31}	
	一铺	a^{33} pʰu^{553}	
（打）一顿	一身	a^{33} sɐn^{553}	
	一轮	a^{33} lɐn^{32}	
	一铺	a^{33} pʰu^{553}	
（走）一趟	一轮	a^{33} lɐn^{32}	
	一趟	a^{33} tʰɔŋ^{35}	
一次	一轮	a^{33} lɐn^{32}	
	一调	a^{33} tiu^{31}	
（打）一下	一下	a^{33} ha^{23}	
（看）一眼	一眼	a^{33} ŋan^{23}	
（吃）一口	一啖	a^{33} tam^{31}	
（谈）一会儿	一阵儿	a^{33} tsɐn^{31} ȵi^{553}	
（闹）一场	一出	a^{33} tsʰɐt^4	
（见）一面	一面	a^{33} min^{31}	
一尊（佛像）	一座	a^{33} ɬɛ^{31}	
一扇（门）	一扇	a^{33} sin^{35}	
	一只	a^{33} tsek^4	
	一块	a^{33} fai^{35}	
一幅（画儿）	一幅	a^{33} fok^4	
	一张	a^{33} tsɛŋ^{553}	
一堵（墙）	一□	a^{33} poŋ^{31}	
一瓣（花瓣）	一荚	a^{33} hap^{24}	
一片（菜叶）	一荚	a^{33} hap^{24}	
	一张	a^{33} tsɛŋ^{553}	

续表

一处（地方）	一□	$a^{33}pok^4$	
一部（书）	一部	$a^{33}pu^{31}$	
	一本	$a^{33}pun^{33}$	
一班（车）	一班	$a^{33}pan^{553}$	
	一架	$a^{33}ka^{35}$	
（洗）一水（衣裳）	一水	$a^{33}sui^{33}$	
（烧）一炉（陶器）	一炉	$a^{33}lu^{32}$	
	一窑	$a^{33}jiu^{32}$	
一托（鸡蛋）	一托	$a^{33}t^hɔk^{24}$	
一团（泥）	一嘈	$a^{33}kɐu^{31}$	
	一	$a^{33}p^hok^3$	
一堆（雪）	一堆	$a^{33}tui^{553}$	
一槽（牙）	一排	$a^{33}p^hai^{32}$	
一列（火车）	一架	$a^{33}ka^{35}$	
一系列（问题）	一堆	$a^{33}tui^{553}$	
一路（公共汽车）	一班	$a^{33}pan^{553}$	
	一路	$a^{33}lu^{31}$	
一师（兵）	一师	$a^{33}ɬu^{553}$	
一旅（兵）	一旅	$a^{33}li^{23}$	
一团（兵）	一团	$a^{33}t^hun^{32}$	
一营（兵）	一营	$a^{33}jeŋ^{32}$	
一连（兵）	一连	$a^{33}lin^{32}$	
一排（兵）	一排	$a^{33}p^hai^{32}$	
一班（兵）	一班	$a^{33}pan^{553}$	
一组	一组	$a^{33}ɬu^{33}$	
一撮（毛）	一撮	$a^{33}ɬɐp^4$	
一轴儿（线）	一卷	$a^{33}lun^{33}$	
一绺（头发）	一撮	$a^{33}ɬɐp^4$	
（写）一手（好字）	一手	$a^{33}sɐu^{33}$	
（写）一笔（好字）	一笔	$a^{33}pɐt^4$	
（当）一票（当）	一票	$a^{33}p^hiu^{35}$	
（开）一届（会议）	一届	$a^{33}kai^{35}$	

续表

（做）一任（官）	一任	a^{33} ȵɐm^{31}	
（下）一盘（棋）	一铺	a^{33} p^{h}u^{553}	
	一盘	a^{33} p^{h}un^{31}	
（请）一桌（客）	一台	a^{33} t^{h}ɔi^{32}	
	一围	a^{33} vɐi^{32}	
（打）一圈（麻将）	一铺	a^{33} p^{h}u^{553}	
	一圈	a^{33} hun^{553}	
（唱）一台（戏）	一出	a^{33} ts^{h}ɐt^{4}	
一丝儿（肉）	一条	a^{33} t^{h}iu^{32}	
一点儿（面粉）	一粒儿	a^{33} nɐp^{4}ȵi^{553}	
	一滴儿	a^{33} tek^{4}/tɐt^{4}ȵi^{553}	
一滴（雨）	一滴	a^{33} tek^{4}	
一盒儿（火柴）	一盒	a^{33} hɛp^{31}	
一匣子（首饰）	一盒	a^{33} hɛp^{31}	
	一箱	a^{33} ɬɛŋ^{553}	
一箱子（衣裳）	一箱	a^{33} ɬɛŋ^{553}	
	一栊	a^{33} loŋ^{23}	
一架子（小说）	一书架	a^{33} si^{553}ka^{35}	
一橱（书）	一柜	a^{33} kɐi^{31}	
一抽屉（文件）	一拖桶	a^{33} t^{h}ɔ^{553}t^{h}oŋ^{33}	
一筐子（菠菜）	一箩	a^{33} lɔ^{553}	
一筛子（青菜）	一筛	a^{33} sɐi^{553}	
一铲箕（东西）	一铲箕	a^{33} ts^{h}am^{33}ki^{553}	
一篮子（梨）	一篮	a^{33} lam^{32}	
一篓子（炭）	一篓	a^{33} lui^{553}	
一炉子（灰）	一灶	a^{33} ɬɐu^{35}	
一包（书）	一包	a^{33} pau^{553}	
一口袋（干粮）	一袋	a^{33} tɔi^{31}	
一池子（水）	一池	a^{33} ts^{h}i^{32}	
一池塘（水）	一塘	a^{33} t^{h}ɔŋ^{32}	
一缸（金鱼）	一缸	a^{33} kɔŋ^{553}	
一瓶子（醋）	一罉	a^{33} aŋ^{553}	

续表

一瓶子（醋）	一瓶	$a^{33}p^he\eta^{32}$	
一罐子（荔枝）	一罇	$a^{33}a\eta^{553}$	
	一瓶	$a^{33}p^he\eta^{32}$	
一坛子（酒）	一坛	$a^{33}t^hap^{24}$	
一桶（汽油）	一桶	$a^{33}t^ho\eta^{33}$	
	一磅	$a^{33}p\mathfrak{d}\eta^{31}$	
一盆（洗澡水）	一盆	$a^{33}p^hun^{32}$	
一壶（茶）	一壶	$a^{33}vu^{32}$	
一锅（饭）	一煲	$a^{33}p\mathrm{e}u^{553}$	
	一锅	$a^{33}k\mathfrak{d}^{553}$	
	一镴锅	$a^{33}t^h\mathrm{e}i^{553}k\mathfrak{d}^{553}$	
一锅（菜）	一镬	$a^{33}v\mathfrak{d}k^{31}$	
一笼（包子）	一笼	$a^{33}lo\eta^{32}$	
	一屉	$a^{33}t^h\mathrm{e}i^{35}$	
一盘（水果）	一盘	$a^{33}p^hun^{32}$	
	一碟	$a^{33}t^hip^{3}$	
一碟儿（小菜）	一碟儿	$a^{33}t^hip^{3}\textrm{\textnyi}i^{52}$	
一盆（菜）	一盆	$a^{33}p^hun^{32}$	
一碗（饭）	一碗	$a^{33}vun^{33}$	
一杯（茶）	一杯	$a^{33}pui^{553}$	
一盅（烧酒）	一盅	$a^{33}tso\eta^{553}$	
一瓢（汤）	一勺	$a^{33}s\varepsilon k^{3}$	
一勺子（汤）	一羹	$a^{33}k\mathrm{e}\eta^{553}$	
一勺儿（酱油）	一羹	$a^{33}k\mathrm{e}\eta^{553}$	
一底（发糕）	一底	$a^{33}t\mathrm{e}i^{33}$	
一道（河）	一条	$a^{33}t^hiu^{32}$	
一堆（土）	一堆	$a^{33}tui^{553}$	
	一堆垒	$a^{33}tui^{553}lui^{553}$	
一个（红包）	一封（利是）	$a^{33}fo\eta^{553}$	
	一只	$a^{33}tsek^{4}$	
一副（扑克）	一副	$a^{33}fu^{35}$	
一对（手套）	一副	$a^{33}fu^{35}$	

续表

一对（手套）	一对	a^{33} tui^{35}	
一个菜	一样	a^{33} jɐŋ^{31}	
一个（补丁）	一只	a^{33} tsek^{4}	
一个（国家）	一只	a^{33} tsek^{4}	
一根（头发）	一条	a^{33} tʰiu^{32}	
一颗（钉子）	一口	a^{33} hɐu^{33}	
一颗（牙齿）	一条	a^{33} tʰiu^{32}	
一块（肉）	一块	a^{33} fai^{35}	
	一嚼	a^{33} kɐu^{31}	
	一件	a^{33} kin^{31}	
一块（豆腐）	一砖	a^{33} tsun^{553}	
一泡（尿）	一督	a^{33} tok^{4}	
一台（机器）	一架	a^{33} ka^{35}	
一所（学校）	一间	a^{33} kan^{553}	
一枚针	一眼	a^{33} ŋan^{33}	
	一口	a^{33} hɐu^{33}	
一声（雷）	一棍	a^{33} kɐn^{35}	
一座山	一座山	a^{33} ɬɛ^{31} san^{553}／a^{33} ɬɔ^{31} san^{553}	
一座坟	一架山	a^{33} ka^{35} san^{553}	
个把两个	个把两个	kɔ^{35} pa^{33} lɐŋ^{23} kɔ^{35}	
百把来个	百把个	pak^{24} pa^{33} kɔ^{35}	
	百零个	pak^{24} lɐŋ^{32} kɔ^{35}	
	百几个	pak$^{24-33}$ ki^{33} kɔ^{35}	
千把人	千把人	tʰin^{553} pa^{33} ȵɐn^{32}	
	千零人	tʰin^{553} lɐŋ^{32} ȵɐn^{32}	
	千几人	tʰin$^{553-33}$ ki^{33} ȵɐn^{32}	
万把块钱	万把文	man^{31} pa^{33} mɐn^{553}	
	万零文	man^{31} lɐŋ^{32} mɐn^{553}	
	万几文	man^{31} ki^{33} mɐn^{553}	
一里（路）	一里	a^{33} li^{23}	
十里（路）	一塘	a^{33} tʰɔŋ^{32}	
里把路	里把路	li^{23} pa^{33} lu	
	里零路	li^{23} lɐŋ^{32} lu^{31}	

续表

里把路	里几路	li²³ ki³³ lu³¹	
里把二里路	里把两里路	li²³ pa³³ lɛŋ²³ li²³ lu³¹	
亩把二亩	亩把二亩	mɐu²³ pa³³ lɛŋ²³ mɐu²³	
	亩把二亩田	mɐu²³ pa³³ lɛŋ²³ mɐu²³ tʰin³²	
	亩把二亩地	mɐu²³ pa³³ lɛŋ²³ mɐu²³ ti³¹	

二十八　附加成分

（快）极了	一失魂	sɐt⁴⁻³ vɐn³²	
	一眉魂	hɐi⁵⁵³⁻³³ vɐn³²	
	一眉魂失	hɐi⁵⁵³⁻³³ vɐn³² sɐt⁴	
一得很（得太、得极、之极）	得很	tek⁴⁻³ hɐn³³	
一（懒得）要命（要死）	一到死	tɐu³⁵⁻³³ ɬi³³	
（懒）得不行	懒到冇得来懒	lan²³ tɐu³⁵ mɐu²³ tek⁴ lɔi³² lan²³	
一死了	一死	ɬi³³	
吃头儿（这个菜没~）	吃头	hek⁴ tʰɐu³²	
喝头儿（那个酒没~）	饮头	ȵɐm³³ tʰɐu³²	
看头儿（这出戏有~）	睇头	tʰɐi³³ tʰɐu³²	
干头儿	做头	ɬu³⁵ tʰɐu³²	
奔头儿	奔头	pɐn⁵⁵³ tʰɐu³²	
苦头	苦头	fu³³ tʰɐu³²	
甜头	甜头	tʰim³²⁻²² tʰɐu³²	
跳脚	□□跳	lek⁴ lek⁴ tʰiu³⁵	
大声喊叫	□□吆	ŋi⁵⁵³ ŋa⁵⁵³ ɛu⁵⁵³	
死（贵到~）	死	ɬi³³	
了	了	liu²³	
着	住	tsi³¹	
得	得	tek⁴	
的	个	kɔ³³	
们	队	tui³¹	

二十九　数词等

（一）日期

一号	一号	jɐt⁴ hɐu³¹	
二号	二号	ȵi³¹ hɐu³¹	
三号	三号	ɬam⁵⁵³ hɐu³¹	
四号	四号	ɬi³⁵ hɐu³¹	
五号	五号	ŋ²³ hɐu³¹	
六号	六号	lok³ hɐu³¹	
七号	七号	tʰɐt⁴ hɐu³¹	
八号	八号	pɛt²⁴ hɐu³¹	
九号	九号	kɐu³³ hɐu³¹	
十号	十号	sɐp³ hɐu³¹	
初一	初一	tsʰɔ⁵⁵³⁻³³ jɐt⁴	
初二	初二	tsʰɔ⁵⁵³⁻³³ ȵi³¹	
初三	初三	tsʰɔ⁵⁵³⁻³³ ɬam⁵⁵³	
初四	初四	tsʰɔ⁵⁵³⁻³³ ɬi³⁵	
初五	初五	tsʰɔ⁵⁵³⁻³³ ŋ²³	
初六	初六	tsʰɔ⁵⁵³⁻³³ lok³	
初七	初七	tsʰɔ⁵⁵³⁻³³ tʰɐt⁴	
初八	初八	tsʰɔ⁵⁵³⁻³³ pɛt²⁴	
初九	初九	tsʰɔ⁵⁵³⁻³³ kɐu³³	
初十	初十	tsʰɔ⁵⁵³⁻³³ sɐp³	

（二）排行（兄弟姐妹）

老大	阿大	a³³ tai³¹	
老二	阿二	a³³ ȵi³¹	
老三	阿三	a³³ ɬam⁵⁵³	
老四	阿四	a³³ ɬi³⁵	
老五	阿五	a³³ ŋ²³	
老六	阿六	a³³ lok³	
老七	阿七	a³³ tʰɐt⁴	
老八	阿八	a³³ pɛt²⁴	
老九	阿九	a³³ kɐu³³	
老十	阿十	a³³ sɐp³	
老幺	阿尕	a³³ nɐi³⁵	

续表

老幺	阿□	a³³ lɐŋ³³	
大哥	大哥	tai³¹ kɔ⁵⁵³	
二哥	二哥	n̠i³¹ kɔ⁵⁵³	
大姐	大姐	tai³¹ ɬɛ³³	
二姐	二姐	n̠i³¹ ɬɛ³³	
老末儿	晚仔	man²³ ɬɐi³³	
	晚女	man²³ nui²³	
(三) 数量结构			
一个	一个	a³³ kɔ³⁵	
	一只	a³³ tsek⁴	
两个	两个	lɛŋ²³ kɔ³⁵	
	两只	lɛŋ²³ tsek⁴	
三个	三个	ɬam⁵⁵³ kɔ³⁵	
	三只	ɬam⁵⁵³ tsek⁴	
四个	四个	ɬi³⁵ kɔ³⁵	
	四只	ɬi³⁵ tsek⁴	
五个	五个	ŋ²³ kɔ³⁵	
	五只	ŋ²³ tsek⁴	
六个	六个	lok³ kɔ³⁵	
	六只	lok³ tsek⁴	
七个	七个	tʰɐt⁴ kɔ³⁵	
	七只	tʰɐt⁴ tsek⁴	
八个	八个	pɛt²⁴ kɔ³⁵	
	八只	pɛt²⁴ tsek⁴	
九个	九个	kɐu³³ kɔ³⁵	
	九只	kɐu³³ tsek⁴	
十个	十个	sɐp³ kɔ³⁵	
	十只	sɐp³ tsek⁴	
(四) 排序			
第一	第一	tɐi³¹ jɐt⁴	
第二	第二	tɐi³¹ n̠i³¹	
第三	第三	tɐi³¹ ɬam⁵⁵³	
第四	第四	tɐi³¹ ɬi³⁵	
第五	第五	tɐi³¹ ŋ²³	

续表

第六	第六	tɐi³¹lok³	
第七	第七	tɐi³¹tʰɐt⁴	
第八	第八	tɐi³¹pɛt²⁴	
第九	第九	tɐi³¹kɐu³³	
第十	第十	tɐi³¹sɐp³	
第一个	第一个	tɐi³¹jɐt⁴kɔ³⁵	
	第一只	tɐi³¹jɐt⁴tsek⁴	
第二个	第二个	tɐi³¹ȵi³¹kɔ³⁵	
	第二只	tɐi³¹ȵi³¹tsek⁴	
第三个	第三个	tɐi³¹ɬam⁵⁵³kɔ³⁵	
	第三只	tɐi³¹ɬam⁵⁵³tsek⁴	
第四个	第四个	tɐi³¹ɬi³⁵kɔ³⁵	
	第四只	tɐi³¹ɬi³⁵tsek⁴	
第五个	第五个	tɐi³¹ŋ²³kɔ³⁵	
	第五只	tɐi³¹ŋ²³tsek⁴	
第六个	第六个	tɐi³¹lok³kɔ³⁵	
	第六只	tɐi³¹lok³tsek⁴	
第七个	第七个	tɐi³¹tʰɐt⁴kɔ³⁵	
	第七只	tɐi³¹tʰɐt⁴tsek⁴	
第八个	第八个	tɐi³¹pɛt²⁴kɔ³⁵	
	第八只	tɐi³¹pɛt²⁴tsek⁴	
第九个	第九个	tɐi³¹kɐu³³kɔ³⁵	
	第九只	tɐi³¹kɐu³³tsek⁴	
第十个	第十个	tɐi³¹sɐp³kɔ³⁵	
	第十只	tɐi³¹sɐp³tsek⁴	
(五) 数字			
一	一	jɐt⁴	
二	二	ȵi³¹	
三	三	ɬam⁵⁵³	
四	四	ɬi³⁵	
五	五	ŋ²³	
六	六	lok³	
七	七	tʰɐt⁴	

续表

八	八	pɛt²⁴	
九	九	kɐu³³	
十	十	sɐp³	
十一	十一	sɐp³⁻²jɐt	
二十	二十	ȵi³¹ sɐp³	
	廿	ȵa³¹	
二十一	廿一	ȵa³¹ jɐt⁴	
三十	三十	ɬam⁵⁵³ sɐp³	
	卅	ɬa⁵⁵³	
三十一	卅阿一	ɬa⁵⁵³ a³³ jɐt⁴	
四十	四十	ɬi³⁵ sɐp³	
四十一	四阿一	ɬi³⁵ a³³ jɐt⁴	
五十	五十	ŋ²³ sɐp³	
五十一	五阿一	ŋ²³ a³³ jɐt⁴	
六十	六十	lok³ sɐp³	
六十一	六阿一	lok³ a³³ jɐt⁴	
七十	七十	tʰɐt⁴ sɐp³	
七十一	七阿一	tʰɐt⁴ a³³ jɐt⁴	
八十	八十	pɛt²⁴ sɐp³	
八十一	八阿一	pɛt²⁴ a³³ jɐt⁴	
九十	九十	kɐu³³ sɐp³	
九十一	九阿一	kɐu³³ a³³ jɐt⁴	
一百	一百	a³³ pak²⁴	
一千	一千	a³³ tʰin⁵⁵³	
一百一十（一百一）	一百一十	jɐt⁴ pak²⁴ jɐt⁴ sɐp³	
	百一	pak²⁴⁻³³ jɐt⁴	
一百一十个	一百一十个	jɐt⁴ pak²⁴ jɐt⁴ sɐp³ kɔ³⁵	
	一百一十只	jɐt⁴ pak²⁴ jɐt⁴ sɐp³ tsek⁴	
	百一个	pak²⁴⁻³³ jɐt⁴ kɔ³⁵	
	百一只	pak²⁴⁻³³ jɐt⁴ tsek⁴	
一百一十一（一百十一）	一百一十一	jɐt⁴ pak²⁴ jɐt⁴ sɐp³⁻²jɐt⁴	
	百一十一	pak²⁴ jɐt⁴ sɐp³⁻²jɐt⁴	

续表

一百一十一（一百十一）	百十一	pak²⁴ sɐp³⁻² jɐt⁴	
一百一十二（一百十二）	一百一十二	jɐt⁴ pak²⁴ jɐt⁴ sɐp³⁻² ȵi³¹	
	百一十二	pak²⁴ jɐt⁴ sɐp³⁻² ȵi³¹	
	百十二	pak²⁴ sɐp³⁻² ȵi³¹	
一百二十（一百二）	一百二十	jɐt⁴ pak²⁴ ȵi³¹ sɐp³	
	百二十	pak²⁴ ȵi³¹ sɐp³	
	百二	pak²⁴⁻³³ ȵi³¹	
一百三十（一百三）	一百三十	jɐt⁴ pak²⁴ ɬam⁵⁵³ sɐp³	
	百三十	pak²⁴ ɬam⁵⁵³ sɐp³	
	百三	pak²⁴⁻³³ ɬam⁵⁵³	
一百五十（一百五）	一百五十	jɐt⁴ pak²⁴ ŋ²³ sɐp³	
	百五十	pak²⁴ ŋ²³ sɐp³	
	百五	pak²⁴⁻³³ ŋ²³	
一百五十个	一百五十个	jɐt⁴ pak²⁴ ŋ²³ sɐp³ kɔ³⁵	
	一百五十只	jɐt⁴ pak²⁴ ŋ²³ sɐp³ tsek⁴	
	百五十个	pak²⁴ ŋ²³ sɐp³ kɔ³⁵	
	百五十只	pak²⁴ ŋ²³ sɐp³ tsek⁴	
	百五个	pak²⁴⁻³³ ŋ²³ kɔ³⁵	
	百五只	pak²⁴⁻³³ ŋ²³ tsek⁴	
二百五十（二百五）	两百五十	lɛŋ²³ pak²⁴ ŋ²³ sɐp³	
	两百五	lɛŋ²³ pak²⁴⁻³³ ŋ²³	
二百五十个	两百五十个	lɛŋ²³ pak²⁴ ŋ²³ sɐp³ kɔ³⁵	
	两百五十只	lɛŋ²³ pak²⁴ ŋ²³ sɐp³ tsek⁴	
	两百五个	lɛŋ²³ pak²⁴⁻³³ ŋ²³ kɔ³⁵	
	两百五只	ȵi³¹ pak²⁴⁻³³ ŋ²³ tsek⁴	
三百一十	三百一十	ɬam⁵⁵³ pak²⁴ jɐt⁴ sɐp³	
	三百一	ɬam⁵⁵³ pak²⁴⁻³³ jɐt⁴	
三百三十	三百三十	ɬam⁵⁵³ pak²⁴ ɬam⁵⁵³ sɐp³	
	三百三	ɬam⁵⁵³ pak²⁴⁻³³ ɬam⁵⁵³	
三百六十	三百六十	ɬam⁵⁵³ pak²⁴ lok³ sɐp³	
	三百六	ɬam⁵⁵³ pak²⁴⁻³³ lok³	
三百八十	三百八十	ɬam⁵⁵³ pak²⁴ pɛt²⁴ sɐp³	

续表

三百八十	三百八	ɬam⁵⁵³ pak²⁴⁻³³ pɛt²⁴	
一千一百	一千一百	jɐt⁴ tʰin⁵⁵³ jɐt⁴ pak²⁴	
	千一百	tʰin⁵⁵³ jɐt⁴ pak²⁴	
	千一	tʰin⁵⁵³⁻³³ jɐt⁴	
一千一百个	一千一百个	jɐt⁴ tʰin⁵⁵³ jɐt⁴ pak²⁴ kɔ³⁵	
	一千一百只	jɐt⁴ tʰin⁵⁵³ jɐt⁴ pak²⁴ tsek⁴	
	千一百个	tʰin⁵⁵³ jɐt⁴ pak²⁴ kɔ³⁵	
	千一百只	tʰin⁵⁵³ jɐt⁴ pak²⁴ tsek⁴	
	千一个	tʰin⁵⁵³⁻³³ jɐt⁴ kɔ³⁵	
	千一只	tʰin⁵⁵³⁻³³ jɐt⁴ tsek⁴	
一千九百	一千九百	jɐt⁴ tʰin⁵⁵³ kɐu³³ pak²⁴	
	千九百	tʰin⁵⁵³ kɐu³³ pak²⁴	
	千九	tʰin⁵⁵³⁻³³ kɐu³³	
一千九百个	一千九百个	jɐt⁴ tʰin⁵⁵³ kɐu³³ pak²⁴ kɔ³⁵	
	一千九百只	jɐt⁴ tʰin⁵⁵³ kɐu³³ pak²⁴ tsek⁴	
	千九百个	tʰin⁵⁵³ kɐu³³ pak²⁴ kɔ³⁵	
	千九百只	tʰin⁵⁵³ kɐu³³ pak²⁴ tsek⁴	
	千九个	tʰin⁵⁵³⁻³³ kɐu³³ kɔ³⁵	
	千九只	tʰin⁵⁵³⁻³³ kɐu³³ tsek⁴	
三千	三千	ɬam⁵⁵³ tʰin⁵⁵³	
五千	五千	ŋ²³ tʰin⁵⁵³	
八千	八千	pɛt²⁴ tʰin⁵⁵³	
一万	一万	a³³ man³¹	
一万两千	一万两千	a³³ man³¹ lɛŋ²³ tʰin⁵⁵³	
	万两千	man³¹ lɛŋ²³ tʰin⁵⁵³	
	万二千	man³¹ ȵi³¹ tʰin⁵⁵³	
	万二	man³¹ ȵi³¹	
一万二千个	一万两千个	a³³ man³¹ lɛŋ²³ tʰin⁵⁵³ kɔ³⁵	
	一万两千只	a³³ man³¹ lɛŋ²³ tʰin⁵⁵³ tsek⁴	
	万两千个	man³¹ lɛŋ²³ tʰin⁵⁵³ kɔ³⁵	
	万两千只	man³¹ lɛŋ²³ tʰin⁵⁵³ tsek⁴	
	万二个	man³¹ ȵi³¹ kɔ³⁵	

续表

一万二千个	万二只	man³¹ ȵi³¹ tsek⁴	
三万五千	三万五千	ɬam⁵⁵³ man³¹ ŋ²³ tʰin⁵⁵³	
	三万五	ɬam⁵⁵³ man³¹ ŋ²³	
三万五千个	三万五千个	ɬam⁵⁵³ man³¹ ŋ²³ tʰin⁵⁵³ kɔ³⁵	
	三万五千只	ɬam⁵⁵³ man³¹ ŋ²³ tʰin⁵⁵³ tsek⁴	
	三万五个	ɬam⁵⁵³ man³¹ ŋ²³ kɔ³⁵	
	三万五只	ɬam⁵⁵³ man³¹ ŋ²³ tsek⁴	
零	零	leŋ³²	

（六）度量衡

二斤	两斤	lɛŋ²³ kɐn⁵⁵³	
	二斤	ȵi³¹ kɐn⁵⁵³	
二两	二两	ȵi³¹ lɛŋ³³	
二钱	两钱	lɛŋ²³ ɬin³²	
	二钱	ȵi³¹ ɬin³²	
二分	两分	lɛŋ²³ fɐn⁵⁵³	
	二分	ȵi³¹ fɐn⁵⁵³	
二厘	两厘	lɛŋ²³ li⁵⁵³	
两丈	两丈	lɛŋ²³ tsɛŋ³¹	
	二丈	ȵi³¹ tsɛŋ³¹	
二尺	两尺	lɛŋ²³ tsʰek⁴	
	二尺	ȵi³¹ tsʰek⁴	
二寸	两寸	lɛŋ²³ tʰun³⁵	
	二寸	ȵi³¹ tʰun³⁵	
二里	两里	lɛŋ²³ li²³	
二担	两担	lɛŋ²³ tam³⁵	
二斗	两斗	lɛŋ²³ tɐu³³	
二升	两升	lɛŋ²³ seŋ⁵⁵³	
二盒	两盒	lɛŋ²³ hɛp³	
二项	两项	lɛŋ²³ hɔŋ²³	
二亩	两亩	lɛŋ²³ mɐu²³	

（七）其他

几个？	几个	ki³³ kɔ³⁵	
	几多个	ki³³ tɔ⁵⁵³ kɔ³⁵	
	几只	ki³³ tsek⁴	

续表

几个?	几多只	ki^{33} tɔ^{553} tsek^4	
好多个?	几多个	ki^{33} tɔ^{553} kɔ^{35}	
	几多只	ki^{33} tɔ^{553} tsek^4	
好几个	好多个	hɐu^{33} tɔ^{553} kɔ^{35}	
	好多只	hɐu^{33} tɔ^{553} tsek^4	
好些个	好多个	hɐu^{33} tɔ^{553} kɔ^{35}	
	好多只	hɐu^{33} tɔ^{553} tsek^4	
一些	有呢	jɐu^{23} nɛ^{553}	
好一些	好呢	hɐu^{33} nɛ^{553}	
大一些	大呢	tai^{31} nɛ^{553}	
一点儿	一粒儿	a^{33} nɐp^{553} ȵi^{553}	
	一滴儿	a^{33} tek^4 ȵi^{553} / a^{33} tɛt^4 ȵi^{553}	
一点点	粒粒儿	nɐp^4 nɐp^4 ȵi^{553}	
	滴滴儿	tek^4 tek^4 ȵi^{553}	
大点儿	大粒儿	tai^{31} nɐp^4 ȵi^{553}	
	大滴儿	tai^{31} tek^4 ȵi^{553}	
十多个(比十个多)	十零个	sɐp^3 lɛŋ^{32} kɔ^{35}	
	十零只	sɐp^3 lɛŋ^{32} tsek^4	
	十几个	sap$^{3-2}$ ki^{33} kɔ^{35}	
	十几只	sap$^{3-2}$ ki^{33} tsek^4	
	十把个	sɐp^3 pa^{33} kɔ^{35}	
	十把只	sɐp^3 pa^{33} tsek^4	
一百多个	百几个	pak$^{24-33}$ ki^{33} kɔ^{35}	
	百几只	pak$^{24-33}$ ki^{33} tsek^4	
	百零个	pak^{24} lɛŋ^{32} kɔ^{35}	
	百零只	pak^{24} lɛŋ^{32} tsek^4	
	百把个	pak^{24} pa^{33} kɔ^{35}	
	百把只	pak^{24} pa^{33} tsek^4	
十来个(不到二十个)	十零个	sɐp^3 lɛŋ^{32} kɔ^{35}	
	十零只	sɐp^3 lɛŋ^{32} tsek^4	
	十几个	sap$^{3-2}$ ki^{33} kɔ^{35}	
	十几只	sap$^{3-2}$ ki^{33} tsek^4	

续表

十来个（不到二十个）	十把个	sɐp³ pa³³ kɔ³⁵	
	十把只	sɐp³ pa³³ tsek⁴	
千把个	千零个	tʰin⁵⁵³ leŋ³² kɔ³⁵	
	千零只	tʰin⁵⁵³ leŋ³² tsek⁴	
	千把个	tʰin⁵⁵³ pa³³ kɔ³⁵	
	千把只	tʰin⁵⁵³ pa³³ tsek⁴	
	千几个	tʰin⁵⁵³⁻³³ ki³³ kɔ³⁵	
	千几只	tʰin⁵⁵³⁻³³ ki³³ tsek⁴	
百把个	百把个	pak²⁴ pa³³ kɔ³⁵	
	百把只	pak²⁴ pa³³ tsek⁴	
	百零个	pak²⁴ leŋ³² kɔ³⁵	
	百零只	pak²⁴ leŋ³² tsek⁴	
半个	半个	pun³⁵ kɔ³⁵	
	半只	pun³⁵ tsek⁴	
	半边	pun³⁵ pin⁵⁵³	
一半	一半	a³³ pun³⁵	
两半儿	对半	tui³⁵⁻³³ pun³⁵	
多半儿	多数	tɔ⁵⁵³ su³⁵	
一大半儿	大半	tai³¹ pun³⁵	
一个半	个半	kɔ³⁵⁻³³ pun³⁵	
……上下	……上下	sɛŋ³¹ ha³¹	
……左右	……左右	tɔ³⁵ jɐu³¹	
一岁多	岁把	ɬui³⁵ pa³³	
	岁零	ɬui³⁵ leŋ³²	
	岁几	ɬui³⁵⁻³³ ki³³	
(八) 数字成语			
一来二去	一来二去	jɐt⁴ lɔi³² ȵi³¹ hui³⁵	
一清二白	一清二白	jɐt⁴ tʰeŋ⁵⁵³ ȵi³¹ pak³¹	
一清二楚	一清二楚	jɐt⁴ tʰin⁵⁵³ ȵi³¹ tsʰɔ³³	
一干二净	一干二净	jɐt⁴ kɔn⁵⁵³ ȵi³¹ ɬeŋ³¹	
一刀两断	一刀两断	jɐt⁴ tɐu⁵⁵³ lɛŋ²³ tʰun²³	
一举两得	一举两得	jɐt⁴ ki³³ lɛŋ²³ tɐk⁴	

续表

三番五次	三番五次	ɬam⁵⁵³ fan⁵⁵³ ŋ²³ ɬu³⁵	
三番两次	三番两次	ɬam⁵⁵³ fan⁵⁵³ lɛŋ²³ ɬu³⁵	
三年二年	三年两年	ɬam⁵⁵³ nin³² lɛŋ²³ nin³²	
三年两年	三两年	ɬam⁵⁵³ lɛŋ²³ nin³²	
三年五载	三年五载	ɬam⁵⁵³ nin³² ŋ²³ ɬɔi³⁵	
	三五年	ɬam⁵⁵³ ŋ²³ nin³²	
	三几年	ɬam⁵⁵³ ki³³ nin³²	
三天两头	三日两头	ɬam⁵⁵³ ȵɐt³ lɛŋ²³ tʰɐu³²	
三天两夜	三日两夜	ɬam⁵⁵³ ȵɐt³ lɛŋ²³ je³¹	
三长两短	三长两短	ɬam⁵⁵³ tsʰɛŋ³² lɛŋ²³ tun³³	
三言两语	三言两语	ɬam⁵⁵³ ȵin³² lɛŋ²³ ȵi²³	
三心二意	三心两意	ɬam⁵⁵³ ɬɐm⁵⁵³ lɛŋ²³ i³⁵	
三三两两	三三两两	ɬam⁵⁵³ ɬam⁵⁵³ lɛŋ²³ lɛŋ²³	
四平八稳	四平八稳	ɬi³⁵ pʰeŋ³² pɛt²⁴ vɐn³³	
四通八达	四通八达	ɬi³⁵ tʰoŋ⁵⁵³ pɛt²⁴⁻³³ tat³¹	
四面八方	四面八方	ɬi³⁵ min³¹ pɛt²⁴ fɔŋ⁵⁵³	
	隔篱邻舍	kak²⁴⁻³³ li³² lɐn³²⁻²² sɛ³⁵	
五湖四海	五湖四海	ŋ²³ vu³² ɬi³⁵ hɔi³³	
五花八门	五花八门	ŋ²³ fa⁵⁵³ pɛt²⁴ mun³²	
七上八下	七上八下	tʰɐt⁴ sɐŋ²³ pɛt²⁴ ha³¹	
颠三倒四	颠三倒四	tin⁵⁵³ ɬam⁵⁵³ tɐu³³ ɬi³⁵	
乱七八糟	乱七八糟	lun³¹ tʰɐt⁴ pɛt²⁴ tɐu⁵⁵³	
东拼西凑	东拼西凑	toŋ⁵⁵³ pʰeŋ³⁵ ɬei⁵⁵³ ɬɐu³⁵	
七手八脚	七手八脚	tʰɐt⁴ sɐu³³ pɛt²⁴ kɛk²⁴	
七嘴八舌	七嘴八舌	tʰɐt⁴ ɬui³³ pɛt²⁴ sit³	
千辛万苦	千辛万苦	tʰin⁵⁵³ ɬɐn⁵⁵³ man³¹ fu³³	
千真万确	千真万确	tʰin⁵⁵³ tsɐn⁵⁵³ man³¹ kʰɔk²⁴	
千军万马	千军万马	tʰin⁵⁵³ kɐn⁵⁵³ man³¹ ma²³	
千变万化	千变万化	tʰin⁵⁵³ pin³⁵ man³¹ fa³⁵	
千家万户	千家万户	tʰin⁵⁵³ ka⁵⁵³ man³¹ vu²³	
千言万语	千言万语	tʰin⁵⁵³ ȵin³² man³¹ ȵi²³	

(九) 干支

续表

甲	甲	kap²⁴	
乙	乙	jut⁴	
丙	丙	peŋ³³	
丁	丁	teŋ⁵⁵³	
戊	戊	mu³¹	
己	己	ki³³	
庚	庚	kaŋ⁵⁵³	
辛	辛	ɬɐn⁵⁵³	
壬	壬	ȵɐm³¹	
癸	癸	kɐi³³	
子	子	ɬu³³	
丑	丑	tsʰɐu³³	
寅	寅	jɐn³²	
卯	卯	mɐu²³	
辰	辰	sɐn³²	
巳	巳	ɬi²³	
午	午	ŋ̍²³	
未	未	mi³¹	
申	申	sɐn⁵⁵³	
酉	酉	jɐu³⁵	
戌	戌	ɬɐt⁴	
亥	亥	hɔi²³	

后　　记

不知不觉，博士毕业已经十年。一直深知，论文中有很多纰漏，总想着等自己的水平提高一点儿再重新讨论那些问题。然而，毕业后忙于各种事务，能像读博期间那样专心做研究的机会并不多，水平也终是谈不上什么提高。

书稿是在我的博士学位论文的基础上修改完成的。所做的修改主要体现在两大方面，一是文字、章节的修改和调整，二是内容的归并、增删和补充。章节的标题也有所改动，具体如下：增加第七章"AB式状态形容词"和附录二"分类词表"，删去原博士学位论文"绪论"部分的第一、第二节，原文的第七章"连读变调"调整为第一章第二节。书稿增加了词汇部分的内容，是考虑到有的语音现象涉及词汇问题，分类词表可以提供线索。

然而由于自身的才疏学浅，错漏是难免的。不管怎么改动，结果总不那么令人满意。心里也总是忐忑不安的，担心这本浅薄之作耽误读者的宝贵时间。面对人生的第一本专著，除了不安，更多的是想说感谢。感谢我攻读博士学位期间的众多师友！是你们的帮助使我得以顺利完成学业！感谢书稿的责任编辑王小溪老师！是她一遍遍认真细致的编校，使书稿能顺利出版！

刘春梅

2021年10月30日